Nicholas of Cusa

Nicholas of Cusa

A Medieval Thinker for the Modern Age

Edited by

Kazuhiko Yamaki

LONDON AND NEW YORK

First Published in 2002
by Curzon Press
Published 2014 by Routledge

2 Park Square, Milton Park, Abingdon, Oxfordshire OX14 4RN

711 Third Avenue, New York, NY 10017

First issued in paperback 2014

Routledge is an imprint of the Taylor & Francis Group, an informa business

Typeset in Garamond by LaserScript Ltd, Mitcham, Surrey

British Library Cataloguing in Publication Data
A catalogue record of this book is available from the British Library

Library of Congress Cataloguing in Publication Data
A catalogue record for this book has been requested

ISBN 978-0-700-71671-5 (hbk)

ISBN 978-1-138-87130-4 (pbk)

Contents

Preface

With a very few exceptions the papers that we have the pleasure to present here were read by their respective authors at a conference held at Waseda University, Tokyo from October 6 to October 8, 2000. This gathering of scholars from many parts of the world was hosted by a Waseda University research project group in cooperation with the Japanese Cusanus Society, and was the first of many memorable contributions to the celebration and commemoration of the sixth centenary of the birth of Nicholas of Cusa, who was born in Cues on the Mosel in 1401. The location and timing of the conference, which took place one year before the chronological anniversary, fulfilled the old proverb: Light comes from the East.

The conference adopted as its main theme *Cusanus at the Threshold*, and was organized into three sessions in order to cover a wide spectrum of his thought:

I. Tradition and Innovation in Cusanus.
II. Cusanus and Religions.
III. Contemporary Meaning of Cusanus' Thought.

In Session I Cusanus' thought was treated mainly in its philosophical-historical aspect. In Session II his thought was considered chiefly from the point of view of the encounter of religions, on which Nicholas wrote such books as 'De pace fidei' and 'Cribratio Alkorani'. In Session III the contemporary meaning of his thought was examined to elucidate the contributions his thought can make to the modern world.

We offer grateful thanks to Waseda University and the Japan Foundation for financial assistance. In addition we warmly thank Professor Yoshiaki Yauchi for his patient assistance from the moment that the conference was conceived to the publication of this volume. Finally, our thanks are due to Curzon Press for their efficient and helpful production of the book.

Kazuhiko Yamaki
Waseda Univeristy

ORGANIZING COMMITTEE

Honorary President: Prof. Chumaru Koyama (President of the Japanese Cusanus Society, Rector of Hakuoh University, Oyama)

President: Prof. Dr. Kazuhiko Yamaki (Waseda University, Tokyo; Japanese Cusanus Society)

Members of the Comittee: Prof. Kinnichi Ogura (Waseda University), Prof. Noriyuki Sakai (Waseda University, Japanese Cusanus Society), Prof. Dr. Hironobu Sakuma (Waseda University), Prof. Yoshiaki Yauchi (Waseda University, Japanese Cusanus Society), Prof. Dr. Akira Kawanami (Tokyo, Japanese Cusanus Society), Prof. Satoshi Oide (Sapporo, Japanese Cusanus Society), Prof. Dr. Takashi Sakamoto (Tokyo, Japanese Cusanus Society), Prof. Dr. Tan Sonoda (Kyoto, Japanese Cusanus Society), Prof. Dr. Kazumichi Yamashita (Shiga, Japanese Cusanus Society), Prof. Dr. Klaus Kremer (Exdirektor des Cusanus-Institutes an der Universität Trier; Ehrenbeirat der japanischen Cusanus-Gesellschaft) and Prof. Dr. Morimichi Watanabe (President of the American Cusanus Society; Long Island University, N.Y; Honorary Advisor to the Japanese Cusanus Society).

Secretariat: Prof. Yoshiaki Yauchi (Waseda University, Tokyo), Lecturer Naoko Sato (Sophia University, Tokyo)

List of Contributors

Chumaru Koyama is President of the Japanese Cusanus Society, and Rector of Hakuoh University, Japan

Klaus Kremer is Professor Emeritus of the University of Trier and former Director of the Institute for Cusanus Research

Lawrence Bond is Professor of Medieval History at Appalachian State University

Morimichi Watanabe is Professor of History and Political Science at Long Island Universty and President of the American Cusanus Society

Inigo Bocken is a researcher at the Nijmegen Center for Ethics, and chief researcher of the Cusanus Study Center Nijmegen, The Netherlands

Naoko Sato is Lecturer in Philosophy at Sophia University, Tokyo

Jean Marie Nicolle is Professor of Philosophy and lecturer at the University of Rouen

Hisako Nagakura is Professor of Philosophy at Nanzan University, Japan

Keiko Takashima is a Doctoral candidate at the University of Munich

Jocelyne Sfez is a Doctoral candidate at the University de Nancy II, France

Manfred Groten is Professor of Medieval and Modern History / Regional History of the Rhineland at the University of Bonn

Kinnichi Ogura is Professor of Western History at Waseda University, Tokyo

Rudolf Endres is Professor of Regional History of Bavaria and Franconia at the University of Bayreuth, Germany

Yoshiaki Yauchi is Professor of Philosophy at Waseda University, Tokyo

Walter Andreas Euler is Professor of Catholic Theology at the Faculty of Theology of the University of Trier

Akira Kawanami is Professor Emeritus at Toyo University, Tokyo

Clement N. Obielu is Rector at the Seat of Wisdom Seminary, Owerri, Nigeria

João Maria André is Professor of Philosophy at the University of Coimbra, Portugal

Masako Odagawa is Professor of Comparative Thought at Reitaku University, Kashiwa, Japan

Gerald Christianson is Professor of Church History at the Gettysburg Lutheran Seminary

Klaus Riesenhuber is Professor of Philosophy and Director of the Institute of Medieval Thought at Sophia University, Tokyo

Takashi Sakamoto is Professor Emeritus at St. Marianna University, Tokyo

Morimichi Kato is Professor of the History of Foreign Education at Tohoku University, Sendai, Japan

Yasukuni Matsuyama is Professor of Religious Philosophy at Sapientia University, Osaka

Tan Sonoda is Professor of Philosophy at Ryukoku University, Kyoto

Kazuhiko Yamaki is Professor of Philosophy at Waseda University, Tokyo

Abbreviations

FOR THE WORKS OF NICHOLAS OF CUSA

Apol.	Apologia doctae ignorantiae: h II, edidit R. Klibansky. 1932.
Comp.	Compendium: h XI 3, ediderunt B. Decker et C. Bormann. 1964.
Crib. Alk.	Cribratio Alkorani: h VIII, edidit L. Hagemann. 1986.
De ap. theor.	De apice theoriae: h XII, ediderunt R. Klibansky et Ioh. G. Senger. 1982.
De beryl.	De beryllo: h XI 1, ediderunt Ioh. G. Senger et C. Bormann. 1988.
De conc. cath.	De concordantia catholica: h XIV, 1–4, ediderunt G. Kallen et A. Berger. 1959–1968.
De coni.	De coniecturis: h III, ediderunt Ios. Koch et C. Bormann, Ioh. G. Senger comite. 1972.
De dato	De dato patris luminum: h IV, edidit P. Wilpert. 1959.
De deo absc.	De deo abscondito: h IV, edidit P. Wilpert. 1959.
De docta ign.	De docta ignorantia: h I, ediderunt E. Hoffmann et R. Klibansky. 1932.
De fil.	De filiatione dei: h IV, edidit P. Wilpert. 1959.
De Gen.	De Genesi: h IV, edidit P. Wilpert. 1959.
De ludo	De ludo globi: h IX, edidit Ioh. G. Senger. 1998.

De non aliud	Directio speculantis seu de non aliud: h XIII, ediderunt L. Baur et P. Wilpert. 1944.
De pace	De pace fidei: h VII, ediderunt R. Klibansky et H. Bascour. ^{2}1970.
De poss.	De possest: h XI/2, edidit R. Steiger. 1973.
De princ.	De principio: h X/2b, ediderunt C. Bormann et A. D. Riemann. 1988.
De quaer.	De quaerendo deum: h IV, edidit P. Wilpert. 1959.
De theol. compl.	De theologicis complementis: h X/2a, ediderunt A. D. Riemann et C. Bormann, 1944; p II/2.; Dupré III.
De ult.	Coniectura de ultimis diebus: h IV, edidit P. Wilpert. 1959.
De ven. sap.	De venatione sapientiae: h XII, ediderunt R. Klibansky et Ioh. G. Senger. 1982.
De vis.	De visione dei: h VI, edidit A. D. Riemann. 2000.
De mente	Idiota de mente: h ^{2}V. Editionem post L. Baur (1937) alteram curavit R. Steiger. 1983.
De sap.	Idiota de sapientia: h ^{2}V. Editionem post L. Baur (1937) alteram curavit R. Steiger. 1983.
De stat. exper.	Idiota de staticis experimentis: h ^{2}V. Ex editione L. Baur (1937). 1983.
Sermo	Sermones: in h XVI, 1–4, ediderunt R. Haubst et M. Bodewig. 1970-1984; h XVII, 1–3, ediderunt R. Haubst et H. Schnarr. 1983-1996; h XVIII, 1, ediderunt R. Haubst et H. Pauli. 1995; h XIX, 1 ediderunt K. Reinhardt et W. A. Euler. 1996.

ABBREVIATIONS FOR MANUSCRIPTS, EDITIONS AND TRANSLATIONS OF THE WORKS OF NICHOLAS OF CUSA AND FOR LITERATURE CONCERNING HIM

AC	Acta Cusana. Quellen zur Lebensgeschichte des Nikolaus von Kues. Im Auftrag der Heidelberger Akademie der Wissenschaften hg. von E. Meuthen u. H. Hallauer. Bd. I 1, Hamburg 1976; Bd. I, 2, Hamburg 1983; Bd. I, 3a, Hamburg 1996; Bd. I 3b, Hamburg 1996.
BGPhMA	Beiträge zur Geschichte der Philosophie und Theologie des Mittelalters, Münster 1892ff.

CT	Cusanus-Texte. Abhandlungen der Heidelberger Akademie der Wissenschaften. Philosophisch-historische Klasse, Heidelberg 1929ff.
CT I	Predigten, Heidelberg 1929ff.
CT II	Traktate, Heidelberg 1935ff.
CT III	Marginalien, Heidelberg 1940ff.
CT IV	Briefwechsel des Nikolaus von Kues, Heidelberg 1955.
Dupré	Nikolaus von Kues. Philosophisch-theologische Schriften, 3Bde., lat.-dt. Studien-und Jubiläumsausgabe, hg. und eingeführt von L. Gabriel. Übersetzt und kommentiert von D. und W. Dupré, Wien 1964-67.
h	Nicolai de Cusa opera omnia iussu et auctoritate Academiae Litterarum Heidelbergensis ad codicum fidem edita, Leipzig 1932ff., ab 1959 Hamburg.
MFCG	Mitteilungen und Forschungsbeiträge der Cusanus-Gesellschaft. In Verbindung mit dem Wissenschaftlichen Beirat der Cusanus-Gesellschaft hg. von Rudolf Haubst, Matthias=Grünewald=Verlag, Mainz 1961ff., Ab Bd. 18 (1989) Paulinus-Verlag, Trier. Bd. 19 hg. von Rudolf Haubst u. Klaus Reinhardt, Bd. 20 hg. von Rudolf Haubst u. Klaus Kremer. Ab 21 hg. von Klaus Kremer und Klaus Reinhardt.
NvKdÜ	Schriften des Nikolaus von Kues in deutscher Übersetzung hg. im Auftrag der Heidelberger Akademie der Wissenschaften. Philosophische Bibliothek, Leipzig 1932ff. und Hamburg 1949ff.
p	Nicolai Cusae Cardinalis Opera, ed. Faber Stapulensis, Parisiis 1514 (unveränderter Nachdruck: Frankfurt/M. 1962).
V_2	Cod. Vat. Lat. 1245.

Welcome Message

'Una religio in rituum varietate'

Chumaru Koyama

It is a great honor and pleasure for me to extend a warm welcome to all the distinguished speakers and participants of this Cusanus Congress in Tokyo. On behalf of the Organizing Committee, I wish to express my deepest appreciation to all of you gathered here, especially those who have traveled great distances from your home countries in Europe, Africa, and America to Waseda University in Tokyo to attend today's meeting. This is the first congress on Cusanus to be held in Asia, and that fact adds even more of a feeling of privilege to my pleasant duty today.

The title of today's conference is 'Cusanus Standing at the Threshold'. The word threshold can be interpreted by various terms for example time and space, when looking at the achievements of Cusanus who ambitiously pushed back the boundaries in various fields. Among all such interpretations, the one I find to be most important is Cusanus on the threshold of East and West. It is widely known is that Cusanus traveled to Byzantium, the capital city of the East-Roman Empire, as a missionary from the Vatican at the age of 36 and devoted himself to the cause of the integration of the East-Orthodox and West-Catholic Churches there. It was on his way back from this mission that the inspiration for his most important literary work, *De docta ignorantia*, struck. This journey symbolically represents his interests in the dialogue between different religions in the East-Roman Empire. Looking into these circumstances, I believe that when we speak of 'the threshold' in this case, it means a boundary in terms of both space and time. Though he was born in the south of Germany, he spent good part of his life in Italy and his life coincided with the golden age of the Renaissance in Italy. Therefore his thought stands at the threshold of the medieval and modern ages. However, his thought was not simply at the border of two different worlds. He bravely took advantage of his difficult yet unique position and boldly tackled various difficulties which stemmed from being at this border. Through such endeavors his ideas developed to become truly great thought, which still have relevance for problems facing us today.

There is a plate recording his great achievements in front of the house where he was born. On it, he is described as a 'theologian, philosopher, jurist, mathematician, astronomer, and collector of classics'. He was, no doubt, a typical *Homo universalis* of the Renaissance period. His thought has the kind of depth and breadth that mysticism has, which differentiates him from other scholars categorized as merely humanist. His statement quoted at the beginning, *Una religio in rituun varietate* demonstrates his generosity and the enormous capacity of his theory of religious reconciliation. Furthermore, his statement *coincidentia oppositorum* indicates his unique argument on infinity. There is no doubt that he was a man of great talent overlooking the medieval and the modern ages and we must continue to learn from the great thought we have inherited.

Let us look at the example of Xavier. He landed in Japan almost one century after the age of Cusanus. It is believed that Xavier did not know of Buddhism until he came to Asia. As with Cusanus, his dialogues included people of various origins including Indians, Arabians, Persians, Turks and Tatars. However, no concrete mention was made of Buddhism. He, too, was not familiar with the existence of Buddhism. We are still faced with diverse problems related to religion, and Cusanus' ideal of religion continues to radiate and attract us despite facing difficulties and changing times.

In Japan, it was only after the Meiji Restoration of 1868 that ideas and philosophies from West were openly introduced. Kitaro Nishida, one of the greatest Japanese philosophers frequently mentioned Cusanus in his works and expressed admiration for his thought throughout his life. The first work in Japan that exclusively dealt with Cusanus was the Japanese translation of *Dies sanctificatus* by Mikio Yamamoto in 1935. After this memorable work was published, reference to Cusanus gradually increased. However, Japan had to wait until the end of World War II to see the beginning of full-scale research and translation of the works of Cusanus. The establishment of the Japanese Medieval Philosophy Association in 1952 holds a special significance when looking at the development of research on Cusanus in Japan. Since then, we have started to see theses on Cusanus being published and in 1966, the Japanese translation of his great work, *De docta ignorantia* was published by Chikatsugu Iwasaki and Satoshi Oide. We are honored to have with us today Professor Oide. Subsequently, the Japanese Cusanus Society was established in 1982 as a result of our efforts and we are proudly holding today the 19th Cusanus Congress.

In the year 2000, we are also standing on the threshold of changing times. I am extremely grateful to the participants and all the people involved who made it possible for us to have this meeting here in Tokyo, in this historically significant year. All of us members of the Organizing Committee are, indeed, delighted to host this meeting. I hope that all participants will find the exchange of ideas and information during this gathering highly informative, interesting, and useful, and will leave this site with a great sense of satisfaction.

PART I

Tradition and Innovation in Cusanus' Thought

CHAPTER ONE

Größe und Grenzen der menschlichen Vernunft (*intellectus*) nach Cusanus

Klaus Kremer

§ 1 ZUR GRÖßE DER MENSCHLICHEN VERNUNFT

I Die Unterscheidung vom Verstand (ratio)

1. *Nihil in ratione, quod prius non fuit in sensu*

Cusanus unterscheidet sicher nicht immer streng zwischen Verstand (*ratio*) und Vernunft (*intellectus*). So heißt es z.B. im *Sermo* CLXXXIX (183), daß wir nichts anderes ersehnen als die *vita perpetua rationalis seu intellectualis.*[1] Wenige Zeilen später schreibt er: 'Es ist nötig, daß das vernünftige Leben (*vita rationalis*) von Dir, meinem Gott, von dem es hat, daß es Leben ist, gestärkt werde. Aber was stärkt das vernünftige Leben (*rationalem vitam*), wenn nicht eine vernunfthafte Speise (*cibus intellectualis*), welches die unvergängliche Speise ist, die [ihrerseits] jenes Wort ist, das meinen Geist ins Sein gerufen hat. Jenes Wort ist daher die unendliche *ratio*, die meine *ratio* aus dem Nichts zum Sein der *ratio* gerufen hat. Einzig die Weisheit vermag daher meine *ratio* vor jedem Untergang und dem Tod zu bewahren. Durch sie bin ich das, was ich bin.'[2]

Diese nicht selten anzutreffende Promiskuität im Gebrauch von *ratio* und *intellectus* darf aber nicht darüber hinwegtäuschen, daß in den Augen des Cusanus der *intellectus* der *ratio* qualitativ überlegen ist. Im gerade zitierten *Sermo* CLXXXIX heißt es gleich zu Anfang: 'Kein Sinn ist vornehmer als der Gesichtssinn (*visu*), so wie keine Potenz der Seele vornehmer als die Vernunft (*intellectu*) ist.'[3]

Eine deutliche Zäsur zwischen *ratio* und *intellectus* setzt die Schrift *De mente* mit ihrer Aussage: *ut nihil sit in ratione, quod prius non fuit in sensu.*[4] Die Annahme dagegen, daß nichts in die Vernunft fallen könne, was nicht auch in den Verstand falle, führe zu der Folgerung, daß nichts in der Vernunft sein könne, was nicht zuvor im Sinn gewesen sei.[5] Das ziehe aber unannehmbare Konsequenzen nach sich, wie Cusanus darlegt.[6] Wenn sich nun trotzdem mehrfach der Satz, daß nichts im

Intellekt sei, was nicht zuvor im Sinn gewesen ist, bei Cusanus belegen läßt,[7] so dürfte das, worauf ich früher hingewiesen habe,[8] verbale Abhängigkeit von Thomas' Schrift *De veritate* sein, die Cusanus kannte und benutzt hat. Auch des Cusanus nähere Ausdeutung dieses auf den *intellectus* angewandten Axioms in *De visione Dei* zeigt, daß die Vernunft ihre Erkenntnisinhalte nicht aus der Sinneserfahrung schöpft.[9]

2. Die Vernunft beansprucht keinen Arteriengeist mehr, sondern sie selbst ist ihr Instrument

Im Gegensatz zu *sensus, imaginatio* und auch *ratio* ist die Vernunft nicht mehr auf Arteriengeister angewiesen, sondern bedient sich ihrer selbst als Instrument.[10] Im Erkenntnisvorgang bezieht sie sich daher nicht mehr wie der Verstand auf die *res sensibiles*, sondern auf die reinen Formen, wie sie nicht mehr in die Materie eingetaucht, sondern in und durch sich sind. Sie erfaßt die unveränderlichen Wesenheiten der Dinge, von denen sie Angleichungen (*assimilationes*) schafft.[11] Der Kreis sei z.B. eine Figur, von dessen Zentrum alle Linien in gleichmäßigem Abstand zur Peripherie geführt seien. Ein außerhalb des Geistes in der Materie gegebener Kreis könne diese Bestimmung niemals erfüllen; es sei nämlich unmöglich, zwei ganz gleiche Linien in welcher Materie auch immer anzutreffen, und noch weniger sei es möglich, einen solchen (idealen) Kreis in einer Figur darzustellen. Der Kreis im Geist ist daher Urbild und Maß der Wahrheit des Kreises auf einem Fußboden. Daher ist zu sagen, daß die Wahrheit der Dinge im Geist ist, und zwar in der Notwendigkeit der Verknüpfung (*in necessitate complexionis*), nämlich in der Weise, wie es die Wahrheit des Dinges erfordert.[12]

3. Die Vernunft ist die Beurteilungsinstanz für die Verstandesgründe

Die Vernunft beurteilt die Verstandesgründe, wogegen der Verstand niemals die Vernunftgründe zu beurteilen vermag. Bei Erörterung der Frage, ob der menschliche Geist unsterblich sei, führt Cusanus im *Sermo* CCLXXXVIII (285)[13] aus: 'Beachte, der Intellekt (*intellectus*) schaut auf die Verstandeserkenntnisse (*rationes*) und beurteilt, welche Verstandeserkenntnis wahr ist, welche auf die Unsterblichkeit schließt und welche nicht. Er sieht (*videt*) daher seine Unsterblichkeit, wenn er sieht, daß die eine Verstandeserkenntnis näher an deren Erfassung herankommt als eine andere und daß sie (die Unsterblichkeit) in der einen genauer (*praecisius*) widerstrahlt und gezeigt wird als in der anderen. Dieses Urteil könnte die Vernunft aber nicht haben, wenn sie die Unsterblichkeit ihrer selbst ganz und gar nicht sähe (*non videret*) ...'

In *De mente* nimmt Cusanus nach Ablehnung der platonischen *notiones concreatae* eine *vis iudiciaria menti naturaliter concreata* an, die sowohl die Verstandesgründe (*de rationibus*) beurteilt als auch richtet (*iudicat*), was gut, gerecht und wahr ist.[14] Auch wenn Cusanus diese *vis iudiciaria* nicht ausdrücklich Vernunft nennt, so ist doch der Level der Vernunft angesprochen. Die Vernunft avanciert damit in den Rang einer Richterin (*iudex*)[15] und einer Waage (*statera*).[16] Diese richterliche Hoheit der Vernunft gegenüber dem Verstand ist natürlich auch in der Schrift *De coniecturis* impliziert, wenn sich die Vernunft als ontologischer und gnoseologischer Grund des Verstandes ausweist. 'Wenn daher alle Fragen,' schreibt Cusanus, 'die aus dem suchenden Verstand (*ratione*) hervorgehen, all ihr Sein von der Intelligenz (*intelligentia*) hernehmen, [dann] kann keine Frage über die Intelligenz gestellt werden, in der diese nicht schon als Voraussetzung widerleuchtete. Wenn der Verstand über die Intelligenz Untersuchungen anstellt, die (= *intelligentia*) er durch kein sinnenhaftes Zeichen begreift, wie könnte er dann diese Untersuchung beginnen ohne das anregende Licht der Intelligenz, das ihn bestrahlt. Es verhält sich daher die Intelligenz zum Verstand wie Gott selbst zur Intelligenz.'[17] Das aus dem Neuplatonismus übernommene Schema vom Ab- und Aufstieg erläutert dies ebenfalls.[18]

4. *Ineinsfall der Gegensätze und belehrte Unwissenheit*

In dem aufschlußreichen *Brief* des Cusanus an die Mönche in Tegernsee vom 14. September 1453,[19]der uns später noch beschäftigen wird, geht Cusanus auf die Schrift *De mystica theologia* des Pseudo-Areopagiten an Timotheus ein. Dionysius wende in der Theologie bald den affirmativen, bald den negativen Weg zu Gott an. In der vorliegenden Schrift überspringe er diese Disjunktion und gehe über jede Wegnahme (*ablacionem*) und Setzung (*posicionem*) hinaus bis dorthin, wo die Wegnahme mit der Setzung und die Negation mit der Affirmation koinzidiere. 'Das ist jene geheimste (*secretissima*) Theologie, zu welcher keiner der Philosophen gelangt ist und auch nicht gelangen konnte, solange das allgemeine Prinzip der Philosophie festgehalten wird, nämlich daß zwei Kontradiktoria nicht in eins fallen. Der mystisch Theologisierende müsse hingegen jeden Verstand und die Vernunft übersteigen, ... sich in die Dunkelheit stürzen und dann werde er finden, daß das, was der Verstand (*racio*) als unmöglich beurteilt, nämlich daß Sein und Nichtsein zugleich [seien], die Notwendigkeit selbst ist. Ja, würde eine solche Dunkelheit der Unmöglichkeit und eine [solche] Dichtheit (*densitas*) nicht gesehen werden, dann bestünde die höchste Notwendigkeit nicht, die jener Unmöglichkeit nicht widerspricht; vielmehr ist die Unmöglichkeit die wahre Notwendigkeit selbst'.

Was es hier mit dem Überstieg sogar über die Vernunft (*intelligenciam*) auf sich hat, soll vorerst außer Betracht bleiben. Entscheidend ist die Feststellung, daß der Verstand die Koinzidenz der Kontradiktoria für unmöglich erachtet, nicht dagegen die Vernunft. Cusanus exemplifiziert an anderer Stelle die Ohnmacht des Verstandes gegenüber der Koinzidenz der Gegensätze wiederum am Kreis mit seinen Komponenten Zentrum, Peripherie und den gleich langen Linien vom Zentrum zur Peripherie. Wie jedes Tier seine ihm eigene Form des Diskurses habe – der Jagdhund beispielsweise benutze den ihm eingepflanzten Diskurs beim Zusammentreffen mit den ihm durch seine Sinneserfahrung gegebenen Spuren, um so die gesuchte Beute zu erreichen –, so sei auch dem Menschen in der Logik die ihm eigene Form des Diskurses gegeben. Die dafür zuständige Instanz im Menschen ist der Verstand. Denn so lehre uns der arabische Philosoph Algazel: Die Logik ist uns von Natur aus eingegeben; sie ist nämlich eine Kraft der *ratio.*[20] Zur *ratio* bzw. *ratiocinatio* gehöre aber das *quaerere et discurrere.*[21] 'Ein Diskurs ist,' erläutert Cusanus, 'notwendigerweise begrenzt zwischen den Ausgangspunkten und dem Zielpunkt, und dieses einander Gegenüberstehende (*adversa*) heißen wir Kontradiktoria... Aber in der Region der Vernunft (*intellectus*), die sieht, daß in der Einheit die Zahl eingefaltet ist, und im Punkt die Linie und im Zentrum der Kreis, [dort] wird die Koinzidenz von Einheit und Vielheit, Punkt und Linie, Mittelpunkt und Umfang durch eine Schau des Geistes ohne Diskurs berührt, wie Du in den Büchern von *De coniecturis* sehen konntest, wo ich dargelegt habe, daß Gott sogar über (*super*) der Koinzidenz der kontradiktorischen Gegensätze sei, da er gemäß Dionysius die Entgegensetzung des Entgegengesetzten sei.'[22]

Ist der Verstand daher wesentlich durch Hin- und Herlaufen (*discurrere*) bestimmt, so die Vernunft durch Sehen (*videre*).[23] In diesem Sehen vermag sie die Koinzidenz sogar der Kontradiktoria zu berühren (*attingitur*),[24] wie der Vernunft auch die *docta ignorantia* zugeordnet ist. Im Hinblick auf Johannes Wenck läßt der Schüler den Meister in der *Apologia* die Mahnung aussprechen zu beachten, daß die *docta ignorantia* jemanden zu einer Schau (*visionem)* erhebe, die der von einem hohen Turm aus ermöglichten gleiche. 'Wer dort konstituiert ist, sieht (*videt*) das, was durch den unten über das Feld Umherstreifenden auf verschiedenen Wegen (*discurso vario*), Spuren folgend, gesucht wird; er erblickt auch, inwieweit der Suchende sich dem Gesuchten annähert oder sich von ihm entfernt. So urteilt die belehrte Unwissenheit, die in der hohen Region der Vernunft existiert, über die diskursive Denkbewegung.'[25] Auf dem Weg zu Gott muß daher der Verstandesgeist (*spiritus rationis*) besiegt,[26] die *ratio* überstiegen[27] und die Wahrheit dort gesucht werden, wo die Unmöglichkeit begegnet.[28]

II Apriorismus und Kreativität der Vernunft

1. Zum Apriorismus

Trifft der Satz: *nihil in ratione, quod prius non fuit in sensu,* für den *intellectus* nicht mehr zu, trotz der schon[29] erwähnten belegbaren Gegenstellen, dann kann unsere Vernunft ihre Inhalte nicht aus der Sinneserfahrung schöpfen. Daß sie auf diese als dem auch für sie unverzichtbaren exzitativen bzw. inzitativen Moment stets angewiesen bleibt, betont Cusanus unermüdlich. Vernunft muß daher ihre Inhalte in sich haben, da sie, wie es in *De venatione sapientiae* heißt,[30] nichts ergreift, was sie nicht in sich selbst vorfindet. Cusanus legt für diesen Apriorismus eine zweifache Interpretation vor: einmal die Berufung auf die schon vorgebrachte *vis iudiciaria menti naturaliter concreata* im Unterschied zu den *notiones concreatae* des Platon,[31] zum anderen die Bezeichnung der *mens humana* als einer *viva descriptio aeternae et infinitae sapientiae* bzw. als eines 'gewissen göttlichen Samens, der in seiner Kraft die Urbilder aller Dinge begrifflich einfaltet.'[32] Ich glaube, in meinem Aufsatz von 1998 'Das kognitive und affektive Apriori bei der Erfassung des Sittlichen'[33] gezeigt zu haben, daß beide Versionen den Apriorismus belegen. Sie sollten nicht gegeneinander ausgespielt werden. Daher kann Cusanus erklären: 'Unser Geist hat (jenes Urteil) daraus, weil er ein Abbild des Urbildes von allem ist. Gott ist nämlich das Urbild von allem. Da nun das Urbild von allem in unserem Geist wie die Wahrheit im Abbild widerstrahlt, hat dieser in sich, auf was er schaut, gemäß dem er das Urteil über die äußeren Dinge fällt (*in se habet, ad quod respicit, secundum quod iudicium de exterioribus facit).* Wie wenn ein geschriebenes Gesetz lebendig wäre, dieses dann, weil lebendig, die zu fällenden Urteile in sich läse.'[34]

Dieser Apriorismus darf nicht auf die *ontologischen* Inhalte eingegrenzt, sondern muß auch auf die *sittlichen* Inhalte ausgedehnt werden. Das enthüllt z.B. gerade die Rede von der *memoria intellectualis.* Cusanus versteht darunter folgendes: Unser vernunfthafter Geist (*spiritus intellectualis*), nach dem Bild Gottes geschaffen, ist als König in einem dreifach gestuften Himmel anzusehen. Der erste Himmel trägt die Bezeichnung *memoria,* da *mens* sich nach Augustinus[35] von *memoria* herleite, so daß dieser Himmel abbildhaft alles ist. Im zweiten Himmel werde alles gemessen. Daher habe die *mens* ihren Namen von *metiri* erlangt – *mens a metiendo.* Der dritte Himmel ist der der Wonnen, auch einfach Wille genannt. Wenn nun der erste Himmel unseres vernunfthaften Geistes dem zweiten Himmel etwa nicht die Wahrheit, die Gerechtigkeit und die Schönheit darreichte, dann hätte dieser Himmel unseres vernunfthaften Geistes nicht dasjenige, womit er urteilte, was gerecht, wahr und schön ist. Das bedeutet: Für die Beurteilung des sittlich Guten tragen wir apriorische sittliche Maßstäbe in uns, die wir nicht aus der Erfahrung gewinnen können. Denn die *memoria intellectualis* ist, wie es ausdrücklich im *Sermo* CCLXXIII (270) heißt, nicht aus der Erfahrung geschöpft.[36]

2. *Zur Kreativität*

Aus dem Apriorismus der Vernunft ergibt sich nun für Cusanus auch die Kreativität der Vernunft. Zunächst ist jedoch anzumerken, daß bei der Kreativität Cusanus vorzugsweise allgemein von der *mens humana* bzw. vom Menschen spricht.[37] Es fehlen jedoch nicht Stellen, die auch der Vernunft selbst die Kreativität zuordnen. So schreibt Cusanus z.B. in *De beryllo*: 'Der Mensch ... hat die Vernunft, die im Erschaffen (*in creando*) eine Ähnlichkeit der göttlichen Vernunft ist.'[38] Im *Sermo* CCLXXXII (279) von 1457 hören wir: *Unde in omni opere intellectualis naturae relucet similitudo creationis Dei.*[39] Im *Sermo* CLXIX (162) vom Dezember 1454 führt Cusanus folgendes aus: Zuletzt, nach allen Kreaturen, hat Gott gleichsam als einen gewissen göttlichen Samen[40] die *natura intellectualis* 'gesät'. Auf diese Weise ist der Mensch allem Geschaffenen vorangestellt. In ihm hat Gott über den Weg der Einhauchung ein lebendiges Bild seiner selbst hervorgebracht.[41] Wörtlich heißt es dann: 'Wir erfahren aber in uns diese lebendige, bewundernswerte Kraft, die ein göttlicher Same ist, als ein lebendiges Bild, weil wir angleichende Schöpfer (*creatores assimilativi*) sind. So wie Gott, der Schöpfer, durch Einsehen (*intelligendo*) in Wahrheit schafft (*creat*) und bildet, so bringen wir aus unserer Vernunft (*nostro intellectu*) die Ähnlichkeiten der Dinge hervor.[42] Und wie Gott in seinem Sein der

Wirklichkeit nach (*actu*) alle Dinge, die sind oder werden können, einfaltet (*complicat*), so faltet unsere Vernunft alle Ähnlichkeiten aller Dinge der Kraft nach (*in virtute*) ein und faltet sie durch Angleichen aus, und darin besteht das Einsehen (*intelligere*).'[43]

Es ist richtig, daß Cusanus eine einschneidende Zäsur vornehmen möchte zwischen der göttlichen und der menschlichen Vernunft: Jene bringt das Sein schlechthin hervor, den *mundus realis* bzw. die *entia realia,* diese bloß das begriffliche Sein, den *mundus notionalis* bzw. die *entia rationalia et formae artificiales.*[44] Aber für das Hervorbringen der letzteren wird nun exakt der im Mittelalter Gott vorbehaltene Terminus *creare* verwendet.[45]

III Die Polarität von Erkennen und Lieben (intellectus et affectus/amor)

Vernunft bei Cusanus bliebe unzureichend bestimmt, ließe man ihre Polarität zum *affectus* außer acht. Beide haben einen gemeinsamen Ursprung. Im *Sermo* CLXXII (165) erklärt Cusanus kurz und bündig:[46] 'Der Geist (*mens*) ist der Grund von *intellectus et affectus.* Der Geist ist die einfache, vornehmste Kraft, in welcher Erkennen und Lieben in eins fallen.' Damit ist ein elementares Motiv in den Schriften des Cusanus angesprochen, das gerade auch für den zweiten Teil dieser Untersuchung von Bedeutung sein wird: 'Denn der Geist sieht nicht ohne Verlangen ein, und ohne Einsehen verlangt er nicht,'[47] da nichts völlig Unbekanntes geliebt werden kann. Unzählige Male hämmert der Kardinal uns das ein:[48] 'Die Vernunft begehrt (*desiderat*) aufgrund einer gewissen höchst natürlichen Liebe zu wissen, und dieses Verlangen besteht darin, daß sie in sich die Wahrheit trägt. Denn wer zu wissen begehrt, begehrt die Wahrheit zu wissen.'[49] Schon am Anfang von *De docta ignorantia* steht die gewichtige Aussage, daß eine gesunde und freie Vernunft (*intellectus*) in liebendem Umfangen (*amoroso amplexu*) die erfaßte Wahrheit erkennt. Ihretwegen läßt ihr natürliches Lebensgesetz sie unermüdlich alles durchforschen.[50] Ohne diese wechselseitige Komplementarität von *intellectus et affectus/amor* kann Gott, das vorzügliche "Objekt" der Vernunft, nicht gesucht und nicht gefunden werden.[51] Das Postulat einer zur Vernunfterkenntnis gehörigen Liebe geht so weit, daß Cusanus erklären kann: 'Und da Gott die Liebe ist, kann unser Geist Gott nicht [zugleich] wissen und nicht lieben, so daß es kein wahres Wissen von Gott geben kann, wo keine Liebe ist. In jedem Sünder findet sich daher Ignoranz in bezug auf Gott.'[52] Gemeinsam mit *memoria* werden *intellectus* und *affectus* als die *dentes spirituales* gedeutet.[53]

IV Vernunft – das Gott am nächsten kommende Abbild, in dem Gott wie in einem Zelt wohnt

1. *Zur Abbildhaftigkeit*

'Unser vernunfthafter Geist (*spiritus noster intellectualis*),' hebt Cusanus in *De sapientia* hervor, 'hat . . . von der ewigen Weisheit den Grund solchen vernunfthaften

Seins, welches Sein der Weisheit gleichförmiger (*conformius*) ist als jedes nichtvernunfthafte Sein.'[54] Gegen Ende des ersten Buches dieser Schrift wird dann im Hinblick auf den siebenfach abgestuften Grad der Teilhabe an der Weisheit, nämlich als kaum stoffliches, mineralisches, vegetatives, sinnenhaftes, vorstellungsmäßiges bis hin zum Verstandes- und Vernunftsein[55] von letzterem Grad ohne Umschweife erklärt: 'Und dieser Grad ist der höchste, nämlich das der Weisheit am nächsten kommende Bild.'[56] Das Schmeckbare der Vernunft steht über dem sinnenhaft und verstandesmäßig Schmeckbaren.[57] Gemäß dem *Sermo* CLXXXIX (183) verhält sich das intellektuelle Auge zum sinnenhaften wie die Wahrheit zur Ähnlichkeit. 'Kein Sinn ist vornehmer als der Gesichtssinn, so wie kein Vermögen der Seele vornehmer als die Vernunft ist.'[58] 'Was dem göttlichen Geist als der unendlichen Wahrheit zukommt, das kommt unserem Geist als seinem nahestehenden (*propinquae)* Abbild zu.'[59]

Diese Abbildhaftigkeit der Vernunft darf nun beileibe nicht als eine rein ontologisch-statische aufgefaßt werden. Denn dann würde einer der wesentlichen Zielpunkte des cusanischen Denkens verfehlt werden. Die Vernunft ist nach *Sermo* CLXIX (162) ein nicht sinnenhaftes Sehen, das als lebendiges Sehen sich selbst und in sich selbst alles sieht. Sie vermag das wahre Leben, dessen Abbild sie ist, in sich selbst zu schmecken. Aufgrund des intellektuellen Lebens vermag das lebendige Abbild sich als Abbild zu erkennen, und darin erkennt es die Wahrheit und das Urbild und die Form, die ihm das Abbild-Sein schenkt. 'Und das ist das wahre Leben des Abbildes, welches (wahre Leben) in ihr ist wie die Wahrheit im Abbild.'[60] Cusanus fährt dann fort: 'Sodann hat die Vernunft, die sich als lebendiges Abbild einsieht, von Gott die Macht, sich selbst [immer] mehr ihrem Urbild anzugleichen und so kontinuierlich [immer] mehr zur größeren Einung mit ihrem "Objekt", nämlich der Wahrheit, zu gelangen, damit sie [in ihr] in Wonne ruhe. Denn ein Abbild, welches sich als Abbild erkennt, kann keine Ruhe außerhalb seiner Wahrheit finden, deren Abbild es ist. Es befindet sich dann vielmehr in Irrtum und Verwirrung, ja [sogar] im Tode, da es von jenem Einströmen (*influentia*) abgeschnitten ist, welches ihm das lebendige, vernunfthafte Sein gibt.'[61]

Für diesen unendlichen Annäherungsweg unserer Vernunft an Gott, der das Tun, die Selbstgestaltung des Menschen, nicht weniger umgreift als das Erkennen, also sowohl theoretischer wie praktischer Natur ist, darf ich auf meine Ausführungen in dem großen Aufsatz von 1992 verweisen: 'Weisheit als Voraussetzung und Erfüllung der Sehnsucht des menschlichen Geistes',[62] ebenso auf ein anderes Wort des Cusanus im Sermo CCLXXXVIII.[63 u. 64] 'Nicht die Unendlichkeit selber kann unser sein,' schrieb E. Hoffmann 1947, 'aber unser ist die unendliche Aufgabe, ein Ich zu werden.'[65]

2. *Zum Wohnen Gottes in unserer Vernunft wie in einem Zelt*

Die Auszeichnung der menschlichen Vernunft in bezug auf Gott führt nun auch dazu, daß Cusanus Gott erst nach Erschaffung von allem im *tabernaculum* der menschlichen Vernunft sozusagen seine Ruhe finden läßt. In Ausdeutung des alttestamentlichen Buches *Sirach* (= *Ecclesiasticus*), und zwar des Verses 24, 8 (= *Vulgata* 24, 12),[66] paraphrasiert Cusanus: 'Und beachte, wo der Text sagt: "Und er ruhte in meinem Zelt," auf welche Weise Gott Vater im Zelt der Weisheit wohnt. Denn das Zelt der Weisheit ist kein anderes als die Kreatur, die der Weisheit fähig ist; und das ist die intellektuelle Natur. Darum berichtet das Buch *Genesis*, daß Gott den Menschen zuletzt geschaffen und ihm den Geist des Lebens eingehaucht habe. Und nur der Intellekt ist im eigentlichen Sinne Geist des Lebens ... In jener Kreatur, wo das Zelt der Weisheit ist, ruht der Schöpfer, wie dies auch Mose gesehen und beschrieben hat, daß der Schöpfer solange nicht geruht habe, bis er den Geist in den Menschen eingegossen habe, in welchem die Fähigkeit zur Weisheit besteht, damit er den anderen Lebewesen vorstehen könne.'[67] Mag auch der Ort selbst (*locus*) für das vom Ort Aufgenommene, das *locatum*, akzidentell sein, verdeutlicht Cusanus, entsprechend auch der "Ort" der *anima intellectiva* für die ewige Weisheit, so ruht nach *Sermo* CXXIV[68] die Weisheit doch darin wie im Ziel und in der Erfüllung ihrer Werke (*tamquam in fine et complemento operum*).

V Gott bzw. die mit Gott identische Weisheit oder Wahrheit als eigentümliches "Objekt" (proprium obiectum) der menschlichen Vernunft

Im Unterschied zu der heute vielfach eingenommenen Position, daß der Glaube der einzige Zugangsweg zu Gott sei, ist es für Cusanus fast selbstverständlich, auch die Vernunft den Weg zu Gott finden zu lassen. Ja, Gott ist sogar ihr eigentümliches "Objekt". Allein die Vernunft, trägt der Laie in *De sapientia* vor,[69] ist geeignet, sich zum Geschmack der Weisheit zu erheben. Denn in den vernunfthaften Naturen ist das Bild der Weisheit in vernunfthaftem Leben lebendig. Diesem ist die Kraft eigentümlich, aus sich heraus eine lebendige Bewegung hervorzubringen. 'Diese Bewegung besteht darin, durch Erkennen zu ihrem eigentümlichen Gegenstand (*ad proprium suum obiectum*), welcher die absolute Wahrheit ist, die [wiederum] die ewige Weisheit ist, vorzudringen.'[70] Nachdem in *De mente* von 1450, im Unterschied zu *De docta ignorantia* von 1440, nicht mehr das Universum, sondern der Geist zwischen göttlichem Geist und den einzelnen Dingen dieser Welt vermittelt, kann Cusanus festhalten: 'Denn die Kenntnis von Gott bzw. sein Antlitz steigt nur in die geistige Natur (*natura mentali*) hinab, deren Objekt die Wahrheit ist, und darüber hinaus nur durch den Geist, so daß der Geist das Bild Gottes ist und Urbild aller Abbilder Gottes, die nach ihm kommen.'[71] Den Verstand als mögliche Erkenntnisquelle für Gott hat Cusanus schon gleich zu Beginn von *De mente* ausgeschieden.[72] Dieser schöpft seine Erkenntnisinhalte ja notwendigerweise aus der Sinneserfahrung (*nihil in ratione, quod prius non fuit in sensu*). Die Begründung für diese Zuordnung von Vernunft und Gott als ihrem eigentümlichen Erkenntnisziel lautet: 'Die Vernunft, die von der Wahrheit stammt, ist zu ihr hingeneigt. Der Grund der Vernunft, nämlich die Wahrheit, ist auch ihr Gegenstand. Wie wenn die Farbe Schöpfer des Gesichtssinnes wäre, so wie sie auch dessen Objekt ist.'[73] Im unmittelbar diesem Text Vorausgehenden hat Cusanus aufgezeigt, daß das Sein aus Gott für den Menschen im intellektuellen Sein besteht.

Denn alles von Gott Herkommende ist gemäß dem Sein der Natur (*secundum esse naturae*). Aber deswegen ist nicht alles, was im Menschen gemäß seinem Intellekt ist, aus Gott.[74]

Nicht immer, wie eine Stelle aus *De filiatione Dei*[75] zeigt, muß unter der Wahrheit als dem eigentümlichen Objekt der Vernunft gleich die mit Gott identische Wahrheit verstanden werden. '*Verum enim est obiectum intellectus*' heißt es unter Berufung auf Thomas von Aquin[76] im *Sermo* XXXVII von 1444.[77]

In der Anschauung des Cusanus, daß die ewige Weisheit bzw. die absolute Wahrheit "Objekt" der menschlichen Vernunft ist, schlagen zwei Grundmotive cusanischen Denkens durch: einmal die nicht nur von ihm geteilte Lehre, daß das, woraus etwas stammt, zugleich letztes Erkenntnis- und Strebeziel des Erstandenen ist. Am Beispiel von dem gewissermaßen aus dem Magneten hervorgehenden Eisen hat er dies für das Streben des Eisens nach dem Magneten und daran das Streben unseres Vorgeschmackes von der Weisheit nach der Weisheit selbst verdeutlicht.[78] Er sagt dafür auch: *Ex quibus enim sumus, ex illis nutrimur.*[79] Das zweite Grundmotiv ist die anthropologische Grundeinsicht, daß die Vernunft nicht durch das Objekt gesättigt werden kann, das sie überhaupt nicht einsieht, auch nicht durch ein solches, das sie einsieht (*id quod intelligit*),[80] sondern nur durch ein solches, das sie durch Nichteinsehen einsieht (*quod non intelligendo intelligit*).[81] In diesem unendlichen Drang der Vernunft nach vollkommener Sättigung liegt einer der Gründe für die Unsterblichkeit der menschlichen Geistseele.[82]

§ 2. DIE GRENZEN DER MENSCHLICHEN VERNUNFT

Die Darlegungen des Cusanus über den Apriorismus und die Kreativität der menschlichen Vernunft, ihre Überlegenheit gegenüber Sinn, Vorstellung und Verstand, ihre Prärogative als einzigartigem Abbild Gottes bzw. des göttlichen Geistes oder der göttlichen Vernunft, ihre grundlegende Ausrichtung auf Gott als eigentlichem Erkenntnis- und Strebeziel, können nicht darüber hinwegtäuschen, daß der Vernunft empfindliche Grenzen eingeschrieben sind. Ich würde hier gerne von Schwachstellen (*infirmitates*) der Vernunft sprechen, mag auch eine solche Bezeichnung die im ersten Teil der Arbeit herausgestellte positive Singularität der Vernunft wieder rückgängig zu machen scheinen. Aber die Vernunft ist und bleibt eine *endliche* Kraft, eine *virtus terminata*, und eine endliche Kraft vermag eben eine unendliche Kraft (*virtus infinita*) nicht zu erfassen, wie es in *De possest* heißt.[83] Im einzelnen läßt die Vernunft folgende Grenzen erkennen: ihre bloß assimilative, nicht schlechthinnige Kreativität, ihre sowohl im Sein wie im Erkennen notwendigerweise zu machende Voraussetzung der göttlichen Weisheit, ihr Nichterfassen der Wesenheiten der Dinge und Gottes in ihrem jeweiligen Ansich (*uti sunt* bzw. *uti est*), also der konjekturale Charakter ihrer Erkenntnisse, der ja nichts Vorläufiges und daher Überwindbares, sondern etwas Bleibendes und deshalb ein strukturelles Merkmal der Vernunft ist, ihr Verharren in der *docta ignorantia*, ihr endgültiges Zurück-bleiben-Müssen beim Vollzug der *visio mystica*.

I Zur assimilativen Kreativität der Vernunft

Das Wort von den *creatores assimilativi* wurde schon berührt.[84] Erkennen überhaupt, gerade auch das der Vernunft, besteht im Angleichen, Assimilieren. Die Schrift *De mente* zeigt dies sehr schön nacheinander für *sensus, imaginatio, ratio, intellectus* und die dort und noch in einigen anderen Schriften dem *intellectus* übergeordnete *intellectibilitas.*[85] Der *Sermo* CLXIX (162) trägt vor, daß Erkennen (*intelligere*) darin bestehe, daß die Vernunft die in ihrer Kraft eingefalteten Ähnlichkeiten aller Dinge durch Angleichen ausfalte. Diese Angleichung versteht sich als Angleichungsprozeß an die *reinen* Formen, an die *immutabiles rerum quiditates.*[86] Die Schrift *De principio* kontrastiert den *conditor intellectus*, nämlich Gott, mit dem *assimilator intellectus,* der menschlichen Vernunft. 'Der Schöpfer (*conditor*) ist Seingebend (*essentians*), der Angleichende (*assimilator*) ist erkennend (*intelligens*). Der Schöpfer sieht alles in sich, d.h. er sieht sich als schaffendes (*conditivum*) oder formgebendes (*formativum*) Urbild von allem. Sein Erkennen ist daher Erschaffen (*unde eius intelligere est creare*). Die Vernunft als die Angleichende (*assimilator intellectus*), die eine Ähnlichkeit des Schöpfers ist, sieht in sich [auch] alles, d.h. sie sieht sich als begriffliches (*notionale*) oder gestaltbestimmendes (*figurativum*) Urbild, und ihr Erkennen ist daher Angleichen (*et eius intelligere est assimilare*). Wie daher die Schöpfer-Vernunft die Form der Formen oder die Idee der Ideen (*species specierum*)[87] oder der Ort der formbaren Ideen ist,[88] so ist unsere Vernunft die Gestalt der Gestalten oder die Angleichung an das, dem man sich angleichen kann (*assimilatio assimilabilium*), oder der Ort der gestaltbaren Ideen bzw. Angleichungen.'[89] Erkennen (*cognitio*) geschieht durch Ähnlichkeit, heißt es einschränkungslos und kurz in *De mente.*[90] *De venatione sapientiae* wiederholt: *Cognitio est assimilatio.*[91]

Der assimilative Charakter der Vernunfterkenntnis hebt natürlich deren Apriorismus nicht auf. In diesem Apriorismus, in Verbindung mit der von Cusanus stets urgierten Unerläßlichkeit der Sinneserfahrung, haben Cusanus-Forscher nun eine gewisse Ähnlichkeit bzw. Annäherung oder sogar Vorwegnahme der Kantischen Erkenntnisposition gesehen. Theo van Velthoven nennt in seinem nach wie vor sehr lesenswerten Buch,[92] mit der gebotenen Differenzierung, J. Koch, Maurice de Gandillac, Hildegund Menzel-Rogner und vor allem Ernst Hoffmann. Dieser sieht ja, wie schon vor ihm Hermann Cohen,[93] in Cusanus den 'Begründer der deutschen Philosophie.'[94] Für Ernst Hoffmann 'bejahte [Cusanus] vielmehr gleicherweise den empiristischen Satz, daß der Verstand ohne Inhalt wäre, wenn nicht die Sinne ihn lieferten, und gleichermaßen den rationalistischen Satz, daß alle Erkenntnis auf die apriorische Form der innaten Ideen zurückgehe. Schon er hat mit vollendeter Klarheit die erst durch Kant erneuerte Synthese vollzogen, daß die Erkenntnis ihren Inhalt aus den Sinnen, ihre Form aus der Vernunft bezieht.'[95]

Natürlich verleitet das von Kant wie Cusanus angenommene Apriori mit dem Postulat der Unverzichtbarkeit der Sinne dazu, beide in eine verwandtschaftliche Nähe zu bringen. Dennoch ist hier Unterscheidung geboten. Da E. Hoffmann in der angeführten Schrift wiederholt auf den Unterschied von Verstand und Vernunft bei Cusanus hinweist,[96] ist 1. zu seinem ersten Satz in dem eben gebrachten Zitat zu sagen: Der Verstand ist tatsächlich auf die Lieferung des Denkinhaltes durch die Sinne angewiesen, wie wir gesehen haben. 2. Bei der Vernunft ist das gerade nicht mehr der Fall, da sie ihr Erkenntnismaterial bereits komplizit in sich enthält und es nicht mehr aus der Erfahrung zu schöpfen braucht, wenngleich sie auf die Anregung von seiten der Erfahrung angewiesen ist. 'Wie Gott in seinem Sein der Wirklichkeit nach alle Dinge einfaltet, ... so faltet unsere Vernunft alle Ähnlichkeiten aller Dinge der Kraft nach (*in virtute*) ein, und faltet sie durch Angleichen aus, und darin besteht das Erkennen,' lehrt der *Sermo* CLXIX (162).[97] 'Der Inhalt der Erkenntnis, welche der Mensch sich erwirbt, war schon in der Weise der Einfaltung im Geist anwesend.'[98] Auch abgesehen von dem Unterschied zwischen den bloß regulativen Vernunftideen und den konstitutiven Kategorien des Verstandes bei Kant ist zu sagen: Die Kantischen Kategorien sind leere Formen, die selbst keinen Inhalt haben, sondern erst mit dem aus der Sinneserfahrung geschöpften Inhalt gefüllt werden müssen. Die dem Verstand innewohnende und die Erkenntnis bestimmende Bedingung der Möglichkeit ist ausschließlich wirksam als die Form, in der das von den Sinnen angebotene Material geordnet wird.[99] Die von Hoffmann angesprochenen 'innaten Ideen' sind für Cusanus keine leeren Formen, sondern bereits der materiale Grund der Begriffe, denen der Geist etwas von seinem eigenen Inhalt mitteilt. 3. Die Sinneswahrnehmung hat daher bei Cusanus bloß die Funktion einer Anregung, niemals die einer das Material darreichenden Instanz. 4. Inzwischen konnte in einer Trierer Doktorarbeit[100] gezeigt werden, daß hinter Kants Apriorismuslehre seine Vorstellung von der *acquisitio originaria* steht, die als Hintergrundtheorie für Kants Erkenntnisbegriff von kaum zu überschätzender Bedeutung ist. *Acquisitio originaria*[101] besagt: a) Erwerbung, nicht Angeboren- bzw. Eingepflanztsein von Vorstellungen; b) Erwerbung nicht aus der Erfahrung, sondern aus der Erkenntniskraft selbst, weil c) der Erkenntniskraft gewisse Gesetze (*leges menti insitae*) eingepflanzt sind, worunter Kant die Gesetze versteht, gemäß denen die Erkenntniskräfte von Natur aus operieren. d) Aus diesen Gesetzen des Geistes werden bei ihrer Anwendung auf Gegenstände der Sinne, *occasione experientiae*, die reinen Vorstellungen gewonnen.[102] Der Akquisitionscharakter der Vorstellungen und die bloße Beschränkung auf gewisse eingepflanzte Gesetze des Geistes verträgt sich nicht mit dem Apriorismus der cusanischen Vernunft. 5. Im Anschluß an Armando Rigobello[103] weist Velthoven[104] noch auf einen anderen Unterschied hin. Bei Kant ist der Mensch in die Kategorien seines Verstandes eingeschlossen. Diese ermöglichen ihm einen Weg in die Vielheit der sinnlichen Eindrücke, indem er diese zur Einheit bringt. Was der Mensch daher erkennt, ist ein Produkt aus dem rohen Material der Sinnesempfindung und den subjektiven Formen des Verstandes, die 'Erscheinung' also, niemals das Ding an sich. 'Die "complicatio" in der cusanischen Auffassung aber ist die implizite Anwesenheit der Seienden im Geist und diese verbürgt als solche den Wirklichkeitsgehalt unserer Begriffe und Urteile. Durch die begriffliche Einfaltung steht der Geist in einem ursprünglichen Bezug zur Wirklichkeit, denn sie ist eine Partizipation an der absoluten Einheit, welche die Totalität des Seins in sich enthält. Dadurch findet der Mensch die Möglichkeit in sich, die seine Erkenntnis übersteigende Wirklichkeit des Unendlichen zu bejahen und dieses in bewußter Unwissenheit zu berühren.' Bei Kant ist das nicht mehr der Fall.[105] Dadurch, daß Cusanus die Kreativität der Vernunft mit dem Siegel der Assimilation versieht, verläßt er noch nicht den Horizont des mittelalterlichen Denkens, wenngleich er diesem sein eigenes Profil aufprägt und es dadurch auf Zukunft hin öffnet.

II Nur in der göttlichen Weisheit vermag die Vernunft alles zu erkennen

Die schöpferische Kraft der Vernunft und die von Cusanus vollzogene Übernahme des protagoreischen, jedoch richtig zu verstehenden Satzes vom Menschen als Maß der Dinge (*mensura rerum*)[106] können und wollen die Tatsache nicht verdecken, daß der Mensch, seine Vernunft, ein *abhängiges* Wesen ist. Diese Abhängigkeit von einem Höheren und Göttlichen kommt sodann in der cusanischen Anschauung zum Ausdruck, daß 'einzig die ewige Weisheit es ist, *in* der jede Vernunft zu erkennen vermag.'[107] Cusanus insistiert zwar darauf, daß der Grund aller Dinge 'durch die Vernunft unberührbar sei,' dennoch ist der Grund aller Dinge das Prinzip, '*durch* das, *in* dem und *aus* dem jedes Erkennbare erkannt wird.'[108] Menschliche Vernunft hat daher nicht nur ihr ontologisches, sondern auch ihr gnoseologisches Apriori, so daß ohne eine wie immer beschaffene vorgängige Erkenntnis der göttlichen Weisheit nichts in der Welt erkannt werden kann. Das ist die Lehre des Cusanus, wie er sie z.B. auch in *De mente* formuliert.[109]

III Gott und seine Erkennbarkeit durch die Vernunft

Wenn die Vernunft schon immer für ihr Erkennen irgendeine Erkenntnis Gottes bzw. der göttlichen Weisheit voraussetzen muß, wenn Gott sozusagen ihr *proprium obiectum* ist, dann scheint sie einen ungehinderten Zugriff auf Gott zu haben. Diese naheliegende Folgerung wehrt Cusanus ab. 'Denn das Prinzip von allem ist das, durch das, in dem und aus dem jedes Erkennbare erkannt wird, und dennoch ist es durch die Vernunft unberührbar (*intellectu inattingibile*).'[110] Reicht daher, so sieht es jetzt auf einmal aus, die Vernunft überhaupt nicht an Gott heran? Das sei so, erklärt Cusanus, wie bei der Eins, der Unze und dem Petit. Die Einheit könne nicht durch die Zahl, die Unze nicht durch das Gewicht und das Petit nicht durch das Maß erfaßt werden, weil Zahl, Gewicht und Maß später als die Einheit, die Unze und das Gewicht sind. Das von Natur aus Frühere (*natura prius*) könne nicht aus dem der Natur nach Späteren (*natura posterius*) gewonnen werden.[111] 'Denn der Grund aller Dinge ist dasjenige, durch das, in dem und aus dem jedes Prinzipiierbare seinen Ursprung nimmt, und das dennoch durch kein Prinzipiat berührbar ist (*et tamen per nullum principiatum attingibile*).'[112]

Gott, das *obiectum proprium* der menschlichen Vernunft, dessen wie immer geartete Kenntnisnahme Voraussetzung für jedes weitere Erkennen ist, soll nicht erkennbar, nicht einmal berührbar sein? Eine solch rigorose, ja geradezu widersprüchliche Aussageweise kann von Cusanus nicht intendiert sein. Cusanus will auf etwas anderes hinaus. Da die Vernunft nur die Angleichungen an die reinen Formen bzw. Wesenheiten der Dinge erfaßt, wie wir gesehen haben,[113] aber nicht die reinen Formen in ihrem Ansich, *uti sunt,* gilt dies erst recht für die Gotteserkenntnis. Wir erkennen ihn nicht, wie er in sich ist, *uti est,* aber doch in der Andersheit des Abbildes. Darauf laufen die vielen Aussagen des Cusanus hinaus, daß Gott jenseits dessen ist, was begriffen (*concipi*), gedacht bzw. gewußt (*cogitari/ sciri*), gesagt oder genannt (*dici/nominari*) werden kann. Die Vernunft versagt nicht völlig bei der Gotteserkenntnis. Es bleibt ihr nämlich die *docta ignorantia* bzw. die *comprehensibilis incomprehensibilitas* als die *verior via* zu Gott. Denn Gott, der die Wahrheit ist, welche "Objekt" der Vernunft ist, ist in sich höchst einsehbar, aber wegen seiner überragenden Intelligibilität zugleich uneinsehbar.[114] Damit stellt sich nun die Frage, ob die Vernunft auch noch in der *visio mystica,* genauer: in deren Vollzug, einen Platz hat.

IV Begrenzter Stellenwert der visio mystica im Denken des Cusanus

In dem schon zitierten *Brief* vom 14. September 1453 nennt Cusanus diese *visio mystica* eine *unio Dei et visio illa ... sine velamine.*[115] Über sich selbst bemerkt er in bezug auf eine solche *visio* im *Brief* vom 22. September 1452 an Abt Kaspar Aindorffer: 'Verzeiht mir, bitte ich diesmal; ein andermal ausführlicher (*emuleacius*)[116] darüber (über die *visio* im Sinne des Paulus widerfahrenen *raptus*), wenn Gott es gewährt haben mag. Es kann nämlich jemand anderen einen Weg zeigen, den er vom Hörensagen her als den wahren weiß, auch wenn er selbst auf diesem Weg nicht gewandelt ist. Jedoch sicherer (*certius*), wer den Weg durch Sehen (*visu*) einhergeschritten ist. Was mich anbelangt: Wenn ich etwas geschrieben oder gesagt haben werde, so wird es ziemlich unsicher (*incertius*) sein; ich habe [den Herrn] noch nicht gekostet, da der Herr wonnevoll ist.'[117]

Auch in *De visione Dei* gibt Cusanus deutlich genug zu verstehen, daß ihm diese Schau Gottes (noch) nicht zuteil geworden ist.[118] Er weiß jedoch um den sehr kostbaren und ganz fruchtbaren Schatz (*thesaurus*) der mystischen Theologie, wie er sich zu Anfang von *De visione Dei* ausdrückt.[119] Das Wort des Bernhard von Waging in dessen *Brief,* zwischen dem 12. Februar und 18. März 1454 abgefaßt, über die *unio mystica* als etwas Seltenes (*rarum*) und Kostbares (*carum*)[120] läßt er daher gelten. Cusanus wird als Experte für die mystische Theologie angesehen.[121] Er warnt vor Täuschung im *raptus,*[122] erklärt sehr deutlich in dem einschlägig wichtigen *Brief* vom 14. September 1453: 'Jedoch wie wir uns selbst zur mystischen Theologie hinüberbringen können, so daß wir in der Unmöglichkeit die Notwendigkeit und in der Negation die Affirmation verkosten, das ist schwierig darzulegen; denn jenes Verkosten, welches ohne die größte Wonne und Liebe nicht zu sein vermag, kann in dieser Welt nicht vollkommen erlangt werden.'[123] Ja, Cusanus kann sogar soweit gehen und in der Schrift *De sapientia* ganz zum Schluß zum Ergebnis kommen: Die Untersuchung über die Weisheit hat dazu geführt, alles, was in der ewigen Weisheit zu betrachten eingeräumt wird, zu sehen 'in der einfachsten Geradheit und Richtigkeit aufs wahrste, genaueste, unverworren und aufs vollkommenste, wenngleich vermittels eines Rätselbildes (*licet medio aenigmatico*), ohne das es eine Gottesschau (*dei visio*) in dieser Welt nicht geben kann, bis Gott gewährt haben wird, daß er ohne Rätsel uns sichtbar werde.'[124] Man muß noch hinzufügen, daß die *unio mystica* für Cusanus deshalb kein ihn fundamental bewegendes Thema ist, weil er der Ansicht ist, daß Gott uns bereits alles für das Leben in dieser Welt Notwendige gegeben habe. Die Schrift *De visione Dei* bringt dies am Ende als ihr Resumee:[125]

Es sind insgesamt sechs Geschenke, die Gott dem Menschen gegeben hat, damit er den Weg zu Ihm finde: die sichtbare Welt, die ganze Schrift, die vernunfthaften Geister, Jesus,[126] den Heiligen Geist und den Vorgeschmack des Lebens in Herrlichkeit.[127] Damit könnte man eigentlich die mystische Theologie des Cusanus auf sich beruhen lassen, hätte er nicht doch gewichtsvolle und aussagekräftige Äußerungen zur *unio mystica* vorgelegt. Diese müssen wir uns im folgenden anschauen.

V Die Rolle der Vernunft in der visio mystica im einzelnen

1. Überstieg über Sinn, Verstand, Vernunft, jedes Intelligible und über sich selbst

Der Weg zur *unio Dei sine velamine* bzw. zur *unio* mit der *attrahens sapientia,* wie es in *De sapientia* heißt,[128] führt über die Sinne, den Verstand und sogar über die Vernunft (*intelligentia/intellectus*) hinaus. Der entsprechende Text aus dem *Brief* vom 14. September 1453 wurde bereits oben[129] zitiert. Sinn und Verstand, auch die Einbildungskraft (*imaginatio/phantasia*), versagen schon bei der verhüllten Erkenntnis Gottes in den Dingen. Denn Sinn und Einbildungskraft vermögen nichts zu berühren, was nicht ein *quantum ist.*[130] Auch die *ratio,* von Cusanus gelegentlich als die *supremitas perfectionis sensibilis virtutis* bzw. *supremitas sensitivae (virtutis)* bezeichnet,[131] verfügt über keinerlei Kompetenz in bezug auf den Gottesgedanken[132] und muß daher, wie der genannte *Brief*[133] und *De visione Dei*[134] *nominatim* ausweisen, überwunden werden.

Am überraschendsten ist der Überstieg über die Vernunft und jedes Intelligible,[135] da Cusanus doch an der kognitiven Komponente des Aufstiegs zu Gott wie auch sonst so betont festhält. Vinzenz von Aggsbach wirft er vor, daß die von ihm beschriebene Weise des Aufstieges zu Gott, nämlich 'aufgrund des Affektes die Vernunft preiszugeben' (*per affectum linquendo intellectum*),[136] weder überliefert noch gewußt werden könne. Er selbst (Vinzenz) habe ihn nach eigener Aussage auch nicht erfahren. Notwendig sei für jeden Liebenden, der zur Einung mit dem Geliebten unwissend (*ignote*) aufsteigen wolle, irgendeine Erkenntnis (*cognicionem qualemcumque*) vorauszuschicken, weil das gänzlich Unbekannte nicht geliebt noch gefunden und, wenn es auch gefunden würde, nicht begriffen werde. Daher sei jener Weg, wo jemand versucht, unwissend aufzusteigen, weder sicher noch in den Schriften zu überliefern.[137] Da Cusanus aber nun den Überstieg über die Vernunft[138] und die Preisgabe eines jeden Intelligiblen,[139] ja sogar des eigenen Selbst einfordert,[140] muß nach dem besonderen Sinn dieses cusanischen Schrittes gefragt werden, zumal er das *ignote consurgere* auf den Intellekt und nicht auf den *affectus* bezieht.[141] Jedenfalls führt dieser Schritt zwangsläufig zur *confusio intellectualis*,[142] dazu, daß man die Seele unsinnig werden lassen muß (*insanire facere animam*),[143] die Vernunft unwissend wird (*intellectum ignorantem fieri*) und sie sich im Dunkel ansiedeln muß.[144]

2. *Zum Begriff der Dunkelheit (umbra – tenebra – caligo – nebula – nubes – obscuritas) bei Cusanus*

Cusanus unterscheidet einen dreifachen Begriff der Dunkelheit:

(a) Dunkelheit und *docta ignorantia* gehören wesentlich zusammen, da letztere uns lehrt, daß wir bei der Erkenntnis der körperlichen Dinge keine Genauigkeit erreichen, wir uns nach Aristoteles bei dem 'von Natur aus Offenkundigsten' (*in natura manifestissimis*) in der gleichen Situation befinden wie die Nachteule gegenüber der Sonne, und überhaupt auch der Lernbegierigste in der Wissenschaft nichts Vollkommeneres erreichen wird, als in dem ihm eigentümlichen Nichtwissen für ganz belehrt gefunden zu werden.[145] 'Die Genauigkeit der Wahrheit leuchtet in der Finsternis unserer Unwissenheit in unbegreiflicher Weise auf,' heißt es am Ende von Buch I von *De docta ignorantia*. 'Das ist jene belehrte Unwissenheit, die wir gesucht haben.'[146] Kann Gott in seinem Ansich (*uti est*) von keinem Begriff, keinem Wissen, keinem Namen und keiner Wissenschaft eingeholt werden, wie schon gesagt wurde, dann kann, da wir auf diese denkerischen Mittel angewiesen sind, unsere Erkenntnis von ihm sich nur in Dunkelheit vollziehen. Die Dunkelheit der *docta ignorantia* ist allerdings eine *sacratissima ignorantia*.[147] Sie ist ja keine absolute Finsternis.

(b) Die Dunkelheit der negativen Theologie

Eng mit dem ersten Begriff von Dunkelheit hängt ein weiterer Begriff von Dunkelheit zusammen, der mit der negativen Theologie gegeben ist, nämlich die mit der Entfernung aller Aussagen von Gott entstehende *caligo*, so daß dem Gott-Suchenden eher ein Nichts als ein Etwas begegnet (*ut sic pocius nichil quam aliquid occurrat quaerenti*).[148] Gott werde dann, bemerkt Cusanus dazu, nicht unverhüllt (*revelate*) gesehen. Gott werde nämlich nicht als seiend, sondern vielmehr als nichtseiend gefunden. Sucht man ihn dagegen in positiver Weise, wird er nur über den Weg der Nachbildung (*imitacio*) und verhüllt (*velate*) gefunden, und niemals unverhüllt.[149]

(c) Die Dunkelheit der Koinzidenz

Mit der Bemerkung des Cusanus hinsichtlich der negativen Theologie, daß sie nicht die von ihm intendierte Dunkelheit (*caligo*)[150] besage, stoßen wir auf einen dritten Begriff von Dunkelheit bei ihm, nämlich den mit der Koinzidenz der Gegensätze, zumal der kontradiktorischen, gegebenen Begriff von Dunkelheit. Es ist jene Dunkelheit, die sich nach Cusanus einstellt, wenn man im Sinne des Dionysius über die Disjunktion von negativer und affirmativer Theologie hinausgeht bis zur Koinzidenz von Wegnahme und Setzung, Negation und Affirmation,[151] wo das für den Verstand als Unmöglichkeit Erachtete sich als die höchste Notwendigkeit entpuppt.[152] 'Wenn der Geist nämlich nicht mehr einsieht (*intelligit*), konstituiert er sich im Schatten der Unwissenheit (*umbra ignorancie*), und wenn er die Finsternis wahrnimmt (*sentit*), ist dies ein Zeichen, daß dort Gott ist, den er sucht. So verhält es sich auch bei dem, der die Sonne sucht. Wenn er in richtiger Weise ihr entgegengeht, entsteht wegen der Vortrefflichkeit (*excellenciam*) der Sonne Dunkelheit in dem schwachen Gesichtssinn. Und wenn diese Dunkelheit nicht aufträte, dann hätte er nicht den richtigen Weg zu jenem vortrefflichen Licht beschritten.'[153] Damit ist natürlich gleichzeitig auch gesagt, daß, wie die Sonne selbst nicht Dunkelheit, sondern hellstes Licht ist, so auch Gott in sich, sogar noch unendlich mehr als die Sonne, nicht Dunkelheit, sondern reinste Helligkeit ist.[154]

3. *Einheit von mystischer Einung, belehrter Unwissenheit und Koinzidenz*

Mit dem Überstieg über Verstand, Vernunft und jedes Intelligible ist für die *unio mystica* genauso wie für die *docta ignorantia* das dieser eigene Nichtwissen gegeben. Im *Brief* vom 22. September 1452 schreibt Cusanus: 'Es wohnt daher in einer jeden derartigen Liebe, durch welche jemand sich zu Gott tragen läßt (*vehitur in Deum*), Erkenntnis inne, wenn er auch nicht weiß, was es ist (*quid sit*), das er liebt. Es ist dies daher eine Koinzidenz von Wissen und Unwissenheit bzw. eine belehrte Unwissenheit.'[155] Mystische Theologie befindet sich daher im Konsens mit der *docta ignorantia.*[156] Und die Koinzidenz der Gegensätze, von der *Aristotelica secta* für Häresie gehalten, ist der Anfang des Aufstieges zur mystischen Theologie (*initium ascensus in mysticam theologiam*), verteidigt Cusanus sich in der *Apologia* 1449.[157] Infolgedessen spitzt sich die Frage noch mehr zu, ob in der *unio mystica* selbst, d.h. in ihrem Vollzug, noch irgendeine Erkenntnisfunktion erhalten bleibt – Cusanus sprach vom *sentire caliginem* –,[158] oder ob das Erkennen bloß ein der *unio mystica* selbst noch vorausgehendes Stadium ist, wie er an anderer Stelle sich ausdrückt.[159]

4. *Erkennen bzw. Sehen noch in der unio mystica?*

(a) Unsere Glückseligkeit besteht im *videre* bzw. *cognoscere Deum*

Der 'mystisch Theologisierende' muß sogar die Vernunft und sich selbst hinter sich lassen, erfahren wir im *Brief* vom 14. September 1453.[160] In einem Schreiben aus der Zeit zwischen dem 12. Februar und 18. März 1454 an Cusanus spricht Bernhard von Waging den *amor misticus* an.[161] In seiner Replik vom 18. März 1454 geht Cusanus aber weniger auf den *amor misticus* als vielmehr auf unsere Glückseligkeit (*felicitas*) ein, den *gustus suavitatis divine.*[162] Nach der Lehre Christi bestehe diese im Erkennen (*cognicio*).[163] Da Gott die Liebe ist,[164] 'besteht die letzte unserer Sehnsüchte darin, die absolute Liebe zu schmecken und zu sehen' (*gustare et videre*).[165] Gott, die Liebe, ist zwar in allem, 'aber wir sind deswegen noch nicht glücklich, es sei denn, daß wir ihn in uns sehen' (*videamus in nobis*).[166] Weil Gott "Gegenstand" sowohl des Intellekts wie des Willens ist, muß man zu seiner Erfassung auf die Koinzidenz rekurrieren, obwohl er in seinem Ansich (*uti est*) erst in einem Überstieg über alles, was gleichermaßen eingesehen und geliebt wird, berührt wird. Wenn unsere Glückseligkeit jedoch das letzte aller erstrebbaren Güter ist, und diese im Erkennen Gottes besteht (*cognoscere deum*), kann nicht negiert werden, daß, wo die Glückseligkeit existiert, Erkennen Lieben und Lieben Erkennen ist (*ubi est felicitas, cognoscere sit amare, et amare cognoscere*).[167] Anstelle von *cognoscere Deum* kann Cusanus im selben Antwortschreiben unsere Glückseligkeit auch mit dem Ausdruck *visio Dei* umschreiben, ebenfalls unter Berufung auf Christus. Gott zu sehen (*videre deum*) – das ist die höchste Vollkommenheit – bedeute, jeden anderen Modus, Gott zu berühren, in sich einzufalten. Denn da wir, begründet Cusanus weiter, all das, was zu uns über einen der Sinne gelangt, zu *sehen* begehren, erscheint das Sehen gewissermaßen als die letzte Vollkommenheit der wahrnehmenden Sinne. Daher müsse auch das Sehen Gottes (gen. obiec.) als die Form und Vollkommenheit der übrigen Berührungsweisen von Gott angesehen werden.[168]

(b) Cognoscere bzw. videre Deum auch in der unio mystica?

Haben wir ein solches *cognoscere* oder *videre Deum* auch noch in der *unio mystica* bei Cusanus? Die lapidare Erklärung im *Brief* vom 14. September 1453 schließt die Vernunft[169] und damit ein Erkennen ihrerseits bzw. das für sie typische *videre* aus. Der Aufstieg zu Gott geschieht zwar nicht ohne eine vorausgeschickte Erkenntnis (*premittere cognicionem*),[170] aber die Einung mit dem Geliebten geschieht *ignote*. Denn nicht nur das *scienter*, sondern auch das *ignote consurgere* beziehe sich auf den Intellekt, nicht auf den Affekt.[171] *Sciencia et ignorancia respiciunt intellectum, non voluntatem, sicut bonum et malum voluntatem, non intellectum*, erklärt Cusanus in lakonischer Kürze. Damit stimmt die Aussage zu Beginn von *De visione Dei* überein, daß er, Cusanus, in seiner Ausführung über die mystische Theologie Wunderbares darlegen werde, was über jeden *sensibilis, rationalis et intellectualis visus* hinaus enthüllt werde.[172] Ganz in Konsistenz hiermit befinden sich auch die folgenden Bestimmungen: Wenn die Vernunft im Vollzug der *unio mystica* zurückgelassen werden muß, fallen Wissen/Wissenschaft und Begriffe aus, kann, solange noch 'etwas' (*aliquid*) gesehen wird, dies nicht das Gesuchte sein,[173] obwohl der in das Dunkel Eintretende weiß (*scit*), daß er sich in der Dunkelheit befindet, weiß (*scit*), daß er sich dem Angesicht der Sonne genähert hat. Je größer er die Dunkelheit weiß, um so wahrer berührt er in der Dunkelheit das unsichtbare Licht.[174] Statt *scire caliginem* heißt es im *Brief* vom 14. September 1453: *sentit caliginem*.[175] Ganz deutlich wird wiederum *De visione Dei*: 'Die Mauer [der Koinzidenz] ist nämlich die Grenze für die Macht einer jeden Vernunft (*omnis intellectus*), wenngleich das Auge [des Geistes] darüber hinaus (*ultra*) in das Paradies zu blicken vermag (*respiciat*). Das aber, was es sieht, kann es weder nennen noch einsehen.'[176] Konsequent wiederum dazu stellt Cusanus in *De possest* heraus, daß der Name Gottes '*Ego sum qui sum*'[177] den Betrachtenden über allen Sinn, Verstand und alle Vernunft hinaus zur *visio mystica* führe, in welcher der Aufstieg jeder erkennenden Kraft (*omnis cognitivae virtutis*) sein Ende und die Enthüllung des unbekannten Gottes ihren Anfang finde.[178] Genauso auch an späterer Stelle dieser Schrift,[179] wo jedoch die überraschende Feststellung getroffen wird, daß Gott von dem höchsten, von allen Phantasmata gelösten Intellekt als nichts von allem, was ist, gefunden werde,[180] jedoch 'als der Uneinsehbare unwissend oder uneinsichtig (*inintelligibilis ignoranter seu inintelligibiliter*), in Schatten oder Dunkelheit oder unerkannt (*in umbra seu tenebra sive incognite*). Dort wird er in Finsternis gesehen (*videtur in caligine*), und man weiß nicht, was für ein Wesen oder Ding oder was vom Seienden er ist, als eine *res*, in der die Gegensätze in eins fallen... Diese Schau (*visio*) vollzieht sich in der Dunkelheit, in der sich der *deus absconditus* selbst vor den Augen aller Weisen verbirgt.'[181]

5. *Ergebnis im Hinblick auf Vernunft und mystica visio*

Sammelt man einmal die Ausdrücke, mit denen diese Schau im Dunkel umschrieben wird, so sind es im wesentlichen die schon im vorigen genannten Termini: *sentire*[182] bzw. *scire caliginem*[183] oder auch *caligo revelat*,[184] *attingere in caligine*,[185] *respicere*,[186] ein *videre* des *non visibile*,[187] ein *ignorare* des *quid est*,[188] ein *initium* der Enthüllung des unbekannten Gottes,[189] ein *gustare* bzw. *praegustare*[190] und vor allem das *videre*.[191] Mit letzterem ist gegen H. G. Senger[192] gezeigt, daß die mystische Einung für Cusanus ein Sehen ist, und R. Haubst[193] wird bestätigt, wenn er zwischen dem '*mystischen' Sehen* Gottes und der unmittelbaren Schau Gottes '*jenseits*' der Mauer unterscheidet. Ebenso bestätigt sich die Konzeption von A. M. Haas in seinem oben[194] genannten Werk. Denn die mystische Schau Gottes vollzieht sich in Dunkelheit,[195] ist bloß der Anfang der Enthüllung des unbekannten Gottes,[196] läßt nicht *mehr* zu, als daß ich am Eingang des Ineinsfalls der Gegensätze, den der am Zugang des Paradieses aufgestellte Engel bewacht, Dich, Herr, zu sehen beginne (*videre incipio*).[197] *Das der Vernunft eigentümliche Sehen kann mit diesem Sehen nicht mehr gemeint sein,* da die Vernunft ja zurückgelassen bzw. überstiegen werden mußte. Die Vernunft scheitert am *Vollzug* der mystischen Schau.[198] Was mit 'dem Auge [des Geistes]'[199] bzw. mit der 'von allen Phantasmata gelösten Vernunft'[200] gemeint ist, die sozusagen einen ersten Blick ins Paradies werfen können,[201] ist schwerlich zu bestimmen. Cusanus bringt dazu keine näheren Angaben. Auch das Wort *rapere/raptus*, von Cusanus neben dem jeweiligen Bezug auf Paulus (2 *Kor* 12, 4)[202] auch unabhängig davon öfter angeführt,[203] hilft nicht weiter, wie z.B. folgender Satz zeigt: Rapitur enim amorosus spiritus, in quo per fidem habitat Jesus, usque ad visionem, quae est degustatio praeambula felicitatis aeternae, quam expectamus.[204] Was das für ein Sehen ist, bleibt offen.

Kurt Flasch hat in seinem großen Cusanus-Buch von 1998[205] für eine betont nüchtern gehaltene Interpretation des Wortes 'mystisch' bei Cusanus plädiert. Dem ist darin zuzustimmen, daß das Wort 'mystisch' bzw. 'Mystik' bei Cusanus eine mehrfache Bedeutung annehmen kann.[206] Zu Recht wendet Flasch sich auch gegen die Übertragung eines populären Begriffs von Mystik auf Cusanus,[207] ferner, ganz im Einklang mit Cusanus, gegen eine 'rein affektive Deutung der mystischen Theologie.'[208] Viele seiner Bemerkungen laufen darauf hinaus, was ich oben[209] den begrenzten Stellenwert der Mystik im Denken des Cusanus genannt habe. Man sollte nicht dort schon von Mystik reden, wo ein einfacheres Verständnis das naheliegendere ist.[210] Trotzdem gibt es Bemerkungen bei Flasch, die dem Phänomen Mystik bei Cusanus nicht gerecht werden,[211] geschweige denn, daß er eine ausführlichere und präzise Beschreibung der Mystik im cusanischen Verständnis gebracht hätte, wie vor mir A. M. Haas und R. Haubst und ich es hier versucht haben. Flaschs Äußerungen zur cusanischen Mystik leiden daher an einem erheblichen Defizit.

Plotin, von dem Cusanus nur das wenige in der *Praeparatio evangelica* des Eusebius von Cäsarea Erhaltene kannte,[212] opferte für den Akt der mystischen Einung den 'verständigen Geist' (νοῦς ἔμφπρων), ließ dafür aber den 'liebenden Geist' (νοῦς ἐρῶν) zur Geltung kommen.[213]

Daß die mystische Schau im Sinne des Cusanus ein gnadenhaftes Geschehen ist,[214] konnte hier nicht behandelt, sollte aber doch wenigstens angemerkt werden.

BIBLIOGRAPHIE

Baum, Wilhelm/Senoner, Raimund (ed.), (1998), *NvK. Briefe und Dokumente zum Brixener Streit,* Wien.
Bormann, Karl, (1999), *Nikolaus von Kues: 'Der Mensch als zweiter Gott'.* Trierer Cusanus Lecture, H. 5, Trier.
Bredow von, Gerda, (1978), *Der Geist als lebendiges Abbild Gottes (Mens viva imago Dei),* MFCG, 13: pp. 58–67.
—— (übers.), (1999), *Nikolaus von Kues. Gespräch über das Globusspiel.* NvKdÜ, H. 21, Hamburg.
Cohen, Hermann, (1896, ³1914), *Einleitung mit kritischem Nachtrag zur 'Geschichte des Materialismus' von F. A. Lange.* Werke, Vol. V/2.
——, (1902, ⁴1972), *Logik der reinen Erkenntnis.* Werke, Vol. VI.
Cusanus, Nicolaus: *Apol.* (h II).
——, *Comp.* (h XI/3).
——, *Crib. Alk.* (h VIII).
——, *De ap. theor.* (h XII).
——, *De beryl.* (h ² XI/1).
——, *De coni.* (h III).
——, *De dato* (h IV).
——, *De docta ign.* (h I).
——, *De fil.* (h IV).
——, *De Gen.* (h IV).
—— *De ludo* (h IX).
——, *De mente* (h ²V).
——, *De non aliud* (h XIII).
——, *De pace* (h VII).
——, *De poss.* (h XI/2)
——, *De princ.*(h X/2b).
——, *De quaer.* (h IV).
——, *De sap.* (h ²V).

——, *De theol. compl.* (h X/2a).
——, *De ven. sap.* (h XII).
——, *De vis.* (h VI).
——, *Sermo* IV; *Sermo* XII; *Sermo* XIX; *Sermo* XXII (h XVI)
——, *Sermo* XXXVII; *Sermo* LVIII; *Sermo* LXXI (h XVII)
——, *Sermo* XCVII (92) (in: V_2).
——, *Sermo* CXXIV; *Sermo* CLII (145) (h XVIII)
——, *Sermo* CLXIII (155); *Sermo* CLXIX (162); *Sermo* CLXXII (165); *Sermo* CLXXIII (166); *Sermo* CLXXIV (167); *Sermo* CLXXVIII (171); *Sermo* CLXXXVII (181); *Sermo* CLXXXIX (183); *Sermo* CCXXXIII (230); *Sermo* CCXLIII (240); *Sermo* CCXLVIII (245); *Sermo* CCLXIX (266); *Sermo* CCLXXIII (270); *Sermo* CCLXXXIII (280); *Sermo* CCLXXXII (279); *Sermo* CCLXXXVIII (285) (in: V_2).
——, *Brief* des NvK vom 22.9.1452; *Brief* des NvK vom 14.9.1453; *Brief* des NvK vom 18.3.1454 (in: Vansteenberghe (1915) *Autour*).
Dupré, Wilhelm (übers.), (1964–67), *Nikolaus von Kues. Philosophisch-Theologische Schriften,* Vol. I–III, Wien.
Feigl, Maria/Koch, Josef, (1967), *Über den Ursprung. De principio.* NvKdÜ, Heidelberg.
Flasch, Kurt, (1973), *Die Metaphysik des Einen bei Nikolaus von Kues,* in: SPAMP, Bd. VI, Leiden.
——, (1983), *Nikolaus von Kues,* in: *Exempla historica* – Epochen der Weltgeschichte in Biographien, Bd. 25, 65–85, Frankfurt a. M.
——, (1998), *Nikolaus von Kues. Entwicklung seines Denkens,* Frankfurt a. M.
Haas, Alois Maria, (1989), *Deum mistice videre ... in caligine coincidencie. Zum Verhältnis Nikolaus' von Kues zur Mystik,* Vorträge der Aeneas-Silvius-Stiftung an der Universität Basel, Bd. 24, Basel u. Frankfurt a. M.
Haubst, Rudolf, (1989), *Die erkenntnistheoretische und mystische Bedeutung der Mauer der Koinzidenz,* MFCG, 18: pp. 167–191.
——, (1991), *Streifzüge in die cusanische Theologie,* Trier.
Hoffmann, Ernst, (1935), *Nikolaus von Kues. 1401–1464,* in: Die großen Deutschen, hg. v. W. Andreas u. W. v. Scholz, Bd. 1: pp. 246–266, Berlin.
——, (1947), *Nikolaus von Cues. Zwei Vorträge,* Heidelberg.
Honecker, Martin/Menzel-Rogner, Hildegund, (1949), *Nikolaus von Cues. Der Laie über den Geist. Einführung,* NvKdÜ, H. 10: pp. VII–LXII, Hamburg.
Hopkins, Jaspers, (1996), *Nicholas of Cusa on Wisdom and Knowledge,* Minneapolis.
Jaspers, Karl, (1964, ^{2}1988), *Nikolaus Cusanus,* München.
Kallen, Gerhard (ed.), (1935), *De auctoritate praesidendi in concilio generali, CT* II.
Kant, Immanuel, (1968), Weischedel (Hg.), *Kant. Werke in 10 Bden,* Darmstadt.
Koch, Josef, (1956), *Die ars coniecturalis des Nikolaus von Kues,* Köln/Opladen.
Kremer, Klaus, (1962), *Die creatio nach Thomas von Aquin und dem Liber de Causis,* in: *Ekklesia.* FS für Bischof Dr. Matthias Wehr, pp. 321–344, Trier.
——, (1978), *Erkennen bei Nikolaus von Kues. Apriorismus – Assimilation – Abstraktion,* MFCG, 13: pp. 23–57.
——, *Mystische Erfahrung und Denken bei Plotin,* in: *Trierer Theologische Zeitschrift* 100/3 (1991) 163–186.
——, (1992), *Weisheit als Voraussetzung und Erfüllung der Sehnsucht des menschlichen Geistes,* MFCG, 20: pp. 105–146.
——, (1993), *Nicolaus Cusanus: 'Jede Frage über Gott setzt das Gefragte voraus' (Omnis quaestio de deo praesupponit quaesitum),* in: *Concordia discors,* pp. 145–180. FS G. Santinello, hg. v. G. Piaia, Padova.
——, (1996), *Philosophische Überlegungen des Cusanus zur Unsterblichkeit der menschlichen Geistseele,* MFCG, 23: pp. 21–64.
——, (2000), *Das kognitive und affektive Apriori bei der Erfassung des Sittlichen, MFCG,* 26: pp. 101–144.

Oberhausen, Michael, (1997), *Das neue Apriori. Kants Lehre von einer, 'ursprünglichen Erwerbung' apriorischer Vorstellungen*, in: *Forschungen und Materialien zur deutschen Aufklärung*, hg. v. N. Hinske, Abtlg. II, Monographien, Bd. 12, Stuttgart – Bad Cannstadt.

Schwyzer, Hans-Rudolf, (1951), *Artikel Plotinos*, RECA, Vol. XXI/1: pp. 471–599.

Senger, Hans Gerhard, (1988), *Mystik als Theorie bei Nikolaus von Kues*, in: P. Koslowski (Hg.) (1988): *Gnosis und Mystik in der Geschichte der Philosophie*, pp. 111–134, Zürich/ München.

Steiger, Renate, (1978), *Die Lebendigkeit des erkennenden Geistes bei Nikolaus von Kues*, MFCG, 13: pp. 167–181.

Uebinger, Johannes, (1888), *Die Gotteslehre des Nikolaus Cusanus*, Münster/Paderborn.

Vansteenberghe, Edmond, (1915), *Autour de la 'Docte ignorance'. Une controverse sur la Théologie mystique aux XVe siècle*, BGPhMA, Vol. 14/2–4, Münster.

Velthoven, van Theo, (1977), *Gottesschau und menschliche Kreativität. Studien zur Erkenntnislehre des Nikolaus von Kues*, Leiden.

ANMERKUNGEN

1 V_2, fol. 93vb. Vgl. auch *Sermo* CXXIV, n. 9, 16. 19, wo Cusanus statt anima intellectiva auch anima rationalis sagen kann, obwohl erstere gemeint ist. Ferner *De ludo* II, n. 103, 3; *De fil.* 1, n. 53, 1–15.

2 *Sermo* CLXXXIX (183): V_2, fol. 92va.

3 Ibid. 92va.

4 *De mente* 2, n. 64, 10f.

5 Ibid. n. 65, 4–7.

6 Ibid. 7–16 u. n. 66, 1–18. Vgl. dazu Kremer (2000) in: MFCG 26 (2000) 103f.

7 Ibid. 113–115.

8 Ibid. 113.

9 Vgl. auch den Abschnitt weiter unten: § 1, II, 1: *Zum Apriorismus.*

10 *De mente* 7, n. 103, 5.

11 Ibid. 3–5.

12 Ibid. 6–12.

13 V_2, fol. 279ra.

14 *De mente* 4, n. 77, 23 – n. 78, 6. Vgl. auch Ibid. 15, n. 158, 12f.; *De quaer.* 1, n. 25, 4–16.

15 *De quaer.* 1, n. 25, 6; *De ludo* I, n. 58, 6; *Sermo* CCXLIII (240): V_2, fol. 168vb = S. 36, 22–28 (Santinello); *Sermo* CCXLVIII (245): V_2, fol. 183rb; *De vis.* 22, n. 99, 2.

16 *Sermo* CCXLVIII (245): V_2, fol. 183rb: Est igitur intellectus ... statera.

17 *De coni.* I, 4, n. 24, 13–21.

18 Ibid. II, 16, n. 159, 6–18.

19 Vansteenberghe 1915: 113–117, hier 114, 24 – 115, 9. Auch sonst die Unmöglichkeit für die ratio, den Gedanken der Koinzidenz zu fassen: *De coni.* II, 1, n. 76, 10–18; n. 77, 1–6; II, 2, n. 81, 4. 15–17; *De vis.* 9, n. 36, 1–9; 13, n. 53, 1–18; *De beryl.*, n. 32, 6–11. Sogar im Zusammenhang von Papst und Kirche heißt es: Ratio enim contradictoriorum coincidentiam non admittit. In: G. Kallen, *De auctoritate praesidendi in concilio generali, CT* II, 109. Vgl. auch Koch 1956: bes. 44–48.

20 *Apol.*, S. 14, 1-S. 15, 4 (nn. 19–21). Zum discursus bei den Tieren vgl. auch *De mente* 5, n. 83, 1–5.

21 *Apol.*, S. 15, 4f. (n. 21). Weitere Belege für das discurrere der ratio: Ibid. S. 14, 18–23 (n. 20); S. 16, 3–6 (n. 22); S. 28, 15–17 (n. 42); *De docta ign.* I, 4, S. 11, 16 (n. 12); *De fil.* 6, n. 85, 5; *De coni.* II, 1, n. 73, 4–8; II, 2, n. 84, 1–4; II, 12, n. 131, 15–19; II, 16, n. 159, 2; II, 17, n. 177, 12; *De mente* 5, n. 84, 1–10; *De vis.* 22, n. 99, 1f. 7; n. 100,

2f. Damit fällt selbstverständlich der ratio auch das Schließen (concludere) zu: vgl. z.B. *Sermo* CCLXXXVIII (285): V_2, fol. 279ra.

22 *Apol.*, S. 15, 5–16 (n. 21). In *De coni.* sind besonders die beiden folgenden Stellen angesprochen: I, 5, n. 21, 3 u. II, 1, n. 78, 13–15. Vgl. auch Hoffmann 1947: 20, 40f.

23 Für das der Vernunft eigentümliche Sehen (videre) vgl. *De docta ign.* I, 4, S. 11, 16f. (n. 12); *Apol.*, S. 14, 14–18 (n. 20); S. 16, 1–6 (n. 22); S. 28, 15–17 (n. 42); *De coni.* II, 1, nn. 75–76; *De quaer.* 1, N. 25, 5f.; *Sermo* LXXI, n. 24 (demnächst h XVII); *Sermo* CLXIX (162), V_2, fol. 63rb: intellectus est quasi visus, non ut sensibilis; *Sermo* CCLXXXVIII (285): V_2, fol. 278va; 279ra (s. Text oben zu Anm. 13); ferner *Nota marg. in Cod. Cus. 184* (Met. d. Aristoteles), fol. 12: Contemplatio vero theologica certior est, quia visio intellectualis; illa nihil praesupponit nec arguit aut inquirit, sed est simplex intuitio. Weil Sehen, kann Cusanus die Vernunft als mentis oculus (*Apol.*, S. 14, 15 [n. 20]) bzw. als oculus animae bezeichnen: *Sermo* LXXI, n. 24, 7 (demnächst h XVII). *Sermo* CCLXIX (266): V_2, fol. 225ra.

24 *Apol.*, S. 15, 10–13 (n. 21); *De coni.* I, 10, n. 52, 1f.; n. 53, 7–12. Vgl. auch J. Koch 1956: bes. 44–48; Senger 1988: 111–134, hier 118; Velthoven 1977: 36; Hoffmann 1947: 20, 40.

25 *Apol.*, S. 16, 1–6 (N. 22); vgl. auch *De vis.* 13, n. 52, 6–18; 16, n. 67, 12–15. Vgl. Hoffmann 1947: 41; Uebinger 1888: 69: Zuordnung von docta ignorantia und Vernunft.

26 *De vis.* 9, n. 37, 8–10.

27 Ibid. n. 36, 1–3. Die ratio ist für den Weg zu Gott ungeeignet: *De docta ign.* I, 4, S. 11, 12–18 (n. 12); I, 10, S. 20, 4–11 (n. 27); *De coni.* I, 8, n. 34, 8–15; II, 3, n. 87, 3f.; II, 16, n. 162, 1–3; *De mente* 2, n. 67, 7–11; *De beryl.*, n. 32, 6–20; *De fil.* 6, n. 85, 4–6; *Sermo* XXII, n. 7, 1–4; *Sermo* LVIII, n. 30, 1–4; Vgl. auch Anm. 161 (S. 136f.), in: Kremer 1992; Hoffmann 1947: 20, 21; ders. 1935: 256; Koch 1956: 39, 41. In *De coni.* I, 8, n. 34, 8–15 werden die homines rationales und der Weg fast aller modernen Theologen kritisiert, die in der Weise des Verstandes von Gott reden wollen. Vgl. auch I, 10, n. 53, 10–12 u. dazu die Adnotat. 27 (S. 209 f.). Ferner I, 6, n. 24, 8f.; Uebinger 1888: 75.

28 *De vis.* 9, n. 36, 3.

29 Vgl. oben Abschnitt I, 1.

30 29, n. 86, 7f. Vgl. auch *De beryl.*, n. 6, 7f.; *De non aliud* 13, S. 28, 17–20; *De docta ign.* II, 6, S. 81, 10f. (n. 126); *Sermo* CLXIX (162): V_2, fol. 63rb; *De fil.* 6, n. 86, 5f.

31 Vgl. oben Abschnitt I 3.

32 *De mente* 5, n. 85, 7f. u. n. 81, 6f. Für die Vernunft als semen divinum vgl. auch *De fil.* 1, n. 53, 3.

33 (Anm. 6) 102–115, bes. S. 111.

34 *De mente* 5, n. 85, 3–7. Sachlich genauso in *Sermo* CCXXXIII (230): V_2 fol. 156ra u. *Sermo* CCLXXIII (270): V_2, fol. 234va (vgl. auch die Anm. 32 u. 58 in meinem in Anm. 6 genannten Aufsatz).

35 Vgl. hierzu Kremer 2000: Anm. 102.

36 V_2, fol. 234[va]: necesse est, quod intus respiciant oculi eius (scl. spiritus) in memoriam suam intellectualem non acquisitam ex sensibilibus, sed concreatam et quae est essentia eius, quia imago Dei. Vgl. zum Ganzen Kremer 2000: bes. 116–121.

37 *De coni.* I, 1, n. 5, 3–13; II, 14, n. 144, 10–14; *De mente* 9, n. 116, 10f.; *De beryl.*, n. 7, 2–4; n. 55, 8–10; n. 56, 1–7; *De princ.*, n. 21, 4–9; *De non aliud* 24, S. 57, 25–29; *De ludo* II, n. 80, 7–12; *Comp.* 8, n. 23, 14–16. Vgl. auch Velthoven 1977: 74–128, 131–149, 151–153, 176, 190f., 195 u. passim. Die Kreativität der mens humana kommt auch in den dieser zugestandenen Ausdrücken wie vis, virtus und potentia zum Ausdruck. Vgl. Kremer 1978: 23–57, bes. 32–38.

38 n. 7, 6f. – Schon die dem intellectus untergeordnete ratio ist ein schöpferisches Prinzip: *De coni.* I, 2–4, n. 5, 2 – n. 16, 9; I, 11, n. 54, 8–16; II, 1, n. 77, 6–11; II, 2, n. 81, 4–7; *De poss.*, n. 43, 7–21; *De ludo* II, n. 92, 1–3. Vgl. auch Velthoven 1977: 134f., 138, 141f., 148, 151–153, 165[148], 176, 190f., 195; Koch 1956: 26, 36, 40, 43.

39 V_2, fol. 268vb. Vgl. an weiteren Belegen: *De theol. compl.*, n. 2, 23–25. 32f. 39–41. 52–57; *De beryl.*, n. 56, 11–15; *De princ.*, n. 21, 9–17; *Sermo* CLXIX (162): V_2, fol. 63va. *Sermo* CLXXIII (166): V_2, fol. 71ra.

40 Belege für diesen Ausdruck oben in Anm. 32.

41 V_2, fol. 63rb.

42 Producimus. Producere wird im Mittelalter immer wieder als Synonym für creare verwendet, z.B. Thomas von Aquin, *S.th.* I 45, 6,c.: Respondeo dicendum quod creare est proprie causare sive producere esse rerum. Siehe auch: *De poss.*, n. 5, Z. 7f.: Creare etiam cum sit ex non-esse ad esse producere... Vgl. Kremer 1962: bes. 321–325 (mit weiteren Belegen).

43 *Sermo* CLXIX (162): V_2, fol. $63^{rb\text{-}va}$.

44 Vgl. auch *De mente* 3, n. 72, 1–14; *De coni.* I, 1, n. 5, 2–15; *De poss.*, n. 43, 5–13; *De ludo* I, n. 45, 11–15; II, n. 102, 11–16; *De Gen.* 4, n. 174, 9–15.

45 Vgl. Velthoven 1977: 98; 97[174] folgende Parallelisierung: creator artium – creator naturae; creator notionalium – creator essentialium; creator assimilativus – creator essentians. Thomas von Aquin, *S.c.G* II, 21, Amplius: Nulla substantia praeter Deum potest aliquid creare.

46 V_2, fol. 69ra.

47 Ibid. Weitere Belege auch Kremer 2000: 134[206].

48 Ibid.134[207].

49 *Sermo* CCLXXXIII (280): V_2, fol. 270vb. Weitere Belege bei Kremer 2000: 133[205].

50 I, 1, S. 5, 10–14 (n. 2). Vgl. *De sap.* I, n. 9, 3; n. 4, 15; n. 7, 5; n. 16, 8f.

51 *De sap.* I, n. 12, 2–5. – Hervorheb. v. mir.

52 *Sermo* CLXXII (165): V_2, fol. 69ra. Vgl. auch *Brief* des NvK vom 18.3.1454 an Bernhard von Waging, in: Vansteenberghe 1915: 135, 2–6: Querere autem [Deum] sine intelligere et amare non est... Amor igitur boni sine omni boni notitia non est; et notitia sine amore non est.

53 *Sermo* XII, n. 33, 19f. Zum affectus vgl. Kremer 2000: bes. 133–138.

54 *De sap.* I, n. 17, 1–3.

55 Ibid. n. 26, 11–18.

56 Ibid. n. 27, 1.

57 Ibid. n. 10, 13.

58 V_2, fol. 92va.

59 *De mente* 3, n. 72, 9–11. Vgl. auch 7, n. 99, 1f.; *De pace* 4, n. 12; S. 12, 18 – S. 13, 2; *Comp.* 8, n 23, 13–16; *De fil.* 6, n. 86, 3–6; *Sermo* CLXXXVII (181): V_2, fol. 88vb. *Sermo* CCLXIX (266): V_2, fol. 225ra: Sic verbum est sapientia Patris creatoris, quae facit intellectualem naturam, quae capit ipsum sibi conformem.

60 V_2, fol. 63rb.

61 Ibid.

62 Op. cit., (Anm. 27) 133–136. Vgl. ferner Bredow 1978: 58–67; Steiger 1978: 167–181; Haubst 1991: etwa die Stichworte 'Desiderium naturale', 'Geist' u. passim.

63 (285): V_2, fol. 279va.

64 Ibid.

65 Op. cit., (Anm. 22) 52.

66 Im *Sermo* CLXIII (155): V_2, fol. 32ra. – Der Text von *Vulgata* 24, 12 lautet: Tunc praecepit, et dixit mihi creator omnium, et qui creavit me, requievit in tabernaculo meo. Die deutsche Übersetzung in der *Echterbibel* (Würzburg 1951) S. 64 lautet: 'Da gebot mir der Schöpfer des Alls, und der mich schuf, ließ mein Zelt zur Ruhe kommen' (24, 8).

67 *Sermo* CLXIII (155): V_2, fol. 32ra.

68 N. 9, 15–20. Vgl. auch Kremer 1992: 124. – *Ich behandle in diesem Vortrag nicht die intellectibilitas,* die in einigen Schriften des Cusanus auftaucht und dann noch über den Intellekt gesetzt wird. Ich nenne folgende Stellen dafür: *De mente* 5, n. 80, 15–18; 8, n. 111, 9–14; 14, n. 151, 9–14; n. 152, 1–n. 153, 7; n. 154, 1–9; *Apol.*, S. 14, 15 (n. 20); *De ludo* II, n. 101, 11f.; N. 104, 13. 23; *Sermo* CLXXII (165): V_2, fol. 69rb. In *De mente* 14, n. 152, 3f. heißt es: Ad creatoris imaginem respicimus, quae maxime est in intellectibilitate, ubi se mens simplicitati divinae conformat. Die Autoren tun sich schwer mit der Übersetzung dieses Begriffes. Die genannten Stellen aus *De mente* werden übersetzt: von Honecker u. Menzel-Rogner, in: NvKdÜ, H. 10 (Hamburg 1949) S. 81, 82, 85: 'einsichtiges Geistigsein', S. 81: 'reine Geistigkeit', S. 82f.: 'ganz geistige Einsicht', S. 85: 'durchgeistigte Einsicht'; von Steiger, in: NvKdÜ, H. 21, S. 35: 'die zur geistigen Schau fähige Kraft', S. 69, 117, 119: 'Vernünftigkeit', S. 119: 'ganz Vernunft'; von Dupré, III, S. 513: 'schauende Kraft', III, 597 u. 599: '(vernunfthafte) Einsichtigkeit', III, 599: 'einsichtig'. In *De mente.* n. 151, 13 liest Dupré statt intellectibilitatem *intelligibilitatem. Apol.*, S. 14, 15 (n. 20) übersetzt Dupré (I, 547) mit 'vernünftiger Verständlichkeit', Santinello II (Bologna 1980) S. 225 mit 'l'intelligibilità'. Die genannten Stellen aus *De ludo* II werden übersetzt: von Dupré, III, S. 333: 'vernünftig-einsichtig', S. 337: 'einsichtig-schauend'; von Bredow, in: NvKdÜ, H. 21 (Hamburg 1999) S. 117: 'geistig-schauend', S. 123: 'Schauen'. – Zum näheren Verständnis der intellectibilitas sind die Ausführungen des Cusanus in *De mente* 7, n. 105, 1 – n. 106, 17 wichtig. Ich verweise auch auf Hopkins 1996: S. 500 Anm. 42 sowie S. 504 Anm. 78 u. 80 zu der Schrift *De mente.* – Zur Herkunft des Begriffes verweise ich auf meinen Aufsatz Kremer 1992: S. 137^{163}.

69 I, n 25, 19 – n. 26, 5.

70 Ibid. n. 26, 5f.

71 *De mente* 3, n. 73, 6–9.

72 Vgl. oben Anm. 27. Die ratio erfaßt noch nicht einmal die Wesenheiten der Werke Gottes: *De mente* 2, n. 58, 12f.; n. 66, 14f.

73 *Sermo* CLII, n. 3, 8–12: Unde, sicut intellectus est a veritate, ita inclinatur ad ipsam. Principium autem intellectus, scilicet <veritas>, est etiam <obiectum> eius; ac si color esset creator visus, sicut est obiectum eius. Vgl. auch *De coni.* I, 10, n. 52, 11–13; II, 16, n. 167, 19–22; *De docta ign.* III, 10, S. 149, 27 – S. 150, 4 (n. 240); III, 12, S. 161, 4f. (n. 259); *Apol.*, S. 12, 9f. (n. 16); *De fil.* 3, n. 64, 7–10; *De theol. compl.*, n. 2, 44f.; *De poss.*, n. 2, 16–18; *Sermo* XXII, n. 9, 1–4; *Sermo* XXXVII, n. 7, 7; *Sermo* LVIII, n. 26, 7–9; n. 30, 3; *Sermo* XCVII (92): V_2, fol. 21ra; *Sermo* CLXIX (162): V_2, fol. 63rb; *Sermo* CLXXXIX (183): V_2, fol. 92va. *Brief* des NvK vom 18.3.1454 an Bernhard v. Waging, in: Vansteenberghe 1915: 134, 24f.

74 *Sermo* CLII, n. 3, 1–7.

75 2, n. 57, 9–13; vgl. auch 3, n. 63, 1f.

76 *S. th.* 1/II, 2, 8,c.; 3, 7,c.: Proprium autem obiectum intellectus est verum.

77 N. 7, 7. Vgl. auch *Brief* des NvK vom 22.9.1452, in: Vansteenberghe 1915: 112, 40 – 113, 1.

78 Vgl. Kremer 1992: bes. 110–116.

79 *De sap.* I., n. 16, 1; *De ven. sap.* 1, n. 2, 5; 10, n. 27, 6; 20, n. 57, 6. 8. 11. 17; *De ludo* II, n. 70, 11–14; *Comp.* 2, n. 3, 10f.; *Sermo* CLXXIV (167): V_2, fol. 71vb; *Sermo* CLXXVIII (171): V_2, fol. 77rb. Im Hintergrund steht Aristoteles, *De anima* II 4; 416 a 29f.: 'Die einen sagen nämlich, daß das Ähnliche durch Ähnliches ernährt werde'.

80 *De vis.* 16, n. 70, 3–5.

81 Ibid. 6–14.

82 Vgl. Kremer 1996: 21–64, bes. 51–53.

83 *De poss. n. 17, 19.*

84 *Sermo* CLXIX (162): V_2, fol. 63^{rb-va}. Siehe oben Text zu Anm. 43.
85 Vgl. Kremer 1978: bes. 44–50.
86 *De mente* 7, n. 103, 3–5.
87 Zu species specierum vgl. *De non aliud* 10, S. 23, 19f.: Unde, 'non aliud' formarum est forma sive formae forma et speciei species et termini terminus.
88 Ich verweise dazu noch auf Feigl/Koch 1967: Anm. 66 (S. 84).
89 *De princ.*, n. 21, 9–17.
90 *De mente* 3, n. 72, 13f. Vgl. auch zu dieser Stelle die dort vermerkten weiteren Belege.
91 17, n. 50, 1.
92 Op. cit., (Anm. 24) 109f.
93 Cusanus ist für ihn der 'erste Begründer der neueren Philosophie', in: *Einleitung mit kritischem Nachtrag zur 'Geschichte des Materialismus'* von F. A. Lange (1896, ^{3}1914), Werke, Bd. V/2 (Hildesheim ^{5}1977) 20; er nennt ihn den 'ersten deutschen großen Philosophen' und den 'Begründer der deutschen Philosophie', in: *Logik der reinen Erkenntnis* (1902, ^{2}1914), Werke, Bd. VI (Hildesheim ^{4}1977) 32.
94 Op. cit., (Anm. 22) 38; vgl. auch 19.
95 Ibid. 54.
96 Ibid. z.B. 20, 21, 40, 41, 46. Ders., in: NvKdÜ, H. 1: *Der Laie über die Weisheit* (Leipzig 1936) Geleitwort, 3.
97 V_2, fol. 63va. Vgl. oben im Abschnitt § 1, II 1 weitere Belege.
98 Velthoven 1977: 111.
99 Kant, *Kritik der reinen Vernunft*, A 86, in: Kant 1968, Bd. 3: 127.
100 Oberhausen 1997.
101 Der Begriff kommt nominatim nur einmal bei Kant vor, und zwar in Kants gegen Johann August Eberhard gerichteten Streitschrift von 1790: *Über eine Entdeckung, nach der alle neue Kritik der reinen Vernunft durch eine ältere entbehrlich gemacht werden soll*, in: Kant 1968, Bd. 5: BA 71 (339). Kant bezeichnet hier seine Lehre vom Ursprung der apriorischen Anschauungsformen von Raum und Zeit und von den reinen Verstandesbegriffen mit einem aus der Rechtslehre entlehnten Terminus als acquisitio ... originaria, und stellt diese der acquisitio derivativa gegenüber (BA 70). In BA 68 spricht Kant von einer 'ursprünglichen Erwerbung'. Wie Oberhausen 1977: 19, zeigen konnte, hat Kant seine Theorie von einer acquisitio originaria apriorischer Vorstellungen spätestens in der *Inauguraldissertation* von 1770 entwickelt und sich auch in den folgenden Jahren immer wieder auf sie gestützt, wenn es galt, die Möglichkeit apriorischer Vorstellungen zu erklären.
102 Die einschlägige Stelle in der *Inauguraldissertation* ist § 8, $A_2$11, in, *Kant 1968*, Bd. 5, 37f., und sie lautet: Cum itaque in Metaphysica non reperiantur principia empirica: conceptus in ipsa obvii non quaerendi sunt in sensibus, sed in ipsa natura intellectus puri, non tamquam conceptus connati, sed e legibus menti insitis (attendendo ad eius actiones occasione experientiae) abstracti, adeoque acquisiti. Für alles Weitere ist die Arbeit Oberhausen heranzuziehen.
103 *Contributo del dialogo cusaniano Idiota De mente alla precisazione di un problema teoretico*, in: RCIB (Firenze 1962) 243–251.
104 Op. cit., (Anm. 24) 111f.
105 Auch *Flasch 1998* erblickt in Cusanus keinen 'Vorläufer der Transzendentalphilosophie' (282); vgl. auch 283, 292 (Unterschied zu Hegel), 301, 459, 655. 301: 'Dennoch enthält sie (die De-mente-Philosophie) Elemente, die zu einer transzendentalphilosophischen Theorie der Erkenntnis bzw. zu einer dialektischen Theorie der Stammbegriffe weiterentwickelt werden könnten.'
106 *De beryl. n. 6, 1. In der Nota dazu weitere Stellenangaben. S. auch Bormann 1999: bes. 13f.*
107 *De sap.* I, n. 13, 10–12. – Hervorh. v. mir!

108 Ibid. n. 8, 7–9. – Hervorh. v. mir; ferner n. 9, 5f. Außerdem *De coni.*, II, 16, n. 167, 12–14. Weitere Belege und Ausführungen dazu in: Kremer 1992: 109[24].

109 *De mente*, 10, n. 127, 11–14. Vgl. dazu Kremer 1993: 145–180.

110 *De sap.* I, n. 8, 7–9.

111 Ibid. n. 6, 9–21.

112 Ibid. n. 8, 5–7.

113 S. oben Abschnitt § 2,I: *Zur assimilativen Kreativität der Vernunft.* Vgl. auch *De fil.*, 4, n. 72, 12–26: Gott ist zwar inattingibile, aber so, daß er in omnibus attingibilibus attingitur; ferner Ibid. n. 73, 1–6; 5, n. 80, 1–3: Deinde attendendum deum ... non attingi, uti est; 6: n. 84, 2–9.

114 *Apol.* S. 12, 9–13 (n. 16). Wie die Vernunft als vera mensura die praecisio der rationabilia ist, so die mit Gott identische Wahrheit die höchste praecisio der Vernunft: *De coni.*, I, 10, n. 52, 11–13; vgl. auch ibid., II, 16, n. 167, 12–22.

115 In: Vansteenberghe 1915: 114, 4f.; vgl. *De poss.*, n. 15, 2, mystica visio. Für das videre in diesem Zusammenhang vgl. weitere Stellen unten in Anm. 191. Unio auch in *De fil.*, 3, n. 68, 10f.: translationem ... de umbrosis vestigiis simulacrorum ad unionem cum ipsa infinita ratione.

116 Vansteenberghe 1915: 113, 3. Hier erscheint in der Transkription von Vansteenberghe das Wort emuleacius, das es aber in der lateinischen Sprache nicht zu geben scheint. Vielleicht bringt eine erneute Durchsicht der Handschrift eine Erklärung. Baum/Senoner 1998: 92–94 (*Brief* v. 22.9.1452), lesen 'cumulacius' und übersetzen 'ausführlich genug'.

117 Vansteenberghe 1915: 113, 3–7.

118 *De vis.* 17, n. 78, 13–15; n. 79, 9–14.

119 Ibid. n. 1, 6f.

120 In: Vansteenberghe 1915: 131, 23.

121 Ibid. 110, 5–9: *Brief* von Abt Kaspar Aindorffer von vor dem 22.9.1452 an NvK.

122 Ibid. 112, 39f.: Sed in raptu multi decipiuntur, qui imaginibus inherent, et visionem fantasticam putant veram (*Brief* v. 22.9.1452). Vgl. auch Ibid. 115, 19–25 (*Brief* des NvK vom 14.9.1453).

123 Ibid. 115, 37–41: *Brief* des NvK v. 14.9.1453. Hier haben wir übrigens eine der Stellen, wo das Wort mystische Theologie *nicht* die Lehre über die mystische Schau, sondern die mystische Erfahrung selbst bedeutet. Vgl. z.B. auch Ibid., 115, 3: Mistice theolo(g)izantem; 115, 41–116, 1: tota ista mistica theologia sit intrare ...; 113, 7 u. 10. Zu der mehrfachen Bedeutung von 'mystisch' bei Cusanus vgl. unten Anm. 206. Vgl. auch Haas 1989: Anm. 18, 13, Anm. 36, 15, 17. Das Wort mystica experientia scheint Cusanus nicht zu gebrauchen.

124 *De sap.* II, n. 47, 1–5. Ähnlich auch *De beryl.*, n. 53, 12–17; *De poss.*, n. 31, 2f.; n. 54, 3–5.

125 *De vis.* 24, n. 118, 10 – n. 119, 11. – Hervorh. v. mir.

126 Vgl. *Joh* 14.6

127 Vgl. auch *De pace* 2, n. 7; S. 8, 2 – S. 9, 11, wo als besondere Hilfen für den animalis et terrenus homo aufgeführt werden: die Propheten und das Wort Gottes auf seinen verschiedenen Stationen der Inkarnation, des Blutvergießens und der Nahrung für den Menschen. 'Und da dies geschehen ist, was bleibt noch, was geschehen konnte und nicht geschehen ist,' heißt es dann zum Schluß (Ibid. S. 9, 11f.). Ferner *Sermo* CLXIX (162): V_2, fol. 63va: Sunt autem intellectuali naturae... ad Hebraeos declarat. Von den vielen incitamenta werden genannt: gratuita dona, dona spiritus, gratiae, illuminationes, Spiritus Sanctus sive angelus, Filius (Dei). Vgl. auch *Crib. Alk.* I, 15, n. 67, 1–3: de quo (= Christo) omnes scripturae locutae sunt... Ferner *De sap.* I, nn. 2–4: Das pabulum naturale für unsere Weisheit wird in den mit den Fingern Gottes geschriebenen Büchern der Welt, d.h. überall gefunden.

128 I, n. 17, 7f.
129 S. Text zu Anm. 19. Vgl. auch *De poss.*, n. 15, 1–4; *De ap. theor.*, n. 4, 1f.
130 *De poss. n. 17, Z 3f.*
131 *De vis.* 22, n. 99, 8f.; n. 100, 3.
132 Vgl. die Belege oben in Anm. 27.
133 In: Vansteenberghe 1915: 115, 3.
134 *De vis.* 9, n. 36, Z1–3; vgl. auch Senger 1988: 115, 117, 119.
135 In: Vansteenberghe 1915: 115, 4f. u. 114, 7f. Jaspers [2]1988: 103, ist daher zu widersprechen: 'Wenn wir alles fahren lassen, berühren wir im Fahrenlassen auf unbegreifliche Weise die Transzendenz (und zwar durch Denken, nicht durch Ekstase, und nicht durch mystische unio, nicht durch Aufhebung der Subjekt-Objekt-Spaltung).' Vgl. auch 250. Richtig 237: 'Die Begriffe sind der Weg, in ihrer Aufhebung wird das Absolute gegenwärtig.'
136 *Brief* v. 14.9.1453, in: Vansteenberghe 1915: 115, 28f. Vgl. zu V.v. Aggsbach wie überhaupt zur cusanischen Mystik die sehr instruktive Arbeit: Haas 1989.
137 *Brief* v. 14.9.1453, in: Vansteenberghe 1915: 115, 14–21.
138 Ibid. 115, 3f.: supra … et intelligenciam; vgl. auch 114, 5f. 9f.; *De vis.* n. 1, 9–11; 9, n. 36, 3–6; 17, n. 75, 9–11: Claudit enim murus potentiam omnis intellectus, licet oculus ultra in paradisum respiciat, id autem, quod videt, nec dicere nec intelligere potest.
139 *Brief* v. 14.9.1453, in: Vansteenberghe 1915: 114, 5–8; 115, 11f. 22–24: Das Intelligible kann höchstens etwas sein, das Gott ähnlich ist, aber niemals Gott selbst. Vgl. auch *Brief* vom 18.3.1454, in: Vansteenberghe 1915: 134, 26 – 135, 2; *Apol.* S. 24, 12–22 (n. 35); *De vis.* 13, n. 51, 3–19.
140 *Brief* v. 14.9.1453, in: Vansteenberghe 1915: 115, 4. 31f.; vgl. auch 114, 8; *Apol.* S. 20, 5–9 (n. 29); *De sap.* I, n. 17, 10; *De poss. n. 15, 4f.; n. 17, 17f.; De ven. sap. 15, n. 45, 9–18, bes. 17f.*
141 *Brief* v. 14.9.1453, in: Vansteenberghe 1915: 115, 32–36: Ignote enim consurgere non potest dici nisi de virtute intellectuali, affectus autem non consurgit ignote, quia nec scienter nisi scienciam habeat ex intellectu. Sciencia et ignorancia respiciunt intellectum, non voluntatem, sicut bonum et malum voluntatem, non intellectum.
142 *De vis.* 13, n. 52, 8; vgl. auch 6, n. 21, 1–23; *Brief* v. 14.9.1453, in: Vansteenberghe 1915: 115, 13.
143 *De sap.* I, n. 17,. 9.
144 *De vis.* 13, n. 52, 8–18 (ein bes. instruktiver Abschnitt); vgl. auch n. 51, 3–19.
145 *De docta ign.* I, 1, S. 6, 9–24 (n. 4); I, 17, S. 35, 1–12 (n. 51). – Hier können wir Gott nur verhüllt wie im Rätselbild sehen: *De vis.* 6, n. 21, 1f. 8–11; 9, n. 34, 1–5; 12, n. 47, 8–13 u. passim; *De beryl.* n. 53, 12–15; *De sap.* I, n. 10, 13f.: Die göttliche Weisheit ist nur unschmeckbar und wie von ferne schmeckbar; *Apol.* S. 11, 11–26 (n. 15); *Brief* v. 14.9.1453, in: Vansteenberghe 1915: 114, 22f.
146 I, 26, S. 56, 13–16 (n. 89); vgl. auch S. 54, 12–14 (n. 86); *De fil.* 1., n. 53, 4–8; *De vis.* 6, n. 21, 8–11: Will unser Auge in das Licht der Sonne blicken, muß es dies zuerst verhüllt in den Sternen, Farben und allem an dem Licht Teilhabenden sehen wollen. Das ist die Situation dessen, der Gottes Angesicht sehen will. Ferner *Apol.* S. 35, 9–12 (n. 53): Berufung auf den Pseudo-Areopagiten, *De div. nom.* VII, 7: PG 3, 872 A.
147 *De vis.* 16, n. 67, 8f. 13.
148 *Brief* v. 14.9.1453, in: Vansteenberghe 1915: 114, 16–18.
149 Ibid. 114, 21–23; vgl. auch *De docta ign.* I, 17, S. 35, 8–12 (n. 51).
150 *Brief* v. 14.9.1453, in: Vansteenberghe 1915: 114, 16–19.
151 Ibid. 114, 24–31; s. auch 115, 41–116, 4: Et michi visum fuit quod tota ista mistica theologia sit intrare ipsam infinitatem absolutam, dicit enim infinitas contradictoriorum coincidenciam, scilicet finem sine fine; et nemo potest Deum mistice videre nisi in

caligine coincidencie, que est infinitas. Ferner *De vis.* 10, n. 40, 1–12; *De poss. n. 74, 14–20; De fil. 6, n. 84, 11–20.*

152 *Brief* v. 14.9.1453, in: Vansteenberghe 1915. Zu Anm. 19 ist oben (S. 7) der ganze Text angeführt.

153 *Brief* v. 14.9.1453, in: Vansteenberghe 1915: 114, 9–15; vgl. ferner *De vis.* 6, n. 21, 1–23.

154 *Brief* v. 14.9.1453, in: Vansteenberghe 1915: 115, 13f. Ferner *Apol.* S. 3, 2f.; (n. 3); S. 12, 9–11 (n. 16); S. 20, 2f. (n. 29); S. 28, 11–13 (n. 42); *De vis.* 6, n. 21, 8–23. Im Hintergrund stehen natürlich 1 *Tim* 6, 16 u. 1 *Joh* 1, 5.

155 In: Vansteenberghe 1915: 112, 3–6; vgl. auch *Apol.* S. 7, 24–28 (n. 10); S. 8, 5f. (n. 10); S.19, 26 – S.20, 6 (n. 29). Zur confusio intellectualis (vgl. oben Anm. 142–144) gehört darum auch, daß sie erlebt wird zugleich als Sicherheit (certitudo), wo die caligo lux und die ignorancia sciencia ist: *Brief* v. 14.9.1453, in: Vansteenberghe 1915: 115, 13f. Vgl. auch *De poss.*, n. 15, 8–10 u. n. 75, 1f.

156 *Apol.* S. 7, 24f. (n. 10); *De vis.* 13, n. 52, 1–18; *De poss.* n. 74, 14–17; *Brief* v. 14.9.1453, in: Vansteenberghe 1915: 115, 12–14. Vgl. auch das *Laudatorium sacrae doctae ignorantiae* des Priors Bernhard, in: Uebinger 1888: 69.

157 S. 6, 7–9 (n. 7). Vgl. auch *De vis.* 10, n. 40, 1f.: Unde in ostio coincidentiae oppositorum, quod angelus custodit in ingressu paradisi constitutus, te, domine, videre incipio.

158 *Brief* v. 14.9.1453, in: Vansteenberghe 1915: 114, 10. Vgl. *De vis.* 6, n. 21, 18f.: si scit se in caligine esse, scit se ad faciem solis accessisse; 20: scit caliginem maiorem.

159 *Brief* v. 14.9.1453, in: Vansteenberghe 1915: 115, 17: premittere; vgl. auch *Brief* v. 22.9.1452, Ibid. 112, 3–5.

160 In: Vansteenberghe 1915: 115, 3f.

161 In: Vansteenberghe 1915: 132, 6–12. Vgl. auch Haas 1989: bes. 21f., 26f., 29f., 41, 43.

162 *Brief* v. 18.3.1454, in: Vansteenberghe 1915: 134, 16f.

163 Ibid. 134, 17f. mit Berufung auf *Joh* 14, 8.

164 *1 Joh* 4, 8.

165 *Brief* v. 18.3.1454, in: Vansteenberghe 1915: 134, 19f.

166 Ibid. 23f. Auch *De poss.* n. 75, 9–11: Allein die facialis visio Gottes macht uns glücklich. Ebenfalls Berufung auf Christus. Ferner *De fil.* 3, n. 62, 1–10.

167 *Brief* v. 18.3.1454, in: Vansteenberghe 1915: 134, 24–135, 11.

168 Ibid. 135, 18–23. Für die Auszeichnung des Gesichtssinnes gegenüber den anderen Sinnen vgl. auch *Sermo* CLXXXIX (183): V_2, fol 92va (s. oben Text zu Anm. 3).

169 In: Vansteenberghe 1915: 115, 3f.: supra ... et intelligenciam.

170 Ibid. 115, 17; ferner *Brief* v. 22.9.1452, Ibid. 111, 17–112, 13. B. v. Waging bemerkt in seinem *Brief*, abgefaßt zwischen dem 12.2. u. 18.3.1454, Ibid. 132, 9–12, ebenfalls: Nichilominus credo amorem hunc misticum in hominis mente stare non posse sine Dei qualicumque cognicione, cum eciam amor naturalis nec maneat, nec fiat absque omni cognicione coniuncta vel separata.

171 *Brief* v. 14.9.1454, in: Vansteenberghe 1915: 115, 27–36.

172 *De vis.* n. 1, 9–11.

173 Ibid. 6, n. 21, 1–14.

174 Ibid. 20–23.

175 In: Vansteenberghe 1915: 114, 10f.

176 *De vis.* 17, n. 75, 9–11.

177 *De poss.* n. 14, 12 (Vgl. *Ex* 3, 14).

178 Ibid. n. 15, 1–4.

179 Ibid. n. 74, 8–12: Gott als der dreieine überschreitet alle sinnen-, vorstellungs- und vernunfthafte, aber noch Phantasmata anhängende Erkenntnis, weil mit diesen kein incorporeum et spirituale berührt werden kann.

180 Ibid. 12–15. Nicht vereinbar damit ist die oben in Anm. 176 angeführte Stelle aus *De vis.* 6, n. 75, 9–11. Ibid. 22, n. 99, 14f. spricht Cusanus davon, daß die intellectualis natura, die unter der göttlichen steht, gradus innumerabiles habe.
181 *De poss.* n. 74, 14–20.
182 *Brief* v. 14.9.1453, in: Vansteenberghe 1915: 114, 10.
183 *De vis.* 6, n. 21, 18.
184 Ibid. 7.
185 Ibid. 20f.; vgl. auch *Brief* v. 18.3.1454, in: Vansteenberghe 1915: 134, 27–135, 1.
186 *De vis.* 17, n. 75, 10f.
187 Ibid. 6, n. 21, 13; 13, n. 52, 17; vgl. auch *Apol.* S. 7, 27f. (n. 10).
188 *Brief* v. 22.9.1452, in: Vansteenberghe 1915: 112, 3–6.
189 *De poss.* n. 15, 3f.; vgl. auch *De vis.* 10, n. 40, 1f.
190 *De vis.* 17, n. 78, 14; *Brief* v. 22.9.1452, in: Vansteenberghe 1915: 113, 7. Praegustare: *De fil.* 3, n. 68, 9.
191 *Brief* v. 22.9.1452, in: Vansteenberghe 1915: 112, 38f.; 113, 5; *Brief* v. 14.9.1453, Ibid. 114, 4. 13f. 20f.; 115, 6; 116, 3; *Apol.* S. 7, 27 (n. 10); S. 8, 6 (n. 10); *De vis.* 6, n. 21, 2; 10, n. 40, 2; 17, n. 75, 11; n. 79, 10f.; *De beryl.* n. 53, 15; *De sap.* II, n. 47, 4; *De poss.* n. 15, 2. 9; n. 74, 16. 19f.
192 Senger 1988: 119: 'Der mystische Akt stellt sich demnach strukturell selbst als ein koinzidenteller Akt dar, in dem sich eine Koinzidenz von Unwissenheit bezüglich des Göttlichen und transmundanes "Wissen" einer möglichen visio dei begibt, einer Schau aber, deren Wesensmerkmal das Nichtsehen ist.'
193 Haubst 1989: 167–191, hier: 175f.
194 Op. cit., (Anm. 136).
195 *De poss.* n. 74, 18f.
196 Ibid. n. 15, 3f.
197 *De vis.* 10, n. 40, 1f.
198 Insofern stimme ich Hoffmann 1935: 256, zu, daß es sich bei der Vernunft 'um anderes handelt als um mystische Einung mit dem Einen, Absoluten', daß die Vernunft weder 'die höchste Stufe des Verstandes' und auch nicht 'die Stufe mystischer Schau des Absoluten ist'; ferner Ibid. 257 u. 259.
199 *De vis.* 17, n. 75, 10; *Apol.* S.8, 5f. (n. 10).
200 *De poss.* n. 74, 12f.
201 *De vis.* 17, n. 75, 10f. – Zur deificatio bemerkt Cusanus in *De fil.* 1, n. 54, 4f.: arbitror autem hanc deificationen omnem exire modum intuitionis.
202 *Apol.* S. 5, 24f. (n. 7); S. 20, 8f. (n. 29): Bezug auf Mose; *De quaer.* 1, n. 17, 1f.; *De vis.* 17, n. 79, 7f.; 24, n. 107, 10f.; *Sermo* CCLXIX (266): V_2 224vb, $225^{ra\text{-}rb}$.
203 *Apol.* S. 12, 4f. (n. 16); *De sap.* I, n. 17, 6; *De vis.* 16, n. 70, 1; 25, n. 119, 5f.; *Brief* v. 22.9.1452, in: Vansteenberghe 1915: 112, 13f. 39; *Sermo* CCLXIX (266): V_2, fol. $225^{ra\text{-}va}$.
204 *Sermo* CLXXXVII (181): V_2, fol. 90vb.
205 Flasch 1998. Vgl. dazu auch *meine Rezension,* in: *Theologische Literaturzeitung,* Jg. 124/4 (April 1999) 410–415; 412 oben zur Mystik bei Flasch.
206 Ich bin auf folgende Bedeutungen des Wortes mystisch/Mystik bei Cusanus gestoßen:
1. Die mystischen Theologen, die sich mit dem Thema der Mystischen Theologie befassen: *Sermo* IV, n. 33, 14f.; *Sermo* XIX, n. 5, 14; n. 26, 29: *Sermo* XXII, n. 10, 9. Schriftsteller wie deren betreffende Werke werden mystisch genannt.
2. Mystische Theologie ist identisch mit negativer Theologie: *Crib. Alk.* Alius Prologus, n. 18, 2; II, 1, n. 86, 2; n. 88, 10f. 13f. 18f. (von Flasch 1998: 550, erwähnt).
3. Mystice bzw. mysterium meint das *natürliche* Geheimnis des Globusspiels. Dafür kommen folgende Stellen in Frage: *De ludo* I, n. 54, 1. 17f.; n. 60, 1; bes. II, n. 61, 13–15; n. 89, 2; n. 104, 14 (Flasch 1998: 577, erwähnt ebenfalls diese Bedeutung).

4. Im Anschluß an das Mysterium des Globusspiels könnte man dann auch die mysteria Christi wie seine Geburt, seine Kreuzigung, seinen Tod oder auch die Eucharistie als mystisch bezeichnen: *De docta ign.* III, 6, S. 136, 2. 4 (n. 215); III, 7, S. 139, 6 (n. 221); III, 11, S. 151, 25 (n. 244).
5. Mystisch kann sodann, wie bereits erwähnt (Anm. 123), sowohl die mystische Einung selbst wie die Lehre darüber meinen. Das Wort mystica theologia hat daher einen doppelten Sinn.
6. Im *Brief* des B. v. Waging von zwischen dem 12.2. u. 18.3.1454 ist die Rede vom *amor misticus* bzw. von der *sapiencia mistica,* worunter Dionysius die Ursache von allem (*omnium causam)* verstehe, in: Vansteenberghe 1915: 132, 9f. 15. Diese als *omnium causa* zu verstehende *sapiencia mistica* sei *tripharia,* nämlich *multiloqua, breviloqua et sine verbo.*

207 Flasch 1998: z.B. 52f., 126, 411, 414, 422. Ähnlich schon Hoffmann 1947: 78, Anm. 22.

208 Flasch 1998: 443.

209 Abschnitt § 2, IV.

210 Flasch 1998: z.B. 161, 169, 319, 389, 400, 448, 532, 535.

211 Ibid. 386: 'Jetzt [in De vis.] wollte er beweisen, ad oculos, daß seine neue Philosophie die Kraft hatte, sowohl die abstrakte Schulphilosophie als auch die Intentionen der Unmittelbarkeitsmystiker in sich transformierend aufzunehmen'. 412: 'Sie [die mystische Theologie] ist ihm *nicht* identisch mit der negativen Theologie, sondern sie ist ein anderes Wort für die Koinzidenztheorie.' 422: Zu *De vis.* 7, n. 25, 1–3 (Nußbaumgleichnis) bemerkt er: 'Und dies ist kein Versprechen für die jenseitige Schau, sondern die Erneuerung unserer Welt-Ansicht und die Hinführung zur Naturphilosophie auf dieser Erde'. – Mit Flaschs schärferer Einstellung gegen eine Mystik bei Cusanus in seinem Aufsatz von 1983 hat sich bereits Haas 1989 auseinandergesetzt: vgl. bes. S. 10; die Bemerkungen Haas', S. 46f. Anm. 18 u. S. 53 Anm. 36 beziehen sich auf Flasch 1973, bes. 194–204. Auch Hoffmann 1947: 78, Anm. 22 meint: Von der echten Unio mystica, die nicht zufällig eine vorwiegende Angelegenheit von Mönchen war, hätten Cusanus und Luther, nach verschiedenen Seiten, gleich weiten Abstand gehabt.

212 Vgl. *Codex Cusanus* 41: Kues, Bibliothek des St. Nikolaus-Hospitals, fol. 155^{v}: Es handelt sich um die von Eusebius der Eustochios-Ausgabe der plotinischen Schriften entnommenen Teile der Schriften IV 7, 1–8^{5} und V 1. Genauere Angaben dazu in der editio minor des Plotin (Henry-Schwyzer) Bd. II zu IV 7, 1–8^{5} u. V 1. Vgl. auch Artikel *Plotinos* von H. R. Schwyzer, in: RECA, Bd. XXI/1 (1951) 471–599, hier 488, 4–490, 53.

213 Vgl. dazu Kremer 1991.

214 Ich verweise dafür auf Haubst 1989: 176[60], der folgende Stellen anführt: *De quaer.* 3, n. 39, 1–3; *De dato* 1, nn. 92f.; *Apol.* S. 20, 2–15 (n. 29); *De vis.* 5, n. 15, 3 – n. 16, 9. Es ließen sich viele andere Stellen noch anführen, z.B. *De vis.* 5, n. 14, 1–9; 12, n. 48, 2–6; 17, n. 79, 1–14; *De poss.* n. 15, 4–10; n. 31, 2f.; *Brief* v. 22.9.1452, in: Vansteenberghe 1915: 112, 35f. usw. – Für die Notwendigkeit des *Glaubens* verweise ich beispielhaft auf *De docta ign.* III, 11, S. 153, 8–20 (n. 246); III Epist. S. 163, 19 – S. 164, 3 (n. 264); *De vis.* 24, n. 113, 1 – n. 114, 13; *Brief* v. 22.9.1452, in: Vansteenberghe 1915: 112, 16–40. Vgl. auch Haubst 1991: 336f., 338, 347f.

CHAPTER TWO

The Changing Face of *Posse*

Another Look at Nicolaus Cusanus' *De apice theoriae* (1464)

H. Lawrence Bond

Three Cusan scholars in recent years have apparently come to similar conclusions, regarding Cusanus's final work *De apice theoriae* (*On the Summit of Contemplation*).[1] Over an extended period the late F. Edward Cranz and I had discussed the question of the 'novelty' of Cusanus' appeal to *Posse Ipsum* in this dialogue. The term *posse* lends itself well to translation in German (*können*), French (*pouvoir*), and Italian (*potere*) but poses special problems in English. We debated at length whether the term *posse* should be translated as 'can,' 'potency,' 'possibility,' etc. and we both finally settled on leaving the term in Latin. Cranz first presented his conclusions regarding the work in two papers delivered at sessions of the American Cusanus Society during the 1991 and 1992 International Congresses on Medieval Studies in Kalamazoo, Michigan and published posthumously as *Development in Cusanus?* and *The Late Works of Nicholas of Cusa*.[2] I responded at both sessions and then delivered my views in a paper 'Contemplative Theology in Nicolaus Cusanus' *De apice theoriae*' at the 1993 International Congress and later in the introduction to my book on Cusanus in the *Classics of Western Spirituality* Series.[3] Since that time Kurt Flasch has published his findings toward the end of his study of Cusanus' intellectual development.[4]

The purpose of this paper is to revisit Cusanus' treatment of *Posse,* to clarify my own more moderate position regarding Cusanus' development, and at the same time to acknowledge the uniqueness of his treatment of the names for God in *De apice theoriae.* In sum my thesis is:

> What Cusa attempts to achieve in *On the Summit of Contemplation* is no mere tinkering or fine tuning of terminology. For Cusa, this work is intended to complete, to finish, and to re-direct his earlier speculations, although not to contradict them. While these earlier writings may illumine issues in the dialogue, this final composition provides a hermeneutic and a key for unlocking Cusa's theology up to the last point in its development.[5]

At the end of his life Nicolaus Cusanus proposes a new name for God. By subtracting *esse* or *est* from *Possest*,[6] his earlier name, he elevates *posse* to an absolute, *Posse Ipsum*. This is the case in his last major work, *De apice theoriae*, composed just after Easter in 1464. In it he seems eager to disclose his latest spiritual and intellectual discoveries following a remarkable period of meditation during Easter. It is fortuitous that he chose this time to provide further insight into the development of his thought. Otherwise, without this last summing up, we would lack knowledge of what appears to be the most important and dramatic shift in his thought since his revelatory experience on board ship in 1437, prior to the composition of *De docta ignorantia*.[7]

Four short months later in 1464, as special emissary of Pope Pius II, he will lie dying near Todi and is perhaps attended to by, among others, his 'secretary' Peter Wymar of Erkelenz,[8] canon at Aachen.

In the *De apice theoriae* Cusanus crafts a dialogue in which this same Peter interrogates the Cardinal about where he finds himself now in the maturity of his thought and following several days of intense meditation. Cusanus as the author has Peter provoke the dialogue's Cardinal Cusanus, as the other interlocutor, to self-disclosure. Peter comments that he presumed that surely by now Cusanus had already finished working through all the critical issues and was beyond fresh insights.[9] Whether an actual conversation of such a kind ever took place is unknown, but Cusanus writes with such directness that it is clear that he relishes the opportunity to show himself still the sojourner.

This is the context in which Cusanus, at his life's end, raises additional questions of naming and seeing God. However, he now offers an interesting new twist to his thought. This paper attempts to answer what it means that during his last months of life, Cusanus should insist that the *via negativa* has failed him. For Cusanus now, it was not enough to say that God is not being and not Being Itself, neither anything positive nor anything negative, nor the coincidence of positive and negative. Nor is it sufficient to say God is simply absolute, or infinite, or not-other. Nor can one even say that God is either nothing or not nothing. But rather at some alternative level of speech God is best spoken of as verb, as *Infinitive* – not however *esse* nor even *non-esse*– but in a new positive language, as infinitely *Posse*, *posse* raised to an absolute, *Posse Ipsum*, 'Can Itself.' Cusanus deliberately chooses *posse* and not *possibilitas*, which is a condition or state, whereas *posse* is a pre-condition or a pre-state.

If we take the *De apice theoriae* at face value, it means that Cusanus discloses that he has just had a profound 'contemplative' experience, an experience of spiritual seeing, and that he has come to behold *theorein*, things as he has never seen them before. This dialogue reveals how it was necessary for Cusanus to rethink his dearest and most essential views of God and God's relationship to beings and their nature, and even to rethink vision, *theoria*, itself.

Cusanus opens the dialogue with terms laden with surprise: a 'deep meditation,' *profunda meditatione*, a 'discovery of something great,' *magni aliquid invenire*, and a 'joyousness,' *laetum*, as observed in the Cardinal by his secretary Peter Erkelenz.[10]

Cusa goes on to speak of the strivings that have provoked his treatises and that preoccupied his contemplation during this particular Easter. He calls these past and present efforts his *studioses inventiones*[11]. He likens them to St. Paul's experience (2 Cor. 12: 1–4) of never quite comprehending the Incomprehensible, even if in rapture, yet always striving.[12]

It is not surprising then that the reader might expect to find some new notion in the *De apice theoriae.* At the outset Cusanus has Erkelenz explicitly ask *quid id novi est*[13]. What new discovery, has the Cardinal come upon in his meditations during the Easter season? It is not a question of *whether* he has come to a new idea or *if* he had reason to confirm, correct, or extend concepts from his past writings, but literally *what* is new, what new thing showed up.

The question is made more dramatic when Cusanus, as the author, has Peter go on to suggest that he is curious that there be something new because he had supposed the Cardinal to have finished with all the speculation that he had previously set forth in many different books.[14] The implication of Peter's remark is that he had thought Cusanus had nothing more to say and certainly nothing new to add to such subjects.

It is true that at the end of the dialogue Cusanus alerts the reader to expect to find the same truth here as in certain of his previous books and sermons. But the emphasis of his language is interesting, and the interpretation of this passage is critical. He is not saying that one should read this particular dialogue, the *De apice theoriae,* in the light of his previous writings, but just the reverse. One should read or reread Cusanus' works, such as his *De dato* (*patris luminum*) *bene intellectus secundum praemissa* 'properly understood in accordance with what has already been said here,' and, in consequence, one will find that these contain the same as *De apice theoriae*[15]. Cusanus is providing the reader with what will prove to be his last hermeneutical key for understanding his own body of writing since 1440.

What in fact does Nicolaus Cusanus end up saying about *posse* by the conclusion of *De apice theoriae*? Let us start with his concluding remarks, the *memoriale,* a brief summary of key points he has attached to the end of the dialogue.

Here he contrasts *posse* with *Posse Ipsum,* 'can' with 'Can' itself, *posse* as modality and capability with *Posse* as absolute in and of itself. He distinguishes *Posse* itself by ascribing to it the following properties:

(1) it transcends modality and possesses no *posse* but is the *posse* of all *posse*; as such it is both the highest point of human contemplation and essential to every other contemplation at whatever level of sight and theory;[16]

(2) it is *posse* in its essence, pure *posse,* in and of itself with nothing added; therefore, it is not the *posse* of being or of any other kind, but instead it is the *posse* prior to all other *posse*;[17]

(3) *Posse* Itself is alone that which is to be contemplated; at its summit authentic contemplation sees nothing other than *Posse* Itself;[18]

(4) it is the hypostasis of all *posse* and enfolds all *posse* in itself;[19]

(5) it precedes all other *posse*, e.g. all *posse* to be named, sensed, imagined, or understood and all *posse* to be greater or lesser;[20]
(6) all other *posse* are images and appearances of *Posse* Itself and fall into a hierarchy of greater and lesser trueness of image and appearance;[21]
(7) it appears in all things by intention in order to disclose itself;[22]
(8) the human mind, the living intellectual light, in accord with its telos, contemplates *Posse Ipsum* in the mind's *posse* where *Posse Ipsum* appears powerfully, independent of bodily being and free of corporeal restraints;[23]
(9) the mind sees that its *posse* is not *Posse Ipsum* but an image, a mode of appearance of *Posse Ipsum*; in fact all that the mind sees are modes of appearance of the incorruptible *Posse Ipsum*;[24]
(10) everything's *posse* to be is its being and is an appearance of *Posse Ipsum*; moreover, the mind sees the one-in-three nature of all being because it reflects the unitrinity of *Posse Ipsum*;[25]
(11) *Posse Ipsum* appears to the mind not only in the mind but also in all being from lowest to highest, e.g. in the *posse* to make of the maker, in the *posse* to become of the 'makeable,' and in the *posse* of the connection of both, but not in evil or in things lacking hypostasis because they lack the appearance of *Posse Ipsum*;[26]
(12) yet the *Posse Ipsum* is one and the same and is the only substantial or quidditive principle, formal or material; variety and multiplicity are present in its appearances or images but not in it itself.[27]

At the *Memoriale*'s end, Cusanus emphasizes that *Posse* Itself signifies the triune God, the omnipotent or *Posse* of all power and that, therefore, the most perfect appearance of *Posse* Itself is Christ leading us by word and example to the clear contemplation of *Posse* Itself, alone satisfying the highest longing of the mind.[28]

How, then, is *Posse* used earlier, in the body of the dialogue *De apice theoriae*?

SECTIONS 1–4

Cusanus introduces the term *posse* as a substantive in section 4 of *De apice theoriae*. After a play on the word *quid*, he now adds the term *posse*.

> **Question**: What [*quid*] are you seeking? **Answer**: What [*quid*]. **Question**: Why do you mock me when I ask what you are after? **Answer**: It is true. Every seeker is seeking a what [*quid*]. Many who have sought it have seen it though from afar, and many have recorded what they have been able to see of it. **Question**: What then is this *quid* that is always being sought, that you yourself have been seeking during this holy season? **Answer**: It is Whatness itself, Quiddity itself, without which nothing can be.[29] No essence, no hypostasis, no quiddity, no subsistence can be without Quiddity itself. Since this pure and absolute Quiddity 'can be,' it can be only *Posse* Itself (Can Itself).[30]

Therefore, this is the divine name preferred by Cusanus now that following his meditations and previous work, he sees what he had not seen in the past. Neither Being, not even Being Itself, nor Not-being, nor Mind, Nous, nor any other term will do. 'The what [*quid*] I am seeking,' he explains to Peter, is Posse Itself (Can Itself), which Cusanus to this point in the dialogue has been calling the Quiddity of things. It is that which many philosophers and theologians of the past, according to their own writings, have seen. This Quiddity is the always sought, the always being sought, and the always to be sought whatness of things.[31]

It is in this context that Cusanus provides a brief narrative and privileged insight into the progress of his thought. He explains to Peter that for many years previously he had believed that such quiddity per se of things could be sought only *in obscuro*, beyond the human capacity to know and prior to every difference and opposition. But since then, Cusanus has experienced two critical developments in the way he has now come to see things. First, at some point, Cusanus does not tell us when, he had come to realize: (1) that quiddity subsisting in itself is the invariable subsistence of all substances and (2) consequently, (a) that such quiddity is subject neither to plurality nor multiplication and (b) that there is only one and the same quiddity (i.e. hypostasis or subsistence) for all things.[32]

Still later, 'afterwards' Cusanus says, he had to acknowledge: (1) that this quiddity (or hypostasis/subsistence) in itself 'can be' and (2) therefore, (a) that such quiddity cannot be without *Posse* Itself for without the *posse* which is *Posse* Itself nothing whatever can be and (b) that *Posse* Itself is that than which nothing can be more subsistent and is the *quid* or *quiddtas in se* that has been sought. This, Cusanus confesses, is the contemplation that has dominated his thoughts with such joy during the Easter period.[33]

It is here that Peter asks the obvious question about an earlier dialogue in which Cusanus promoted the title *Possest*, a combination of *posse* and *est* (the Latin infinitive 'to be able' and the present indicative active third person 'is'). Why does the Cardinal no longer think this name suffices[34]?

SECTIONS 5–8

In sections 5–8 Cusanus indicates that now he has discovered a clearer, truer, and easier term, *Posse* Itself. He explains how anyone else may also come to it. But why this term? Cusanus lists several conditions: (1) if the long sought for Quiddity Itself is that than which nothing can be more powerful, or prior, or better; (2) if without it nothing whatsoever can be, can live, or can understand; and (3) if it can be named at all, therefore, no name suits it better than *Posse* Itself, than which nothing can be more perfect.[35]

But Peter complains: How can you say 'easier' when we are talking about what has never entirely been found and yet is constantly being sought? Nothing seems more difficult than that.[36]

Cusanus continues the narrative outline of the later progress of his thought. (1) he used to think Quiddity could be found better in darkness, and (2) at least since his

Easter meditation, he knows better now and is able to lead Peter into the truth that he has been discovering.[37]

The Cardinal then sets down a pedagogical path by which Peter may follow the new trail Cusanus himself is now following. One wonders if this is the same path by which Cusanus came to his discovery.

> The truth in which *Posse Itself* shines brightly is of great power. With great certitude it shows itself everywhere easy to find, obvious even to a child or an ignorant person or anyone of sane mind:
> - all know *Posse* Itself;
> - nothing is unless it 'can' be;
> - without *posse* nothing 'can' be, have, do, undergo, be made, become;
> - it is presupposed by all who 'can' as necessary, so that nothing could be without *posse*;
> - if anything 'can' be easy, certain, prior, stronger, more solid, substantial, glorious etc, nothing 'can' be easier etc. than *Posse* Itself;
> - nothing without *Posse* Itself 'can' be, be good, or be anything else.[38]

Since Peter recognizes that he already knows these things to be clear and open to anyone, he asks what has he not yet acquired or discovered that Cusanus has. It is a simple question of *attentio*, the Cardinal explains, the way of seeing, i.e. careful contemplation and consideration – the manner of attending to these truths.[39] Here too this seems to be the difference Cusanus sets down as separating himself from others in the philosophical tradition: 'attention,' which here is another word for right seeing and contemplating. It is important to remember that the title of his last dialogue is 'The Summit [the Highest Point] of *Contemplation* [of Sight]'. It is a matter of theory (*theorein*) in the classical sense of beholding things in an entirety.

Cusanus designates for Peter what, without Cusanus's discovery, neither Peter nor anyone else would have been capable of seeing. When you in your present mode of seeing, look at all human beings who have been, are, and will be, you will see in them all only the one *posse* of the first parent. If you gave attention to all the animal species, you would see the same there. Also in everything else that has been caused or generated you would see only the *posse* of the first cause and first principle or beginning.[40]

Cusanus encourages Peter to see now what Cusanus is seeing: neither simply cause nor principle but pure *Posse* Itself, *Posse* as absolute, the *Posse* behind, above, and beyond the *posse* of all else, of all other *posse*, the *Posse* of *posse*, the *Posse* itself of *posse*[41]. The vision he has seen and would now direct Peter to contemplate, Cusanus maintains, is *Posse* Itself, the whatness and hypostasis of all things. In it are enfolded not only all that are but also all that are not.[42]

But what does it mean to call the (divine) quiddity or subsistence itself of all things *Posse* Itself? What does it mean for a late medieval cardinal and theologian to entitle God with a de-ontologized name, a post-scholastic name, not just some preferred or more appropriate predication or more efficacious label, but a pre-metaphysical name, a 'pre-effable' name, a pre-name, which turns out to be a pre-requisite for names, and for being, and for possibles? When Cusanus calls *Quidditas per se* or God in Godself *Posse* Itself, is he not simply replacing one name with another or calling name yet another name?

Here is the last great paradox that the aging Cardinal will address: how can one say that God is unknowable, unspeakable, and inconceivable and yet the truth of God shouts in the streets and the reality of God is clearer, more knowable, more 'articulatible,' and more conceivable than any thing else? By contrast nothing else is more clear, known, articulated, or conceived. In this last work Cusanus has made a paradox of paradox, a parody of parody. All names for God are parodies, all knowledge and conceptions are illusions, sight is blindness and blindness sight, and yet Cusanus goes on to affirm in his final testimony that what is seen at the mind's summit of vision is the only thing to be seen, the only thing that can be seen, the only thing that can, nay, even more, the only Can, the purely and absolutely *Posse*, *Posse* itself, without whom nothing can be seen, can be, can 'can.'

Cusanus cites the nature of light as an example for entering an understanding of Posse Itself. *Lux ipse*, light itself, is to be distinguished from sensible light, from rational light, and from intelligible light. Just as light itself is not one of these but is the light of all things that emit light, so Posse Itself is not *posse* with anything added but is the *Posse* of all *posse*. At one level however sensible light is a meaningful similitude when one 'attends' to perceptible light itself without which there can be no sensible vision. Appropriate attention leads us to see that:

(1) sensible light is the one and only hypostasis in every color and in every visible thing;
(2) sensible light is the light appearing differently in the different modes of being of the colors;
(3) sensible light is the cause of color, visible things, and sensible seeing;
(4) sensible light has such power that its brightness surpasses the power of sight;
(5) sensible light is not seen as it is;
(6) sensible light is seen only as it manifests itself in visible things;
(7) sensible light enfolds and excels the brightness and beauty of all visible things;
(8) sensible light is so bright that its brightness cannot be grasped in visible things;
(9) sensible light manifests itself in visible things in order to show itself not as visible but as invisible; and
(10) the brightness of light in visible things is seen more truly when it is seen as invisible.[43]

SECTIONS 9–11

The next step is to transfer these considerations about perceptible things to a higher level, to that of the intelligible. The translation or elevation should provide the following pattern:

The Realm of the Perceptible	→	**The Realm of the Intelligible**
the *posse* of light	→	*posse* simply or absolute *posse* itself
the being of color	→	simple being
different perceptible things	→	various modes of *posse* itself's appearance

What now does one see? The mind, which alone can see into the realm of the intelligible, beholds the various perceptible things and by transference now sees various modes of appearance of *Posse* Itself. However, it sees that the quiddity or whatness of perceptible things in fact does not vary because the quiddity of all things is *Posse* itself; unvarying in itself, however, it appears variously in the differing perceptible things.[44]

At ascending levels of seeing nothing else is to be seen except the *Posse* of things and at the highest level no other *posse* can be seen except *Posse* Itself, the *Posse* of *posse.* One looks at the things that exist or live or understand and by transference one then sees the *posse* to be, the *posse* to live, and the *posse* to understand. Ascending still further, one sees at the summit of sight only *Posse* Itself appearing in each *posse,* but more powerfully in the intellectual *posse* than the sensible.[45]

But can *Posse* Itself be grasped as it is? Here Cusanus returns to paradox and seems to reiterate his notion of *docta ignorantia* but without the phrase. By no ontological or epistemological capability can the mind comprehend *Posse* Itself. No cognition, no comprehension, no understanding even at the highest level of the operation of the intellect, can grasp *Posse* Itself. How then does the intellect see it without knowing? It contemplates by means of the intellect's *posse.* It does so when beyond the reaches of the intellect's grasp, it sees *Posse* Itself to exceed every cognitive and intellectual power.

Here in his last treatise Cusanus seems to recast the theological enterprise as purely contemplative beyond the reaches of metaphysics, beyond ontology, beyond epistemology. With reference to knowing and naming God, it entails a theology, at its root, without being and without epistemology, certainly in any conventional sense. Sight replaces knowing rather than serving as one among other epistemological modes. Here Cusanus provides one of his last descriptions of the *elevatio mentis.*

> What the intellect grasps, it understands. When, therefore, the mind in its own *posse* sees that *Posse* Itself cannot be grasped because of its eminence, the mind then sees with a sight beyond its capacity, just as a child sees that a stone's size is greater than the child's strength's capacity could carry. The mind's *posse* of seeing, therefore, surpasses its *posse* of comprehending.
>
> Hence, the simple vision of the mind is not a comprehensive vision, but it elevates itself from a comprehensive vision to seeing the incomprehensible.[46]

If it is not knowing and certainly not comprehensive, what kind of sight does the mind employ as it sees? It is not perceptual. To what extent then can it be called intelligible?

Cusanus now appeals to the metaphor of journey, not with regard to knowledge or even to wisdom in a conventional sense, but rather to a special mode of seeing.

The term Cusanus prefers to use here is *praevidere* – a seeing beforehand – the only kind of seeing possible when sight looks not to the thing but to the *posse* of the thing and beyond that to the *Posse* of all *posse*. What kind of intelligible contemplation is this? The sight is not only in advance or prior; it is an *ascensus*. It is Cusanus's latest version of the journey of the soul to God.[47]

This is apparently what Peter has not seen and what Cusanus himself has not so fully seen before. The thing itself, its very quiddity, is its *posse* not its being. This is also Cusanus's version of a kind of speculative mysticism carried to its summit. What is to be seen cannot be known as it is in itself. What is to be seen is not an object of sight but present in the *posse* itself of sight. It is of the essence of sight itself. It is a question of presence not of subjectivity or objectivity.

> For the *posse* to see is directed only to *Posse* Itself just as a traveler foresees one's journey's end so that one can direct one's steps toward the desired goal. So unless the mind could see from a distance the goal of its rest and desire and of its joy and gladness, how would it run that it might comprehend? The Apostle [Paul] duly admonishes us so to run that we might comprehend.[48]

Cusanus has attempted to recapture the word 'comprehend' [*comprehendere*] as he understands St. Paul to use it in his First Letter to the Corinthian Church, 1 Cor. 9: 24: 'to run in order to comprehend.' However, it is not formally an epistemological comprehension; it is the comprehension of foresight like the pre-sensory comprehension of foretaste.

SECTIONS 12–16

How then can this be called 'comprehension'? Cusanus places the word distinctly and clearly in Peter's subsequent response:

> The mind is satisfied only when it comprehends that than which nothing better can be. And that can only be *Posse* Itself, namely, the *posse* of every *posse*. Therefore, you rightly see that only P*osse* Itself, the *what* that is sought by every mind, is the beginning of the mind's desire, since it is that to which nothing prior can be, and you see that it is also the goal of the same desire of the mind, since nothing can be desired beyond *Posse* Itself.[49]

The key for Cusanus, again, is the way one attends or applies the mind. The goal that Cusanus believes he himself has arrived at and wishes his companion also to see is what in the *De apice theoriae* he calls 'a facility not communicated openly before.' Cusanus also states that he considers this as 'most secret'.[50] He then clarifies for Peter and the reader what he has come to (or has come to him) that sets his thinking apart from what he has said before but without necessarily contradicting his other works. Rather Cusanus is sharing a moment of profound development in his thought, but not so dramatic a *volte face* as happened at the Council of Basel or as occurred during his journey back from Constantinople in 1437–1438.

He has already indicated in a number of places that it has been his persistent intention to make progress in his thinking. It is in this context that he makes his own transference and elevation from 'comprehension' to 'speculation,' not only to sight or contemplation but to seeing at its greatest precision, 'all speculative precision' he calls it.[51]

By this 'secret' one can now resolve the core differences in the philosophical traditions of which Cusanus is aware. At the level of contemplation all see one of two things, and in the end these two turn out to be one. All see (1) either *Posse* Itself or (2) its appearance, and when philosophers talk of the quiddity or whatness of things they are talking about either *Posse* Itself, 'the what of all *posse*' or 'the many modes of being of its appearance'.[52] If one attends rightly to its appearances,

> in all things that either are or can be, nothing else can be seen but *Posse* Itself; just as in all things made and to be made nothing can be seen but the *posse* of the first maker and in all things moved and to be moved nothing but the *posse* of the first mover can be seen. Therefore, by such resolutions you see all things easy and every difference pass over into concordance.[53]

This is Cusanus's completion of his previous speculations in his later writings about the questions of seeking, knowing, seeing, and naming God. What the human on earth can finally arrive at is neither seeking nor knowing nor seeing nor naming God nor something other but rather seeking only what can be sought, knowing only what can be known, seeing only what can be seen, and naming only what can be named, and that is only what can be, the What Can Be of all things, the great Can, the Absolute *Posse*, *Posse* Itself. One can seek no more than this, one can know no more, one can see no more, one can name no more.

SECTION 17

This is the 'secret,'therefore, that Cusanus has now turned to, in his final summation to all his writing, his *Memoriale*, and this is what the sight of the mind sees at the highest point, and this is that to which Cusanus would now have Peter turn his 'mind's eye' ,[54] for this signification, *Posse* Itself, most appropriately directs the sight to the ineffable and the invisible and the quiddity in itself that is no-thing and nothing in itself to be sought, known, seen, or named. The nameless and unseeable *Posse* Itself remains nameless and unseeable except as it discloses itself willfully in various modes of being and in none more perfectly than the Christ-appearance, 'who leads us by word and example to the clear contemplation of *Posse* Itself'.[55]

It is clear that by the time of his *De apice theoriae* Cusanus sees being as subsequent to *posse* and therefore cannot be God. Moreover, *posse* is prior to *possibilitas*, which suggests a condition or state, as well as prior to being and to the dichotomy of being and not-being. Unlike *posse*, *esse* implies a continuum whether material or spiritual, and continuum implies a spatiality and temporality, conceptually if not ontologically, so that even to absolutize being as Being Itself does not escape a 'prior' or even an associated substantiative concept, state or condition. Whereas for

Cusanus, *Posse* with nothing added, including *esse*, i.e. *Posse* Itself, remains absolute as it is; it is *Posse* pure and simple, alone prior to being and to Being Itself. It has no prior and is prior itself. Cusanus at places seems to lyricize his discovery.

Apex theoriae est posse ipsum,
posse omnis posse,
sine quo nihil quicquam
potest contemplari.
Quomodo enim
sine posse posset.
Ad posse ipsum
nihil addi potest,
cum sit posse
omnis posse.[56]

One wonders how much more Cusanus might have made of that had he lived to develop his thought to a greater extent. Without his further deliberations, the question of what is so striking about calling God *Posse* Itself still remains an open one.

REFERENCES

Bond, H. Lawrence, (1997) *Nicholas of Cusa. Selected Spiritual Writings*, Mahwah NJ.
Cranz, F. Edward, (2000) *Nicholas of Cusa and the Renaissance*, Aldershot.
Cusanus, Nicolaus, (1973) *Trialogus de possest*, (h XI/2).
——, (1977) *De docta ignorantia/Die belehrte Unwissenheit* III (NvKdÜ 264c).
——, (1981) *De venatione sapientiae*, *De apice theoriae* (h XII).
Flasch, Kurt, (1998) *Nikolaus von Kues. Geschichte einer Entwicklung*, Frankfurt am Main.
Meuthen, Erich, (1976) *Nikolaus von Kues*, Verlag Aschendorff, Münster.
——, (1977/78) *Peter von Erkelenz (ca. 1430)–1494*, in: *Zeitschrift des Aachener Geschichtsvereins*, vol. 84/85, pp. 701–44.

NOTES

1 Cusanus 1981.
2 Cranz, 2000, pp. 1–18 and 43–60.
3 Bond 1997, pp. 56–70.
4 Flasch 1998, pp. 634–644.
5 Bond 1997, p. 70.
6 Cusanus, De poss.
7 Cusanus 1977, 263–64, pp. 98–101.
8 Meuthen 1976, pp. 130–131 and Meuthen 1977/78.
9 Cusanus 1981, 2, p. 117.
10 Cusanus 1981, 1, p. 117.
11 Cusanus 1981, 1, p. 117.
12 Cusanus 1981, 2, p. 118.
13 Cusanus 1981, 2, p. 117.
14 Cusanus, 1981, 2, p. 117.

15 Cusanus 1981,16, p. 130.
16 Cusanus 1981,17, Mem. I.
17 Cusanus 1981,17, Mem. II.
18 Cusanus 1981,17, Mem. II.
19 Cusanus 1981,17, Mem. III.
20 Cusanus 1981,17, Mem. III.
21 Cusanus 1981,17, Mem. IV.
22 Cusanus 1981,17, Mem. V.
23 Cusanus 1981,17, Mem. VI–VII.
24 Cusanus 1981,17, Mem. VIII.
25 Cusanus 1981,17, Mem. IX.
26 Cusanus 1981,17, Mem. X.
27 Cusanus 1981,17, Mem. XI.
28 Cusanus 1981,17, Mem. XII.
29 Cusanus 1981, 2, p. 118.
30 Cusanus 1981, 4, p. 119.
31 Cusanus 1981, 3, 119.
32 Cusanus 1981, 4, p. 119.
33 Cusanus 1981, 4, p. 119.
34 Cusanus 1981, 4, pp. 119–20.
35 Cusanus 1981, 5, p. 120.
36 Cusanus 1981, 6, p. 120.
37 Cusanus 1981, 5, p. 120.
38 Cusanus 1981, 6, pp. 120–21.
39 Cusanus 1981, 7, p. 121.
40 Cusanus 1981, 7, p. 121.
41 Cusanus 1981, 7, p. 121.
42 Cusanus 1981, 8, p. 121.
43 Cusanus 1981, 8, pp. 122–23.
44 Cusanus 1981, 9, p. 123.
45 Cusanus 1981, 10, p. 124.
46 Cusanus 1981, 10, p. 124.
47 Cusanus 1981, 11, pp. 124–25.
48 Cusanus 1981, 11, p. 125.
49 Cusanus 1981, 12, p. 126.
50 Cusanus 1981, 14, pp. 126–27.
51 Cusanus 1981, 14, p. 127.
52 Cusanus 1981, 14, pp. 127–28.
53 Cusanus 1981, 15, p. 129.
54 Cusanus 1981, 16, p. 130.
55 Cusanus 1981, Mem. XII, 28, p. 136.
56 Cusanus Mem. 17, p. 130.

CHAPTER THREE

Concord and Discord

Nicholas of Cusa as a legal and political thinker

Morimichi Watanabe

It is certainly not necessary at the outset of this paper to discuss at length for the reader the importance of Nicholas of Cusa and his ideas. Cusanus has been recognized by many as one of the most original and creative thinkers of the fifteenth century. Especially in recent years, his philosophical and theological works have been studied intensively. As the 600th anniversary of his birth is celebrated in Japan in 2000 and in Germany, France, the U.S.A. and other countries in 2001, his fame will become greater and his philosophical ideas better known than before. It is important to remember, however, that by training he was a canon lawyer.

After about one year's study at the University of Heidelberg, the young Cusanus entered the University of Padua in 1417 to study law.[1] For seven years, he studied law at the university, which had become one of the leading European schools for legal studies, and obtained the degree of Doctor of Decretals (*decretorum doctor*) in 1423. While he was in the service of Archbishop Otto von Ziegenhain of Trier (1418–30) after completing legal studies, he was involved in some legal cases in the diocese. Even after he entered the University of Cologne as 'Doctor of Canon Law from Trier' on 8 April 1425 and began to study philosophy and theology under the influence of Heymericus de Campo and Raimundus Lullus, he probably taught law and was involved in legal and ecclesiastical cases.[2]

One of the most famous cases was the Bacharach toll-tax case of 1426, which I have discussed elsewhere a few times.[3] Together with the sixty-eight law and philosophy professors of the Universities of Heidelberg and Cologne, the young canon lawyer Cusanus submitted a legal opinion in which he stated that the wine from the vineyard of the Church of St. Nicholas in Bacharach, which was shipped down the Rhine river to the Church of St. Andreas in Cologne, was exempt from toll-taxes at the tax-collecting stations on the river. Because of the spread of his fame as a lawyer, it is not surprising that the University of Louvain, which had been founded in 1425, asked Cusanus in 1428, and again in 1435, to come to Louvain as a professor of canon law.[4] Certainly his decision in both cases not to go to Louvain to teach canon law does not indicate his lack of interest in canon law, but shows probably his greater interest in practical legal involvements than in academic pursuits. When Cusanus went to the Council of Basel (1432–49) in 1432 as chancellor for Count Ulrich von Mandersheid (c.1400–38) to defend his patron's case against the papal appointee, Raban von Helmstadt, in the disputed espiscopal election of 1430 in Trier,[5] he made his début on the European stage as a prominent canon lawyer.

At first as a member of the Faith Committee (*Disputatio pro fide*) and later of the Committee on Bohemia of the Council of Basel, he had to tackle the theological problem of the Hussites. We should note that as a result of his involvement in the Hussite question, Cusanus produced a little tract, *De usu communionis*.[6] But, as we shall see later, Cusanus' attitude towards the Hussite problem had not only theological but also ecclesiological implications.

The most important question which Cusanus dealt with as a canon lawyer at the Council of Basel was certainly the question of the proper relationship between the pope and the general council. Since much has been written on this problem, I shall refer the reader to appropriate books, articles and studies on the topic.[7] The *De concordantia catholica*, which Cusanus submitted to the Council of Basel in 1433 or 1434, has been analyzed by many commentators, including myself.[8] But it is difficult to say that his other writings, documents and pronouncements and a few other related documents produced before and shortly after the *De concordantia catholica* have been sufficiently absorbed and utilized in the study of Cusanus' legal and political ideas.

Of the works and documents which we should take into account, four were produced before the *De concordantia catholica* of 1433/1434:

Wittlich Appeal – 15 September 1430
Bernkastel Judicial Sentence (*Weistum*) – 21 August 1431
Opusculum contra Bohemorum errorem: *De usu communionis* – 4 March 1433
De maioritate auctoritatis sacrorum conciliorum supra auctoritatem papae – 5 April 1433

Then three were completed between the *De concordantia catholica* and the *De docta ignorantia* of 1440.

De auctoritate praesidendi in concilio generali – 1434
De correctione calendarii – 1435
Acceptance (*Acceptatio*) of Mainz – 1439

After the *Docta ignorantia*, there were two documents that should occupy our attention.

Dialogus concludens Amedistarum errorem – 4 February 1441
Letter to Rodrigo Sánchez de Arévalo – 1442

It should be noted that the Cusanus' authorship of the *Weistum* of 1431 is not completely certain, but there is a strong indication that as chancellor for Ulrich von Manderscheid he may have composed it.[9] The *De maioritate* was in all likelihood prepared and written by Cusanus as he wrote at the same time the *De concordantia cahtolica.*[10] The *De correctione calendarii* of 1435 has received little attention from the writers on Cusanus' legal and political ideas in the past. But it should not be ignored when discussing Cusanus as a legal and political thinker in the early period.[11] The *Dialogus* and the Letter to Rodrigo Sánchez de Arévalo, especially the latter, have received considerable attention in connection with Cusanus' change of allegiance from the conciliar to the papal party in 1437.[12]

The purpose of this paper is to examine Cusanus' legal, political and ecclesiological ideas before and shortly after the completion of the *De docta ignorantia* in 1440 from the points of view of concord and discord by comparing and analyzing various books and documents mentioned above. Of them, the *De concordantia catholica* is undoubtedly the most comprehensive and important one, and we shall naturally refer to it more often than others. It is clear that in the process of our investigation, special attention must be paid to the concepts of consent and representation which are generally regarded as the twin pillars of the conciliar movement of the fifteenth century.[13]

Before assessing Cusanus' legal and political ideas in reference to concord and discord, there are two points I would like to make briefly.

First, it was in 1440 that his first major philosophical work, *De docta ignorantia*, was published. In other words, he had spent his first 17 years, after graduation from the University of Padua in 1423, as legal advocate participating in local or broader problems and issues. Only then did he turn seriously to writing on philosophical, speculative topics. His seven years of legal studies at Padua from 1417 to 1423 were probably of greater importance before 1440 than his two years of philosophical studies at the University of Cologne from 1425 to 1427. As Hans Gerhard Senger argued in his book, *Die Philosophie des Nikolaus von Kues vor dem Jahre 1440* (Münster, 1971), no systematic work on Cusanus' philosophical ideas appeared before 1440. The almost forty-year-old author of the *De docta ignorantia* was certainly not a young person by contemporary or any standards. It is indeed remarkable that in the second period of his life from 1440 to 1464, Cusanus could produce as many philosophical, theological and mathematical works as he did.

Second, when we examine the works of Cusanus produced as a canon lawyer before or shortly after 1440, we note that he used historical documents and events in supporting and advancing his arguments.[14] Not only in the *De concordantia catholica*, but also in others he went back to church history and discussed the events at various councils and the actions of some popes. Naturally, as a canonist, he cited many canonistic sources and referred to the views of past canon lawyers, especially Hostiensis (d. 1271) and Guido de Baysio (d. 1313).[15] It is interesting to note in this connection that the canonists he cited were past ones, with the exception of Franciscus Zabarella (1335/60–1417), 'the foremost canonist of his day,'[16] who, however, died in the year of Cusanus' entrance to the University of Padua.

Cusanus fortified what might be called his historical method by going back to the original documents and sources. As he proudly stated in the preface to the *De concordantia catholica*:

> (For) I have collected many original sources that have long been lost in the armories of ancient cloisters. Those who read these things therefore should be aware that they have been quoted there from the ancient originals rather than from some abbreviated collection.[17]

It is out of the scope of this paper to discuss whether and to what extent Cusanus was under the influence of humanism which emphasized the importance of going back to the sources.[18]

It is well known that in the fourteenth and fifteenth centuries Europe experienced a series of events that profoundly affected its political, social, religious and intellectual ideas. As mentioned above, one of the most important, urgent issues of the time was how to understand the proper relations of pope and council. The conciliar movement, which arose as a result of and as a reaction to the existence of two and later three popes in the church, was especially important in understanding the development and growth of Cusanus as a canon lawyer.[19] Hubert Jedin, one of the best known modern Catholic historians, called the *De concordantia catholica* the best, most articulate treatment of the conciliar doctrine. [20]

In examining the conciliar theory of the church, it becomes clear, as stated before, that it has two main doctrines: the theories of consent and representation. We must first try to understand how Cusanus as a legal and political thinker understood these two pillars of the conciliar doctrine. It is believed that the so-called Wittlich Appeal of 15 September 1430, which was issued in the episcopal residence 'Ottenstein' in Wittlich in support of Ulrich von Mandersheid as Archbishop Elect of Trier against the papal appointee, Raban von Helmstadt, was drawn up by Cusanus.[21] In the Appeal, invoking unanimous consent and divine and natural law, Cusanus argued that Ulrich was elected Archbishop of Trier canonically and that no pope had turned down in the past a bishop of Trier who had been legally chosen by the clergy and the people of Trier.[22]

In the *De concordantia catholica,* Cusanus argued, in accordance with the canonistic doctrines, that men were by nature equal and free and that it is only by the consent of the governed that a community is organized and legitimized.

> For since all are by nature free, every governance whether it consists in a written law or is living law in the person of a prince ... can only come from the agreement and consent of the subjects. For if by nature men are equal in power and equally free, the true properly ordered authority of one common ruler who is their equal in power cannot be naturally established except by the election and consent of the others and law is also established by consent.[23]

According to him, consent is required because of 'the common equal birth of all men and equal natural rights.'[24]

Reading these statements, some modern scholars regarded Cusanus' theory as 'democratic' in the modern sense.[25] But Paul Sigmund warned us: 'It would be a mistake, however, to attribute modern democratic conclusions involving universal suffrage to his theory of consent based on natural freedom and equality.'[26] It is entirely clear that Cusanus' theory of consent was based on the more traditional, medieval, and canonistic doctrine of human equality and freedom. The canon lawyer Cusanus was using the legal and political ideas about human nature and society that were current in the literature of the time.

In regard to the concept of representation, Cusanus used the concept in the same way that other canonistic and legal writers of his times used it. A duly gathered assembly, Cusanus contends, represents, and takes the place of, the whole body. In the *De concordantia catholica*, he takes the position that as the universal council represents the church in a more definite manner, it is above the pope, who represents the church only in a very general way (*confusissime*).[27] But, as has been pointed out by many commentators, the medieval concept of representation which the canon lawyer Cusanus used was not a simple, but a complicated one. In essence, it meant not merely a personal representation, but also an organic theory of representation. Cusanus used the concept of representation not only to mean representation as impersonation, but also to signify representation as the result of the conscious selection of another to take action on behalf of an individual or group (delegation).[28] He said, for example, 'The bishop represents and symbolizes (*figurat*) the church as a public person.'[29] When, therefore, we examine Cusanus' legal and political ideas in the early period of his life before 1440, we find that he was acting essentially as a canon lawyer whose ideas were based on medieval legal and political tradition.

What we must recognize further is that even in the early stages of Cusanus' career, his legal and political ideas, which appeared to be based on the egalitarian, seemingly 'democratic' views of man and society, were not the only level of his thinking and that his full political and legal ideas are expressed more fully when the canonistic views are combined with or subordinated to a cosmological, hierarchical understanding of the universe, human communities and men. His cosmological views went beyond the realm of canonistic understanding of man, society, and the church, a phenomenon which Erich Meuthen expressed as a *Überstieg* (overflow) in one place and as 're-theologizing' in another.[30] Brian Tierney has called this development 'the gradual assimilation into canonistic theory of the ancient doctrine of the Church and the Mystical Body of Christ.'[31]

We must grant that the development already existed in the *De concordantia catholica* which was written by a young canon lawyer. In fact, it is at the beginning of the *De concordantia catholica* that Cusanus referred to 'his original cosmological chain of being.' His discussion of the theory of consent appears only in the second book of the *De concordantia catholica*. After all, Cusanus was familiar before 1440 not only with the ideas of Dionysius the Areopagite, a fifth-century Neoplatonic writer of Syria, but also with Meister Eckhart (1260–1327), Jean Gerson (1363–1429) and other mystical or Neoplatonic writers. Whether we call it the 'overflow', 're-theologizing' or 'spiritualization' of Cusanus' legal and canonistic notions, there is no doubt that it made his system of thought fuller and richer. As a result, Cusanus' concepts of society and the church, which constitute a portion of the cosmos itself, become elaborately structured ones. Instead of looking at the church as a canonistic corporation, he examines it as part of a hierarchical, cosmological structure. Many commentators have seen here the influence of Dionysius the Areopagite, with whose *Ecclesiastical Hierarchy* Cusanus became acquainted before writing the *De concordantia catholica* in 1433/34.[32] The increasing emphasis on the concepts of divine and natural law in his legal and political ideas is one of the results of the re-theologizing of his social and political ideas. Let us see how this re-theologizing of Cusanus' legal and political ideas affected his theory of consent and representation.

First, we turn to the *De concordantia catholica.* There are indeed a number of references to majority rule in the *De concordantia catholica* which was derived from the doctrine of natural equality. But the doctrine of equality and freedom of all human beings, which was based on the canonistic doctrine, begins to be understood in relation to the cosmological, hierarchical and unitary notions of the church. The doctrine of consent, which is basic to his conciliar ideas, also assumes another dimension as it becomes a part of the new way of understanding and interpreting the nature of the church. One writer has called it the 'papalist version of the idea of consent'.[33] Consent, in the new, more theological version, is a divinely inspired agreement. In the course of this change, the notion of human equality and freedom is de-emphasized and supplanted by the notion of inequality. According to Cusanus, whenever there is consent and agreement, there is concord and harmony. Concord is a sign of the work of the Holy Spirit.[34] Although *concord* and *ordo* are not emphasized very much,[35] the *De maioritate auctoritatis* also arrives at the essentially same conclusions.

Thus, in these two writings which Cusanus produced in the early 1430s, he argued that if there is a majority of members of the council who threaten the unity and concord, it is important to follow another party even though it may be a minority party. The Holy Spirit, instead of residing in the mathematically greater part (*pars maior*), may be found in a minority group which is wiser and saner (*pars sanior*). We hear in these arguments echoes of the canonistic doctrines of the *pars sanior* and *minor.*[36] But the entire discussion is couched in a more theological tone than before. The concept of consent thus developed is what Erich Meuthen called the consent of love (*Konsens der Liebe*) that is found in the minority party.[37] One commentator argued that Cusanus was by then a member of an elite, that he regarded the rise of the majority in the Council of Basel as a threat to his status and that as a result he switched from the conciliar majority to the papal minority in 1437.[38]

Cusanus' theory of representation in the *De concordantia catholica* also acquires a deeper meaning based on an older, integralist and hierarchical view. As seen above, the universal council represents the church. In comparison, the pope alone represents the church in a 'very general way' (*confusissime*)[39] But a valid council requires concord and the consent of the entire church, which is the 'Mystical Body of Christ.'[40] Where there is discord or dissent in the council and in the church itself, it is clear that the Holy Spirit is no longer found there. Where there is discord or disagreement, the true church (*ecclesia vera*) does not exist there.[41] The ecclesiastical institutions and offices, including those of pope and council, were established to maintain unity and concord in the church. The papacy was established by Christ to maintain unity.[42]

When we turn to Cusanus' other statements and writings, we find similar notions expressed by him. Already in his early sermons of the 1430s, such as Sermo III, *Hoc Facite,* delivered somewhere in the diocese of Trier in 1431, and Sermo IV, *Fides autem catholica,* preached in Koblenz in 1431,[43] and later in the *De correctione calendarii* (1435),[44] Cusanus emphasized the importance of unity and concord in the church. But it was in the *De usu communionis* (1433), to which he referred in the *De concordantia catholica* II, 26,[45] that Cusanus stated that those who bring about discord to the church cannot be regarded as its true members because the maintenance of *unitas* and *concordantia* was essential. Whoever does not adhere to the unity of the church is outside the church.[46]

Cusanus' attitude to the famous Hussite doctrine of communion in two kinds for laymen as well as priests was stringent. According to him, in order to maintain *unitas rituum,* a variation of rules from the orthodox doctrine cannot be permitted without consent.[47] The church is the Mystical Body of Christ, and obedience to the *ecclesia* must be maintained.[48] The *pax* and *unitas ecclesiae* took a central role in his argument. Whoever does not remain within the unity of the church is outside the church. Hermann Hallauer pointed out that nowhere in the tract did Cusanus speak of the supremacy of the council over the pope.[49] Although, in his famous *De pace fidei* of 1453, Cusanus took the position that in regard to the relations of various religions, *una religio in rituum varietate* was possible,[50] his attitude to the dissenting Christians who followed the Hussite doctrine was much harsher.

As the split of the Council of Basel into the majority and minority parties became glaringly obvious in 1437, especially in regard to the question of where to hold a reunion council with the Greek church, Cusanus the canon lawyer must have regarded the whole question of concord and discord in the church in terms of the *pars maior* versus *pars minor et sanior.* It may be a somewhat farfetched comparison, but, in a certain sense, his ideas must have been somewhat similar to the famous concept of the tyranny of the majority which was discussed in Alexis de Tocqueville's *Democracy in America* (1835). Those members of the majority party at the Council of Basel who dissented from and broke with the concord and agreement in the Mystical Body of Christ were in essence heretical. Aeneas Sylvius compared the behavior of the majority 'to the conduct of drunkards in a tavern'.[51] The radicalization of the majority party and the growth of discord within the Council of Basel almost forced Cusanus to shun them in hopes of maintaining and seeking concord within the church. Thus he left the Council of Basel on 20 May 1437 as a member of the papal minority in the belief that the unity of the Church could best be sought and achieved with the papacy.

Cusanus' transfer of allegiance from the conciliar to the papal party has been commented on and criticized often over the years.[52] But it may be argued that the young Cusanus who was in the 1430s a canonistic expert became increasingly philosophical and theological because of shocking events in the church and that as a result, towards the end of 1430s he began to reorient not only his allegiance but also his attitude towards ecclesiastical and secular events.

When the Electors of the Empire, after five days of secret negotiations, declared at the Imperial Diet of Frankfurt in March 1438 the position of neutrality in the ecclesiastical conflict between the pope and the council,[53] Cusanus was sent to the diet by Pope Eugenius IV to fight for the papal side. On 26 March 1439, the Congress of Mainz accepted the 26 reform decrees of the Council of Basel and issued a notarial document called the Acceptance (*Acceptatio*) of Mainz.[54] Since it did not go against the Electors' Protestation of Neutrality, the situation did not worsen for Cusanus. But when the Council of Basel elected Duke Amadeus VIII of Saxony as Pope Felix V (1439–49) on 5 November 1439, Cusanus wrote a criticism of the supporters of Amadeus which was entitled *Dialogus concludens Amedistarum errorem* (1441).[55] In the *Dialogus*, Cusanus argued that authority can never be understood numerically, that the sound minority is to be respected and that what counts is the quality of the party and the hierarchical rank of the minority party.[56] When a council is split into a majority and a minority, there is no consent in the council because the Holy Spirit is no longer there. If there is no consent, the council cannot represent the church.[57]

When we read Cusanus' famous letter of 1442 to Rodrigo Sánchez de Arévalo, it is clear that the letter was written by a supporter of the papacy who was concerned about the concord and unity of the church. Cusanus says:

> [I]t is fitting for the sensible Church to have a sensible head; and, for this reason, the sensible head of the Church is the pontiff, who is chosen from among men. In him the Church exists in an enfolded manner as in the first confessior of Christ among men.[58]

In discussing the development of Cusanus' philosophical, theological and ecclesiastical ideas, Werner Krämer distinguished the following periods: the first period of early ecclesiology, the second period of shift to the papacy after 1437, the third period of turning to philosophy after 1440 and the final period of late ecclesiology.[59] In this paper, we have been particularly concerned about and interested in the first period in which Cusanus was active as a canon lawyer and upheld the doctrine of conciliar supremacy as demonstrated in the *De concordantia catholica* and other documents. But, as we have seen, even in Krämer's first period, a process of re-theologizing began to take place. As a result, the canonist identity of Cusanus' thinking was embraced by a cosmological, hierarchical notion of the universe and the church. Although Cusanus' cosmological ideas and his ideas of the infinite are profound and have been discussed by many commentaters,[60] we have tried to concentrate on his narrower views on the church and the concrete problems in the fifteenth century in order to understand and appreciate his legal and political dieas.

One of the most important points in this regard is that Cusanus emphasized concord and unity within the church and the concept of *aedificatio ecclesiae* (building up of the church) because they were the central concerns of his ideas towards the end of the first period. Seen from this point of view, it is not difficult to understand that after receiving 'a supreme gift of the Father of Lights' on his way back from Constantinople in 1437,[61] Cusanus completed his most famous philosophical work, *De docta ignorantia*, in Kues in 1440, thereby initiating what Krämer called the third period. Did Cusanus cease to be a political and legal thinker after writing the *De docta ignorantia* in 1440? Did his concern shift entirely from institutional, ecclesiological themes to speculative ones?

We should note in this connection that Cusanus never again wrote a canonistic or political treatise after the *De docta ignorantia.* It should also be remembered that Cusanus seems to have kept his distance from the *De concordantia catholica* in the later part of his life. Only once in his Sermo XXI of 6 January 1439 did he refer incorrectly to the work as *De concordantia ecclesiastica.*[62] In his later years he collected his works in two codices, which are now Codex 200 of the Bibliothek in Kues and Codex Harl. 3710 in the British Museum.[63] But he did not include the *De concordantia catholica* in these codices. The first printed edition of his *Opera omnia* published in Strasbourg in 1488 did not contain it. Only in 1514 the Paris edition by Lefèvre d'Etaples was it included and published.

To rephrase the question posed above, in contrast to the first, early period from 1423 to 1440, when he was active as a canon lawyer, did Cusanus afterwards become entirely a philosopher, metaphysician and theologian? The answer to this question is obviously no. Despite the impressive number of philosophical, theological and mathematical works which he produced after 1440, and despite the fact that no canonistic and ecclesiological book was written in the latter part of his active life, Cusanus did not cease to be a legal and political thinker. He was in his later life very active as a defender of the papal position at imperial diets, as Cardinal after 1448 and as Bishop of Brixen after 1450. He was so much involved in the practical political issues and events which required his legal expertise that he was no longer a writer on legal and political ideas and methods, but their practitioner. Even his critic Karl Jaspers granted that Cusanus was probably the only great philosopher who was actively engaged in actual events of life.[64]

Since the purpose of this paper is to deal with Cusanus' ideas and activities as a political and legal thinker in his first period, the events and troubles which Cusanus faced in the second part of his life are not discussed. But, after everything is taken into account, it can be said that Nicolaus Cusanus was one of the most original philosophical and theological thinkers of the fifteenth century who was at the same time deeply involved in the urgent, pressing political and ecclesiological problems of the day even after the completion of his comprehensive legal and political work, *De concordantia catholica* in 1433/34 and the famous philosophical work, *De docta ignorantis,* in 1440.

BIBLIOGRAPHY

Acta Cusana. I, 1. (1976), Hamburg.

Baur, Ludwig, (1941) *Nicolaus Cusanus und Ps. Dionysius im Lichte der Zitate und Randbemerkungen des Cusanus,* in: *Sitzungsberichte der Heidelberger Akademie der Wissenschaften,* Phil.-hist. Kl., 4, Heidelberg.

Biechler, James E. (1997) *The Conciliar Constitution of the Church: Nicholas of Cusa's Catholic Concordance*, in: *Open Catholicism: The Tradition at Its Best. Essays in Honor of Gerard S. Sloyan*, ed. David Efroymson and John Raines, eds, Collegeville, MI, pp. 87–110.
——, (1975) *Nicholas of Cusa and the End of the Conciliar Movement: A Humanist Crisis of Identity*, in: *Church History*, XXXXIV, 1, pp. 5–21.
Cusanus, Nicolaus, (1959; 1970) *De pace fidei. Cum epistola ad Ioannem de Segobia*, (h VII), Hamburg.
——, (1963) *De concordantia catholica*, I (h XIV, 1–4) Hamburg.
——, (1970) *Sermones*, I, 1 (h XVI, 1), Hamburg.
Decker, Bruno, (1953) *Nikolaus von Cues und der Friede unter Religionen*, in: *Humanismus, Mystik und Kunst in der Welt des Mittelalters*, ed. Josef Koch, Leiden.
Deutsche Reichstagsakten, XIII[1.] (1925): Göttingen.
Gandillac, Maurice de, (1971) *Una religio in rituum varietate*, in: MFCG, 9, pp. 92–105.
Hallauer, Hermann, (1971) *Das Glaubensgespräch mit den Hussiten*, in: MFCG, 9, pp. 53–75.
Harries, Karsten, (1975) *The Infinite Sphere*, in: *Journal of the History of Philosophy*, 13, pp. 5–16.
Haubst, Rudolf, (1971) *Der Leitgedanke der representatio in der cusanischen Ekklesiologie*, in: MFCG, 9, pp. 140–65.
——, (1971) *Wort und Leitidee der >representatio< bei Nikolaus von Kues*, in: *Der Begriff der Repraesentatio im Mittelalter: Stellvertretung, Symbol, Zeichen, Bild.* [Miscellanea Mediaevalia], 8, Berlin/NY, pp. 139–62.
Helmrath, Johannes, *Das Basler Konzil 1431–1449. Forschungsstand und Probleme*, Köln.
Hoffmann, Ernst, (1929–30) *Das Universum des Nikolaus von Kues*, in: *Sitzungsberichte der Heidelberger Akademie der Wissenschaften*, Phil.-hist. Kl., 3. Abt., Jg. 1929–30, pp. 3–40.
Honecker, Martin, (1940) *Die Entwicklung der Kalendarreformschrift des Nikolaus von Cues*, in: *Historisches Jahrbuch*, 60, pp. 581–92.
Hürten, Heinz, (1959) *Mainzer Akzeptation von 1439*, in: *Archiv für mittelrheinische Kirchengeschichte*, 2, pp. 42–75.
Izbicki, Thomas M. (1993, A) *The Church in the Light of Learned Ignorance*, in: *Medieval Philosophy and Theology*, 3, pp. 186–214.
——, (1993, B) *Nicholas of Cusa's Letter to Rodrigo Sánchez de Arévalo*, in: *Medieval Philosophy and Theology*, 3, pp. 206–14. [This translation is a part of the preceding article].
Jacob, E.F. (1949) *The Bohemians at the Council of Basel, 1433*, in: *Prague Essays*, ed. R.W. Seton-Watson, Oxford, pp. 81–123.
Jaspers, Karl. (1964) *Nikolaus Cusanus*, München.
——, (1966) *The Great Philosophers*, II, New York.
Jedin, Hubert, (1957) *A History of the Council of Trent*, I, tr. Dom E. Graf, St. Louis.
Die Kalendarverbesserung. (1955) Deutsch von Viktor Stegemann. Unter Mitarbeitung von Bernhard Bischoff, Heidelberg.
Koyré, Alexandre, (1957) *The Sky and the Heavens: Nicholas of Cusa and Marcellus Palingenius* in: his *From the Closed World to the Infinite Universe*, Baltimore.
Krämer, Werner, (1971) *Die ekklesiologische Auseinandersetzung um die wahre Representation auf dem Basler Konzil* in: [Miscellanea Medievalia], 8, Berlin/N.Y. pp. 202–37.
——, (1980) *Konsens und Rezeption. Verfassungsprinzipien der Kirche im Basler Konziliarismus*, Münster.
Lai, T. (1973) *Nicholas of Cusa and the Finite Universe*, in: *Journal of the History of Philosophy*, 11, pp. 161–67.
Lücking-Michel, Claudia, (1994) *Konkordanz und Konsens – Zur Gesellschaftstheorie in der Schrift 'De concordantia catholica' des Nicolaus von Cues*, Würzburg.
Meister, Alois, (1896) *Die humanistischen Anfänge des Nikolaus von Cues*, in: *Annalen des Historischen Vereins für den Niederrhein*, 63, pp. 1–21.

Meuthen, Erich, (1964) *Das Trierer Schisma von 1430 auf dem Basler Konzil. Zur Lebensgeschichte des Nikolaus von Kues.* Münster Westf.
——, ed. (1970) *Nikolaus von Kues: Dialogus concludens Amedistarum errorem ex gestis et doctrina concilii Basiliensis,* in: MFCG, 8, pp. 11–114.
——, (1972) *Kanonistik und Geschichtsverständnis. Über ein neuentdecktes Werk des Nikolaus von Kues: De maioritate auctoristatis,* in: Remigius Bäumer, *Von Konstanz nach Trient,* München.
——, ed. (1977) *De maioritate auctoritatis sacrorum conciliorum supra auctoritatem papae,* in: *Abhandlungen der Heidelberger Akademie,* Phil.-hist. Kl., Jg. 1977, Abh. Heidelberg.
——, (1978) *Nikolaus von Kues und die Geschichte,* in: MFCG, 13, pp. 234–52.
——, (1983) *Konsens bei Nikolaus von Kues und im Kirchenverständnis des 15. Jahrhunderts,* in: *Politik und Konfession: Festschrift für Konrad Repgen zum 60. Geburtstag,* ed. Dieter Albrecht et al. Berlin, pp. 11–29.
——, (1986) *Zwei neue Handschriften des Dialogus concludens Amedistarum errorem ex gestis et doctrina concilii Basiliensis,* in: MFCG, 17, 142–52.
——, (1992) *Nikolaus von Kues 1401–1464. Skizze einer Biographie,* 7th ed. Münster.
Nicolai Cusae cardinalis opera, II. (1514; 1962), Paris; Frankfurt am Main.
Oakley, Francis, (1981) *Natural Law, the 'Corpus Mysticum' and Consent in Conciliar Thought from John of Paris to Matthias Ugonis,* in: *Speculum,* 56, pp. 788–810.
Palm, Valentin, (1963) *Nikolaus von Kues und sein Vater im Bernkasteler Weistum des Jahres* 1431, in: MFCG, 3, pp. 214–22.
Seidlmayer, Michael, (1954) >*Una religio in rituum varietate*<. *Zur Religionsauffassung des Nikolaus von Cues,* in: *Archiv für Kulturgeschichte,* 36, pp. 145–207.
——, (1959) *Nikolaus von Cues und der Humanismus,* in: Koch, *Humanismus, Mystik und Kunst,* pp. 1–38.
Senger, Hans Gerhard, (1971) *Die Philosophie des Nikolaus von Kues vor dem Jahre 1440. Untersuchungen zur Entwicklung einer Philosophie in der Frühzeit des Nikolaus (1430–1440),* Münster.
Sieben, Hermann Josef, (1982) *Der Konzilstraktat des Nikolaus von Kues: De concordantia catholica,* in: *Annuarium Historiae Conciliorum,* 14, pp. 171–226.
Sigmund, Paul E. (1962) *Cusanus' Concordantia: A Reinterpretation,* in: *Political Studies,* 10, pp. 180–97.
——, (1963) *Nicholas of Cusa and Medieval Political Thought,* Cambridge, Mass.
——, ed. (1991) *Nicholas of Cusa: The Catholic Concordance,* Cambridge.
Thomas, J. (1958) *Der Wille des Cusanus in seiner Stiftungsurkunde vom 3. Dezember 1458,* in: *Trierer Theologische Zeitschrift,* 67, pp. 363–68.
Tierney, Brian, (1955) *Foundations of the Conciliar Theory: The Contributions of the Medieval Canonists from Gratian to the Great Schism,* Cambridge.
Vansteenberghe, Edmond, (1920; 1963) *Le cardinal de Cues (1401–1464): L'action – la pensée,* Paris; Frankfurt a. M.
Watanabe, Morimichi, (1963) *The Political Ideas of Nicholas of Cusa with Special Reference to his De concordantia catholica,* Genève.
——, (1970) *The Episcopal Election of 1430 in Trier and Nicholas of Cusa,* in: *Church History,* 39, pp. 299–316.
——, (1974) *Humanism in the Tyrol: Aeneas Sylvius, Duke Sigmund, Gregor Heimburg,* in: *Journal of Medieval and Renaissance Studies,* 4, 2, pp. 177–202.
——, (1981) *Nikolaus von Kues – Richard Fleming – Thomas Livingston,* in: MFCG, 6, pp. 168–73.
——, (1992) *Nicholas of Cusa, the Council of Florence and the Acceptatio of Mainz (1439)* in: *The Divine Life, Light, and Love: Euntes in mundum universum: Festschrift in Honour of Petro B.T. Bilaniuk,* eds. Renate Pillinger and Erich Renhart, Graz, pp. 137–47.

NOTES

1 On Cusanus' life, see Vansteenberghe 1920: 1963; Meuthen 1992.
2 Meuthen 1992: 26.
3 Watanabe 1981: 168–73; *Acta Cusana* (hereafter cited as AC), I, 1, no. 33, pp. 11–2.
4 MFCG, 4, 1964, 39 n. 13; AC, I, 1, no. 64, p. 23.
5 Concerning the 1430 episcopal election of Trier, see Meuthen 1964; Watanabe 1970: 299–316.
6 AC, I, 1, no. 171, pp. 102–3.
7 In addition to books cited in note 1, see Helmrath 1987.
8 See, for example, Sigmund 1963; Watanabe 1963; Sieben 1982: 172–226; Lücking-Michel 1994.
9 Palm 1963: 214–22 at 216.
10 Meuthen 1977: 42–87.
11 *Nicolai Cusae cardinalis opera,* II, Paris, 1514; reprint, Frankfurt am Main 1962, fol. xxii–xxix. See AC, I, 1, no. 289, p. 195. The *Reparatio kalendarii cum histographiæ astrologicae fragmento* is in preparation and will be published in *Nicolai de Cusa Opera omnia,* X, *Opuscula* II, 4. See also, Honecker 1940: 581–92; *Die Kalendarverbesserung. De correctione kalendarii* 1955.
12 Sigmund 1963: 262, 266–69; Watanabe 1963: 106–8; Izbicki 1993, B: 206–14.
13 Sigmund 1962: 180–97.
14 See Meuthen 1972: 147–70; Meuthen 1978: 234–52.
15 Lücking-Michel 1994: 39.
16 Meuthen 1983: 14.
17 *De concordantia catholica,* I, Prefatio 2, p. 3; Sigmund 1991: 3.
18 Probably the most famous article on this topic is still Meister 1896: 1–21. It must now be revised and expanded. See, for example, Seidlmayer 1959: 1–38; Watanabe 1970: 302–4; Watanabe 1974: 177–202.
19 Sigmund 1963: 11–20, 304–14; Watanabe 1963: 23–8, 187–90; Meuthen 1998: 63–79.
20 Jedin 1957: 22.
21 AC, I, 1, no. 80, pp. 31–5; the text is found on pp. 32–5.
22 Watanabe 1970: 311.
23 *De conc. Cath.,* II, xiv, 127, p. 162; Sigmund 1991: 98.
24 *De conc. Cath.,* III, iv, 331, p. 348; Sigmund 1991: xxvi.
25 Sigmund 1962: 180–81.
26 Sigmund 1991: xxvi.
27 Sigmund 1991: xxvii. Biechler 1997: 96 translates '*confusissime*' as 'in a very uncertain way.'
28 Sigmund 1991: xxvii.
29 *De concordantia catholica,* I, vi, 37, p. 58: 'Et sic episcopus eos figurat et repraesentat, quia publica persona quoad istum concursum'; Sigmund 1991: xxvii.
30 Meuthen 1972: 168.
31 Tierney 1955: 246. Cf. Oakley 1981.
32 Sigmund 1991: xxi, 22–26, 145. Cf. Baur 1941.
33 Izbicki 1993, A: 196.
34 Biechler 1997: 91.
35 Meuthen 1971: 29.
36 Meuthen 1983: 19; Biechler 1997: 95, 103.
37 Meuthen 1983: 28.
38 Biechler 1975: 5–21 at 17.
39 Sigmund 1991: xxvii. Cf. n. 27.

40 Izbicki 1993, A: 189. Cf. Sigmund 1991: xxvii.
41 Izbicki 1993, A: 191. Cf. Sigmund 1991: 195.
42 Sigmund 1962: 189.
43 *Sermones* I (h XVI, 1), 1, 41–56, 56–72; MFCG, 7, 1969, pp. 38–44.
44 See n. 11 above.
45 *De conc. Cath.*, II, xxvi, 211, p. 253; Hallauer 1971: 53–75 at 55; Sigmund 1991: 163.
46 Biechler 1997: 95.
47 Hallauer 1971: 56.
48 Hallauer 1971: 55.
49 Hallauer 1971: 56.
50 *De pace fidei*, (h VII) I, 6. Of many studies of *una religio rituum varietate*, see, for example, Decker 1953: 94–121; Seidlmayer 1954: 145–207; Gandillac 1971: 92–105.
51 Sigmund 1991: xxxii n. 15: '...ut modestiores in taberna vinaria cernas bibulos.'
52 Watanabe 1963: 97–8; Biechler 1975.
53 For the declaration of neutrality in 1438, see *Deutsche Reichstagsakten*, XIII[1], 1925, pp. 216–19.
54 Hürten 1959: 42–75; Watanabe 1992: 137–47.
55 Meuthen 1970: 11–114, especially 78–114 for the text.
56 Meuthen 1983: 18, n. 41–2.
57 AC, I, 2, no. 468, p. 308: 'Ubi vero deesset consensus, nemo umquam dubitavit concilium illos non representare ...' Cf. Meuthen 1983: 16.
58 Izbicki 1993, B: 209.
59 Krämer 1980.
60 See, for example, Hoffmann 1929–30: 3–40; Koyré 1957; Lai 1973: 161–67; Harries 1975: 5–16.
61 AC, I, 2, no. 334, p. 224: 'in mari me ex Graecia redeunte, credo superno dono a patre luminum, a quo omne datum optimum, ad hoc ductus sum ...'
62 *Sermones* 1 (h XVI) (1430–1441): Fasc. 3, 322. See also Lücking-Michel 1994: 48–9.
63 MFCG. 12, 1977, pp. 44–58. Lücking-Michel 1994: 39.
64 Jaspers 1964: 15; Jaspers 1966: 116.

CHAPTER FOUR

Friede und Schöpfungskraft

Cusanus, Montaigne und die Philosophie der Renaissance

Inigo Bocken

1. EINLEITUNG

In seiner Schrift *De querela pacis* aus dem Jahr 1518 bedauert Erasmus, daß es zu jener Zeit sogar in der Philosophie und der Religion unmöglich geworden sei, noch einen Raum zu finden, in dem Frieden gewährleistet sei.[1] Erasmus sieht sich durch die personifizierte Gestalt 'Frieden' mit dem Dilemma konfrontiert, daß 'die Natur uns mit so vielen Argumenten auf die Notwendigkeit von Frieden und Eintracht weist, während die realen Verhältnisse, an welchen auch das (philosophische) Denken partizipiert, nirgendwo einen festen Anker bieten, an dem diese Notwendigkeit des Friedens sich umsetzen ließe. Waren Philosophie und Religion zuvor noch Ruhepunkte, an denen Frieden und Übereinstimmung gefunden werden konnten, so sind sie jetzt von unlösbaren Streitigkeiten und – wie es in der Religion der Fall ist – sogar blutigen und unaufhörlichen Konflikten gekennzeichnet. Es ist klar, daß der Humanist und Theologe Erasmus hier an die konfessionellen Bürgerkriege seiner Tage und die politische und geistige Verwirrung, die diese mit sich brachten, denkt. Daß er im gleichen Zug auch die Philosophie erwähnt, ist höchst bemerkenswert. Sogar in der Ruhe des Denkens ist ein Fundament, das die kämpfenden Parteien, zumindest im Prinzip, miteinander versöhnen könnte, unauffindbar geworden.[2] Das erasmianische Seufzen in bezug auf die Ohnmacht der Philosophie wird auf dem Hintergrund des ungehemmten religiösen Pluralismus seines Jahrhunderts verständlich – aber vor allem auch angesichts der aufkommenden Zweifel an den Möglichkeiten der Philosophie. Dabei handelt es sich um Zweifel, die durch die Wiederentdeckung der Schriften des Sextus Empiricus, die die 'crise pyrrhonienne' (wie Richard Popkin es trefflich genannt hat) auslöste, verstärkt werden.[3] Auch für Nicolaus Cusanus bedeutet die Problematik des Krieges und des Friedens – die scheinbare Unmöglichkeit eine definitive gesellschaftliche und religöse Versöhnung zustande zu bringen – eine Herausforderung, die Aufgabe der Philosophie neu zu formulieren. Dies gilt umso mehr, da auch die Philosophie selber von einem inneren Kampf um der Wahrheit willen gekennzeichnet wird.[4] Die Geschichte der Philosophie ist eine lange Reihe von verschiedenen, sich oft widersprechenden Gedanken und Auffassungen über die Wahrheit. Cusanus schließt daraus, daß die Wahrheit, wie sie an sich ist, für den Menschen unerreichbar sei. Die Unerreichbarkeit der Wahrheit gehört zu den entscheidenden Schlüsselgedanken des Nicolaus Cusanus. Diese Einsicht enspringt für Cusanus nicht nur aus der Geschichte der Philosophie, sondern sie findet ihren Ursprung auch in seinen Erfahrungen als Diplomat und Politiker, später auch als Bischof von Brixen. Ebenso war er sich als einer der ersten Rechtshistoriker der europäischen Geschichte der Unmöglicnkeit, einen dauerhaften, definitiven Maßstab der Gerechtigkeit und Richtigkeit zu finden, und der stetigen Veränderlichkeit der Auffassungen, zutiefst bewusst. Die schöne Passage in *De coniecturis*, in der Cusanus die stetige Veränderlichkeit der Religionsformen beschreibt, ist bekannt:

> 'Bedenke auch, dass, wenngleich die Religion oder irgendeine Herrschaftsform in irgendeiner Nation dieser Welt für längere Zeit beständig zu sein scheint, dies dennoch nicht in Genauigkeit der Fall ist. Der Rhein scheint lange beständig zu fliessen, jedoch niemals im selben Zustand. Einmal ist er unruhiger, eiumal klarer, einmal führt er viel Wasser, einmal wenig. (...) Ebenso fliesst auch die Religion unbeständig zwischen Geistigkeit und Zeitlichkeit. Genauso schwankt die Herrschaft beständig zwischen grösserem und geringerem Gehorsam.'[5]

In diesem Aufsatz möchte ich zeigen, wie Cusanus aus diesem Bewußtsein der Unerreichbarkeit der Wahrheit heraus versucht, die Aufgabe der Philosophie neu zu definieren, und zwar als eine ***konjekturelle*** Philosophie, die versucht die Einheit von Wirklichkeit und Wahrheit nicht mehr von einer (teleologisch orientierten) Seinsordnung heraus zu betrachten,[6] sondern von der Unumgänglichkeit der menschlichen Perspektive, die eine irreduzibele Pluralität von Formen und Gestalten mit sich bringt, auszugehen versucht. Eine der Bedeutungen des *con-iectura*-Begriffs ist schließlich 'sammeln', und in diesem Sinne könnte man sagen, daß der Mensch für Cusanus ein 'sammelndes Wesen' ist.[7]

Außerdem möchte ich zeigen, wie er, obwohl selber praktizierender Politiker, diese neue Aufgabe, die sich (wie im *Idiota de mente* deutlich wird) entschieden von der mittelalterlichen systematischen Schulphilosophie unterscheidet, noch nicht, wie in der Neuzeit bei (z.B.) Thomas Hobbes, John Locke und Immanuel Kant deutlich der Fall ist, mit Hilfe des Politischen zu bewältigen versucht. Vielmehr greift er auf das Ästhetische zurück. Die konjekturelle Philosophie ist in ihrem Kern eine Transformation der traditionellen christlich-platonisch geprägten *imago Dei*-Lehre.

In dieser Hinsicht hat Hans Blumenberg Recht, wenn er argumentiert, Cusanus stehe zwar auf der Schwelle der Neuzeit, gehe aber nicht darüber hinaus. Tatsächlich könnte die Philosophie des Cusanus mit Recht als eine Übergangsphilosophie bezeichnet werden. Ich bin jedoch der Ansicht, daß man diese Redeweise nur dann anwenden darf, wenn sie nicht abwertend gemeint ist, sondern vielmehr die philosophische Tradition der Neuzeit auf nicht vollzogene, vergessene Möglichkeiten hinweist. In diesem Sinne möchte ich eine Lanze für eine These brechen, die schon in den frühesten Anfängen der Cusanus-Forschung am Ende des 19. und zu Beginn des 20. Jahrhunderts ihre Verteidiger gefunden hat, obwohl sie bis heute nicht ganz unumstritten ist, nämlich jene These, Cusanus sei ein Vertreter der Renaissance-Philosophie, die schon *nicht mehr* im Zeichen des mittelalterlichen *Ordo*-Denkens entwickelt werden kann, aber ebensowenig, d.h. *noch nicht*, die große neuzeitliche Wende zur *conservatio sui* – zur Selbstbehauptung (Blumenberg) – vollzogen hat. Diese These möchte ich anhand der Problematik von Krieg und Frieden ein wenig erläutern, die für die Genese der neuzeitlichen Rationalität im allgemeinen eine wesentliche Rolle gespielt hat. Zunächst möchte ich den Friedensgedanken, wie er in *De pace fidei* entwickelt wird, mit einem anderen berühmten Friedenskonzept aus der Neuzeit konfrontieren, und zwar demjenigen, welches Kant in seinem *Zum ewigen Frieden* mit großer Vehemenz und kämpferischer Schärfe verteidigt hat: Hierin zeigt sich der Unterschied zwischen dem *Finden* (Cusanus) und dem *Stiften* (Kant) von Frieden (1). Zweitens möchte ich den Hintergrund dieses bemerkenswerten Kontrasts in Cusanus' Auffassung der *Unerreichbarkeit der Wahrheit* suchen und diese Auffassung wiederum mit einem anderen wichtigen Denker der Renaissance konfrontieren, Michel de Montaigne: Es handelt sich hier um eine unterschiedliche, kontrastierende Auffassung der Unbestimmbarkeit des Menschen, die, beinahe klassisch, auch in *De dignitate hominis* von Pico della Mirandola eine wichtige Rolle spielt (2). Drittens werde ich die Bedeutung der *imago Dei*-Lehre als Grundlage für die konjekturelle Philosophie skizzieren (3). Schließlich werde ich noch einige Schlußbemerkungen hinsichtlich des Zusammenhangs von Wahrheit und Frieden hinzufügen (4).

2. FINDEN ODER STIFTEN VON FRIEDEN?

Wir haben gesehen, daß die Geschichte der Philosophie, die Cusanus wie nur wenige seiner Zeitgenossen kannte und beherrschte, für ihn, wie später auch für Erasmus und Montaigne, von einem nie aufhörender Streit von Einsichten und Wahrheitsauffassungen bestimmt wird, die nur sehr schwer miteinander versöhnt werden können.[8] Die Wahrheit, wie sie an sich ist, die von den verschiedenen Philosophen gesucht wird, ist für den menschlichen Geist unerreichbar, so kann man schon im ersten philosophischen Hauptwerk *De docta ignorantia* (1440) lesen, und einen vergleichbaren Ausgangspunkt kann man im gesamten Werk des Cusanus wiederfinden.

Jede Behauptung der Wahrheit ist, so sagt Nicolaus in seinem zweiten Hauptwerk *De coniecturis* (1440–1445), eine *Mutmaßung*. Jede Affirmation des Menschen ist ein 'sammelndes Vermuten', ohne letzte Gewißheit.[9] Immer wieder trifft man die Erkenntnis an, daß wir Menschen, so sehr wir uns auch anstrengen, niemals die Vielheit zur Einheit zurückführen können ohne dabei wieder in Mutmaßungen zu denken oder zu sprechen.

Nach all diesen Aussagen könnte man sich über das Vertrauen auf die Kraft des philosophischen Denkens wundern, das sich in Cusanus' Friedensschrift *De pace fidei* aus dem Jahr 1453 findet, einem Buch das als Gelegenheitswerk interpretiert werden könnte und anläßlich der Berichte über die blutigen Kämpfe in Constantinopel geschrieben wurde.

In diesem Buch läßt Cusanus Vertreter aller in jener Zeit bekannten Religionen und Völker miteinander ins Gespräch treten, damit die Kämpfe endlich aufhören sollen und ein 'ewiger Friede' (*pax perpetua*) zustande kommen soll.[10] Die Gesprächsteilnehmer sehen ein, daß die Wahrheit, die die verschiedenen Parteien im Krieg mit Feuer und Schwert gegeneinander verteidigen, die gleiche ist. Es sind nur die Formen, in denen die Wahrheit erkannt und gelebt wird, die unterschiedlich sein sollten (*una religio in rituum varietate*).[11] Wer dies eingesehen hat, wird niemals mehr die Waffen aufnehmen und die Wahrheit mit Gewalt erzwingen.

Das Prinzip der 'una religio in rituum varietate' scheint davon auszugehen, daß Frieden und Übereinstimmung zwischen den Völker *gefunden werden* können. Mit Hilfe des menschlichen Denkens kann man, so Cusanus, von sinnlichen und äußerlichen Formen aus bis zur geistlichen und innerlichen Bedeutung dieser Riten und Bräuche vordringen. Wenn man den Text nicht allzu freundlich lesen würde, könnte man sagen, daß Frieden schon erreicht werden kann, wenn die kämpfenden Völker und Menschen sich entschließen einmal gut nachzudenken.

Hat Immanuel Kant in seinem *Zum ewigen Frieden* nicht den Schluß gezogen, den Cusanus, der Einsicht in die Unerreichbarkeit der Wahrheit entsprechend, hätte ziehen müssen, wenn der Königsberger ausdrücklich sagt, Frieden soll *gestiftet* werden, auch wenn dies bedeutet, daß er mit der menschlichen Natur in einem schwer aufzuhebenden Spannungsverhältnis steht?[12] *De pace fidei* und *Zum ewigen Frieden* sind der Form nach sehr ähnliche Werke: Es handelt sich um Gelegenheitswerke, anläßlich tiefgreifender Konflikte, und in beiden Schriften wird versucht, Wege zu zeigen, diese Konflikte zu lösen. Kant scheint das Vertrauen auf die Möglicnkeit, eine letztendliche Versöhnung zu finden, das Cusanus noch hatte, verloren zu haben. Krieg und Konflikt sind für Kant Ausdruck der natürlichen Neigungen des Menschen, und die Philosophie ist nicht mehr imstande, die verschiedenen Positionen der einander bekämpfenden Menschen miteinander zu versöhnen. Es sind die politischen, juristischen und wirtschaftlichen Verhältnisse, die den Frieden zwischen den kämpfende Individuen beenden sollen, und nicht mehr die Wahrheit.

Dieser Gegensatz gibt Anlaß, den Wahrheitsbegriff des Cusanus jetzt genauer zu betrachten. Meiner Ansicht nach gibt es genügend Gründe, diese Betrachtung von der mittleren Schrift *Idiota de mente* (1450) ausgehend zu entwickeln. Ich möchte behaupten, daß das Thema dieses wunderschönen Buches, in dem die prinzipielle Bedeutung des Laien schon die Krise der klassischen Schulphilosophie sichtbar macht, der fundamentale Zusammenhang von Wahrheit und menschlicher Freiheit ist. Es ist keine zufällige didaktische Strategie, wenn die metaphysischen und erkenntnistheoretischen Einsichten in einem Gespräch zwischen einem eruditen Philosophen und einem Laien vermittelt werden: Die – göttliche – Wahrheit kann niemals außerhalb menschlicher Praxis artikuliert und reflektiert werden. Schon in seinem Werk *Apologia doctae ignorantiae* war Cusanus sich darüber im Klaren, daß auch die Geschichte der Philosophie von unaufhörlichen Gegensätzen gekennzeichnet ist, und immer wieder – so z.B. in *De coniecturis* oder *De genesi* – weist er auf die Notwendigkeit hin, einen neuen philosophischen Denkweg zu suchen.[13] Auch in *Idiota de mente* wird verdeutlicht, daß nur eine neue philosophische Perspektive das einheitliche zugrundeliegende Thema der Philosophie innerhalb der gegensätzlichen Behauptungen der Philosophen wieder ans Tageslicht bringen kann. Obwohl der Versuch, Platon und Aristoteles miteinander zu versöhnen eine gute mittelalterliche Tradition darstellt, geschieht dies in *Idiota de mente* auf eine neue Art und Weise: Die Notwendigkeit, jedes philosophische Problem auf die menschliche Bezogenheit auf Wahrheit zurückzuführen, rückt ins Zentrum. Die Frage ob die Namen den Sachen vom menschlichen Verstand auferlegt werden (bekanntlich die These von Aristoteles), *oder* ob den Sachen *natürliche Namen* zukommen, wird hier von Cusanus mit dem Verweis auf den *einen göttlichen Namen* gelöst, der vom menschlichen Nennen zwar niemals erreicht, aber immer angestrebt wird. Es gibt zwar eine unauflösbare Spannung zwischen endlichen Namen und dem unendlichen göttlichen Namen – diese Spannung ist jedoch ein *charakteristikum des menschlichen Sprechens selber.* Hier scheint sich eine ganz unerwartete, nicht dialektisch fundierbare, Wende zu vollziehen: der von Menschen erfundene Name ist *Ausdruck* des unerreichbaren und göttlichen Namens, der der unerreichbaren Genauigkeit der Dinge entspricht.

Diese unaufhebbare Spannung schafft einen Freiraum, in dem menschliches Sprechen möglich wird. Wir werden darauf noch zurückkommen. Wichtig ist hier jedoch, daß Cusanus auf die menschliche Perspektive verweist – in der Hoffnung, eine der widerspenstigsten Antinomien der Philosophiegeschichte zu lösen. Der genaue Name, der Name Gottes, stellt in *Idiota de mente* ein Moment des menschlichen Nennens selber dar, nämlich als unerreichbares und zugleich vorausgesetztes Ziel der menschlichen Bedeutung. Dieser Name wird in jedem Namen genannt,[14] ohne daß er jemals so genannt werden könnte, wie er genannt werden sollte. Die neue philosophische Methode versucht, die verschiedenartigen philosophischen Auffassungen so miteinander zu versöhnen, daß sie auf menschliches Tun, auf menschlicher Selbstverwirklichung zurückgeführt werden. Im Grunde genommen wird dies schon in den ersten Sätzen von *De docta ignorantia* angekündigt, wenn Cusanus das menschliche Wissen als einen Ausdruck des 'natürlichen Verlangens' auf die "bestmöglichen Weise, zu der eines jeden Natur die Voraussetzungen in sich birgt, zu sein,,[15] interpretiert.

Die Unerreichbarkeit der Wahrheit, die von Anfang an bis hin zu den letzten Werken verkündet wird, weist also nicht in erster Linie auf eine Differenz zwischen menschlichem Wissen und Nennen einerseits und Wahrheit andererseits hin, sondern sie ist ein konstitutives Moment des Wissens, Nennens, kurz: aller Tätigkeiten, die die menschliche Existenz bestimmen. Sie ist die Anwesenheit der Wahrheit in allem, was der Mensch tut und denkt. Deshalb kann Cusanus in *Idiota de sapientia* sagen, die Weisheit, das Wissen aus der Perspektive der Wahrheit, rufe 'auf den Plätzen und in den Gassen'.[16]

Es gibt also einen Zusammenhang zwischen der mittlerweilen schon so oft zitierten Unerreichbarkeit der Wahrheit und deren Allgegenwärtigkeit. In *Idiota de mente* entfaltet Nicolaus diese Einsicht; wie so oft geschieht dies anhand einer Metapher. Cusanus vergleicht die Unmöglichkeit, die göttliche Wahrheit zu begreifen, mit einem Maler, der versucht, sichselbst und also auch seine Malkunst abzubilden. Letztendlich geht es, schon viele Jahrhunderte bevor abstrakte Maler wie der Russe Malewitsch es als ihre Aufgabe betrachteten, die Malkunst als Malkunst abzubilden, für Cusanus in der Malkunst nicht so sehr darum, die äußere Wirklichkeit (man könnte fast sagen:) photographisch abzubilden, sondern das Wesen des Malens selber darzustellen. Dies ist jedoch eine Aufgabe, die prinzipiell unlösbar ist: Auch wenn es dem Maler gelingen würde, die Malkunst abzubilden, hat er sie gerade nicht dargestellt: Er hat nämlich dieses Malen selbst im Abbild nicht mit gemalt. So sehr er es auch versucht, immer bleibt seine Tätigkeit zwischen ihm und dem beabsichtigten Gegenstand (dem Urbild des Malens) stehen.[17] Niemals kann der Maler aus seiner eigenen Perspektive heraus treten. Ähnlich verhält es sich mit der Wahrheit, die der Mensch niemals vollständig und definitiv artikulieren oder denken kann – gerade weil er sie artikuliert oder denkt. Daraus zieht Cusanus aber keineswegs die Schlußfolgerung, die Wahrheitsfrage sollte weniger beachtet werden, wie es in der späten Neuzeit oft 'der Fall zu sein scheint (Worüber man nicht sprechen kann, darüber muß man schweigen). Die Einsicht, das Ziel des Malers, die Malkunst zu malen, sei unerreichbar, bedeutet für Cusanus keineswegs, daß man auf diese *Aufgabe* verzichten sollte. Vielmehr wird umgekehrt deutlich, daß in jeder aktuellen und konkreten Tätigkeit des Malens die Malkunst selbst immer schon dargestellt wird. Darüber, daß der Maler der Vollendung seiner eigenen Aufgabe *selbst* im Wege steht, kann er sich nur bewußt werden, wenn er auch *tatsächlich* 'im Wege steht', d. h. wenn er eine konkrete Malerei malt. Die Unmöglichkeit der Aufgabe wird nur sichtbar, insofern diese auch konkret vollzogen wird. Ein Verzicht auf dieser Aufgabe wegen der abstrakten Einsicht, es sei eine unmögliche Aufgabe, würde bedeuten, die Wahrheit ein für allemal festzulegen – nämlich als etwas das Unerreichbar sei.

Auch als unerreichbar kann die Vollendung des Malens – sowie des Begreifens, des Nennens, des Denkens usw. – niemals erreicht werden. Dieses Paradox, das sich schon in *De docta ignorantia* findet (im Zusammenhang mit der Problematik der Suche nach sicheren Maßstäben), weist darauf hin, daß die Wahrheit als Unerreichbares immer schon innerhalb von menschlichem Begreifen und Artikulieren tätig ist, so wie der Mensch sich seiner Bezogenheit innerhalb der Wirklichkeitsverhältnisse bewußt werden kann. Im Rahmen der Metapher könnte man sagen: Die Unerreichbarkeit der Wahrheit wird nur *im aktuellen Versuch* des Menschen, die Wahrheit darzustellen, sichtbar.

Wie gesagt ist diese Metapher die bildliche Darstellung eines Gedankens, der schon in *De docta ignorantia* formuliert wird. Schon in den Anfangssätzen dieser Schrift weist Cusanus auf die unumgängliche *Komparativität* menschlichen

Begreifens hin. Was immer auch behauptet oder gedacht wird, es bleibt innerhalb der komparativen Verhältnisse (*mensurare*) von sicherem (*certum*) Maßstab und unsicherem 'Gemessenem' (*incertum*).[18] Die Erkenntnis, daß *mensura* und *mensuratum* aus menschlicher Sicht niemals koinzidieren können, führt nicht zu der skeptischen These, die Wahrheit sei ganz und gar unbekannt, sondern hat als Konsequenz, daß sie unzertrennbar zueinander gehören und als beide Polen eines Kontinuums betrachtet werden können, innerhalb desssen sich das gesammte menschliche Begreifen entwickeln kann. Auch jede Aussage über dieses ursprüngliche Zusammensein von *mensura* und *mensuratum*, also jede Aussage über die unermessliche und unvergleichbare Wahrheit, ist an diese Bedingungen gebunden und findet in diesem Kontinuum der Verhältnisse statt. Das heißt – auch jede metaphysische Aussage, wie abstrakt oder sogar mathematisch sie auch formuliert ist, bleibt von unüberbrückbaren Differenzen gekennzeichnet, wie der zwischen Zeichen und Bezeichnetem (wie es im *Compendium* heißt), *mensura* und *mensuratum*, Einheit und Andersheit usw. Keine Aussage drückt genau aus, was sie eigentlich ausdrückt, sie verweist auf etwas, das in der Aussage niemals ausgedrückt werden kann. Um dies zu explizitieren, verweist der Mensch wieder auf ein andere Aussage, usw. Oder, im Referenzrahmen der Metapher aus *Idiota de mente*: die eigentliche Bedeutung einer Malerei anzugeben, bedeutet, eine neue Malerei zu machen.

Die Radikalität dieser Differenz führt Cusanus zu einem neuen Gedanken: Die Differenz von Zeichen und Bezeichnetem, von *mensura* und *mensuratum*, kann, insofern sie nur in der Praxis des Artikulierens (denken, sprechen, malen usw.) selbst betrachtet werden kann, nur als prinzipielle Eigenschaft jedes menschlichen Artikulierens in Erscheinung. Es muß also zuerst gesprochen und gedacht werden, bevor die Wahrheitsfrage, sei es in ihrer Negativität, aufkommen kann. In diesem Sinne ist Nicolaus unzweifelhaft von der nominalistisch orientierten Philosophie beeinflußt, auch wenn er an verschiedenen Stellen die nominalistische These, die Allgemeinbegriffe sollten dem menschlichen Bedeutungsbereich vorbehalten sein, kritisiert. Diese Kritik ist aber im Grunde genommen eine Radikalisierung – und damit Aufhebung – des Nominalismus, die ihres gleichen in der Philosophiegeschichte erst bei Hegel gefunden hat: da *alles* was dem Menschen zugänglich ist, innerhalb des Rahmens des Menschlichen erscheint, wäre es auch sinnlos über einen Bereich nachzudenken, in dem von menschlicher Vermittlung nicht die Rede sein sollte.

Es scheint so zu sein, daß Cusanus nach einem philosophischen Bezugsrahmen auf der Suche ist, in dem der Gegensatz zwischen Nominalismus und Realismus aufgehoben ist. Dies wird gerade in dieser Wende klar, in der Cusanus sich bewußt wird, daß die Differenz von *signum* und *significatum*[19] von *mensura* und *mensuratum*, als charakteristikum des menschlichen Artikulierens selber betrachtet werden sollte.

Der Wahrheitsgedanke – das *maximum*, später das *non-aliud* oder das *possest* – wird in diesem Rahmen durch eine auffallende Ambivalenz geprägt: Einerseits verweist er auf die Grenze des menschlichen Denkens, Sprechens, Messens – auf die unerreichbare aber zugleich vorausgesetzte Vollendung des Begreifens und Nennens;

andererseits ist jeder Hinweis auf diese Dimension selbst eine der unendlich vielen möglichen Artikulationen des menschlichen Geistes. In diesem Sinne muß meiner Ansicht nach auch das Verhältnis von *De docta ignorantia* und *De coniecturis* verstanden werden. In *De docta ignorantia* entdeckt Cusanus die Differenz der komparativen Dimension des menschlichen Begreifens und der Unvergleichbarkeit der Wahrheit – zum Ausdruck gebracht im Begriff des *maximums*. In *De coniecturis* geht Cusanus jedoch von dem Bewußtsein aus, daß diese Differenz in *jeder* menschlichen Aussage, und nicht nur in den Paradoxen des *maximums*, entdeckt und als ihre prinzipielle Offenheit für menschliche Kreativität weiter entwickelt werden kann (eine Entdeckung die übrigens schon im zweiten Buch von *De docta ignorantia* vorbereitet wird, wenn Cusanus schon die Konzeption des zweiten Hauptwerkes ankündigt). Der springende Punkt ist nicht in erster Linie, daß jede Aussage ein Name Gottes sein kam, sondern daß die Unerreichbarkeit der göttlichen Wahrheit in jeder menschlichen Aussage zur inneren Bedeutung der Aussage gehört. Das Problem der Ambivalenz des Wahrheitssprechens ist jedoch mit diesem Hinweis auf den Zusammenhang von *De docta ignorantia* und *De coniecturis* noch nicht gelöst.

Wenn es so ist, daß die Wahrheit – als *maximum* oder wie immer es auch gesagt wird – interpretiert werden kann: als die *unerreichbare Voraussetzung* von allem, was überhaupt gesagt und gedacht werden kann, als *charakteristikum* des menschlichen Zeichens und Begreifens, als die innere Offenheit der Begriffe, die *con-iecturae* sind, das heißt als jeweiliger Mittelpunkt, um den herum sich ein ganzes Bedeutungsfeld bilden kann – wenn dies der Fall ist, warum sollte dann diese Wahrheitsdimension noch einmal für sich artikuliert werden? Ringt Cusanus nicht um eine Rettung der Metaphysik – weil er in jenem Gegensatz von *Komparativität* und *Superlativität* (maximum) die Funktion der Wahrheitsdimension entdeckt hat – und schwankt er dabei zwischen den beiden Elementen der Ambivalenz der Wahrheit – als eine der vielen möglichen menschlichen Aussagen *oder* als die letztendliche, vorausgesetzte aber unerreichbare Vollendung der menschlichen Bedeutung?

Konnte Cusanus, wie Hans Blumenberg behauptet, diese letzten Schritt zur Modernität nicht vollziehen? Oder hat er sich, als Kleriker, davon abschrecken lassen?[20] Dies sind Fragen, die weit über den Bereich dieses Vortrags hinausgehen. Dennoch sind sie für die hier entscheidende Frage, wie der Wahrheitsbegriff für Cusanus überhaupt Frieden verbürgen kann, von höchster Wichtigkeit. Um diese Frage einigermaßen in Übergangszeit zur Neuzeit hin historisch einrahmen zu können, greifen wir jetzt kurz auf die berühmte *Apologie de Remond Sebond* von Michel de Montaigne zurück. Auch dieser geht nämlich von der Unerreichbarkeit der Wahrheit aus, zieht daraus aber ganz andere Schlußfolgerungen als Cusanus. Vielleicht kann diese kurze Kontrastierung uns ein wenig weiter helfen.

3. DIE UNERREICHBARKEIT DER WAHRHEIT BEI CUSANUS UND MONTAIGNE

Auch bei Michel de Montaigne wird, ein Jahrhundert später, die Unerreichbarkeit der göttlichen Wahrheit mit dem menschlichen Unvermögen in Verbindung gebracht, das festliegende Wesen der Dinge erkennen zu können.[21] Darüber hinaus wird deutlich, daß auch für Montaigne die historischen Erfahrungen der konfessionellen Kriege für sein stetig wachsendes Bewußtsein eine wichtige Rolle spielen, das philosophische Denken sei nicht imstande, eine Perspektive über den realen Verhältnisse einzunehmen, die es zulassen würde die Pluralität von Wahrheitsauffassungen und Theorien auf einem letzten Maßstab zurückzuführen.

Die Wörter, mit denen wir die Wahrheit, sowohl die göttliche Wahrheit als auch die Wahrheit der Dinge, auszudrücken versuchen, sind, wie Montaigne in seiner *Apologie de Remond de Sebond* immer wieder deutlich macht, trügerisch.[22] Allgemeinbegriffe können nicht mehr, wie es in den Augen Montaignes die traditionelle Philosophie behauptete, die Vielheit von sinnlichen Gegebenheiten und moralischen Auffassungen richten, weil sie nicht über Veränderlichkeit und Komparativität hinausgehen können. Montaignes Kritik ist radikal, da sie letztendlich darauf hin zielt, jede, Hierarchie von Ideen und Gedanken abzuschaffen und diese Abschaffung mit dem gleichen Gedanken zu begründen, der Cusanus veranlaßte, die unaufhebbare Komparativität des menschlichen Begreifens zu vertreten. Jeder Gedanke steht einem anderen gegenüber, und niemals wird ein fester Punkt erreicht, an dem ein definitiver Grund für ein geordnetes Universum oder Wertesystem gefunden werden könnte.[23] Der Bruch zwischen Wort und Wesen scheint in der *Apologie* so radikalisiert zu werden, daß für Montaigne alles menschlich Bedeutsame unter ständigem Veränderungsdruck zu sehen ist. In diesem Sinne sind wir Menschen nach Montaigne wirklich natürliche Wesen und den Tieren keineswegs überlegen. Die Würde des Menschen, die im Wissen des Allgemeinbegriffs fundiert wird, erweist sich als hinfällig und trügerisch. Eine Hierarchie der Begriffe, die – nach Montaigne – für die klassische Metaphysik von entscheidender Wichtigkeit ist, kann nicht bewiesen werden, da jeder Beweis selber wieder eines Beweises bedarf.

Schön sind jene Beschreibungen, in denen Montaigne von dem Schriftsteller Aristophanes aus Alexandrien erzählt, der in ein Mädchen verliebt ist und einen Elephant als seinen wichtigsten Rivalen anerkennen muß; er muß zusehen, wie dieser das Mädchen mit Blumen und kleinen Geschenken für sich zu gewinnen versucht. Die Erhabenheit des Menschen ist ganz und gar unfundiert, und Montaigne macht sich deshalb über Protagoras lustig, der den Menschen als Maß aller Dinge betrachtet. Wie kann ein solcher Denker so etwas behaupten, wenn dieses Maß selbst noch nicht einmal sicher ist?, so fragt sich Montaigne. Im endlosen und unbeständigen Strom von Veränderlichkeit und Komparativität kann es letztendlich nur einen Maßstab geben, der dem allen entzogen ist. Nur Gott, so zitiert Montaigne Plutarch, wird weder an der Zeit noch an der Veränderlichkeit gemessen. Er ist Anfang und Ende, unmessbarer Maßstab, der sich jedem Vergleich entzieht.[24] Nur im Glauben und in der Zuwendung an diesen unermesslichen Gott, so schlussfolgert Montaigne aus dieser Erkenntnis, kann der Mensch sich aus den natürlichen Verhältnissen erheben. Mit der Vernunft ist dies unmöglich, da auch alles Denken dem natürlichen Prozesse unterworfen ist und von ständigem

Schwanken bedroht wird. Es ist jedoch klar, daß diese Zuwending nicht mit der Vernunft vollzogen werden kann, da auch Vernunft tief in die ursprünglichen Konkurrenzverhältnisse einbezogen ist.

In dieser kurze Skizzierung hat sich gezeigt, daß Montaigne mit ähnlichen Argumentationsstrukturen wie Cusanus ganz andere Schlüsse zieht. Gehen wir kurz darauf ein.

(1) Sowohl Montaigne als auch Cusanus scheinen davon auszugehen, daß das philosophische Denken sich niemals so über die konkreten Verhältnisse erheben kann, daß es sich als Richter über diese behaupten kann. Dies wird, wie wir schon gesehen haben, im *Idiota*-Dialog von Cusanus eindeutig aufgezeigt, und ebenso erweist vernünftige Erkenntnis (intellectus) sich auch in *De coniecturis* als unfähig, sich über die komparativen Verhältnis von Einheit und Andersheit zu erheben. Dies hat u.a. zur Folge, daß auch die noch so reflektierten und abstrakten Wahrheitsansprüche jederzeit relativiert werden können und sich immer in einem Feld von gegensätzlichen Behauptungen zurechtfinden müssen. Kein menschlicher Begriff, gerade insofern es ein menschlicher Begriff ist, kann so absolut sein, daß er keinen Gegensatz mehr enthalten könnte. Auch bei Montaigne, der von vielen als der Urvater der neuzeitlichen Philosophie betrachtet wird[25], werden alle Absolutheitsansprüche als endliche Konstruktionen innerhalb des natürlichen Verlaufs des Lebens entlarvt. Hier ergibt sich jedoch ein auffälliger Unterschied zwischen Cusanus und Montaigne, der für unsere Fragestellung von entscheidender Bedeutung sein könnte: Montaigne scheint den natürlichen – fast biologischen – Lauf der Dinge als die eigentliche Natürlichkeit des Menschen zu interpretieren. Dieser natürlichen Prozeß wird von Entstehen und Vergehen, also von Unbeständigkeit und Veränderlichkeit gekennzeichnet. Von Menschen entworfene Allgemeinbegriffe sind letztendlich nur Elementen dieses natürlichen Lebens, die sich auf der gleichen Ebene bewegen wie die kleinen Übel des Alters, die Schwierigkeiten, die ein magenkranker Mann hat, zur Toilette zu gehen, oder die Verwaltung des vom Vater geerbten Gutes in der Nähe von Bordeaux. Cusanus dagegen setzt einen weniger massiven Naturbegriff voraus: Auch wenn die allgemeinsten Begriffe noch immer die Wesenheiten der Dingen und des Menschen verfehlen, entlarvt das kritische Prinzip des wissendes Nichtwissens, das von der Komparativität *jeder Erkenntnis* ausgeht, dennoch auch diesen natürlichen Verlauf als eine mögliche Bestimmung neben anderen. Auch die Allgemeinbegriffe gehören zur Bestimmung des Natürlichen, nicht in erster Linie weil ein positiver Grund dafür bewiesen werden kann, sondern, weil auch der Gedanke des natürlichen Verlaufs der Dinge, wie alles, nur im komparativen Universum von *mensura* und *mensuratum* thematisiert und reflektiert werden kann.

(2) Auch Montaigne spricht in seiner *Apologie* von der zentralen Bedeutung des Wissens um das Nichtwissen: Dies hat jedoch, als Konsequenz dieses Naturbegriffs, eine rein negative Bedeutung, wenn gesagt wird, es sei 'ein sehr großer Vorteil für die Ehre der Unwissenheit, daß es die Wissenschaft selbst ist, die uns wieder in ihre Arme wirft'.[26] Beide Denker gehen in ihre Thematisierung des wissenden Nichtwissens von den Paradoxien aus, die der Gedanke der Unendlichkeit darstellt.

Es handelt sich bei beiden Autoren um Verunendlichungen der mathematischen Verhältnisse, die das menschliche Denken an seine Grenze führen. Während, wie wir schon gesehen haben, diese Grenze für Cusanus ein konstitutives Moment des menschlichen Erkennens ist und sogar die Möglichkeit neuer Einsichten und kreativer Verbindungen von Seiten des Menschen mit sich bringt – die Unerreichbarkeit der Wahrheit ist ein Moment des menschlichen Begreifens selber – stellen diese Paradoxien für Montaigne ein Argument dafür dar, daß man der menschlichen Venunft nicht allzu viel vertrauen darf.

(3) Am wichtigsten ist jedoch der Status des Gottesgedankens als einzig sicherer Maßstab. In diesem Punkt stimmen Cusanus und Montaigne ganz und gar überein. Auch hier sind die Konsequenzen jedoch radikal verschieden, und zwar wieder wegen der ganz verschiedenen Naturauffassung beider Denker. Der Mensch kann nicht letzter Maßstab sein, so Montaigne, da er nicht über die natürlichen Verhältnisse hinaus denken und leben kann, und nur deshalb ist Gott der einzige, wenn auch dem Menschen unzugängliche, Maßstab. Dieser göttliche Maßstab ist unzugänglich, weil der Mensch seiner Identität, d.h. seines eigenen Maßstabs, nicht sicher ist. Nur im Glauben kann diese tiefe – eigentlich unendliche – Kluft überbrückt werden. Auch Cusanus entdeckt in seiner Analyse der menschlichen Erkenntnis, daß der als sicher und bekannt angenommene Maßstab nicht so sicher und bekannt ist, wie man gehofft hatte: Wenn erkennen bedeutet, den richtigen Maßstab zu finden, damit das Unbekannte bekannt wird, wie kann man dann wissen, den richtigen Maßstab gefunden zu haben, so fragt sich Cusanus? Dasjenige was unbekannt ist, kann im Vergleich mit einem bekannten Maßstab nur als unbekannt erscheinen. Dies hat zur Folge, daß der Versuch, das Unbekannte kennenzulernen eigentlich bedeutet, das eigene Maß, welches schon verwendet wird noch ehe man darüber nachdenken kann, immer besser kennenzulernen, auch wenn man niemals die Gewißheit haben kann, diesen eigenen Maßstab vollständig zu erkennen. Zwar unterliegt jede Artikulation diesem Maßstab der Veränderlichkeit, und sie steht unter dem Druck der Veränderung. Aber Cusanus ist sich, im Unterschied zu Montaigne, darüber im Klaren, daß diese Ungewißheit nur auftreten kann, *insofern der Mensch immer schon der messende ist, noch ehe dies reflektiert werden kann.* Es ist für Cusanus sinnlos, sich eine Natur außerhalb dieser schon verwendeten Maßstäbe vorzustellen, da auch diese Vorstellung den Bedingungen der menschlichen Maßstäbe unterliegen würde. Kurz formuliert könnte man sagen, Montaigne thematisiert den Gegensatz zwischen sicherem Maßstab (Gott) und sich ständig änderender Natur (auch die des Menschen), während Cusanus diesen Gegensatz als ein konstitutives Moment des menschlichen Begreifens selber darstellt. Im gewissen Sinne ist Cusanus hier radikaler als Montaigne, denn er schließt die Möglichkeit aus, eine Perspektive außerhalb dieses Gegensatzes einzunehmen, wie Montaigne es tut. Auch die Reflexion selbst wird, so könnte man sagen, von Cusanus mit in die Reflexion einbezogen. Die stetige Veränderlichkeit hat nicht in erster Linie mit der ursprünglichen Natürlichkeit der menschlichen Existenz zu tun,[27] sondern mit der ursprünglichen Verbundenheit von Gewissheit und Ungewissheit, von Bekanntem und Unbekanntem. Dies heißt

aber auch, daß für Cusanus diese nie aufhörende Veränderlichkeit und Vielheit, die auch seine Erfahrungen als Politiker *und* als Rechtshistoriker bestimmen, im Gegensatz zu Montaigne gerade die wirksame Anwesenheit des sicheren Maßstabs – d.h. Gott – innerhalb der Unsicherheit – d.h. des scheinbar unlösbaren Konflikts verbürgen. Dieser Zusammenhang von Gewissheit und Ungewissheit bestätigt nicht nur die Möglichkeit der menschlichen Freiheit innerhalb der Wirklichkeitsverhältnisse, sondern er zeigt auch, daß innerhalb der Erfahrung der Freiheit auch immer die Wahrheitsfrage sichtbar werden kann. Während Montaigne immer wieder darauf besteht, auf den Lauf der Natur zu vertrauen, interpretiert Cusanus das menschliche Unvermögen, einen festen Maßstab zu gewinnen, gerade als Zeichen menschlicher Würde.

Es würde sich im Hinblick auf die Frage nach der Entstehung der neuzeitlichen Rationalität[28] lohnen, diese auffällige Strukturähnlichkeit der montaigneschen und cusanischen Argumente noch weiter auszuführen, damit auch die für unsere Fragen wichtigen Unterschiede noch klarer kontrastiert werden könnten. Hier reicht es aber aus, auf den Gegensatz von unvermitteltem Naturvertrauen (Montaigne) und das Vertrauen auf die Wirksamkeit von Wahrheit in menschlicher Veränderlichkeit (Cusanus) hinzuweisen.

Im Folgenden möchte ich, soweit es möglich ist, zeigen, wie dieser Unterschied für die Entwicklung der modernen Subjektivitätsphilosophie bestimmend ist. Es liegt auf der Hand, wie eine Schlußfolgerung im Sinne Montaignes letztendlich zur Notwendigkeit der Konstitution einer Subjektivität führt, die sich vor der stetigen Bedrohung durch die Natur schützen muß. Meiner Ansicht nach hängt Kants Lösung des Friedensproblems, die den Anfang unseres Vortrags bestimmte, unmittelbar mit dieser Auffassung von Natur zusammen, die nicht von der (inneren) Vernunft, sondern von äusseren juristischen Gesetzen gezähmt werden muß (wie es in *Zum ewigen Frieden* der Fall ist).

4. CON-IECTURA, IMAGO DEI UND SELBSTERKENNTNIS (COGNITIO SUI)

Es gehört zu den ironischen Dimensionen der Philosophiegeschichte, daß Cusanus gerade wegen seines (nominalistisch orientierten) Radikalismus im Sinne der Unmöglichkeit, eine umfassende letzte Perspektive einzunehmen (Gottes Sehen), diese umfassende Perspektive gerade als Moment der menschlichen Bedeutungswelt, des Begreifens, Denkens, Sprechens usw., reflektieren muß. Der immerwährende Versuch, die Wahrheit angemessen zu artikulieren, bis hin zu seinen letzten Schriften, ist also kein metaphysischer Rest eines Übergangsdenkers, der dem klassischen *ordo*-Denken noch nicht ganz entronnen ist, sondern gerade Ausdruck eines äußerst scharfen Bewußtseins der konkreten, d.h. endlichen Bedingungen des menschlichen Denkens.

In der Möglichkeit, die Wahrheit zu artikulieren, sei es auch prinzipiell unzureichend, wird die Dimension der menschlichen Kreativität sichtbar. Diese Möglichkeit zeigt dem Menschen die Notwendigkeit, eine eigene Welt zu schaffen.

Der Mensch findet keinen vorgegebenen Maßstab, sondern er explizitiert diesen *in actu*. Die Ungewissheit seiner Erkenntnis, der Erkenntnis der Dinge, aber auch der Selbsterkenntnis (die Ungewissheit seiner Identität) findet ihren Ursprung in einer tieferen Gewissheit. Dabei geht es um das Vermögen, neue Kombinationen von Elementen zu schaffen.

In diesem Sinne ist der Mensch Bild Gottes, *imago Dei*.[29] Er ist kein souveränes Subjekt, das außerhalb der natürlichen Verhältnisse steht und demzufolge die Welt nach eigener Willkür ordnen könnte, wie es in der neuzeitlichen, nominalistisch orientierten Philosophie der Fall ist, sondern er weiß, daß es diesen Maßstab gibt, auch wenn er ihn niemals ganz finden kann. Dies hat zur Folge, daß der Mensch in der cusanischen Perspektive keineswegs ein Wesen ist, das auf eine schon vorliegende Ordnung (*ordo*) hin orientiert ist. Die nominalistische Kritik am klassischen *ordo*–Denken hatte schon gezeigt, daß diese *ordo* niemals außerhalb menschlicher Zeichen thematisiert werden kann. Cusanus radikalisiert diesen Gedanken, indem er *die Frage nach der Wahrheit* ganz und gar als eine Frage nach den Möglichkeiten (*posse*) und Grenzen (*terminus*) des *Humanum* interpretiert. Dies bedeutet jedoch keineswegs eine Beschränkung des Bereichs der Wahrheitsfrage: Weil jedes Denken notwendig menschliches Denken ist[30] und unter den Bedingungen des Menschlichen vollzogen wird, muß auch der Gedanke einer für dem Menschen unerreichbaren *unbeschränkten* Wahrheit als eine Möglichkeit des menschlichen Denkens interpretiert werden. Immer wieder wird die Wahrheitsfrage von Cusanus als eine Grenzfrage vorgetragen, die die Unüberwindbarkeit der Kluft von menschlichem Denken und der Wahrheit dieses menschlichen Denkens selber thematisiert, ohne jemals eine Position außerhalb des Menschlichen einnehmen zu können.[31]

In dieser Beschränkung entdeckt der Mensch anhand der Wahrheitsfrage, daß es nichts gibt, was dem Menschen vollkommen unzugänglich ist. Die Beschränkung, die Negativität ist zugleich die endlose Offenheit des menschlichen Denkens. Beides – Negativität und Offenheit, also die Möglichkeit des Wissens (*docta ignorantia*), sind sozusagen eine Folge der unhintergehbaren Verknüpfung des Menschlichen und der Wirklichkeitsverhältnisse: Die Wirklichkeit ist nur auf menschliche Art und Weise zugänglich.[32] Dies bedeutet umgekehrt auch, daß die Wirklichkeitsverhältnisse immer schon als menschliche gedacht werden müssen.[33] Und weil die Wirklichkeitsverhältnisse dem Menschen niemals definitiv zur Verfügung stehen können, gehört die unerreichbare Wahrheit zutiefst zum Wesen des Menschen. Der Mensch ist in diesem Sinne sich selber niemals völlig verfügbar. Und in dem Maße, in dem der Mensch niemals etwas denken oder als 'Gegen-stand' vorfinden kann, das nicht menschlich wäre, ist er *imago Dei*. Auch Gott muß nämlich so gedacht werden, daß er niemals etwas als Gegenstand vorfinden kann.

Im Gegensatz zu neuzeitlichen Subjektivitätsauffassungen hat die Unmöglichkeit, einen letzten Maßstab der Wirklichkeitsordnung zu artikulieren, bei Cusanus keineswegs eine unüberbrückbare Kluft zwischen Innerlichkeit der menschlichen Perspektive und Äußerlichkeit der Wirklichtkeit zur Folge.[34] Sowohl 'Innerlichkeit' als auch 'Äußerlichkeit' werden von der unüberwindbaren Differenz von *mensura* und *mensuratum*, von Sicherheit und Unsicherheit, von Wissen und Nichtwissen, geprägt. Diese radikale Differenz führt jedoch letztendlich nicht zur Resignation: Sie ist vielmehr die Bedingung der Möglichkeit aller menschlichen Schöpfungskraft, die unerschöpflich ist und daher den Menschen als Bild Gottes erscheinen laßt. Diese menschliche Schöpfungskraft unterscheidet sich von der göttlichen jedoch darin, daß sie sich, wie es wiederum in *Idiota de mente* heißt, alle möglichen Dingen angleichen kann.[35] Der menschliche Geist bringt neue Zusammenhänge zustande, indem er seinen Weg in der Gesamtheit der Wirklichkeitsverhältnisse sucht; er hat niemals die Möglichkeit, diese Konstellation zu verlassen. Dieses Unvermögen bedeutet jedoch zugleich, daß auch die nicht bekannte Natur oder Wirklichkeit notwendig mit diesem menschlichen Suchen in Verbindung steht. Die Dichotomie von Mensch und Natur, die wir bei Montaigne schon angetroffen haben, wäre für Cusanus in gewissem Sinne nicht radikal genug.

In diesem Sinne wird verständlich, warum Ordnung, Frieden und Versöhnung nicht gestiftet werden müssen: In der schöpferischen Tat werden diese vielmehr *gefunden*. Die Übereinstimmung der Menschen kann zwar nicht mehr aus einer festlegenden, den individuellen Menschen umgreifenden Ordnung abgeleitet werden – ebensowenig sollte sie jedoch innerhalb des ursprünglichen Kriegszustands, in dem die Menschen sich befinden, abgezwungen werden. Vielmehr geht es um die Entdeckung, daß jeder Mensch als 'Mikrokosmos'[36] die unaufhebbare, zugleich aber 'kreative Differenz' mit dem letztendlichen Maßstab aller Dinge in sich selber finden kann und muß, damit er auch seine eigene Identität besser verstehen und weiter entwickeln kann. Frieden *soll* es geben, weil jeder Mensch in seiner eigenen konjekturellen Welt diese unendliche Differenz als den Sinn seinter Tätigkeiten und Verständnisse entdecken muß. In diesem Sinne ist Frieden für Cusanus noch nicht ein rein politischer Begriff, wie es bei Hobbes und Kant der Fall sein wird, sondern er hat darüber hinaus noch eine anthropologisch-metaphysische Bedeutung: Frieden, auch politischer Frieden, kann nicht ohne Wahrheit gedacht werden. Aber auch umgekehrt gilt: Die Wahrheitsfrage kann niemals ohne diese menschlichen, also auch vom Politischen geprägten, Differenzen erscheinen und weiter reflektiert werden.

Frieden wird nach Cusanus nicht in der Voraussetzung einer umfassenden Wahrheit gefunden, die als Maßstab für alle anderen Wahrheiten gelten kann – es ist eben unmöglich einen solchen Maßstab zu finden – sondern in dem Bewußtsein, daß auch der andere Mensch, der Mensch, den er nicht verstehen kann, als Schöpfer seiner eigene konjekturellen Welt verstanden werden kann. Dies ist aber nur in dem Maße möglich, in dem der Mensch seine eigene Identität ins Spiel bringt, das heißt, in dem er imstande ist, anzuerkennen, daß auch die sicher geglaubten Maßstäbe, mit denen er in der Welt lebt, in ihrer Unsicherheit verstanden und gelebt werden müssen. Die anthropologische Wende, die von Cusanus vollzogen wird, bedeutet jedoch keine neuzeitliche Wende zur Subjektivität (*sub-icere*) hin.[37] Ebensowenig handelt es sich um eine Restauration des mittelalterlichen 'objektiven' (*ob-icere*) metaphysischen *ordo*-Denken. Das Denken von Cusanus geht vielmehr von ein grundsätzlichen *'con-icere'* aus.

5. ABSCHLIEßEND

Da Wahrheit, als *superlativum*, in erster Linie die Anwesenheit des Nichtwissens im Wissen bedeutet, verbürgt der Wahrheitsgedanke den Frieden und kann er als ein negatives Fundament der von der Neuzeit entwickelten politischen und juristischen Friedensverhältnisse interpretiert werden. Das von Cusanus entwickelte Friedensmodell unterscheidet sich deutlich von neuzeitlichen Versuchen, Frieden mit äußeren politischen (Hobbes) oder juristischen (Grotius, Kant) Mechanismen zu schaffen.

Imago Dei bedeutet in diesem Modell nicht, daß der Mensch ein göttliches Urbild nachahmen sollte, sondern daß er auf seine eigenen künstlerischen Fähigkeiten vertrauen kann.

Es ist meine These, daß diese – nicht mittelalterliche, aber ebensowenig neuzeitliche – Verbindung zwischen menschlichem Können und Machen einerseits und göttlichem Urbild, das in diesem Können und Machen in Erscheinung tritt, einer eigenen Denktradition zugeschrieben werden kann, die in den verschiedenen ästhetischen, moralischen, politischen und sogar metaphysischen Konzeptionen der Renaissance wirksam ist: In diesen Konzeptionen sind Perspektive, Rhetorik und Schöpfung von Harmonie Schlüsselbegriffe. In diesem Sinne ist die Philosophie des Cusanus eine Philosophie, welche die Ideale der Renaissance 'im Gedanken erfasst'. Dies wird u.a. bei Pico della Mirandola deutlich, der zweifellos von Cusanus beeinflusst ist, wenn er sagt, daß es gerade die Würde des Menschen ausmacht, über keine feste Stellung in der Hierarchie der Seienden zu verfügen. Der Mensch ist in der Lage wie ein Tier zu leben, oder wie ein Engel, oder – in den meisten Fällen – als alles was sich dazwischen bewegt.[38] Der Freiheitsbegriff der Renaissance – und diese Einsicht ist allzuoft vernachlässigt worden – stellt keine negative Einschränkung dar, sondern versucht der paradoxen Tatsache Rechnung zu tragen, daß es keine absolute Wahrheit gibt, sondern unendlich viele Wahrheiten. Der Wahrheitsgedanke bei Cusanus ist in diesem Sinne distributiv zu nennen. Jeder Punkt im unendlichen Universum ist nicht nur der Möglichkeit nach, sondern auch *realiter* Anfang, Mitte und Ende des Gesamten. Die Wahrheit ist deshalb unerreichbar, weil sie immer auf andere Art und Weise dargestellt werden kann. Dies zu zeigen, ist das Maximum der Wahrheit, wie es auf menschliche Weise zu erreichen ist. Den Hintergrund bildet dabei immer wieder der Gedanke, daß wir Menschen, was wir auch denken und tun, niemals imstande sind, außerhalb unserer Menschlichkeit zu treten. Die mittelalterliche Philosophie hat diese entscheidende Begrenzung des Menschlichen nicht durchschaut, die neuzeitliche Philosophie hat geglaubt diese, Begrenzung definitiv überschreiten zu können – und gerade deshalb ist es in der Geschichte der Philosophie zu Schlagwörtern gekommen, die von Enttäuschung gekennzeichnet sind – wie es bei dem berühmten 'Ende der Philosophie' der Fall ist. Diesen letzten Schritt hat Cusanus bewußt nicht vollzogen: Er geht einen anderen Weg, der die Begrenztheit des Menschlichen als Bedingung für unendliche Schöpfungskraft impliziert.

In einer Epoche ist die Grenzen der neuzeitlichen Rationalität so thematisiert, daß viel vom Postmodernismus gesprochen wird, lohnt es sich, die Einseitigkeiten der neuzeitlichen Machbarkeit auf dem Hintergrund cusanischen Denkens zu interpretieren. Frieden wird aus der Perspektive dieses Denkes nicht von politischer Gewalt erzwungen, sondern in der unendlichen Verschiedenheit von irreduzibelen Differenzen gefunden.

BIBLIOGRAPHIE

Benz, Hubert, (1999) *Individualität und Subjektivität. Interpretationstendenzen in der Cusanus-Forschung und das Selbstverständnis des Nikolaus von Kues*, Münster.
Blumenberg, Hans, ([2]1976) *Aspekte der Epochenschwelle: Cusaner und Nolaner*, Frankfurt a.M.
Bocken, Inigo, (2000) *De verzamelende mens – De 'ars coniecturalis' van Nicolaus Cusanus als interpretatie van menselijke levensvormen*, in: *Wijsgerig Perspectief* 3.
Cusanus, Nicolaus, *Apologia doctae ignorantiae* (*Dupré* I).
——, *Comp.* (*Dupré* II).
——, *De coniecturis*, (*Dupré* II).
——, *De docta ign.*, (*Dupré* I).
——, *De genesi*, (*Dupré* II).
——, *De mente* (*Dupré* II).
——, *De pace fidei*, (*Dupré* III).
——, *De sapientia* (*Dupré* III).
——, *De ven. sap.* (*Dupré* I).
——, *De vis.*, (*Dupré* III).
Erasmus, Desiderius, (1995a) *Enchiridion militis christiani*, in: *Werke*, (hrg, von. W. Welzig), Bd. 1, Darmstadt.
——, (1995b) *De querela pacis* in: *Werke*, Bd. 5, Darmstadt.
Gessmann, Martin, (1997) *Montaigne und die Moderne. Zu den philosophischen Grundlagen einer Epochenwende*, Hamburg.
Goebel, Wolfgang, (1996) *Die Subjektgeltung des Menschen im Praktischen nach der Entfaltungslogik unserer Geschichte*, Freiburg i. Ue./Freiburg i.Br.
Kant, Immanuel, (1968) *Zum ewigen Frieden*, in: Weischedel (ed.), *Kant Werke*, Darmstadt.
Montaigne, Michel de, (1962) *Essais*, in: *Oeuvres Complètes* (ed. A. Thibaudet et M. Rat), Paris.
Pico della Mirandola, (1990) *De dignitate hominis/Über die Würde des Menschen*, Hamburg.
Popkin, Richard, (1979) *The History of Scepticism from Erasmus to Spinoza*, Berkeley.
Sloterdijk, Peter, (1999) *Regeln für den Menschenpark*, Frankfurt a. M.
Spaemann, Robert, (1963) *Bürgerliche Ethik und nichtteleologische Ontologie*, in: Spaemann, *Reflexion und Spontaneität. Studien über Fenelon*, Stuttgart.
Starobinski, J., (1989) *Montaigne. Denken und Existenz*, München.
Strasser, Peter, (1998) *Journal der letzten Dinge*, Frankfurt a. M.

NOTES

1 Erasmus 1995b: 360–362.
2 Erasmus 1995a: 100 u.w.
3 Diese Krise war im Grunde genommen eine Legitimationskrise des Glaubens – Katholiken und Protestanten haben sich dabei mit skeptischen Argumenten überboten. Siehe: Popkin 1979.
4 Vgl. *Apologia doctae ignorantiae.*
5 'Adverte etiam, quod etsi aut religio aut regimen aliquamdiu stabile videatur in aliqua mundi huius natione, non tamen in ipsa sua praecisione. Fluvius enim Rhenus stabiliter

diu fluere visus est, sed numquam in eodem statu iam turbulentior, iam clarior, iam in augmento, iam in diminutione, (...). Ita et religio inter spiritualitatem et temporalitatem instabiliter fluctuat. Ita et de regimine, inter maiorem enim minoremve oboedientiam pendule perseverat.' Cf. *De coni.*, II, 14 (*Dupré*, II, 166–167).

6 Vgl. Spaemann 1963: 50–64.

7 Vgl. Bocken 2000: S. 71–76; auch Sloterdijk 1999: 33.

8 Vgl. *Apologia doctae ignorantiae*, (*Dupré* I, 524).

9 'Quoniam autem in prioribus doctae ignorantiae libellis multo quidem altius limpidiusque quam ego ipse nisu meo praecisionem veritatis inattingibilem intuitus es, consequens est omnem humanam veri positivam assertionem esse coniecturam' *De coni.* I, 2, (*Dupré* II, 2).

10 'Fuit ex his, quae apud Constantinopolim proxime saevissime acta per Turkorum regem divulgabantur, quidam vir zelo Dei accensus, qui loca illarum regionum aliquando viderat, ut pluribus gemitibus oratet omnium creatorem ...' Vgl. *De pace*, I, (*Dupré* III, 706).

11 Vgl. *De pace*, (*Dupré* III, 710).

12 Vgl. Kant: 234.

13 'Scio enim hanc novarum indagandarum artium formulam in ruditate sua occumbere non posse ...' Vgl. *De coni.*, (*Dupré* II, 2); 'Quales omnes licet discrepare in plerisque videantur, adverti uti prudentes in principali concurrere, Iicet modum omnes ad litteram admittant ibidem narratum. Quorum omnium considerationem circa modum sic accepto, quasi sine sapientum varii conceptus inexpressibilis modi, non nisi me ad idem ipsum, quod quisque nisus est assimilatorie configurare, convertens et in eo quiescens.' *De Gen.*, (*Dupré* II, 412).

14 Vgl. *De ven. sap.* 34 (*Dupré* I, 158).

15 *De docta ign.*, I, 1, (*Dupré* I, 194).

16 *De sap.*, I (*Dupré* III, 422).

17 Vgl. *De mente* 13 (*Dupré* II, 592).

18 Vgl. *De docta ign.*, I, 1, (*Dupré* I, 194); *De mente*, l (*Dupré* III, 480).

19 Vgl. *Comp.*, II (*Dupré* II, 684).

20 Vgl. Blumenberg, 1976^2: 107-108.

21 Vgl. Gessmann 1997: 128 e.v.

22 Montaigne 1962: 601.

23 Ibid.

24 Ibid. 586.

25 Vgl. Starobinski 1989: passim.

26 *Apologie, Essais* II, 12, 437.

27 Wie dies bei Montaigne der Fall zu sein scheint: *Essais* 428; 560.

28 Vgl. Goebel 1996: 168 e.v.

29 Vgl. *De coni.*, I, 3, (*Dupré* II, n, 6);*De mente* 3 (*Dupré* III, 512).

30 Vgl. *De vis.*, 6.

31 Ibid.

32 'Homo non potest iudicare nisi humaniter.' *De vis.*, 6, (*Dupré* III, 114).

33 'veritas personalis', (*De docta ign.* III, 12 (*Dupré* I, 512)).

34 Über die die neuzeitliche Rationalität prägende Differenz von Innerlichkeit und Äußerlichkeit, siehe: Strasser 1998: 221 u.w.

35 'Si mentem divinam universitatem rerum dixeris, nostram dices universitatem assimilationes rerum, ut sit notionum universitas. Conceptio divinae mentis est rerum productio. Conceptio nostrae mentis est rerum notio.' *De mente* III (*Dupré* III, 502).

36 Homo etiam mundus est, sed non contracte omnia, quoniam homo. Est igitur homo microcosmos aut humanus quidem mundus.' Siehe *De coni.*, II, 14 (*Dupré* II, 158).

37 Benz 1999.

CHAPTER FIVE

Cusanus' Epistemology in *Idiota de mente*

Naoko Sato

1. INTRODUCTION

This paper explores Cusanus' epistemology in *Idiota de mente*, with special regard to its relation to Aristotelism and Neoplatonism. This work is well suited for such a purpose, since in the dialogue between three persons of which this book consists, the 'idiota' who represents Cusanus' own ideas, finds his main partner in dialogue in a Peripatetic 'philosophus'. Thus, it can be assumed that Cusanus in this work tried to make some kind of synthesis between Aristotelism and his own original Neoplatonic standpoint. In chapter 4 of this book, we find a positioning of the problem. Here, the Philosopher asks the 'idiota',

> aiebat Aristoteles menti seu animae nostrae nullam notionem fore concreatam, quia eam tabulae rasae assimilavit. Plato vero aiebat notiones sibi concreatas, sed ob corporis molem animam oblitam. Quid tu in hoc verum censes?[1]

The 'idiota' answers without hesitation,

> . . . vis mentis, quae est vis comprehensiva rerum et notionalis, non potest in suas operationes, nisi excitetur a sensibilibus, et non potest excitari nisi mediantibus phantasmatibus sensibilibus.[2]

This answer seems to be based on an Aristotelian epistemology which makes the perception of corporeal things by means of the senses the starting point of cognition. Though, this answer shows some affinity to Aristotelism, neither in the *Idiota de mente* nor in any other of Cusanus' works there is any mention of an 'intellectus agens'. The influence of Platonic or Neoplatonic thought on Cusanus is quite obvious, but it should not be forgotten that he was well acquainted with Aristotelism too, through Thomas Aquinas, Albertus Magnus, and Avicenna. Further, when Cusanus was lecturing at the university of Cologne, he was on good terms with Heimericus de Campo (1395–1460), who upheld the Albertist tradition of this universtiy. These influences suggest that Cusanus may have embraced a Neoplatonism amalgamated with Aristotelism. Therefore, to investigate the interrelation between Aristotelism and Neoplatonism in Cusanus' epistemology has to be considered an important task in order to clarify the total structure of his thought.

2. SENSUS, IMAGINATIO, RATIO

When Cusanus determines the starting point of human cognition, he refers to Avicenna's *De anima* and has the Philosopher speak on man's cognitive power, of which speech Cusanus shows approval.[3] According to that exposition, 'anima' is mixed with spirits, 'spiritus', which spread through the arteries. These spirits are material powers and vehicles of the soul, as the blood serves as a vehicle for these spirits. Through the arteries, the soul is carried by the spirits to the senses, 'sensus'.

When the spirits find in the senses an external obstacle, they are thrust back. This causes the soul to begin to think about the external obstacle. For example, in the ear the spirits are thrust back by the voice, so that the soul attempts to comprehend the voice, and similarly with the other senses. With regard to the senses, Cusanus says, '. . . patet, quod nihil sentitur nisi per obstaculum'.[4] This obstacle does not always exist in reality. But also when the soul imagines a non-existent thing, it grasps a form in matter, 'forma' in 'materia', which is accomplished by 'imaginatio'.[5] It is common to the senses and the imagination that they do not determine or judge, 'terminare'. 'Terminare' is the work done by 'ratio', reason. Through reason, the soul 'terminates' something which excites the soul, as itself. And in relation to the imagination, reason discerns whether the object actually exists or not. However, reason does not yet grasp the truth, since reason comprehends only a form which is mixed with matter, and matter always distorts the form.[6] In these three stages or levels of 'sensus', 'imaginatio' and 'ratio', the soul uses corporal instruments and is dependent on them.[7] Thus, in these stages cognition begins, when these powers are excited and the soul accepts this stimulus. Then, in each stage, cognition is carried out as a cognition of 'imago' or 'similitudo' which are called 'phantasma' or 'imaginatio'.

3. THE 'VIS ASSIMILATIVA' OF THE MIND

Cusanus considers the 'vis assimilativa' as the fundamental power of the mind. When the senses, the imagination or the reason form some 'imago' or 'similitudo' of the object, they do this in power of the 'vis assimilativa'.[8] In *De mente*, the term of 'vis assimilativa' plays a central role in the comparison between human and divine mind, namely, 'divina mens est vis entificativa, nostra mens est vis assimilativa'.[9] In this expression, two aspects are included. On the one side, it is said that human cognition is a 'vis' and, therefore, active, on the other side this power of the mind is limited, insofar as the human mind does not create beings from nothingness, but creates only similarities of beings. This dual aspect of 'assimilatio' is based on the fact that the human mind is an 'imago' of the 'mens divina'.[10] The divine mind is an 'infinita simplicitas omnia complicans'.[11] Hence a mind which is the 'imago' of the divine mind is included, 'complicated' in this divine mind and, thereby, has the power to form an 'imago' of everything which comes from the divine mind. On the other hand, this formative power of the human mind, which is only an 'imago', is restricted to form only a 'similitudo'.

Now, in this formation of an image, the human mind assimilates itself into that which is formed by this mind itself. That is because the human mind does not form an image in a place where it does not exist, but forms an image precisely by forming itself into that image. Therefore, beginning from sensation, on any level of cognition there is an assimilation accomplished which corresponds to the respective level of cognition. Thus, the 'idiota' says,

> mens est adeo assimilativa, quod in visu se assimilat visibilibus, in auditu audibilibus, in gustu gustabilibus, in odoratu odorabilibus, in tactu tangibilibus et in sensu sensibilibus, in imaginatione imaginabilibus, in ratione rationabilibus.[12]

The originality of Cusanus' theory of cognition consists in this stress on assimilation. He does not conceive of cognition as a coincidence of the knower and the known, but as a production of 'similitudo', by which the mind mediates itself to the object. By producing such mediations, the mind is able to reach an approximate cognition of the object.

4. THE STRUCTURE OF INTELLECTUAL KNOWLEDGE

The intellect is a faculty which is independent of the body and subsists 'in se et per se'.[13] It may be important to compare the act of the intellect with that of the senses, which is an act of 'mens immersa corpori',[14] under the respect of the 'vis assimilativa'.

Already on the level of sensation an assimilation is performed which leads to the grasp of 'notiones' of the objects. The notions which are formed on this level are called 'formae rerum'. But these notions or 'species' are not 'verum' yet, because they are influenced by the changeability of matter. They do not give truth in itself, but are only conjectural.[15] For instance, seeing a circle drawn on the floor, we recognize this as a circle. In that moment the human mind has assimilated itself into the visually given circle.

The intellectual level which is the next level is divided into two stages. On the first stage, the human mind grasps a pure circle separated from material limitations. In the example of the circle, the mind understands a circle as a gathering of all the points which are on the same plane equally distant from the center. This circle in the mind is ontologically an exemplar of the circle drawn on the floor. In this intellectual comprehension, according to the word of the 'idiota', the 'necessitas complexionis'[16] is grasped by the mind. This term signifies that the idea of a circle and the idea of 'a gathering of all the points which are on the same plane equally distant from the center' are necessarily connected. The necessary connection between these two ideas is expressed by the form of definition in which either of these two ideas can serve as subject and as predicate of the proposition. On this level, the human mind already operates as existing in itself and assimilates itself actively to forms abstracted from matter. At the same time, the human mind is conscious of itself as having assimilated itself to the objects according to the necessitas complexionis.[17]

However, at this first stage, the human mind remains unsatisfied, because the necessitas complexionis is only a limited one. The limit consists, in the case of the circle as 'a gathering of all the points which are on the same plane equally distant from the center', in the fact that the circle is defined by something different from it.

Moreover, this necessity is in the origin of its formation aroused by 'phantasmata seu imagines formarum'.[18] Thus, the human mind realizes that this mode of being is not truth itself, but a participation of truth.[19]

Since, therefore, at this first stage the 'quidditas rerum' is not yet reached, the human mind procedes to the second stage of its operation by considering its own simplicity. At the same time, the mind assimilates itself not only to the universal content which it has found in matter, but, by contemplating its own simplicity unshared by matter, to all things.[20] In this intuition of all being the human mind intuits through its own simplicity the one as the all, and all things as the one.[21] This is the 'intuitio veritatis absolutae'.[22] Here, the human mind contemplates all things without any alterity of number or quantity of any kind.[23] On this stage, God who is all resplendent in everything, and the human mind, as God's 'imago viva', converts itself in all of its attempts at assimilation towards its own exemplar.[24] In this way, the human mind contemplates all things as one, and itself as assimilation of the one, thus producing conceptions of the one which is all.[25] In this highest intuition the human mind finds for the first time its satisfaction in truth itself.[26] This power of intuition is called 'intelligentia'.[27]

5. MAN AS 'IMAGO DEI'

In this conception, the self-knowledge of the human mind is situated on the turning point to the grasp of quiddity. The reason for this location lies in the status of the human mind as 'imago Dei'. Since God, who includes or 'complicates' all in himself, 'explicates' what he is complicating, all things are an explication of God.[28]

However, the human mind is not an explication of God, but imago Dei. 'Imago' and 'explicatio' are to be distinguished, insofar as 'imago' is an 'aequalitas' which results from just one repetition of 'unitas', whereas 'explicatio' of 'unitas' brings forth 'pluralitas'.[29]

By connecting aequalitas to imago, Cusanus elucidates in a deeper way the property of the human mind. By being an image of God, the mind has its roots deeply in the Trinity. For aequalitas is an infinite imago in the self-knowledge of God as unitas, and, hence, it is as such only one, namely the 'Verbum' which is the Son of God.[30] Fundamentally, only the Son of God, not the human mind, is the true imago Dei.[31] The human mind can be called imago only insofar as it is, with an expression taken from Thomas Aquinas,[32] 'ad imaginem'. By this expression, the difference between the second person of the Trinity or the true Son of God and the human mind as creature is emphasized. However, as imago Dei the human mind participates in God's trinitarian life and reaches at the participation of the divine 'aequalitas'.

As an image of God, the human mind does not have a fixed form of existence. Though not yet perfect, the human mind is an 'imago viva',[33] and, by that, as living being, approaches gradually the divine archetype. Thus, the fact that the mind as imago Dei strives to imitate the Trinity, means epistemologically, that the mind steadily increases the degree of its 'assimilatio' and that all performances of the mind have their roots in the fundamental assimilation to the Trinity. The ontological status of the mind as an 'imago viva' enables, thus, epistemologically the mind to an ever continuing approximation of its cognitional images to their objects.

Further, God's self-knowledge which forms the Trinity is, at the same time, God's creative knowledge. Therefore, the 'aequalitas' of the Trinity contains the paradigms of all things which are created or 'explicated'. Since, then, the human mind is connected with the divine aequalitas, these divine paradigms resplend in the mind. In this sense the 'idiota' says, 'sicut enim deus est complicationum complicatio, sic mens, quae est dei imago, est imago complicationis complicationum'.[34] In the expression 'complicationis complicationum' the word 'complicationes' means the ideas which include or 'complicate' the individual things, and 'complicatio' in the singular signifies the 'Verbum' which includes or 'complicates' those ideas. Thus, the human mind as imago Dei is 'imago' of the divine 'Verbum'. Since, then, the self-knowledge of the human mind is connected with God's creative cognition, the mind in the knowlege of itself perceives the quiddities of all things, which on a former and lower level appeared to it as objects, now in God's way in which the one is the all. At this stage, the mind is liberated from its former attitude in which it attempted to grasp the quiddity of the object as an unrelated entity closed in itself. Here, where the objectified form of the object vanishes, the highest cognition of the mind is completed and man intuits all things as one in the 'necessitas absoluta'.

6. 'SENSUS' AND APRIORISM

As I have mentioned, Cusanus' epistemology seems to show at its starting point Aristotelian traits, but disregards the theory of an 'intellectus agens'. Instead, by introducing suddenly the level of 'intellectus' as self-knowledge, the relation between the cognition of the external world and self-knowledge rises a problem. For this reason, I shall consider what kind of role the cognition of the external world plays in the mind's self-knowledge and self-accomplishment, and on which background the emphasis of self-knowledge can be reconciled with the denial of innate ideas.

In the context of 'sensus' or the cognition of the external world, in *Idiota de mente* one word often used is 'excitare'. The cognition of the external world is said to excite the human mind. Historically speaking, Aquinas touches in the first part of the *Summa Theologiae* on a conception which seems to be very close to Cusanus'. In question 84 'quomodo anima coniuncta intelligat corporalia, quae sunt infra ipsam', the 4th article deals with the problem 'utrum species intelligibiles effluant in animam ab aliquibus formis separatis'. Aquinas answers to the negative and refers to a conception according to which 'indiget anima nostra sensibus ad intelligendum, quibus quodammodo excitetur ad consideranda ea quorum species intelligibiles a principiis separatis recipit'. This is an idea of William of Paris.[35] The tendency of his idea is fundamentally Neoplatonic and Augustinian, but shows also influences of Aristotelism as well as of Islamic and Judaic thought. Aquinas' comment on this idea is negative, too. The reason given is, that to the question of why excitation is necessary, thinkers like William of Paris would answer that the soul by its connection with the body sinks into a state of oblivion. This answer, however, presupposes a Platonic conception of the body-soul-relation. Thus, the idea of 'excitation' of the soul by the senses, as it appears in *Idiota de mente*, though seemingly Aristotelian, is in truth already influenced by Platonism.

How, then, is the process of knowledge conceived of, if 'phantasmata' do only excite the mind? Among the words, by which Cusanus refers to the function of the senses in *De docta ignorantia*, the following deserves special attention: 'quare universalia, quae ex comparatione facit, sunt similitudo universalium contractorum in rebus'.[36] Here, Cusanus says that the intellect produces universal concepts by way of comparison of several 'universalia'. However, in Aristotle's theory of abstraction, the 'conversio intellectus agentis supra phantasmata' is considered the essential element, without it being necessary that several 'phantasmata' be compared. Therefore, since Cusanus' theory of abstraction differs from Aristotle's and Aquinas' conception, one has to account for the possibility that already his theory of sensation, as the basis of universal knowledge, differs considerably from that of Aristotle and Aquinas.

How, then, can Cusanus in such an epistemology, which does not acknowledge the function of the agent intellect, maintain the negation of innate ideas? Cusanus admits a 'vis iudiciaria' which is innate. For instance, for the player of a harp, in order to make progress, some judgement on harmonies is necessary. When Plato's affirmation of innateness is referred to this 'vis iudiciaria', this is not mistaken.[37] On the other side, on account of Cusanus' theorem of ignorance, the quiddity of the thing before our eyes can not be known in a precise way by innate ideas. But the problem remains of how some kind of knowledge of a thing, even a conjectural one, can be gained by the human mind.

For this question, we have already gained the elements of an answer. First, the human mind is an 'imago Dei', and second, God refers to the universe according to the scheme of 'complicatio-explicatio'. The things which are objects of our senses exist as manifold 'explications' of the one God and are included, 'complicated', in his oneness. Seen from the side of the human mind, this mind is, as far as it is an image of God, the 'imago complicationis complicationum'.[38] Therefore, the self-knowledge of the human mind has its roots in God's creative cognition and in the 'aequalitas' of God's self-knowledge, and, thus, grasps things under this constitutive horizon. For this reason, the mind does not remain in itself so that it had to know by innate ideas, but transcends itself towards the ground of its constitution.

However at the same time Cusanus affirms that things exist in the external world. For things exist as reality in the world independent of the human mind, since they are the manifold 'explications' of the one God. In this sense, the human mind certainly knows the external world by means of the senses.

7. CONCLUSION

Cusanus' seemingly Aristotelian epistemological approach, which, however, does not adopt the theory of an agent intellect, is, in fact, a metamorphosed Neoplatonism. It has its bases in Cusanus' original ontology and metaphysics of the mind, especially in the scheme of 'complicatio-explicatio', and its conception of the human mind as an image of God. What makes his work *Idiota de mente* of special interest is the attempt to introduce into the general Neoplatonic framework of the mind's return to God through self-knowledge the seemingly Aristotelian epistemological assertion that this return can be performed only under an excitation which arises from sensory cognition, and this emphasis can be interpreted as an attempt to synthesize Aristotelism with Neoplatonism.

NOTES

1 *De mente,* IV, n. 77.
2 *Ibid.*
3 *Ibid.*, VIII, nn. 112–113.
4 *Ibid.*, n. 114.
5 *Ibid.*
6 *Ibid.,* n. 115.
7 *Ibid.*
8 *Ibid.*, VII, n. 99.
9 *Ibid.*
10 *Ibid.*, IV, n. 76.
11 *Ibid.*, n. 75.
12 *Ibid.*, VII, n. 100.
13 *Ibid.*, n. 103.
14 *Ibid.*
15 *Ibid.*, n. 102.
16 *Ibid.*, n. 103.
17 *Ibid.*, n. 104.
18 *Ibid.*
19 *Ibid.*, n. 105.
20 *Ibid.*
21 *Ibid.*
22 *Ibid.*
23 *Ibid.*, n. 106.
24 *Ibid.*
25 *Ibid.*

26 *Ibid.*
27 *Ibid.*, VIII, n. 111.
28 *De docta ign.*, II, 3, nn. 105–111.
29 *De mente,* IV, n.74.
30 *De docta ign.*, I, 7–9, nn. 18–26.
31 *Col.* 1, 15; 2 *Cor.* 1, 15.
32 *Summa Theologiae* I q. 35, a. 2, ad 3; cf. Gen. 1, 26; Col. 3, 10.
33 *De mente,* VII, n. 106; XIII, n. 149; XV, n. 158.
34 *Ibid.*, IV, n. 74.
35 William of Paris (Guillaume de Paris, †1249), *De universo,* part II 2, c. 76 and II 3, c. 3.
36 *De docta ign.*, II, 6, n. 126.
37 *De mente,* IV, n. 77.
38 *Ibid.*, n. 74.

CHAPTER SIX

Innovation in mathematics and proclusean tradition in Cusanus' thought

Jean-Marie Nicolle

Nicholas of Cusa was an extraordinary philosopher. He invented the principle of the coincidence of opposites according to which, in the domain of infinity, opposites come together. His most important contribution consists in breaking the prevailing Aristotelism with a new kind of logic. He hoped to resolve the problems of infinity with the principle of the coincidence of the opposites. To prove his principle, he bravely decided to experiment with it in a scientific field: mathematics. He thought that there was a continuity between the metaphysical truth and the mathematical truth. He decided to use the principle of the coincidence of the opposites on the problem of the quadrature of the circle. For fourteen years, from 1445 until 1459, he tried to resolve this problem. He vainly sought to 'transmute' curved lines into straight ones from some simple propositions that are false or unfounded.

All the commentators insist on the importance of mathematics in Cusanus' philosophy; however none of them has considered reading his mathematical texts and his philosophical writings together. My object is to re-establish the connections between mathematics and metaphysics in the mathematical works.

In spite of his failure, we have to consider Cusanus' methods and in this we see that he was an inventor. Cusanus did not know about trigonometry. He did not know about algebric symbols, nor algebric functions or algebric curves. So he tries to represent proportions with diagrams that I call 'tables of proportions'. For instance in *The Arithmetical Complements*, (Fig. 1) he draws a quarter of a circle, transfers the radius of the circumscribed circles of a triangle and of a hexagon, and determines their ratio with a straight line. Later, in *The mathematical Complements*, he uses a rectangular triangle to determine the proportions between some lines or between several differences between these lines. He also tries to make some new geometrical instruments such as an articulated ruler.

The most interesting method, as I see it, is the isoperimetric method that he describes in *The quadrature of the circle*, in 1450 (Fig. 2). He draws the line *ab*. He divides it in three equal segments and he makes an equilateral triangle. With the

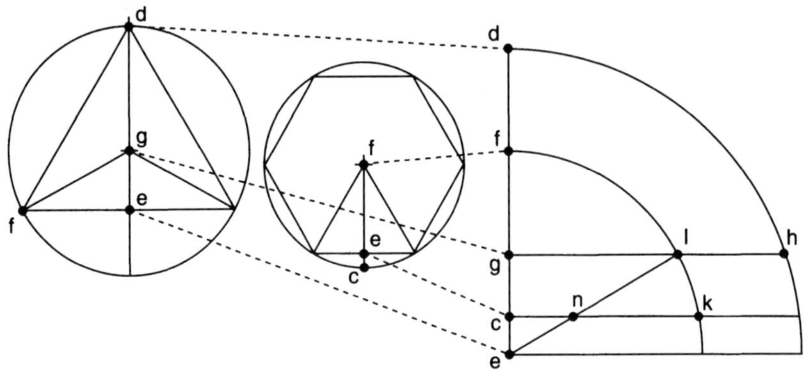

Figure 1

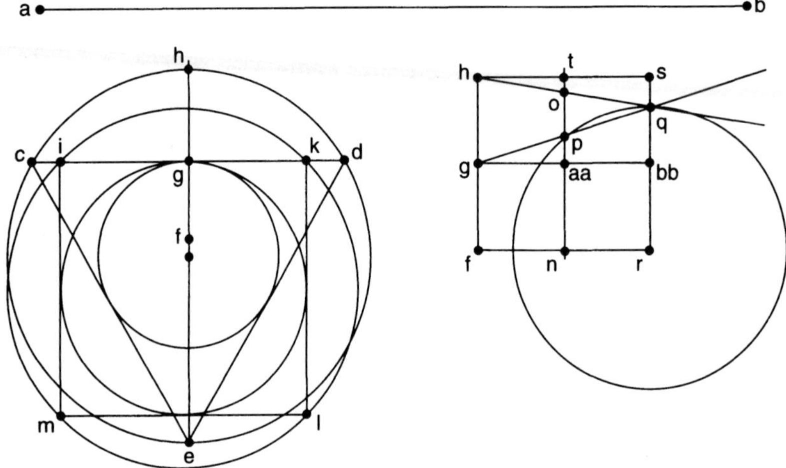

Figure 2

same line *ab*, divided in four segments, he draws a square. Then, he draws inscribed and circumscribed circles and he transfers the radius on a table of proportions: on the first vertical line, the two radii for the triangle; on the second vertical line, the two radii for the square. Thus he thinks he is able to determine the proportion between the radii of the inscribed circles and the proportion between the radii of the circumscribed circles with two simple straight lines. He draws these two straight lines that intersect at the point *q* and he asserts that *rq* is the radius of the isoperimetric circle, that is to say the circle whose perimeter is *ab*. He defines the circle like a regular polygon which has an infinite number of sides. On the first vertical line, the difference between the two radii is maximum. On the line *rq*, the difference between the two radii is minimum because the inscribed circle and the circumscribed circle coincide. So, the point q is the point of a coincidence of the opposites. Nicholas of Cusa makes a mistake because the true lines are not straight but curved lines. It is easy, indeed, to see that the differences between the radii do not progress in relation to a straight line but in relation to an asymptote (Fig. 3). His friend Paolo Toscanelli warns Nicholas about his mistake. In 1453, he sends him a letter and he writes: 'I do not see why the two lines (...) cannot be curved lines of any kind of curve; then, the demonstration fails.' However, Nicholas does not listen to his warning. We have to understand his mistake from the inside to study his ideas as 'epistemological obstacles'. We will understand his mathematical thought only when we have insight into his metaphysical thought. We have to answer two questions: Why does Cusanus seek proportion? Why does Cusanus prefer a straight line?

Nicholas of Cusa continues the neoplatonic tradition. For the platonists, the proportion is not only an instrument which represents things: it has a connection to the things themselves. Proportion holds things together and gathers together all things in one set. Cusanus uses especially continuous proportion: a/b=b/c which allows the reasoning: if a/b = b/c and if b/c = c/d, then a/b = c/d. This reasoning is extremely frequent in his writings. For Cusanus, proportion is the best way to research. For instance, in *De Docta Ignorantia* (I, 1), he writes 'All research consists of comparative proportion, easy or difficult; that is the reason why the infinite, which being infinite is outside any proportion, is unknown.' God himself used proportion when he created the world. This is the reason why proportion is everywhere in the world.

Nicholas of Cusa submits mathematics to neoplatonic metaphysics inherited from Proclus. He knows the works of Proclus very well, for instance *The elements of theology* and *The comment about the first book of the euclidian elements.* Neoplatonism is a philosophy that tries to reconcile the platonic doctrine of participation and the christian doctrine of creation. According to neoplatonism, every being produces a copy of itself, but the copy is inferior to its producer. For Proclus, every mathematical object is also a metaphysical object. The proclusean philosophy of mathematics describes the mathematical objects in a genealogy: at infinity the

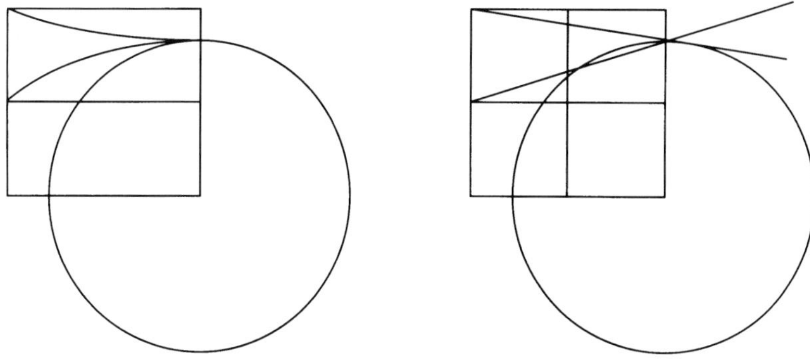

Figure 3

maximum begets the one; and oneness creates equality which implies connexion. In the finite world, the number creates the point. The point unwinds, produces lines, that produce surfaces, that produce solids.

So, all geometrical objects stand in a hierarchy ordered by two principles: first, the object-father is richer than the object-fathered. For instance, the straight line is infinite, perfect, eternal; the circular line is infinite and perfect; the curved line is only finite. The second principle is that negations are marks for the power of objects. For instance, the straight line has no beginning, no middle, no end, no quantity, no quality; the circular line has no beginning, no middle, no end, but has quantity and quality; the curved line has beginning, middle, end, quantity and quality. The straight line is superior. Proclus asserts that the straight line 'is a symbol for the Providence inflexible, incorruptible, spotless, inexhaustible, omnipotent, present in every thing' (Proclus, *The comment about the first book of the euclidian elements*). The straight line is simple, without diversity, whereas the circular line is composed with concavity and convexity. So the curved line is a degenerate, debased line. This preference for regular figures will go on until Kepler who dares to suggest the ellipse as an astronomical figure.

If we come back to the isoperimetric method, then we see the obvious influence of Proclus on Cusanus' thought. We see that the point q is the coincidence of a minimum – the radius of the inscribed circle – and a maximum – the radius of the circumscribed circle. It is unbelievable, for Cusanus, that the point q should be on a curved line. This point is perfect; it is a divine image. Maximum and minimum coincide in God. According to Proclus' philosophy, the point q unwinds regularly, with continuous proportion, that is to say on a straight line.

Nicholas of Cusa does not know the asymptote. He confines the search for a proportion between straight and curved lines to a continuous and rectilineous proportion. Indeed, the true solution is an asymptote and requires the infinitesimal calculation which is known two centuries later. So, I think that Nicholas of Cusa does not fail because of ignorance or clumsiness. He fails because of his metaphysical choice. There is a contradiction between the mathematical truth and the metaphysical truth. Cusanus chooses the metaphysical truth. He thinks there is a continuity between mathematics and metaphysics. He thinks that mathematics can be a field in which to experiment with his metaphysical principle. Here is his error. There is no community between mathematical objects and the coincidence of opposites, because the logical principle of mathematics is the principle of non-contradiction.

CHAPTER SEVEN

Quelques réflexions sur la logique de la *coincidentia oppositorum*

Hisako Nagakura

AVANT-PROPOS

On a remarqué, déjà depuis longtemps, l'influence de la pensée de saint Bonaventure sur celle de Nicolas de Cuse. En effet, nous avons trouvé, nous-même, des ressemblances entre les deux penseurs, en écoutant plusieurs conférences de nos collègues japonais portant sur la pensée de Nicolas de Cuse. C'est ainsi que nous voudrions profiter de cette occasion pour jeter quelques lumières sur la logique de la *coincidentia oppositorum*, tout en limitant notre présente étude à la pensée de Bonaventure. Nous voudrions nous permettre également de faire une petite comparaison avec la logique de '*EST*' de saint Thomas à la fin de cet article.

LES CHAMPS DE LA *COINCIDENTIA OPPOSITORUM*

La logique ou la méthode de la *coincidentia oppositorum* remonte aux anciens philosophes grecs, surtout aux néoplatoniciens. Nous voyons la *coincidentia oppositorum* dans la cosmologie, que Bonaventure emprunte, comme le faisaient tous les penseurs médiévaux, aux anciens grecs: ce monde matériel se présente comme une harmonie des éléments contraires.[1] Ici, on aperçoit la *coincidentia oppositorum*. Cependant, c'est quand on essaie de déchiffrer ou d'exprimer les mystères de Dieu que cette logique se montre efficace. Aussi, Bonaventure l'emploie-t-il pour exprimer les mystères ou la réalité de Dieu: l'immanence de Dieu transcendant, l'unité de l'essence divine avec la trinité des personnes divines, et l'incarnation. Prenons l'*Itinerarium mentis in Deum.*

ITINERARIUM MENTIS IN DEUM: TEXTE MAJEUR DE LA *COINCIDENTIA OPPOSITORUM*

Prenons le chapitre 5 de l'*itinerarium,* où Bonaventure développe sa spéculation métaphysique sur l'unité divine ou l'*essentialia Dei*[2] (Remarquons ici le pluriel).

Bonaventure part de l'Ancien Testament, qu'il caractérise comme la révélation du premier nom divin qu'est *ipsum esse*: *Ego sum qui sum*, ou la révélation de l'unité de l'essence divine.[3]

Dans le troisième paragraphe Bonaventure, à la manière de saint Anselme, tire argument de l'existence de Dieu à partir de l'*ipsum esse*. Jouant des oppositions, *esse ↔ non esse, ens ↔ non ens, ens in actu ↔ ens in potentia*, Bonaventure arrive à dégager l'*esse divinum, quod est actus purus*, de l'*esse particulare, quod est esse arctatum, . . . permixtum cum potentia*. Laissons de côté l'argument de l'existence de Dieu, et concentrons-nous sur la *coincidentia oppositorum* de Bonaventure.

Dans le quatrième paragraphe Bonaventure parle de l'aveuglement de l'intellect (*caecitas intellectus*), l'intellect qui s'occupe des êtres particuliers et universels de telle façon qu'il ne prend pas conscience de l'*ipsum esse extra omne genus*, cet *esse* qui vient à l'esprit avant tout et par qui les autres êtres lui arrivent. Bonaventure compare cet aveuglement de l'esprit à l'oeil qui, voyant diverses couleurs, n'a pas conscience de la lumière elle-même, la lumière qui lui permet de les voir. Et ensuite, citant la célèbre phrase d'Aristote (l'hibou qui ne voit rien dans la lumière),[4] Bonaventure parle de la condition habituelle de l'homme, qui est tellement accoutumé aux ténèbres des étants et des phantasmes sensibles qu'il ne voit rien quand il regarde la lumière elle-même de l'être suprême. Ici, nous discernons l'influence de Denys Aréopagite dans les expressions paradoxales telles que *tenebras ↔ lux, caligo ↔ illuminatio*, ou *pura lux, . . .*[5]

Dans le cinquième paragraphe Bonaventure tire, à partir de *ipsum purissimum esse*, les *essentialia Dei*, à la manière anselmienne: *occurit tibi, quod ipsum esse non potest COGITARI ut . . ., ac per hoc necessario COGITATUR ut . . . .* Ainsi énumère-t-il les *essentialia Dei:*

> *Esse igitur, quod est esse purum et esse simpliciter et esse absolutum, est esse primarium, aeternum, simplicissimum, actualissimum, perfectissimum et summe unum.*[6]

Bonaventure confirme dans le paragraphe suivant que ces attributs divins sont si certains que l'on ne peut pas concevoir l'opposé de ces attributs à l'égard de l'*ipsum esse*, et il ajoute que chacun de ces attributs s'enchaine l'un après l'autre logiquement et nécessairement:

> *Et sunt haec ita certa, quod non potest ab intelligente ipsum esse cogitari horum oppositum, et unum horum NECESSARIO INFERT aliud.*[7]

Ainsi conclut-il dans ce paragraphe six:

> *Unde si Deus nominat esse primarium, aeternum, simplissimum, actualissimum, perfectissimum; impossibile est, ipsum COGITARI non esse, nec esse nisi unum solum.*[8]

Dans le paragraphe 7, Bonaventure ajoute six nouveaux attributs divins, qui résultent, selon lui, de chacun des six énumérés en haut:

ideo est novissimum, quia primum; ... Ideo maximum, quia simplicissimum; ... Ideo immutabilissimum, quia actualissimum; ... Ideo immensum, quia perfectissimum; ... Ideo omnimodum, quia summe unum, ...[9]

ainsi en faisant six couples d'épithètes:

Nam ipsum esse est PRIMUM et NOVISSIMUM, est aeternum et praesentissimum, est simplicissimum et maximum, est actualissimum et immutabilissimum, est perfectissimum et immensum, est summe UNUM et tamen OMNIMODUM.[10]

Parmi ces six couples d'épithètes, nous remarquons deux *coincidentia oppositorum*: *primum et novissimum* et *summe unum et tamen omnimodum*? Voyons l'explication de Bonaventure à l'égard de ces deux couples. Pour le premier, il dit:

Quia enim est primum, omnia operatur propter se ipsum; et ideo necesse est, quod sit finis ultimus, INITIUM ET CONSUMMATIO, ALPHA ET OMEGA.[11]

Pour le second, il s'explique:

Ideo omnimodum, quia summe unum. Quod enim summe unum est est omnis multitudinis universale principium; ac per hoc ipsum est universalis omnium causa efficiens, exemplans et terminans, sicut 'causa essendi, ratio intelligendi et ordo vivendi'. Est igitur omnimodum non sicut omnium essentia, sed sicut cunctarum essentiarum superexcellentissima et universalissima et sufficientissima causa; cuius virtus, quia summe unita in essentia, ideo summe infinitissima et multiplicissima in efficacia.[12]

Ce dernier passage est important pour notre étude, et nous y reviendrons plus tard.

Dans le paragraphe 8, la *coincidentia oppositorum* est nette dans toutes les explications des six couples dits:

quia igitur esse purissimum et absolutum, quod est simpliciter esse, est primarium et novissimum, ideo est omnium ORIGO ET FINIS consummans. – Quia AETERNUM ET PRAESENTISSIMUM, ideo omnes durationes ambit et intrat, quasi simul existens earum CENTRUM ET CIRCUMFERENTIA. – Quia simplicissimum et maximum, ideo totum INTRA omnia et totum EXTRA, ac per hoc 'est sphaera intelligibilis, cuius centrum est UBIQUE et circumferentia NUSQUAM'. – Quia actualissimum et immutabilissimum, ideo 'STABILE manens MOVERI dat universa'. – Quia perfectissimum et immensum, ideo est INTRA omnia, non INCLUSUM, EXTRA omnia, non EXCLUSUM, SUPRA omnia, non elatum, INFRA omnia, non prostratum. – Quia vero est summa UNUM et OMNIMODUM, ideo est omnia in omnibus, quamvis omnia sint MULTA, et ipsum non sit nisi UNUM.[13]

En étalant la logique de la *coincidentia oppositorum* sur le plan métaphysique (*origo et finis*), sur le plan de la durée (*aeternum et praesentissimum*), sur le plan spatial (*intra et extra, ubique et nusquam*), sur le plan physique (*stabile et moveri*), et sur le plan d'essence (*summe unum et omnimodum*), Bonaventure s'efforce ici d'exprimer le mystère de Dieu dans son rapport au monde créé: Dieu est à la fois transcendant et immanent au monde.

Prenons maintenant le chapitre 6. Bonaventure consacre ce chapitre à une étude du nom divin, qu'est 'bonum', révélé selon lui, dans le Nouveau Testament.[14] À partir de ce nom 'bonum', ou mieux 'optimum', Bonaventure infère, en suivant saint Anselme, le mystère de la Trinité et, s'inspirant de Denys (*Bonum est diffusivum sui*), conclut que la trinité divine est une conséquence logique et nécessaire de la bonté de Dieu:

> *quoniam optimum quod est simpliciter est quo nihil melius cogitari potest; et hoc tale sic est, quod non potest recte cogitari non esse, quia omnino melius est esse quam non esse; sic est, quod non potest recte cogitari, quin cogitetur trinum et unum;*[15]
>
> . . . . . .
>
> *potes videre, per summam boni communicabilitatem necesse esse Trinitatem Patris et Filii et Spiritus Sancti. In quibus necesse est propter summam bonitatem esse summam communicabilitatem, et . . .* [16]

Dans ce paragraphe 2, où Bonaventure essaie de montrer 'logiquement' que Dieu, un en essence, est trois en personnes, nous trouvons quelques exemples de *coincidentia oppositorum*: *naturalis et voluntaria, liberalis et necessaria, gratuito et debito.*[17] Et c'est dans le paragraphe 3, où il invite son lecteur, non à comprendre mais à admirer le mystère de la Trinité, le mystère qui échappe à l'intellect humain (*incomprehensibile*), que Bonaventure déploie une série d'expressions paradoxales bien cadencées.[18] La méthode, ici, est rhétorique plutôt que logique.

La *coincidentia oppositorum* de saint Bonaventure devient plus éloquente quand il développe sa christologie dans les paragraphes qui suivent. Ce thème du mystère de l'homme-Dieu, Bonaventure l'annonce à la fin du paragraphe 4:

> *Nam admirari debemus non solum conditiones Dei essentiales et personales in se, verum etiam per comparationem ad supermirabilem unionem Dei et hominis in unitate personae Christi.*[19]

Il le traite en deux parties: la première est le mystère de l'union de Dieu et de l'homme, et la deuxième est celui de l'unité de la personne du Christ, homme-Dieu.

Le mystère de l'union des deux natures, divine et humaine, Bonaventure le traite dans le paragraphe 5. Il le commence par la répétition des *essentialia Dei* obtenues dans le chapitre 5. Et à la suite, Bonaventure déploie son éloquence par sa méthode de la *coincidentia oppositorum* pour exprimer le mystère de l'incarnation:

> *in ipso principium PRIMUM junctum est cum POSTREMO, Deus cum homine sexto die formato, AETERNUM iunctum est cum homine TEMPORALI, in plenitudine temporum de Virgine nato, SIMPLICISSIMUM cum SUMME COMPOSITO, ACTUALISSIMUM cum SUMME PASSO et mortuo, PERFECTISSIMUM et immensum cum MODICO, summe UNUM et OMNIMODUM cum individuo COMPOSITO et a ceteris DISTINCTO, homine scilicet Iesu Christo.*[20]

Le mystère de l'unité de la personne du Christ, Bonaventure le traite dans le paragraphe 6. Parallèlement au paragraphe 5, il le commence par la répétition des *coincidentia oppositorum* qui ont été employées pour la Trinité, et il déploie des expressions paradoxales telles que l'un avec trinité, ou dualité, ou même pluralité:

> *in Christo stat personalis UNIO cum TRINITATE substantiarum et naturarum DUALITATE; stat omnimoda CONsensio cum PLURALITATE voluntatum, stat Dei et hominis COMpraedicatio cum PLURALITATE proprietatum, stat COadoratio cum PLURALITATE nobilitatum, stat COexaltatio super omnia cum PLURALITATE dignitatum, stat CONdominatio cum PLURALITATE potestatum.*[21]

Et Bonaventure conclut sa christologie avec la méthode de *coincidentia oppositorum:*

> *mens nostra contemplatur in Christo Filio Dei, qui est imago Dei invisibilis per naturam, humanitatem nostram tam mirabiliter exaltatam, tam ineffabiliter unitatam, videndo simul in unum PRIMUM et ULTIMUM, SUMMUM et IMUM, CIRCUMFERENTIAM et CENTRUM, ALPHA et OMEGA, CAUSATUM et CAUSAM, CREATOREM et CREATURAM, librum scilicet scriptum INTUS et EXTRA.*[22]

Ce traité de christologie prépare le chapitre 7, qui conclut l'*itinerarium mentis in Deum.* Ouvrant ce dernier chapitre Bonaventure résume son itinéraire spéculatif: après avoir cherché les traces de Dieu par et dans le monde, créature de Dieu,[23] et après avoir contemplé les mystères de Dieu, un et triun, par le reflet de la lumière divine, qui nous transcende,[24] et dans la lumière même, en tant que possible dans la vie terrestre,[25] il est arrivé à contempler le mystère de Jésus-Christ qui est le principe premier et suprême et le médiateur entre Dieu et l'homme, le mystère ineffable qui dépasse toutes les perspicacités de l'intellect humain:

> *postquam mens nostra contuita est Deum extra se per vestigia et in vestigiis, intra se per imaginem et in imagine; supra se per divinae lucis similitudinem super nos relucentem et in ipsa luce, secundum quod possibile est secundum statum viae et exercitium mentis nostrae; cum tandem in sexto gradu ad hoc pervenerit, ut speculetur in principio primo et summo et mediatore Dei et hominum, Iesu Christo ea quorum similia in creaturis nullatenus reperiri possunt, et quae omnem perspicacitatem humani intellectus excedunt.*[26]

Ce qui reste, c'est au delà de toute possibilité de l'activité intellectuelle et spéculative. Bonaventure se trouve devant le mystère ineffable *(unio ineffabilis, sacramentum a saeculum absconditum),*[27] qui dépasse toute possibilité d'expression par la langue. Dieu invite l'homme à 'gouter' *manna absconditum,* dit Bonaventure.[28] Et saint François, *alter Christus,* est envoyé par Dieu pour inviter les hommes au dépassement de l'activité intellectuelle et de soi, par l'exemple pratique plutôt que la parole.[29] Aussi Bonaventure, invite-t-il son lecteur à quitter toutes les activités intellectuelles pour arriver à la conaissance de Dieu par l'amour, connaissance qu'il appelle *mystica sapientia,*[30] et ailleurs *ignorantia docta.*[31] Pour le

Docteur séraphique, la théologie est à la fin la connaissance expérimentale *(scientia experimentalis),* ou mieux la *sapientia,* c'est-à-dire, *sapere,* gouter la douceur de Dieu.[32]

LA LOGIQUE DE LA *COINCIDENTIA OPPOSITORUM* ET LA LOGIQUE DE *'EST'*

Nous avons parcouru le texte de Bonaventure, et observé comment le Docteur séraphique a exprimé les mystères de Dieu au moyen de la *coincidentia oppositorum* accompagnée d'une rhétorique admirable. Nous avons aussi vu Bonaventure nous conseiller de laisser toutes les activités intellectuelles (investigation, éloquence, parole, et écriture), et nous inviter, avec Denys, à entrer comme ignorant dans le mystère de Dieu.[33] Bonaventure est ici bien conscient de l'impuissance de la méthode de la *coincidentia oppositorum,* car il sait bien qu'entre la créature et le Créateur il existe un abîme infranchissable, ou 'mur' si l'on emploie le terme du Cusain. (Seul le Christ, homme-Dieu, nous fait franchir cet abîme: *Christus est scala et vehiculum).*[34] Toute la langue humaine parait s'échouer en face du mystère. Bonaventure, cependant, doit parler de Dieu en tant que théologien. Nous avons le témoignage de son effort. Tout en étant conscient de l'insuffisance ou même de l'incapacité de la langue humaine pour parler correctement du mystère de Dieu, Bonaventure s'efforce de rendre le moyen de la *coincidentia oppositorum* plus efficace. Nous avons le témoignage de son effort dans l'accumulation d'épithètes à la forme superlative (*actualissimum, summe unum* etc.); ces deux méthodes sont reçues de Denys Aréopagite. Bonaventure est bien conscient du mur d'airain. Prenons-en un exemple: c'est le passage que nous avons indiqué en haut.

> *Ideo omnimodum, quia summe unum. Quod enim summe unum est est omnis multitudinis universale principium; ac per hoc ipsum est universalis omnium causa efficiens, exemplans et terminans, sicut 'causa essendi, ratio intelligendi et ordo vivendi'. EST IGITUR OMNIMODUM NON SICUT OMNIUM ESSENTIA, SED SICUT CUNCTARUM ESSENTIARUM SUPEREXCELLENTISSIMA ET UNIVERSALISSIMA ET SUFFICIENTISSIMA CAUSA; cuius virtus, quia summe unita in essentia, ideo summe infinitissima et multiplicissima in efficacia.*[35]

Ici, Bonaventure doit affronter la difficulté qui vient de sa métaphysique exemplariste. Pour éviter de tomber dans le panthéisme et pour sauvegarder la transcendence de Dieu, Bonaventure n'a pas d'autre moyen que la *coincidentia oppositorum* renforcée par des épithètes en forme superlative. C'est parce qu'il en reste au plan de l'essence.

Nous voulons faire maintenant une petite comparaison avec saint Thomas d'Aquin, qui a affronté le même problème de la transcendance et l'immanence de Dieu. Nous remarquons dans les œuvres de ces deux théologiens contemporains, des phrases et des vocabulaires communs, autour desquels ils organisent leur thèse. C'est parce que leurs sources sont communes, c'est-à-dire, Aristote et Avicenne. Cependant leur façon d'aborder l'*ipsum esse* est différente l'un de l'autre. Tout en employant les vocabulaires et les phrases d'Aristote et d'Avicenne, Bonaventure s'inspirait de l'argument d'Anselme et restait au plan de l'essence. Thomas, de l'autre côté, suit Aristote de très près et, dépassant Aristote, aboutit à l'acte d'être.[36] L'expression de cet acte d'être, Thomas l'a trouvée non par un argument ontologique mais par une analyse de la langue quotidienne. L'acte d'être est autre que l'essence. Nous vivons dans un monde d'êtres qui sont composés d'être et d'essence. Et par la langue l'homme mime cette réalité. Ainsi, Thomas a cherché et trouvé dans la langue quotidienne l'expression de l'acte d'être. Cette expression, c'est le verbe *EST.* À ce verbe *EST,* l'on ne fait pas beaucoup d'attention, car il est totalement dépourvu de contenu, à savoir d'essence (Aristote a dit, 'rien') mais il joue un rôle crucial dans la proposition. La forme infinitive de ce verbc *EST* est *ESSE.* Et cet *ESSE* louchc d'un côté vers le verbe et de l'autre côté vers le substantif. Pour saint Thomas c'est le verbe *EST* (*hoc verbum EST,* dit-il).[37] Et saint Bonaventure, d'autre part, oscille entre les deux (*simpliciter esse, esse purum, esse absolutum, esse simplicissimum),* mais il le prend plutôt comme substantif en ajoutant des épithètes superlatives.[38]

À la fin de cette étude nous voudrions signaler une petite remarque: ce n'est pas seulement les penseurs chrétiens qui ont affronté ce problème du langage vis-à-vis du mystère de la transcendance et de l'immanence de l'être divin. Nous faisons allusion aux philosophes du Tao. Et nous voulons signaler que NISHIDA kitaroh, philosophe japonais du 20e siècle, a affronté ce problème. Il s'est inspiré beaucoup des néoplatoniciens chrétiens et non chrétiens tels que Plotin, saint Augustin, Denys Aréopagite, Erigène, et Nicolas de Cuse. Mais plus tard, il s'est intéressé à Aristote, et sans connaître le travail de saint Thomas à ce sujet, il s'est approché de lui. Cependant, ce qu'il a trouvé comme moyen d'expression de ce mystère, c'était la dialectique du 'néant absolu', ce néant qui est au-delà de l'être et du néant.[39]

NOTES

1 *Itinerarium mentis in Deum,* c.2, n.2 (in S. Bonaventurae *Opera omnia* V, Quaracchi, 1891, V 300a).
2 '. . . intelligimus duos modos seu gradus contemplandi Dei invisibilia et aeterna, quorum unus versatur circa essentialia Dei, alius vero circa propria personarum. . . .', *Ibid.,* c.5, n.1 (V 308b).
3 'Primus modus primo et principaliter defigit aspectum in ipsum esse, dicens, quod qui est est primum nomen Dei. . . . Primum spectat potissime ad vetus testamentum, quod maxime praedicat divinae essentiae unitatem, unde dictum est Moysi: Ego sum qui sum. . . .', Ibid., n.2 (V 308b).
4 Aristote, *Metaphysica,* II, c.1, 933b10.
5 Cf. Denys Aréopagite, *Theologia mystica.*
6 *Itinerarium,* c.5, n.5 (V 309a–b).
7 *Ibid.,* n.6 (V 309b).
8 *Ibid.*
9 *Ibid.,* n.7 (V 309b–310a).
10 *Ibid.* (V 309b).
11 *Ibid.*

12 *Ibid.* (V 310a).
13 *Ibid.*, n.8 (V 310a).
14 '... secundum (nomen Dei: bonum, spectat potissime) ad novum (testamentum), quod determinat personarum pluralitatem, baptizando in nomine Patris et Filii et Spiritus sancti. Ideo magister noster Christus, . . Nemo, inquit, bonus nisi solus Deus ... Dionysius sequens Christus dicit, quod bonum est primum nomen Dei ...', *Ibid.*, c.5, n.2 (V 308b).
15 *Ibid.*, c.6, n.2 (V 310b).
16 *Ibid.*, (311a).
17 'Nam <bonum dicitur diffusivum sui>; ... Summa autem diffusio non potest esse, nisi sit actualis et intrinseca, substantialis et hypostatica, NATURALIS et VOLUNTARIA, LIBERALIS et NECESSARIA, ...', *Ibid.*, (V 310b). 'Si igitur potes mentis oculo contueri puritatem bonitatis amore GRATUITO et DEBITO et ex utroque permixto, quae est diffusio plenissima per modum NATURAE et VOLUNTATE, ...', *Ibid.*, (V 311a).
18 'Nam ibi est summa communicabilitas cum personarum proprietate, summa consubstantialitas cum hypostasum pluralitate, summa coaequalitas cum ordine, summa coaeternitas cum emanatione, summa cointimitas cum emmisione...' *Ibid.*, n.3 (V 311a)
19 *Ibid.*, n.4 (V 311b).
20 *Ibid.*, n.5 (V 311b).
21 *Ibid.*, n.6 (V 311b–312a).
22 *Ibid.*, n.7 (V 312a).
23 *Ibid.*, c.1-c.4.
24 *Ibid.*, c.5.
25 *Ibid.*, c.6.
26 *Ibid.*, c.7, n.1 (V 312a–b).
27 *Ibid.*, c. 6, n. 4 (V 311b) et n.7 (V 312a), c.7, n.1 (V 312a–b).
28 *Ibid.*, c.7, n.2 (V 312b).
29 *Ibid.*, n.3.
30 *Ibid.*, n.4.
31 *Breviloquium* P.5, c, 6 (V 260a).
32 III *Sent.*, d.35, a. uni., q.1–q.3 (III 772–779).
33 *Itinerarium*, c.7, nn.4–5 (V 312b–313a).
34 *Ibid.*, n.7 (V 313b).
35 *Ibid.*, c.5, n.7 (V 310a).
36 cf. notre article: 'Le problème de ESSE/ESSENTIA dans le Commentaire de saint Thomas *In Perihermeneias*', *Academia* (Nagoya), 1999, pp. 395–409.
37 *In Perihermeneias* L.I, l.5, n.69 sq.
38 Cf. *Itinerarium*, c.5, fin. (V 310).
39 Notre petite étude comparative est publiée en japonais: '<DA> sonomononaru Kami – <Zettaimu> to <Sonzai> wo koete – *Shuhkyoh to shuhkyoh no <Aida>*, (Nagoya), 2000, pp. 202–225.

CHAPTER EIGHT

Nicolaus Cusanus und der Einfluss der Schule von Chartres

Keiko Takashima

Anlässlich des 600. Geburtssjahres von Nicolaus Cusanus finden mehrere Veranstaltungen an unterschiedlichen Orten bereits jetzt statt. Vor allem ein Seminar in Bad Honnef[1] war für mich besonders eindrucksvoll. Das Thema lautete Nikolaus von Kues als Naturwissenschaftler – Ein Beispiel der postbiotischen Evolution'.

Die Vorträge sowohl der Geisteswissenschaftler als auch der Naturwissenschaftler dokumentierten mit umfangreichen Beispielen aus den Texten des Cusanus, wie Neuzeit und Moderne (z.B. Galilei und Kepler) von Cusanus beinflusst war. Da konnte ich nicht umhin, mich an den Zusammenhang mit den Schriften des 12. Jahrhunderts, besonders der Schule von Chartres, welcher eigentlich mein Hauptinteresse gilt, zu erinnern.

1. Es wird seit langem auf bestimmte Bezüge zwischen der Schule von Chartres und Nicolaus Cusanus hingewiesen. Pierre Duhem war wahrscheinlich der erste, der diese Thematik behandelt hat.[2] Ob Cusanus wirklich die Schriften der Schule von Chartres gelesen hat oder den Text des Thierry von Chartres in Händen hielt, lässt sich schwer nachweisen. Aber wie die bisherigen Studien gezeigt haben, gibt es an vielen Stellen eine deutliche Nähe des Cusanus zu Thierry. Es lässt sich sogar feststellen, dass ein Teil des Cusanus fast wörtlich von Thierry übernommen ist.

N. M. Häring vermutet in seiner Einleitung, dass die *Abbreviatio Monacensis*, deren Manuskript im Kloster von Fürstenfeld (in Bayern) hergestellt worden war, im 15. Jahrhundert sicherlich noch dort aufbewahrt wurde.[3] Es wäre durchaus möglich, dass Cusanus auf dieses Manuskript im Kloster Tegernsee gestoßen ist. Der Briefwechsel zwischen Cusanus und dem Kloster Tegernsee zeigt uns heute, dass sie damals intensiven geistigen Austausch gepflegt haben, und worüber sie oft diskutiert haben.

Der Autor der *Abbreviatio Monacensis* ist nicht bekannt. Es mag Thierry von Chartres selbst oder einer seiner zeitgenössischen Schüler sein. Es besteht aber auch die Möglichkeit, dass dieses Werk eine spätere Zusammenfassung mehrerer Schriften Thierrys ist.[4]

Auf alle Fälle zeigt sich hier eine Verbindung von Cusanus zu Thierry, auch wenn kein direkter Kontakt existierte. Cusanus hat oft zitiert, ohne den Autor oder das Werk eindeutig zu nennen. An einer Stelle in *Apologia doctae ignorantiae* lobt Cusanus Thierry als einen gelehrten Meister, der ihn beeinflusst hat.[5]

2. Wie ich vorher erwähnt habe, war Pierre Duhem wahrscheinlich der erste, der den Zusammenhang zwischen Thierry und Cusanus behandelt hat. Es ist selbstverständlich, dass diese Untersuchung des Jahres 1909 nicht alle Texte von Tierry in ausreichendem Maße kritisiert hat, und nimmt man die heutige Quellenforschung zum Maßstab, stecken einige Fehler darin.[6] Trotzdem liefert uns die Lehre über 'Einheit und Gleichheit' im Textvergleich ein beachtenswertes Beispiel dafür, dass Cusanus den Text von Thierry sorgfältig durchgearbeitet und ihn paraphrasiert hat.

Weitere Gedanken über 'Einheit und Gleichheit' unter neoplatonischem Aspekt hat sich Werner Beierwaltes in seinem sehr bemerkenswerten Aufsatz Einheit und Gleichheit – Eine Fragestellung im Platonismus von Chartres und ihre Rezeption durch Nicolaus Cusanus' gemacht.[7]

Bei der Beschäftigung mit Einheit und Gleichheit wird die grosse Nähe zwischen Cusanus und Thierry schnell deutlich. Vergleicht man die Paragraphen des 7.–9. Kapitels aus Buch 1 der *De docta ignorantia* mit den Kapiteln 31–47 des *De sex dierum operibus*, erkennt man sofort, dass Cusanus die Gedanken des Thierry zusammengefasst und nur an einigen Stellen seine eigenen Gedanken hinzugefügt hat.

Vor kurzem hat Andreas Speer in *Die entdeckte Natur*[8] versucht, den Naturbegriff im 12. Jahrhundert zu klären. Dabei stellte er viele naturwissenschaftliche Seiten der Schule von Chartres vor.

Auch Prof. Riesenhuber hat 1997 bei einem Colloquium an der Waseda-Universität einige Texte des Thierry von Chartres ausgewählt. Das Colloquium hat unter dem Thema 'Naturverständnis in der europäischen Philosophie des Mittelalters und der ostasiatischen Tradition' den Naturgedanken behandelt. Dabei wurde Thierrys Begriff der Complication-Explicatio mit Bezug auf Cusanus vorgestellt. Auch die Ausführungen Riesenhubers über die Naturphilosophie des Thierry von Chartres im Sammelband *Nature in Medieval Thought – Some Approaches East and West* bilden eine ausführliche Studie des 12. Jahrhunderts, in der die neuesten Ergebnisse der Quellenforschung über Leben und Werk des Thierry dargestellt sind. Die von Riesenhuber dargelegten Themen betreffend 'Quatuor modi universales essendi'[9] und 'Erkenntnis und Sprache'[10] sind auch im Text des Cusanus leicht nachvollziehbar.

3. Im Folgenden möchte ich einige Themen nennen, die die Affinität zu den Gedanken des Thierry von Chartres deutlich erkennen lassen

(1) Einheit und Gleichheit, worauf Duhem und Beierwaltes in ihrer Abhandlung bereits hingewiesen haben.

(2) Die Beziehung zwischen Materie und Form, die Thierry im 24.–28. Kapitel des *De sex dierum operibus* dargestellt hat. Cusanus hat daraus auch einen Teil dieser ursprünglich platonischen Gedanken übernommen.
(3) 'Anima mundi' und 'Spiritus domini'. Thierry betrachtete den spiritus domini (den Geist des Herrn) als die Gestaltungskraft des Werkmeisters. Diese Kraft gibt der Materie Form. Thierry versuchte, den spiritus domini der Genesis 1: 2 mit anderen Ausdrücken, wie anima mundi (Platoniker) oder hyle (Hermes), zu erklären. Cusanus dagegen sah die Funktion der anima mundi anders. Hier tritt er als eigenständiger Denker in Erscheinung.
(4) Causa. Thierry ist stark vom Timaeus Platons beeinflusst, obwohl er sich nur auf eine von Calcidius übermittelte lateinische Ausgabe stützte, die nur einen Teil des Textes wiedergab.[11] Dementsprechend behauptete Thierry, dass allen Dingen Ursachen (=causa) zugrunde liegen müssen. Er nennt vier Ursachen, die eigentlich den Gedanken des Aristoteles entnommen sind. Auch Cusanus übernimmt diese Theorie der vier Ursachen.
(5) Thierry interpretiert den Begriff 'ex nihilo' der Genesis 1: 2, dann entwickelt er sein Schöpfungsverständnis. Auch hier setzt er vier Elemente als Materialrsache voraus.

Ich wage hier das Thema 'Einheit und Gleichheit' bzw. 'Dreifaltigkeit und Zahlen' nicht zu berühren, da auf diese Themen in den oben genannten Studien schon oft genug hingewiesen wurde. Ich möchte mich dagegen mit dem Thema Kosmologie beschäftigen.

Die Kosmologie war im Hochmittelalter bemerkenswert weit entwickelt. Sie war auch eine der Wissenschaften, um die sich die Schule von Chartres im 12. Jahrhundert besonders verdient machte. Hier möchte ich nun den Zusammenhang von 'Form' und 'Materie' in der Schöpfungsgeschichte aufgreifen und versuchen, die Funktion und Eigenschaft der Weltseele (anima mundi) zu klären.

4. Aus verschiedenen Traktaten über Kosmologie von Thierry von Chartres habe ich hier eine Stelle aus *De sex dierum operibus* ausgewählt. Dieser Text wurde ursprünglich als Kommentar zur Schöpfungsgeschichte (*Genesis* 1: 1–2: 3) geschrieben. Wie Thierry in seinem einleitenden Kapitel (Kapitel 2, 3) erklärt, vermeidet er allegorische und moralische Sinndeutungen. Statt dessen legt er die biblische Kosmogonie nach der Lehre der Physik und dem Wortlaut gemäß aus.[12]

Das unvollendete Werk besteht aus drei Teilen. Auf die Einleitung folgt der erste Teil, der von Häring[13] 'De causis et ordine temporum' genannt wird. Einer Beschreibung der Genesis folgt dort die Interpretation der Schöpfungsgeschichte. Anschließend erklärt er einzelne Wörter der Genesis, die besondere Aufmerksamkeit verdienen. 'Expositio litterae' (Kapitel 18–29).[14] In Kapitel 29, in dem eine Beschreibung von 'Und Gott sagte: "Es werde Licht" (*Gen.* 1: 3)' wiedergegeben ist, fängt Thierry an, von der Schöpfungsgeschichte abzuschweifen. Er versucht, von Gott zu sprechen. Vom 30. bis zum unvollendeten letzten Kapitel 45 legt er seine Interpretation der Dreifaltigkeit dar, wobei er sich der mathematischen Methode bedient. Er hatte vor, die Theorie aus allen vier Wissenschaften (Arithmetik, Musik, Geometrie und Astronomie)[15] heraus zu erklären. Leider ist heute nur noch der erste Teil davon erhalten. In diesem hat er seine Gedankengänge über Gott und die Trinität zum Ausdruck gebracht.

Von 'Materie' und 'Form', bzw. 'spiritus dominus' handelt das Kapitel 25. Dort führt Thierry mehrere Zitate sowohl von antiken Autoren als auch aus dem Alten und Neuen Testament an.

Als Textquelle des Cusanus habe ich hier Teile aus *De docta ignorantia*,[16] das als sein Hauptwerk gilt, ausgewählt.

De docta ignorantia ist kein Kommentar zur Bibel oder anderen antiken Schriften, sondern hier hat Cusanus seine eigenen Gedanken niedergeschrieben. Das Werk besteht aus 3 Bänden. Das Erste Buch handelt von Gott, das Zweite ist dem Kosmos als Schöpfung gewidmet und das Dritte dreht sich um das Christentum und die Kirche. Im Zweiten Buch werden in den Kapiteln 7 bis 10 im Zuge einer Erörterung der Dreieinigkeit des Kosmos neben den Vertretern des Platonismus die Anhänger der Stoa und die Peripatetiker, also die Anhänger des aristotelischen Weltbildes, genannt.

Durch den Vergleich der beiden Werke möchte ich versuchen, die Affinität und Differenz von Cusanus und Thierry deutlich zu machen. Beide sind wichtige Übermittler antiken Denkens und als solche stehen sie in einer wissenschaftsgeschichtlichen Tradition, die über das Mittelalter hinaus bis in die Neuzeit reicht.

5. Thierry von Chartres macht in 'de sex dierum operibus' ab dem 25. Kapitel auf den Ausdruck SPIRITUS DOMINI aufmerksam. Ich möchte den Text hier übersetzen und versuchen, ihn zu kommentieren.

Thierry von Chartres *De sex dierum operibus*

> 'Und der Geist des Herrn schwebte über den Wassern.'
> Nachdem der Materie der Reihe nach ein Name gegeben worden war, sagt er (Moses), dass die Kraft des Werkmeisters, den er SPIRITUS DOMINI, den 'Geist des Herrn', nennt, die Materie antezediere, sie so beherrsche, dass sie sie forme und ordne.[17]

Die 'Materie' ist für Thierry eine der vier Ursachen, die er im 2. und 3. Kapitel desselben Textes erwähnt. Als die vier Ursachen der Welt nennt er Gott als Wirkursache, Gottes Weisheit als Formalursache, Gottes Güte als Zielursache und die vier Elemente als Materialursache. Die vier Elemente, d.h. Feuer, Luft, Wasser und Erde, sind die Materialursache, die der Schöpfer selbst am Anfang aus dem Nichts erschuf. Die Worte 'Himmel und Erde' in *Genesis* 1.1 bezeichnen diese Materialursache, da sie dem ersten und letzten Element (Feuer und Erde) entsprechen.

Thierry sagt, dass in der allerersten Szene der Schöpfung die die Materie darstellenden vier Elemente durch 'Himmel und Erde' gegeben sind. Im Anschluss an den Teil, in dem Moses den Namen der Materien gerufen hat, lässt sich Thierry über den 'Geist des Herrn', den SPIRITUS DOMINI, aus. Der Spiritus domini ist nach der Interpretation Thierrys die Kraft des Werkmeisters. Im ersten Satz des 25. Kapitels werden als Erklärung dieser Kraft die folgenden Punkte angegeben.

(1) Der Spiritus domini war vor der Materie da.
(2) Er beherrscht die Materie so,
  (a) dass sie formbar ist,
  (b) dass Ordnung entsteht.

> 'Ganz offensichtlich überdauert er die Materie durch die Kraft des wirkenden Werkmeisters. Durch jene auf die Materie einwirkende Kraft nämlich besteht alles, was im Himmel und auf der Erde ist, und was man dort sieht. Jene Materie ist nämlich aus sich heraus gestaltlos und in keiner Weise fähig, Form anzunehmen, ausser durch die Fähigkeit, die Kraft des Werkmeisters, auf die Materie einzuwirken und sie zu ordnen'.[18]

Thierry führt aus, dass in der Heiligen Schrift zuerst 'Himmel und Erde' auftreten und dass zu beachten ist, dass danach erst die Erklärung der 'Kraft des Werkmeisters' folgt. Das aktive Wirken des Schöpfers ist durch das Adjektiv <operatrix> ausgedrückt.

Dadurch, dass die Kraft des Werkmeisters auf die Materie einwirkt, existieren alle Dinge, werden sie sichtbar. Der Ausdruck 'was man sieht' (<videntur>, wörtlich 'was gesehen wird') weist darauf hin, dass die Materie in einer Form in der Welt erscheint.

'Die Materie selbst ist gestaltlos' will heissen, dass sie allein, ohne die Kraft des Werkmeisters, nicht existiert. Damit die Materie die Dimension der Form erhält, ist es notwendig, dass die Kraft, die Fähigkeit des Werkmeisters, da ist. Für diese Kraft wird der Ausdruck 'auf die Materie einwirkende Kraft', 'ordnende Kraft' verwendet. Da die Materie selbst gestalt- und formlos ist, erhält sie erst durch die Kraft, die Fähigkeit des artifex, ihre Formung, wird sichtbar und existiert somit in der Welt.

Hanc uirtutem philosophi diuersis nominibus appellauerrunt.

Diese Kraft wurde von den Philosophen mit den verschiedensten Namen belegt.[19]

Thierry verwendet in seiner Interpretation des Spiritus Domini im 1. Kapitel, Vers 2, der Genesis den Ausdruck 'die Kraft des Werkmeisters', später im Text jedoch führt er die Auslegungen der Philosophen an.

Mercurius nennt diese Kraft in seinem Trismegistus 'Geist'.[20] Plato bezeichnet sie wie im Timaios als 'Weltseele'.[21] Vergil erwähnt diesen Geist in einem Gedicht.[22] Moses und Salomon im Alten Testament sprechen vom 'Geist des Herrn',[23] während David diese Kraft 'das Wort des Herrn' nennt. Die Christen gebrauchen das Wort 'Heiliger Geist'.

In seinen Erklärungen stellte Thierry all diese Ausdrücke, 'Geist des Herrn', 'Geist', 'Weltseele' und 'Heiliger Geist', gleichwertig nebeneinander. Er hat dabei jedoch die Terminologie im einzelnen nicht so ausführlich geklärt wie Wilhelm von Conches,[24] der äußerst vorsichtig zwischen solchen Bezeichnungen unterschieden hat.

6. Cusanus hat in *De docta ignorantia*, Bd. 2, Kapitel 9, die Weltseele (anima mundi) behandelt. Dabei versuchte er, einen ideengeschichtlichen Überblick zu geben, und stellte die Gedanken der Platoniker, der Stoa, der Peripatetiker und der Christen vor. Er selbst lehnte die Vorstellung einer Weltseele allerdings ab.

> Es gibt in dieser Hinsicht auch nichts Mittleres zwischen dem Absoluten und dem Eingeschränkten, wie es sich jene vorstellten, die sich die Weltseele als einen Gott nachgeordneten und der Einschränkung der Welt vorgeordneten Geist dachten.[25]

Im nächsten Kapitel (10) dagegen hat Cusanus den Gedanken von einem Geist und einer Weltseele akzeptiert. Im Folgenden werden nun die Gedankengänge des Cusanus skizziert.

> Die Bewegung, welche die Verbindung von Form und Materie bewirkt, hielten einige für eine Art Geisthauch, gleichsam als Bindeglied zwischen Form und Materie, und dieser verbreite sich in der Fixsternsphäre, auf den Planeten und im irdischen Bereich.[26]

Hier wird die Bewegung erklärt, die Materie und Form verbindet, damit sie die Materie zu Existenz bringe. Diese Bewegung wirkt als Medium, als Vermittler zwischen Form und Materie. Cusanus nennt sie 'eine Art Geisthauch (spiritus)'.

> (...) so sollte der Geist oder die Weltseele die Urbilder der Dinge in sich tragen, um sie durch die Bewegung in der Materie zu entfalten. Und diese Bewegung sei wie die Weltseele über alles verbreitet.[27]

Bei der Erklärung zur Form wird zum Vergleich das Bild des formenden Künstlers herangezogen, der, wenn er sich an die Gestaltung einer Skulptur macht, im Kopf das Werk in nascendu vorgezeichnet hat und dieser Idee folgend schöpferisch die Gestalt erschafft. Cusanus erklärt hier, dass eine solche in Hinsicht auf ein zu gestaltendes Etwas gezeichnete Figur die Form beziehungsweise die Idee ist. Der 'Geist', hier auch die 'Weltseele', würde – in sich dergestalt die Idee haltend – auf die Materie einwirken. Auch hier ist eine gewisse Analogie zu Thierry zu sehen, der die Kraft, die auf die Materie einwirkt, als 'virtus artificis operatrix' bezeichnet.

> Dieser Geist der Verbindung sollte nach ihrer Meinung von beidem ausgehen, von der Möglichkeit und von der Weltseele. (...) und da die Form danach begehrt, aktual wirklich und in sich existierend zu sein, unabhängig von der Materie, aber nicht ein in sich Seiendes zu sein vermag, da sie nicht Sein noch Gott ist, so steigt sie herab, um in der Möglichkeit eingeschränkt zu sein, d.h. während die Möglichkeit zum wirklichen Sein aufsteigt, steigt die Form herab, um die Möglichkeit zu begrenzen, zu vollenden und zu bestimmen. Und so entsteht aus Aufstieg und Abstieg die beide verknüpfende Bewegung. Diese Bewegung ist das Mittel der Verknüpfung von Potenz und Akt, da aus der beweglichen Möglichkeit und dem formalen Beweger das Bewegen selbst als Vermittler entsteht.[28]

Hier wird die Bewegung des Aufstiegs der Möglichkeit und des Abstiegs der Form vorgestellt. Der Terminus 'Aufstieg und Abstieg' ist ein typisch neoplatonischer Gedanke. Cusanus akzeptiert ihn auch an folgender Stelle.

> Die Bewegung oder dieser Geisteshauch jedoch steigt vom göttlichen Geist herab, der durch diese Bewegung alles bewegt. (...) so ist es Gott, der Geist ist, von dem alle Bewegung ausgeht.[29]

Geist ist nichts anderes als Gott und er ist der Ursprung der Bewegung. Hier zeigt sich auch, dass die Bewegung eine wichtige Rolle spielt und dass sie mit dem Geist stark verwoben zu sein scheint.

> Dieser Geist ist als geschaffener Geist die Bedingung, ohne die nichts ein Eines oder substantielles Sein sein könnte. Vielmehr ist diese ganze Welt und alles, was in ihr ist, durch diesen Geist, der den Erdkreis' erfüllt, auf natürliche Weise in der Form der Verbindung das, was es ist, so dass durch seine Vermittlung der Akt in Potenz ist. Und dies ist die Bewegung liebender Verknüpfung aller zur Einheit, auf dass aus allem ein einziges Universum entstehe.[30]

Hier wird der Geist als Bedingung für die Einheit und das substantiell Seinende dargestellt. Der Ausdruck 'Verknüpfung' wurde von Thierry ebenfalls in einem seiner Traktate ausgeführt. In seiner Trinitate Lehre spielt diese Funktion, d.h. die Verknüpfung, eine wichtige Rolle. Sie lautet Einheit als Vater, Gleichheit als Sohn und Verknüpfung als Heiliger Geist. Dieser Geist wirkt zwischen Einheit und Gleichheit, bzw. Vater und Sohn, und verbindet die beiden miteinander.

Hier zeigt sich eine gewisse Ähnlichkeit zwischen Thierry und Cusanus in der Terminologie und auch in der Denkweise.

7. Den von Thierry als die wirkende Kraft des Werkmeisters bezeichneten Geist des Herrn betrachtet Cusanus als Bewegung. Beide aber glauben, dass dieser Geist auf die Materie wirkt und sie formt. Folglich erhalten alle Dinge ihre Existenz von diesem Geist.

Ich habe in diesem Vergleich zwischen Cusanus und Thierry versucht, deren Affinität unter dem Thema 'spiritus' und 'anima mundi' aufzuzeigen. Die Ähnlichkeit ist nicht so deutlich wie bei anderen Themen, z.B. bei 'Einheit und Gleichheit', die Duhem und Beierwaltes dargelegt haben, oder bei 'Quatuor modi universales essendi', das von Riesenhuber behandelt wurde. Hier haben wir jedoch als sehr wichtigen Aspekt den Gedanken über 'motus' aufgedeckt. Cusanus hat sich in den Kapiteln 11–13, Band 2, mit der Bewegung beschäftigt und von diesem Ansatz aus seine Kosmologie entwickelt. Dabei steht der Gedanke einer Erdbewegung und Erdrotation im Mittelpunkt, die er allerdings auf spekulative Weise gerundet hat. Dennoch war seine Äusserung über die Erdbewegung eine epochale Fragestellung, die in der antiken und mittelalterlichen Kosmologie nicht gestellt worden war. Diesem Punkt haben daher auch die Naturwissenschaftler der Renaissance und der Moderne, z.B. Galilei und Kepler, große Aufmerksamkeit geschenkt. Das Thema 'motus' zu behandeln war zwar nicht meine eigentliche Aufgabe heute, es ergab sich jedoch bei der Aufzeichnung des Unterschieds zwischen dem 12. Jahrhundert und Cusanus beim Thema 'spiritus' oder 'anima mundi'. Ich erwarte, aufgrund der Verbindung Cusanus' mit der Moderne noch weitere Ergebnisse zu bekommen.

Durch den Vergleich ihrer Werke habe ich versucht, die Affinität und Differenz zwischen Cusanus und Thierry deutlich zu machen. Beide Autoren übermittelten Gedanken einer wissenschaftsgeschichtlichen Tradition, die von der Antike über das Mittelalter bis in die Neuzeit reicht.

Cusanus halten wir heute jedoch für einen eigenständigen Denker, der wichtige Anstöße für die geistige und naturwissenschaftliche Entwicklung gegeben hat, die in der Renaissance ihren Anfang nahm.

BIBLIOGRAPHIE

Beierwaltes, Werner, (1985) *Einheit und Gleichheit. Eine Fragestellung im Platonismus von Chartres und ihre Rezeption durch Nicolaus Cusanus*, in: *Denken des Einen*, Frankfurt a. M.

Cusanus, Nicolaus, (1994) *De docta ign.*, Wilpert, Paul/Senger, Hans Gerhard (ed.), NvKdÜ 264, Hamburg.

——, *Apologia* (h II).

Corpvs Hermeticvm, (1983) Tome II, Traites XIII–XVIII, *Asclepivs* Texte Etabli par A.D. Nock et Traduit par A.-J. Festugiere, Paris.

Duhem, Pierre, (1909) *Thierry de Chartres et Nicolas de Cues*, in: *Revue des Sciences Philosophiques et Theologiques* Nr. 3.

Häring, Nikolaus M., (1969) *Die Erschaffung der Welt und ihr Schöpfer nach Thierry von Chartres und Clarenbaldus von Arras*, in: Beierwaltes W. (ed.), *Platonismus in der Philosphie des Mittelalters*, Darmstadt.

Häring, Nikolaus M., (1971) *Commentaries on Boethius by Thierry of Chartres and his School*, Toronto.

Platon, (1975) *Timaeus, a Calcidio translatus commentarioque instructus*, J.H. Waszink(ed.), in: R. Klibansky (ed.), *Plato latinus*, vol. IV. London/Leiden.

Riesenhuber, Klaus, (2000) Arithmetic and the Metaphysics of Unity in Thierry of Chartres: *On the Philosophy of Nature and Theology in the Twelfth Century*, in: Koyama, Chumaru (ed.), *Nature in Medieval Thought – Some Approaches East and West*, Leiden.

Speer, Andreas, (1995) *Die entdeckte Natur*, Leiden u.a.

Vergilius, ([1]1900, 1966) *Aeneis*, Hirtzel, F.A. (ed.), *P. Vergili Maronis Opera*, Scriptorum Classicorum Bibliotheca Oxoniensis, Oxford.

Wilhelm von Conches (Guillaume de Conches), (1965) *Glosae super platonem*, Jeauneau, E. (ed.), in: *Textes Philosophique de Moyen Age*, XIII, Paris.

ANMERKUNGEN

1 6. Bad Honnefer Winterseminar zu Grenzproblemen der Kosmischen Evolution. 'Nikolaus von Kues als Naturwissenschaftler (ein Beispiel der postbiotischen Evolution) 19–21. Januar 2000 im Physikzentrum Bad Honnef.

2 Duhem 1909.

3 Häring 1971: 34–38.

4 Speer 1995: 227–228, Anm. 20.

5 Cusanus, *Apol.*, 24.

6 z. B. über 'Connexio' Duhem 1909: 529.

7 Beierwaltes 1985.
8 Speer 1995.
9 Riesenhuber 2000: 64–69.
10 Riesenhuber 2000: 70–73.
11 Plato 1975.
12 Häring 1971: 555ff.
13 Häring 1969: 232.
14 Ibid. 239.
15 Häring 1971: 568 (30).
16 Cusanus 1994.
17 Häring 1971: 566 (25).
18 Ibid. p.566, (25).
19 Ibid. p.566, (25).
20 *Corpus Herm.* 1945: 313 und 315–6.
21 Platon 1975: 26 (34B).
22 Vergilius [1]1900, 1966: VI, 724.
23 Ps. 33: 6, Sap. 1: 7.
24 Wilhelm von Conches 1965: LXXI, p. 145.
25 Cusanus 1994: II, 9 (n. 150), S.76/77.
26 Ibid. 10 (n. 151) S. 78/79.
27 Ibid. (n. 151) S. 80/81.
28 Ibid. (n. 152) S. 80/81.
29 Ibid. (n. 153) S. 82/83.
30 Ibid. (n. 154) S. 82/83.

CHAPTER NINE

Mathématiques et altérité dans l'œuvre de Nicolas de Cues

Jocelyne Sfez

J'essaie actuellement de montrer comment l'investigation métaphysique et la recherche mathématique se sont fécondées réciproquement dans l'œuvre de Nicolas de Cues, ouvrant la voie à une autre métaphysique que celle de la non-contradiction, tournée vers des relations entre vérité et altérité. Il s'agit de travailler cette interaction et d'explorer cette autre voie philosophique, irréductible à toute logique de précuseur en commençant par l'étude préalable des textes mathématiques du Cusain.

En effet, il est aujourd'hui de notoriété publique que les mathématiques ont joué un rôle privilégié dans la structuration du système cusain, constituant une théorie de la connaissance originale, qui permet de ne pas considérer le principe de non-contradiction d'Aristote comme indépassable mais comme ayant une validité régionale limitée au domaine d'exercice de la *ratio*. Rappelons brièvement que c'est elle qui discerne les objets sensibles, non les sens qui n'unifient pas les sensations multiples, et qui opère ainsi, comme principe distinctif, proportionnant et composant, une véritable construction et structuration du monde, complètement fondée sur le principe de non-contradiction. Ainsi la *ratio* ne saisit-elle que des différences dans leurs différences mêmes. L'opposition des opposés est le mode même de son fonctionnement, qu'elle ne peut dépasser. Il faut donc avoir recours à une autre faculté d'intelligence pour connaître l'Infini. Cette faculté d'intelligence est l'*intellectus*, qui fonctionne selon le principe de coïncidence des opposés. Comme tel, il permet de dépasser les contraires que la raison oppose et d'accéder à la coïncidence des opposés en Dieu. Cela est nécessaire pour penser Dieu lui-même en son infinité.

Or, ce sont les mathématiques qui, grâce à la *transsomptiva proportio* décrite dans *De docta ignorantia* I, 12, nous permettent mieux que tout autre exercice de la pensée, de nous dégager du principe de non-contradiction et de nous élever jusqu'à la coïncidence des opposés et des contradictoires dans l'Infini. La méthode de la *transsumptiva proportio* comporte deux phases transomptives, le passage s'effectuant toujours avec un saut qualitatif: 1. il convient de considérer les figures mathématiques finies, telles que nous les imaginons, correspondant aux objets mathématiques, finis puisque conçus par l'homme; ainsi de la droite, du cercle, du triangle ...; 2. il convient de porter avec et par notre esprit ces figures définies jusqu'à leur limite matérielle, c'est-à-dire proprement infinitiser les propriétés de ces figures: on parvient ainsi à la coïncidence des figures différentes ou contraires: le cercle devient droite, le triangle devient cercle ...; 3. il convient ensuite de dépasser la figure mathématique infinitisée: on accède par là, sur le mode intuitif, à l'Infini sans figure qu'est Dieu.

Ainsi, par analogie, les mathématiques sont susceptibles de fournir une forme d'intuition de la coïncidence des opposés, concept qui sous-tend l'ensemble de la pensée cusaine. En effectuant le passage à la limite des figures mathématiques, Nicolas de Cues effectue le passage du quantitatif au non-quantitatif, jusqu'au non-qualitatif: la figure infinie est alors apte à traduire l'Infini simple divin et sert de support pour s'élever à lui dans la coïncidence des opposés.

Généralement, c'est à ce point-là que l'on mesure le rôle des mathématiques dans la fondation de la métaphysique cusaine. On complète cette approche en précisant que, inversement, l'application du principe de coïncidence des opposés, contrairement au principe de non-contradiction, permet d'établir une nouvelle mathématique. Cette mathématique serait un dépassement de la mathématique aristotélicienne, c'est-à-dire euclidienne, fondée sur l'unique principe de non-contradiction. Or, cette mathématique ne permettait pas de penser certains objets mathématiques nouveaux, issus de la non-résolution dans la mathématique euclidienne de problèmes posés par les mathématiciens eux-mêmes. En particulier, la méditation des travaux d'Eudoxe, conjointement à ses réflexions métaphysiques amènent Cues à penser qu'il serait possible de résoudre, par développement d'une mathématique intellectuelle sur la base de l'application du principe de la coïncidence des opposés, le fameux problème de la quadrature du cercle. Cette recherche va faire l'objet des opuscules mathématiques de Cues. Ce qui mérite notre attention, c'est qu'il initie une série de considérations sur l'infiniment petit et multiplie des tentatives pour faire coïncider l'arc de cercle et la corde. Même s'il ne convient pas de faire de Cues, sans précaution aucune, un prédécesseur de Pascal et de Leibniz dans l'invention du calcul infinitésimal et différentiel et dans la théorie des fluxions, il n'en reste pas moins que Cues a parfaitement compris qu'une nouvelle mathématique pouvait se construire sur la base d'une immanence virtuelle de l'infini (petit et grand), sur laquelle il était possible de jouer.

Se dessine là une fécondité de la pensée cusaine, qui repose sur une conception métaphysique (dont la relation à la découverte scientifique est à étudier), mais qui s'avère avoir des répercussions décisives tant du point de vue de la philosophie que des sciences exactes (bien au-delà des mathématiques). Que tant d'hommes de sciences, et des plus importants (Vinci, Pascal, Leibniz ...), aient médité et discuté ses thèses ne peut que corroborer la nécessité d'explorer les opuscules scientifiques de Cues pour mettre à jour ce qu'il a déjà exactement élaboré conceptuellement.

Nous considérons que le rôle des mathématiques ne s'arrête pas là chez Cues. Plus exactement, la mise en évidence par K. Flasch[1] d'une évolution du statut de la référence aux mathématiques dans l'œuvre cusaine nous conforte en ce sens, même si nous ne sommes pas d'accord avec l'idée d'une relativisation toujours plus grande du modèle mathématique dans le développement de l'œuvre cusaine.

Sur la base de la considération des écrits mathématiques, dans leur corrélation avec l'ensemble de l'œuvre, il est possible de traiter de la question précise du rapport entre vérité et altérité chez Nicolas de Cues, en prenant en compte tout particulièrement l'élaboration dernière de la philosophie du Cusain, dans des textes comme *Du non-autre* et *De la chasse de la sagesse*, méconnus en France et pourtant essentiels.

Dans cette étude, *le Non-autre* occupe une place primordiale. Car Cues y effectue une critique directe de l'aristotélisme, sur les problèmes centraux de la définition, de la substance et de la logique, et, de manière liée, attribue un rôle tout à fait essentiel à la négation, en la distinguant très nettement de la privation et en en établissant parfaitement la dialectique. En outre, et là encore c'est concomitant, il y parvient à articuler les concepts de vérité (ou encore Dieu) et d'altérité.

C'est là essentiel, car cela permet de prendre toute la mesure de la fécondité du principe de la coïncidence des opposés, principe qui nous paraît encore bien souvent abscons, alors même qu'il se situe à la base d'une dialectique de l'altérité et de la non-altérité, qui fait occuper à Cues une place singulière entre la pensée métaphysique et la pensée critique, pour autant qu'il essaie de penser ensemble la question de la relation et celle de la transcendance.

L'expression de non-autre est sans doute la plus adéquate à montrer le mouvement de la pensée dans l'acte de (re)connaissance simultanée de l'identité et de la différence. Il est indispensable de prendre la mesure de cet acte d'un double point de vue épistémologique et ontologique. Car, tout au moins chez Cues, l'identité, pour autant qu'elle est reconnue expérimentalement, n'est jamais perçue mais extrapôlée à partir de la mesure de l'écart entre deux objets, ou entre deux états d'un même objet. Dans l'ordre de la nature et de tout ce que peut expérimenter l'être humain, une chose, n'importe laquelle, n'est pas considérée en elle-même parce qu'elle est identique à soi, mais c'est parce qu'elle est constituée comme non autre qu'elle est une. C'est parce qu'elle est indistinguée qu'elle est une, qu'elle se constitue comme unité. L'investigation permet ainsi de délimiter le champ de la connaissance et du connaissable par l'expérience de la limite, la limite du progrès de la connaissance étant l'infini. L'apprentissage et la connaissance, tels que Cues les explicite, s'avèrent être une réduction proportionnelle de l'objet au connu antérieur et un jugement d'appréhension. Cette thèse déjà présente dans *De docta ignorantia* est le point de départ d'une théorie de la *mens* qui apparaît dès le *De conjecturis*: il n'y a pas de connaissance de la vérité pure, mais seulement des conjectures; l'absolue identité, et donc la vérité, est hors d'atteinte de la pensée humaine pour autant que celle-ci ne s'exerce qu'en tant que mesure, c'est-à-dire qu'en tant que comparant l'inconnu au connu, soit donc par différentiation, en un sens quasi–mathématique du terme. Il n'y a pas d'appréhension d'une unité, quelle qu'elle soit, mais seulement jugement d'identité.

Mais penser la vérité comme hors d'atteinte de l'esprit humain, ce n'est pas nécessairement verser dans un scepticisme, voire un relativisme à tout crin. C'est au contraire pour Cues, dans un retournement dialectique, se donner les moyens de l'approcher au plus près des possibilités de cet esprit humain. C'est là le véritable sens du concept cusain de docte ignorance: faire de l'expérience de la limite une méthode qui permet à l'homme 1. de prendre conscience du fonctionnement de la raison et de ses limites, en remontant de l'expérience du monde à l'expérience de l'esprit; 2. de poursuivre indéfiniment l'expérience du monde et, ce faisant, de progresser dans sa connaissance, par conscience du processus de connaissance: chaque connaissance déterminée peut se nier et s'élever ainsi au niveau supérieur de la connaissance; ainsi la connaissance est ce processus de différentiation infinie; 3. grâce à l'expérience de son esprit, de parvenir à ce point de reconnaissance où il faut bien, d'une façon ou d'une autre, s'en remettre à l'inconnaissable, dans l'épreuve spirituelle de l'impossibilité concomitante à la nécessité d'être, là où les contraires (impossibilité et nécessité) coexistent et coïncident: Dieu se donne en idée pour l'esprit humain qui cherche et connaît; c'est parce que mon désir de connaître, bien réel, ne se satisfait pas d'être et de ne pouvoir jamais être satisfait pleinement par la connaissance, impossible, du monde dans son extensivité, qu'il dirige le regard de mon esprit vers un au-delà du monde, cause à la fois du monde et de mon désir.

Il y a là tout autre chose que le désespoir où nous porterait un scepticisme. Le progrès infini de toute connaissance pointe vers un tout infini (dans l'infiniment petit et l'infiniment grand) jamais donné qui, parce qu'il n'est pas susceptible d'être atteint dans sa globalité par la connaissance humaine (mais seulement d'être pensé par l'esprit humain), signifie par là même Dieu dans son infinité. Par là, nous savons que Dieu est (sa quoddité), mais non ce qu'il est (sa quiddité). Mais nous savons aussi que cette quiddité est hors de portée de l'esprit humain. La seule connaissance positive que l'on peut avoir de Dieu est dans la connaissance de ses effets: c'est la connaissance de la nature. Celle-ci est en dernier ressort garantie par l'horizon que constitue l'infini divin.

C'est là qu'interviennent doublement les mathématiques qui constituent un, si ce n'est le modèle de vérité et d'identité. Et cette corrélation n'est, à notre avis, pas fortuite.

Nous nous appuierons ici sur la leçon de Flasch[2] pour penser cette corrélation. En 1453, lorsque Nicolas de Cues écrit successivement le *Complément mathématique* et le *Complément théologique* et que, dans ce dernier, il entend tirer leçon de son expérience de mathématicien acquise au moins depuis 1443, il rompt sans aucun doute avec l'attitude qui fut la sienne pendant ces dix années où il a précisément réfléchi, séparément de ses méditations métaphysiques, en mathématicien et rédigé ses onze opuscules de mathématiques. Mais ce n'est pas pour revenir à la conception de la *theologia mathematica* telle qu'elle est exposée dans *De Docta Ignorantia*. Les mathématiques ne peuvent servir à nouveau de point de référence ou de levier vers une connaissance plus vaste dans une métaphysique que si on délaisse les considérations pseudo-mathématiques du *De Docta Ignorantia* pour concilier les mathématiques, comme discipline scientifique, avec la théorie échafaudée dans les *Conjecturis*, et reprise et développée depuis: la théorie de la *mens*.

Dans les mathématiques, le mathématicien fait l'expérience de sa pensée de façon tout à fait particulière et unique. Les objets mathématiques sont de purs objets de pensée, ils ne sont rien d'autre que leur définition, contrairement à tout autre objet dont la détermination ou la définition est toujours en deçà de sa réalité: dans la mesure où toute la réalité des objets mathématiques est au sens strict dans leurs définitions, ils sont en soi dans la mesure où ils sont dans notre esprit. En tant que tel, tout objet mathématique, s'il est pensé, est, par définition, ainsi en soi, identique à soi, et comme tel, tout énoncé qui explicite de tels objets (soit qu'il s'agisse d'une définition, soit qu'il s'agisse de la relation entre deux objets mathématiques pensés dans leurs propriétés définitionnelles, ce qui constitue encore un objet mathématique) est vrai et non pas seulement de l'ordre de la conjecture, contrairement à toutes les autres connaissances que peut avoir l'homme. Si l'objet mathématique est objet d'un discours vrai, c'est qu'il n'est rien d'autre que cet objet de *logos*, à la fois discours et raison. Il n'y a pas hors la pensée du mathématicien qui le pense un reste inatteignable: s'il est vrai, c'est qu'il est pensé dans son identité, adéquat à lui-même, saisi comme non-autre en lui-même.

C'est dans cette mesure que les mathématiques continuent à jouer un rôle non négligeable dans le dernier état de développement de la pensée cusaine, même si, comme le fait remarquer Flasch[3], la référence aux mathématiques est de moins en moins fréquente au fur et à mesure que l'œuvre avance. On peut penser ici autrement que ne le fait cet auteur, à savoir que le modèle mathématique est supplanté au profit du modèle organique. Une autre hypothèse nous paraît plausible: la réflexion du modèle mathématique, sur sa place et son rôle dans la métaphysique cusaine, est complètement constituée dans les années qui suivent la pratique réelle des mathématiques; la pensée de Cues ne variera plus sur ce point que nous pensons décisif, il n'y a donc pas à y revenir. Cela n'interdit pas de penser, comme le fait Flasch, l'émergence du modèle biologique.

Il ne faudrait en effet pas mésestimer le rôle des mathématiques dans la théorie générale de la connaissance de Cues, telle qu'elle est élaborée à partir des *Conjecturis*, réellement dans les années qui suivent la pratique effective des mathématiques par Nicolas de Cues, et par voie de conséquence leur rôle dans l'ensemble de sa métaphysique. En effet, comme modèle de vérité et de non-altérité, les mathématiques restent la meilleure voie pour accéder à la compréhension de Dieu car elles permettent à l'homme de se faire une idée, par analogie et par réflexion:

(1) Du lien qui unit Dieu à l'homme, ou encore du rapport (de parenté ou de filiation) entre la *mens* humaine et le *spiritus* divin. Comme purs objets de la pensée humaine, les mathématiques permettent à l'esprit humain de se considérer en lui-même, en quelque sorte abstraction faite de l'altérité qui le caractérise comme être au monde, et qui caractérise toute autre connaissance humaine que les mathématiques. En saisissant les objets mathématiques en soi, l'esprit humain se connaît connaissant la vérité: il peut ainsi d'une part penser la vérité absolue

comme au delà de toute altérité, ce que ne saurait lui fournir l'expérience du monde créé par Dieu; d'autre part, il prend également conscience de sa puissance créatrice, semblable, à un très moindre degré, à la puissance créatrice divine qui crée tout et reconnaît par là sa filiation. Du même coup, Cues identifie l'amour des mathématiques et l'amour de Dieu, l'amour de la vérité et l'amour du père.

(2) (mais c'est lié) De la perfection de la nature dans sa totalité, telle que la nature est conçue par le verbe divin (l'acte de définition divin enveloppe toute la réalité de chaque créature ainsi définie, tout comme l'acte de définition de l'objet mathématique enveloppe toute la réalité de cet objet dans l'esprit humain).

C'est donc sur une tout autre base que celle du *De Docta Ignorantia* que s'effectue un retour à *la theologia mathematica.* Il ne s'agit d'ailleurs pas seulement, et pour nous, lecteurs du XXIe siècle, peut-être pas d'abord de cela. Les mathématiques ont une place centrale dans la métaphysique cusaine car s'y joue au moins toute son épistémologie.

(1) Les mathématiques sont dans le même rapport d'identité et de vérité dans l'esprit humain que sont toutes les choses naturelles dans l'esprit divin.
(2) Ainsi pensées, elles constituent le modèle et le paradigme de toute connaissance, y compris des conjectures, c'est-à-dire, comme le précise le *De Conjecturis,* la connaissance de la vérité dans l'altérité, ce qui est le cas de toutes les choses naturelles.
(3) On trouve ici une première légitimation de l'application des mathématiques à la nature. C'est d'autant plus important que beaucoup se sont émerveillés, à juste titre, de l'existence du *De staticis experimentis.* En effet, il nous faut non seulement saluer le *De staticis experimentis* comme la mise en œuvre des acquis mathématiques dans un vaste programme de mesure des propriétés de tous les corps, mais il faut encore rendre compte de la possibilité de son élaboration dans le contexte de la métaphysique cusaine, c'est-à-dire trouver la légitimation d'une telle opération. Or si l'homme atteint jamais la vérité, c'est en mathématiques, et il l'atteint; cette vérité est à la fois vérité des mathématiques et vérité sur soi de l'esprit humain; toute recherche de vérité doit donc s'effectuer avec pour horizon cette vérité expérimentée, et sur la base de sa connaissance; ainsi formaliser mathématiquement le monde, c'est se donner le meilleur moyen de tenir sur lui un discours au plus près de la vérité du monde.

C'est en tant qu'expérience de la vérité comme non-altérité dans l'esprit humain que les mathématiques constituent donc le point de départ, le moyen et l'idéal de toute autre connaissance.

NOTES

1 Flasch, K. (1998) *Nikolaus von Kues, Geschichte einer Entwicklung. Vorlesungen zur Einführung in seine Philosophie,* Frankfurt am Main: Klostermann.
2 Ibid.
3 Ibid.

CHAPTER TEN

Nikolaus von Kues

Vom Studenten zum Kardinal – Lebensweg und Lebenswelt eines spätmittelalterlichen Intellektuellen

Manfred Groten

Was kann man nach der Lektüre der Biographien von Edmond Vansteenberghe[1] und Erich Meuthen,[2] nach dem Durcharbeiten der Acta Cusana[3] noch Neues über Nikolaus von Kues sagen?[4] Mit diesem Problem musste ich mich auseinandersetzen, als ich den Auftrag übernahm, auf dieser Tagung einen Vortrag über den Cusanus aus der Sicht des Historikers zu halten.

Ich werde heute weder über die Persönlichkeit noch über die wissenschaftlichen Leistungen des Nikolaus von Kues zu Ihnen sprechen. Einen tieferen Einblick in die Persönlichkeit erlauben die spätmittelalterlichen Quellen kaum, auch wenn sie so reich fließen wie im Falle des Nikolaus von Kues, und zur Bewertung des theologischen, philosophischen und naturwissenschaftlichen Werks des Cusanus fehlt mir die Kompetenz.

Ich möchte deshalb einen anderen Weg beschreiten. Ich nehme nicht von vornherein die unverwechselbare Individualität des Cusanus in den Blick, sondern trete sozusagen einen Schritt zurück, um Nikolaus von Kues als Angehörigen einer Gruppe zu betrachten, als Teilhaber an einer kollektiven Biographie spätmittelalterlicher Intellektueller. Aus dieser Perspektive lässt sich meines Erachtens deutlicher erkennen, in welchem Maße die Vita des Nikolaus von Kues dem Karrieremuster seiner peer group entspricht und an welchen Punkten individuelle Eigenheiten den exzeptionellen Lebensweg des Cusanus verständlicher machen. Ich konzentriere mich dabei auf die Zeit vor seiner Erhebung zum Kardinal im Jahre 1449, weil die wegweisenden Entscheidungen und Ereignisse in die früheren Lebensphasen fallen. Letztlich kommt es mir vor allem auf die gut zwanzig Jahre zwischen 1417 und 1437/38 an.

Nikolaus von Kues, 1401 geboren, war der Sohn eines Moselschiffers aus dem Dorf Kues, das zu der kurtrierischen Stadt Bernkastel auf dem gegenüberliegenden südlichen Ufer der Mosel gehörte. Seine Familie ist der wohlhabenden bürgerlichen Oberschicht zuzurechnen, denn seine beiden Schwestern heirateten in Trierer Schöffenfamilien ein. In einer ständischen Gesellschaft, in der der Adel die führenden Positionen in allen Lebensbereichen für sich reklamierte, empfand Nikolaus von Kues seine Herkunft aus dem Großbürgertum allerdings nach eigenem Bekunden als beengend.[5] Sein Ehrgeiz, dem außerordentliche intellektuelle Fähigkeiten zu Gebote standen, trieb ihn unablässig zur Überwindung der ihm von Geburt auferlegten Schranken. Diese Haltung machte ihn zu einem exemplarischen Vertreter des Typus des Aufsteigers mit allen Stärken und Schwächen.

Die erste Entscheidung, die Nikolaus der kaufmännischen Lebensform seines Vaters entfremdete, war die Immatrikulation an der Universität Heidelberg im Jahre 1416.[6] Der Universitätsbesuch setzt natürlich eine vorherige Lateinschulung voraus. Die Hintergründe der Entscheidung für das Studium bleiben für uns im Dunkeln. Neuerdings wird in der Forschung betont, dass der Universitätsbesuch im Mittelalter in der Regel in ein soziales Netz eingebettet war. Die jungen Studenten wurden häufig von älteren Verwandten oder Förderern betreut, die für sie Vorbildfunktion hatten. Welchem Leitbild Nikolaus von Kues folgte, ist nicht auszumachen. Man weiß auch nichts über sein soziales Umfeld in Heidelberg.

Ein Studium in Heimatnähe war zur Zeit des Nikolaus von Kues erst seit einer guten Generation möglich, nämlich seit 1385 die Heidelberger Universität gestiftet worden war, der 1388 die Kölner Gründung folgte. Die deutschen Universitäten befanden sich im frühen 15. Jahrhundert in einer Aufschwungphase. Knapp 1200 Studenten wurden 1416 im Reich in die Matrikeln eingetragen.[7] Heidelberg war eine Universität zweiter Größenordnung, die von Wien und Erfurt weit überflügelt wurde, aber sie lag Nikolaus' Geburtsort am nächsten. Ihre Artistenfakultät war der nominalistischen Richtung verpflichtet. Die realistisch ausgerichtete Kölner Universität wurde nur selten von Studenten aus dem Trierer Bistum als Studienort gewählt.

Schon 1417 bezog Nikolaus die Juristenuniversität von Padua, wo er 1423 den Grad eines Doctor decretorum erwarb.[8] Bewegte er sich 1416 noch in der – bezogen auf die Gesamtbevölkerung des Reiches – schon verschwindend kleinen Gruppe von Studenten an heimischen Universitäten, deren Zahl aber immerhin noch in die Tausende ging, schloss er sich 1417 dem elitären Kreis von deutschen Besuchern europaweit berühmter Bildungsstätten an. Ein sechsjähriges Studium in der Ferne erforderte einen hohen finanziellen Aufwand, den sich Nikolaus offensichtlich leisten konnte. Ihm standen sogar noch Mittel für Bücherkäufe während seiner Studienzeit zur Verfügung.[9] Die Investition versprach allerdings auch reichen Ertrag. Das Studium des Kirchenrechts in Padua qualifizierte die Absolventen für lukrative Positionen im Dienste von Fürsten oder anderen Obrigkeiten. Als Alternative stand den Doktoren noch die Universitätslaufbahn offen. Beide Karrieren waren im gewissem Umfang kompatibel, vor allem wenn sich am Dienstort eine Universität befand. So konnten etwa Kölner Hochschullehrer ohne weiteres Ämter in der Kölner Kirche oder an den Höfen der benachbarten Fürsten wahrnehmen.

Der Universitätsbesuch vermittelte aber nicht nur wissenschaftliche Qualifikationen. Das gemeinsame Studium schuf lebenslange Freundschaften, die Ansprüche auf gegenseitige Hilfe und Förderung begründeten. Es entstanden auf diese Weise komplexe Netzwerke persönlicher Beziehungen, die ganz Europa umspannen konnten. Neuere Forschungen, etwa von Brigide Schwarz, widmen sich intensiv der Analyse solcher 'Seilschaften'.[10] Auch Nikolaus von Kues hat in Padua wertvolle Verbindungen geknüpft, ohne die seine spätere Karriere nicht zu verstehen ist. Hier sei nur an seine Bekanntschaft mit Giuliano Cesarini und Domenico Capranica erinnert, die beide 1426 zu Kardinälen erhoben wurden.[11]

Nach dem Abschluss seiner Studien besuchte Nikolaus im Jahre 1424 Rom.[12] Ob er den Versuch gemacht hat, an der päpstlichen Kurie eine Anstellung zu finden, ist nicht bekannt. Fuß gefasst hat er in Rom jedenfalls nicht. Er kehrte vielmehr in seine Heimat zurück und trat in den Dienst des Trierer Erzbischofs Otto von Ziegenhain. Nikolaus wurde für seine Tätigkeit den Gepflogenheiten der Zeit entsprechend belohnt. Schon am 31. Januar 1425 verlieh ihm der Erzbischof eine Jahresrente von 40 Gulden, einem Fuder Wein und vier Maltern Korn. Außerdem übertrug er Nikolaus die Pfarrkirche von Altrich, die 10 Mark Jahreseinkünfte erbrachte.[13] Die Rente und die Pfarrstelle sind die ersten der vielen Pfründen, die Nikolaus von Kues im Laufe seines Lebens erworben hat.[14]

Das spätmittelalterliche Pfründenwesen, vor allem die Pfründenkumulation, ist lange Zeit heftiger Kritik ausgesetzt gewesen. Die Jagd nach Pfründen, das Gezänk und das Prozessieren um kirchliche Ämter und Würden wurden als unvereinbar mit den Anforderungen des geistlichen Standes verurteilt. Inzwischen hat sich allerdings die Erkenntnis durchgesetzt, dass die Versorgung mit Pfründen unter den mittelalterliche Wirtschaftsverhältnissen die normale Form der Alimentation von Klerikern darstellte. Es gab keine feste Besoldung für Geistliche, keine Regelbeförderungen, keine definierten Karrieren. Die Kleriker mussten sich in Eigeninitiative ihren Lebensunterhalt sichern und für ihr Fortkommen sorgen. Ihrem Streben nach einer möglichst guten materiellen Ausstattung haftete in den Augen der Mehrheit der Zeitgenossen keinerlei moralischer Makel an. Nikolaus von Kues verhielt sich durchaus rollenkonform. Sein ehrgeiziges, manchmal geradezu verbissenes Ringen um den Erwerb und die Behauptung möglichst lukrativer und prestigereicher Pfründen bedarf keiner entschuldigenden Bemäntelung. Der Pfründenbesitz gewährte nicht nur materielle Sicherung, er war zugleich Maßstab des persönlichen Status eines Geistlichen, ein Karrieremerkmal. Die Ausstattung, die Nikolaus im Januar 1425 erhielt, verrät deutlich, wie tief der junge Doktor noch auf der Karriereleiter stand. Pfarrstellen waren bei arrivierteren Klerikern nicht beliebt, weil sie mit Seelsorgeverpflichtungen belastet waren, die den Inhaber an den Ort banden. Wer – wie Nikolaus – nur niedere Weihen empfangen hatte, war überdies verpflichtet, sich zum Priester weihen zu lassen. Zu diesem Schritt war Nikolaus von Kues im Jahre 1425 aber noch nicht bereit.

In dieser Situation aktivierte Nikolaus seine Beziehungen zur Kurie. Auf seine Supplik hin dispensierte ihn Papst Martin V. am 23. Mai 1425 für die nächsten zehn Jahre vom Empfang der Priesterweihe, solange er sich entweder an einer Universität oder an der Kurie aufhielt.

Ein Jahr später ging Nikolaus noch einen Schritt weiter, indem er sich die Kirche von Altrich vom Papst erneut verleihen ließ.[15] Mit dieser zweiten Supplik stieg

Nikolaus also in das System ein, das man als kurialer 'Pfründenmarkt' bezeichnet hat.[16] Dieser Begriff suggeriert, dass die päpstliche Kurie im Spätmittelalter einen aktiven Handel mit Pfründen der einzelnen Ortskirchen über die Köpfe der eigentlichen Kollatoren hinweg betrieben hat. In Wirklichkeit lag die Initiative aber grundsätzlich bei den Bittstellern. Diese hatten jedoch nur Erfolgsaussichten, wenn sie den Geschäftsgang der Kurie kannten und über Beziehungen am päpstlichen Hof verfügten. Diese Voraussetzungen trafen nur auf einen kleinen Teil der deutschen Kleriker zu. Dass Nikolaus von Kues zu dieser Gruppe gehörte, darf uns nicht überraschen.

Für die gut 13 Jahre der Amtszeit Martins V. enthält das Repertorium Germanicum etwa 43000 Regesten, die sich auf etwa 15000 Personen oder Institutionen beziehen.[17] Diese gewaltigen Zahlen erwecken aber einen falschen Eindruck. Der Eintrag einer Supplik mit dem päpstlichen Bewilligungsvermerk in das Supplikenregister war nämlich nur der erste Schritt im kurialen Geschäftsgang und damit noch ohne Wirkung. Bis zur Ausstellung einer Bulle, mit der Ansprüche – oft gegen konkurrierende Privilegien – durchgesetzt werden konnten, war es noch ein weiter Weg. Irgendwo auf diesem Wege blieben die meisten Suppliken stecken. Viele Bittsteller verfolgten ihre Projekte nicht mehr weiter, weil sich entweder die Situation zwischenzeitlich geändert hatte oder die Sache zu teuer geworden war. Erst wenn die Verpflichtung zur Zahlung der Hälfte der aus der begehrten Pfründe zu erwartenden Einkünfte des ersten Jahres in das Annatenregister eingetragen worden war, darf man von der Ausfertigung einer Bulle in Pfründenangelegenheiten ausgehen. Man schätzt, dass nur etwa 10 bis höchstens 20% der Suppliken zur Aushändigung von Bullen geführt haben.[18]

Auch Nikolaus von Kues hat seine 1426 eingereichte Supplik fallen lassen. Er verzichtete auf die Pfarrstelle von Altrich zugunsten seines jüngeren Bruders Johannes, der sich ebenfalls für den geistlichen Stand entschieden hatte, allerdings ohne zuvor eine Universität zu besuchen.[19] Ohne akademischen Grad wären seiner Karriere enge Grenzen gesetzt gewesen. Nur die Förderung durch seinen erfolgreicheren Bruder hat ihn in höhere Ämter und Würden geführt.[20] Johannes bemühte sich 1426 seinerseits um eine päpstliche Provision, die aber ebenfalls nicht zur Ausfertigung gelangte.[21] Nikolaus hatte inzwischen eine neue Pfründe erhalten, ein Kanonikat mit Pfründe am Stift St. Simeon in Trier.[22] Die Verleihung eines Kanonikats, das kaum Verpflichtungen auferlegte, signalisiert eine gestiegene Wertschätzung der Dienste des Nikolaus von Kues durch den Trierer Erzbischof.

Bis zum Beginn des Jahres 1425 war die Karriere Nikolaus' von Kues völlig gradlinig nach gängigem Muster verlaufen. Bis zu diesem Zeitpunkt präsentiert sich Nikolaus' als intelligenter und ehrgeiziger geistlicher Jurist, der sich kaum von seinen Standesgenossen abhebt. Dann kommt aber auf einmal Unruhe in das scheinbar klare Bild. Das Jahr 1425 darf also als ein entscheidender Wendepunkt im Leben des Nikolaus von Kues bezeichnet werden.

Zwischen März und Juni 1425 wurde Nikolaus an der Kölner Universität immatrikuliert, übrigens gratis aus Respekt vor seiner Person.[23] Wandte er sich zu diesem Zeitpunkt aus für uns nicht erkennbaren Gründen von der Rechtspraxis ab und strebte eine Universitätskarriere an? War der Trierer Aufenthalt, fernab von den deutschen Hochschulstandorten, lediglich eine Durchgangsstation gewesen? Wollte sich Nikolaus in seiner Heimatdiözese nur eine materielle Ausgangsbasis für den Start in die Lehrtätigkeit aufbauen? So könnte es zunächst scheinen. Gegen diese Deutung lassen sich aber gewichtige Argumente vorbringen. Zunächst ist Nikolaus nicht aus dem Fürstendienst ausgeschieden. Er blieb weiterhin mit Erzbischof Otto von Ziegenhain in Verbindung, der ihm also nur vorübergehend Urlaub gewährt hatte. Hinzu kommt, dass nichts von Lehrveranstaltungen bekannt ist, die Nikolaus in Köln gehalten hätte.[24] In dieselbe Richtung weist die Feststellung, dass Nikolaus zweimal, 1428 und 1435, Lehrstuhlangebote der Universität Löwen ausgeschlagen hat.[25] Der Beruf eines Universitätslehrers, der im wesentlichen die Auslegung vorgegebener Schultexte erforderte, entsprach offensichtlich nicht seinen Neigungen. Die Universität ist auch zu keiner Zeit das Forum für seine weitgespannten geistigen Betätigungen gewesen. Nikolaus von Kues hat der spätmittelalterlichen Universität kaum etwas gegeben.[26] Er hat sich aber von der Universität genommen, was er für sein eigenes Werk brauchte. Diese Einstellung zur Universität ist durchaus ein individueller Zug.

Was zog Nikolaus 1425 nach Köln, an eine Hochschule mit einer völlig anderen Lehrausrichtung als die der Heidelberger Universität, an der er sein Grundstudium absolviert hatte?[27] Wir wissen, dass er bei dem in Paris ausgebildeten Theologen Heymericus de Campo, der dem Albertismus in Köln zum Durchbruch verhalf, Vorlesungen gehört hat.[28] 1428 studierte er mit Heymericus Llull-Handschriften in Paris.[29] Nikolaus begann demnach offenbar, sich systematisch mit theologischen Fragen auseinander zu setzen. Eine solche Ausweitung des geistigen Spektrums ist nun keineswegs mehr typisch für einen promovierten Kirchenrechtler.

Seit dem Jahre 1425 werden wir auch verstärkt auf die Sammelleidenschaft des Nikolaus von Kues aufmerksam. In Köln und anderswo suchte er unermüdlich nach seltenen Handschriften.[30] Sein Interesse beschränkte sich keineswegs auf das Aufspüren juristischer Texte, die in den offiziellen Sammlungen nicht enthalten waren. Neben theologischen Werken beachtete er auch Überlieferungen antiker Autoren. Wiederholt benutzte er seine Handschriftenkenntnisse zur Anknüpfung von Beziehungen zu prominenten Humanisten, etwa zu Poggio Bracciolini.[31] Bei ihm selbst ist jedoch kein ausgeprägtes Interesse an humanistischen Studien festzustellen. Man gewinnt eher den Eindruck einer ungerichteten Suche nach Anregungen.

Eine weitere Facette der intellektuellen Unrast, die Nikolaus von Kues im Jahre 1425 erfasste, bieten seine naturwissenschaftlich-mathematischen Versuche, die sich zunächst in astronomischen Beobachtungen und der Abfassung einer astrologisch gedeuteten Weltgeschichte niederschlagen.[32] Auf diesem Feld versucht sich Nikolaus zuerst als Autor.

1427 kehrte Nikolaus von Kues wieder stärker in sein altes Fahrwasser zurück. In diesem Jahr reiste er im Auftrag des Trierer Erzbischofs an die Kurie nach Rom.[33] Im August 1427 ließ er sich von Papst Martin V. die Pfarrkirche St. Gangolf in Trier übertragen und die Dekanei des Liebfrauenstiftes zu Oberwesel reservieren.[34] Mit beiden Pfründen waren Seelsorgeverpflichtungen verbunden, zu deren Wahrnehmung Nikolaus nach wie vor nicht die erforderlichen Weihen besaß. Hinzu kam nun noch das Problem, dass der Besitz mehrerer Seelsorgebenefizien nicht statthaft war. Von der sogenannten Inkompatibilität erteilte ihm Martin V. allerdings Dispens.

Bald ging Nikolaus sogar noch weiter. Im September 1427 erbat er vom Papst den Dekanat des Stiftes St. Florin zu Koblenz mit einem Jahreseinkommen von 30 Mark.[35] Für diese Beförderung war er bereit, auf die Trierer Pfarrkirche zu verzichten, nicht aber auf den Dekanat von Oberwesel. Für die beiden Dekanate verpflichtete er sich zur Zahlung der Annaten.[36] Im folgenden Jahr erwirkte Nikolaus erneut für sieben Jahre Weihedispens.[37] 1430 gewann er zum Dekanat von St. Florin noch ein Kanonikat mit Pfründe an diesem Stift hinzu.[38] Um ein Kanonikat mit Pfründe im Stift von St. Kastor zu Karden lag er mit einem anderen Kleriker in Streit.[39] Weiterhin besaß er 1430 die Vikarie des Mauritiusaltars im Propsteihaus von St. Paulin in Trier.[40] Dagegen verzichtete er gegen eine Jahresrente von 50 rheinischen Gulden aus dem Koblenzer Siegelamt auf die Dekanei von Oberwesel.[41]

Mit dem Amt des Dekans waren nicht nur Seelsorge- sondern auch Leitungsfunktionen verbunden. Nach der von Elke von Boeselager vorgenommenen Teilauswertung der Regesten des Repertorium Germanicum für die Zeit Martins V. bezogen sich nur 2,3% der registrierten Suppliken auf Dekanate.[42] Der Erwerb solcher Ämter mit Hilfe der Kurie ist mithin als ein weiterer Aufstieg auf der Karriereleiter auf die Ebene der Prälaturen zu werten. Das Amt des Propstes von St. Florin, das seit 1420 der Dr. decr. Tilmann Joel von Linz[43] innehatte, war im 15. Jahrhundert völlig von der Stiftsgemeinschaft abgetrennt. Nikolaus von Kues hat die Pflichten des Dekanats, wie alle Verwaltungsaufgaben, die ihm im Laufe seines Lebens zugefallen sind, durchaus ernst genommen. 1430 erbat er vom Papst eine Änderung der Statuten von St. Florin mit dem Ziel, seine Position gegenüber dem Stiftskapitel zu stärken.[44]

Die nächsten Wendepunkte im Leben des Nikolaus von Kues wurden von äußeren Ereignissen bestimmt. Die ersten Impulse gingen vom Trierer Schisma aus, das nach dem Tode Erzbischof Ottos von Ziegenhain im Jahre 1430 ausbrach und bis zum Jahre 1436 andauerte.[45] Am 27. Februar 1430 wählte das Trierer Domkapitel den Domscholaster Jakob von Sierck[46] zum Erzbischof, während der Dompropst Friedrich von Kröv im Einvernehmen mit der stiftischen Ritterschaft und Graf Ruprecht von Virneburg den Kölner Domdekan Ulrich von Manderscheid wählte. Die Doppelwahl erforderte ein Votum des Papstes. Martin V. verwarf beide Kandidaten und providierte am 27. Mai 1430 den Bischof von Speyer Raban von Helmstadt. Die Trierer Konkurrenten wurden abgefunden, Jakob von Sierck zum Verzicht bewegt. Ulrich von Manderscheid wurde dagegen am 10. September 1430 von Mitgliedern des Domkapitels erneut gewählt. Zeuge der Proklamation war neben dem Trierer Offizial und dem Dekan des Liebfrauenstiftes in Oberwesel Helwich von Boppard Nikolaus von Kues.[47] Die Durchsetzung der Ansprüche Ulrichs von Manderscheid sollte für die nächsten Jahre die vordringlichste Aufgabe sein, der Nikolaus von Kues seine Kräfte widmete. In dieser durch alle Widrigkeiten und Gefährdungen bis hin zur Exkommunikation durchgehaltenen Beharrlichkeit kommt ein neuer Zug im Wesen Nikolaus' zum Vorschein, der in einem gewissen Kontrast zu der Sprunghaftigkeit der Jahre vor 1430 zu stehen scheint. Nikolaus erweist sich hier als ein Mann der Gegensätze, allerdings der versöhnten Gegensätze, bei dem Unfertiges, nur beiläufig Begonnenes neben Vollendetem steht.

Der neue Abschnitt im Leben des Nikolaus von Kues ist gekennzeichnet durch eine neue Form seines öffentlichen Auftretens. Vermutlich seit Weihnachten 1430 hielt Nikolaus Predigten, die in einer Predigtsammlung überliefert sind.[48] Eine solche Predigttätigkeit haben auch andere Dekretisten entfaltet. Hier sei aus dem näheren Umfeld des Cusanus nur an den Dr. decr. Winand von Steeg erinnert, den Pfarrer von Bacharach und (seit 1439) Dekan von St. Kastor in Koblenz.[49]

Sein Eintreten für Ulrich von Manderscheid führte Nikolaus nach und nach weit über den heimatlichen Raum hinaus in die höchsten Regionen der abendländischen Politik. Es war das Vehikel seines Durchbruchs zu europäischer Geltung. Nikolaus gelang es auf dem Reichstag von Nürnberg im Februar 1431 König Siegmund für die Sache des Elekten Ulrich zu gewinnen.[50] Der Tod Martins V. am 20. Februar 1431 verschlechterte aber die Lage des Manderscheiders dramatisch, denn neuer Papst wurde unter dem Namen Eugen IV. der Kardinal Gabriel Condulmer, der mit der Überprüfung der Trierer Doppelwahl befasst gewesen war und die Verwerfung der Wahl Ulrichs befürwortet hatte.

Der Streit um den Trierer Bischofsthron erhielt eine neue Dimension durch die Eröffnung des Basler Konzils am 29. Juli 1431. Das Basler Konzil war für die Intellektuellen Europas aus der Generation des Nikolaus von Kues ein Schlüsselerlebnis. Das bis 1449 mit Unterbrechungen und Ortsverlagerungen tagende Konzil war mehr als eine Kirchenversammlung, es war ein europäischer Kongress, 'ein Schmelztiegel der Ideen'. 'In ihm scheinen sich Wesenselemente und Spannungen des späten Mittelalters wie in einem Fokus zu bündeln; zugleich zeigen sich nicht wenige Ansätze neuzeitlicher Entwicklungen.' So urteilt Johannes Helmrath.[51] Über 3300 Personen haben zu verschiedenen Zeiten am Konzil teilgenommen.

Zu ihnen zählte auch Nikolaus von Kues, der zusammen mit dem Abt von St. Matthias in Trier von Ulrich von Manderscheid als Prokurator nach Basel entsandt wurde, wo er am 29. Februar 1432 unter die Konzilsväter aufgenommen wurde.[52] In seiner ursprünglichen Mission ist Nikolaus zwar gescheitert, denn Ulrich musste 1436 schließlich Raban von Helmstadt weichen, aber er profilierte sich trotz der Belastungen durch den Trierer Bistumsstreit zu einer der rührigsten und einflussreichsten Persönlichkeiten der ersten Phase des Basiliense. Es würde hier zu weit führen, die Themen auch nur kurz zu benennen, mit denen er sich maßgeblich befasste.

Das geistige Klima des Konzils regte Nikolaus von Kues über die praktische Tätigkeit hinaus zu theoretischer Beschäftigung mit den Mächten der Kirche und des Staates an. Neben kleineren Arbeiten vollendete er 1433 sein erstes großes Werk *De concordantia catholica*, das über weite Strecken die Erfahrungen des Konzils und des Trierer Kirchenstreits reflektierte. Der Dialog von Praxis und Theorie kennzeichnete seither das Wirken des Nikolaus von Kues. Damit hob er sich nun endgültig von der Mehrzahl seiner Standesgenossen ab, die nicht den Weg zu innovativer Auseinandersetzung mit theologischen und philosophischen Fragen eingeschlagen haben.

Die Konzilsarbeit und die schriftstellerische Tätigkeit hielten Nikolaus von Kues nicht davon ab, sich auch um seine materielle Versorgung in altgewohnter Weise zu kümmern. Sein Eintreten für Ulrich von Manderscheid brachte ihn zwangsläufig in einen gewissen Gegensatz zur Kurie. Erst als sich die Niederlage Ulrichs abzeichnete, unternahm Nikolaus im Mai 1435 das Wagnis, mit einer Supplik an Eugen IV. heranzutreten.[53] Es ging ihm um die Bestätigung seiner Wahl zum Propst von Münstermaifeld. Dic Einkünfte dieses Amtes wurden auf 70 Mark geschätzt. Seine anderen Pfründen bewertete Nikolaus mit 40 Mark. Im November 1435 bestätigte auch das Basler Konzil seine Wahl zum Propst.[54] Das Konzil befürwortete darüber hinaus die Übertragung der Pfarrkirche von Bernkastel an Nikolaus, der zu dieser Zeit immer noch nicht Priester war, die Weihe aber bald darauf, jedenfalls spätestens 1440 empfangen hat.[55] Der Kardinal Johannes Cervantes ersuchte am 12. August 1436 Raban von Helmstadt, Nikolaus in Gnaden aufzunehmen und ihm zu der Pfarrkirche seines Heimatortes zu verhelfen.[56] Der Fall war für den Trierer Erzbischof heikel, weil auch sein Rechtsvertreter Hugo Dorre Ansprüche auf die Pfarrstelle erhob.

Im Jahre 1437 führten die Auseinandersetzungen zwischen den Baslern und Papst Eugen IV. um die Bestimmung des Ortes für das geplante Unionskonzil mit den Byzantinern zu einer Spaltung des Konzils. Am 7. Mai votierte eine Minderheit der Konziliaren im Einvernehmen mit dem Papst für eine italienische Stadt, während die Mehrheit sich für Avignon, Basel oder eine Stadt in Savoyen aussprach. In dieser Situation schloss sich Nikolaus von Kues der Minorität an. Wenn man berücksichtigt, dass Nikolaus in *De concordantia catholica* konziliaristische Vorstellungen vertreten hatte, muss die Hinwendung zum Papst erstaunen. Mit dieser neuen Standortbestimmung traf Nikolaus von Kues die einschneidendste Entscheidung seines Lebens. Sie bescherte ihm letztlich den roten Hut, sie hätte ihn aber auch zur Obskurität verdammen können.

Nikolaus hat von 1437 an die Sache Eugens IV. mit der gleichen Beharrlichkeit vertreten wie zuvor die Ulrichs von Manderscheid. Die Abwendung von der Konzilsmehrheit war mit erheblichen persönlichen Risiken verbunden, die Nikolaus mutig in Kauf genommen hat. 1438 leitete das Konzil gegen ihn den Prozess des Pfründenentzugs ein, der 1440 in seine kritische Phase trat.[57] Dass die Wirkung letztlich ausbleiben würde, konnte Nikolaus nicht von vornherein wissen. Immerhin erklärte das Basler Konzil am 25. Juni 1439 Eugen IV. für abgesetzt und wählte am 5. November den Herzog Amadeus von Savoyen als Felix V. zum Gegenpapst, der bis zum 7. April 1449 an seinem Amt festhielt. Aber greifen wir nicht vor.

Am 17. Mai 1437 beglaubigte die Konzilsminorität die Bischöfe von Digne und Porto sowie Nikolaus von Kues gegenüber Kaiser Johannes VIII. Palaiologos als ihre Gesandten.[58] Für die Wahl Nikolaus' mag neben anderen Erwägungen gesprochen haben, dass er über Kenntnisse des Griechischen verfügte. Vor seiner Abreise ließ sich Nikolaus in Bologna von Eugen IV. mit der Dompropstei von Magdeburg providieren, die allerdings noch gar nicht vakant war.[59] Mit dieser Bitte griff Nikolaus zum ersten Mal über die Grenzen des Trierer Bistums hinaus. Damit kündigt sich eine neue Strategie in seiner Pfründenpolitik an. Für drei Kleriker aus der Trierer und der Lütticher Diözese, die zu seinem persönlichen Gefolge gehörten, erwirkte er kuriale Vorrechte.[60] Hier erscheint Nikolaus erstmals als Protektor einer Gruppe von Familiaren, die seine Klientel bilden. Er nimmt nun auf der Stufenleiter der Protektion eine mittlere Stellung ein. Je höher er aufstieg, desto größer wurde seine Klientel.[61] Als Kardinal wurde er zum bedeutendsten Förderer deutscher Kleriker an der Kurie.

Der Erfolg seiner Mission nach Konstantinopel, der das Konzil von Ferrara-Florenz und die Kirchenunion vom 5. Juli 1439 erst möglich machte, beförderte Nikolaus von Kues mit einem Schlag in die Spitzengruppe der päpstlichen Diplomaten. Seine Beziehungen zum Basileus und zu den Häuptern der östlichen Kirchen weitete seinen geistigen Horizont. Besonders intensiv war der Austausch mit dem späteren Kardinal Bessarion. Die auf der Reise in den Osten gewonnenen Eindrücke lösten in Nikolaus auch das Grunderlebnis aus, das seinem Denken zum Durchbruch zu den Erkenntnissen der Docta ignorantia und damit zum Höhepunkt seines theologisch-philosophischen Schaffens verhalf.

Nach dem Abschluss des Unionskonzils kämpfte Nikolaus von Kues ein Jahrzehnt lang im Reich für die Anerkennung Eugens IV. und seines Nachfolgers, zunächst als päpstlicher Gesandter, seit 1446 dann mit den Vollmachten eines Legaten. Es galt die Neutralität zu überwinden, in die sich die Nachfolger Kaiser Siegmunds, Albrecht II. und Friedrich III., und die deutschen Fürsten gegenüber Papst und Konzil zurückgezogen hatten.

Eugen IV. konnte seinem Vorkämpfer kaum materielle Unterstützung leisten. So hatten Pfründenerwerb und Pfründentausch weiterhin für Nikolaus von Kues einen hohen Stellenwert. Sein Pfründenbesitz war ständigen Veränderungen unterworfen, die hier nicht im einzelnen verfolgt werden können. Am 16. Dezember 1446 erhob Eugen IV. schließlich seinen Legaten in petto zum Kardinal.[62] Damit stand Nikolaus vor dem Aufstieg in das höchste Leitungsgremium der westlichen Kirche. Bei der Papstwahl nach dem Tode Eugens IV. im März 1447 wurde er sogar am Rande in die Diskussion um die Nachfolge gebracht.[63] Als neuer Papst ging Nikolaus' Freund Tommaso Parentuccelli als Nikolaus V. aus dem Konklave hervor.

Am 17. Februar 1448 wurde unter maßgeblicher Beteiligung Nikolaus' von Kues in Wien ein Konkordat zwischen Nikolaus V. und der deutschen Nation geschlossen.[64] Damit war der Sieg der römischen Obödienz entschieden. Am 7. April 1449 dankte der Gegenpapst Felix V. ab, im nächsten Monat löste sich das Basler Konzil auf. Als Dank für seine langjährigen Dienste wurde Nikolaus am 20. Dezember 1448 öffentlich zum Kardinal erhoben und am 3. Januar 1449 mit der Titelkirche San Pietro in Vincoli ausgestattet.[65] Wie Enea Silvio Piccolomini in seinem Glückwunschschreiben hervorhob, wurde deutschen Kirchenmännern äußerst selten der rote Hut verliehen.[66] Vor Nikolaus war 1439 der Bischof von Augsburg Peter von Schaumberg (gestorben 1469) Kardinal geworden.[67] Erst 1460 folgte auf Verwenden Kaiser Friedrichs III. ein weiterer Deutscher, Dompropst Burchard von Salzburg, der 1461 zum Salzburger Erzbischof erhoben wurde.[68]

Am 21. Oktober 1449 nahm Nikolaus in Kues von seinem siechen Vater, seinem Bruder Johannes und seiner Schwester Klara Abschied.[69] Das Jubiläumsjahr 1450 verbrachte er in Rom.[70] Am 24. Dezember 1450 entsandte ihn Nikolaus V. auf eine Legationsreise in das Reich.[71] Nikolaus von Kues sollte den Jubiläumsablass spenden und die deutschen Kirchen reformieren. Am 23. März 1450 hatte der Papst Nikolaus mit dem Bistum Brixen providiert, pikanterweise unter Bruch der Bestimmungen des Wiener Konkordats.[72] Die Einkünfte aus seinen früheren Pfründen durfte er in seinem mit vielen Unsicherheiten belasteten neuen Amt übrigens weiter beziehen. Als Bischof von Brixen war der Bürgersohn Nikolaus von Kues in den Rang eines Reichsfürsten aufgestiegen, allerdings um den Preis der erbitterten Feindschaft Herzog Siegmunds von Tirol, dessen Druck Nikolaus 1458 schließlich weichen musste.[73] Nikolaus war jedoch keineswegs der einzige nichtadlige Reichsbischof seiner Zeit. Hier sei nur an den aus Hannover stammenden Bischof von Lübeck Johann Schele (1420–1439) erinnert, den Nikolaus von Kues auf dem Basler Konzil kennen lernte.[74]

Nach seiner Vertreibung aus Brixen verbrachte Nikolaus von Kues seine letzten Lebensjahre im Dienste der Kurie. In seine Heimat ist er nicht mehr zurückgekehrt. Er starb am 11. August 1464 in Todi. Zu Grabe getragen wurde er in seiner römischen Titelkirche, wo man noch heute sein marmornes Grabmonument bewundern kann. Sein Herz wurde jedoch nach Kues übertragen, wo es in dem von Nikolaus gestifteten Nikolaushospital beigesetzt wurde.

BIBLIOGRAPHIE

Acta Cusana I, 1 (1976).

——, I, 2 (1983).

——, I, 3a (1996a).

——, I, 3b (1996b).

Allgemeine Deutsche Biographie 25, Leipzig 1887.

Boeselager, Elke Freifrau von, (1999) *Fiat ut petitur. Päpstliche Kurie und deutsche Benefizien im 15. Jahrhundert*, MS Düsseldorf.

Cusanus, *Sermones I* (h XVI, 1ff.).

Diederich, Anton, (1967) *Das Stift St. Florin zu Koblenz* (Studien zur Germania Sacra 6), Göttingen.

Grass, Nikolaus, (1970) *Cusanus als Rechtshistoriker, Quellenkritiker und Jurist. Skizzen und Fragmente*, in: Nikolaus Grass (ed.), *Cusanus Gedächtnisschrift im Auftrag der rechts- und staatswissenschaftlichen Fakultät der Universität Innsbruck*: 101–210. Innsbruck/München.

Hallauer, Hermann Josef, (1994) *Bruneck 1460. Nikolaus von Kues – der Bischof scheitert an der weltlichen Macht*, in: Johannes Helmrath und Heribert Müller (ed.) *Studien zum 15. Jahrhundert* 1. Festschrift für Erich Meuthen: 381–412. München.

Helmrath, Johannes, (1987) *Das Basler Konzil 1431–1449. Forschungsstand und Probleme* (Kölner Historische Abhandlungen 32), Köln-Wien.

Hierarchia catholica medii aevi 2 Konrad Eubel(ed.), Münster 1914.

Keussen, Hermann (ed.), ([2]1928) *Die Matrikel der Universität Köln von 1389 bis 1559* I (Publikationen der Gesellschaft für Rheinische Geschichtskunde VIII), Bonn.

Keussen, Hermann, (1934) *Die alte Universität Köln. Grundzüge ihrer Verfassung und Geschichte*, Köln.

Marx, Jakob, (1906) *Nikolaus von Cues und seine Stiftungen zu Cues und Deventer*, in: *Festschrift des Priesterseminars zum Bischofs-Jubiläum Trier 1906*: 129–243.

Matheus, Michael, (1999) *Heiliges Jahr, Nikolaus V. und das Trierer Universitätsprojekt: Eine Universitätsgründung in Etappen*, in: Lorenz, Sönke (ed.) *Attempto – oder wie stiftet man eine Universität. Die Universitätsgründungen der sogenannten zweiten Gründungswelle im Vergleich*, Stuttgart.

Meuthen, Erich, (1962) *Die Pfründen des Cusanus*, in: MFCG, 2: 15–66

——, ([1]1964a,[7]1992), *Nikolaus von Kues 1401–1464. Skizze einer Biographie*, Münster.

——, (1964b) *Das Trierer Schisma von 1430 auf dem Basler Konzil. Zur Lebensgeschichte des Nikolaus von Kues* (Buchreihe der Cusanus Gesellschaft 1), Münster.

——, (1988) *Die alte Universität* (Kölner Universitätsgeschichte 1), Köln-Wien.

Meyer, Andreas, (1986) *Das Wiener Konkordat von 1448 – eine erfolgreiche Reform des Spätmittelalters*, in: *Quellen und Forschungen aus italienischen Archiven und Bibliotheken*, 66: 108–152.

Miller, Ignaz, (1983) *Jakob von Sierck 1398/99–1456* (Quellen und Abhandlungen zur mittelrheinischen Kirchengeschichte 45), Mainz.

Neue Deutsche Biographie 3, Berlin 1957.

Repertorium Germanicum. Verzeichnis der in den Registern und Kameralakten vorkommenden Personen, Kirchen und Orte des Deutschen Reiches, seiner Diözesen und Territorien IV: Martin V. 1417–1431, Fink, Karl August (ed.), Berlin 1943, 1957, 1958, Tübingen 1979, Nachdruck Hildesheim 1991.

Schmidt, Aloys-Heimpel, Hermann, (1977) *Winand von Steeg (1371–1453), ein mittelrheinischer Gelehrter und Künstler und die Bilderhandschrift über Zollfreiheit des Bacharacher Pfarrweins auf dem Rhein aus dem Jahre 1426* (Bayerische Akademie der Wissenschaften, Phil.-hist. Klasse, Abhandlungen NF 81), München.

Schwarz, Brigide, (1988) *Über Patronage und Klientel in der spätmittelalterlichen Kirche am Beispiel des Nikolaus von Kues*, in: *Quellen und Forschungen aus italienischen Archiven und Bibliotheken*, 68: 284–310.

——, (1991) *Klerikerkarrieren und Pfründenmarkt. Perspektiven einer sozialgeschichtlichen Auswertung des Repertorium Germanicum*, in: *Quellen und Forschungen aus italienischen Archiven und Bibliotheken*, 71: 243–265.

——, (1993) *Römische Kurie und Pfründenmarkt im Spätmittelalter*, in: *Zeitschrift für historische Forschung*, 20: 129–152.

——, (1998) *Alle Wege führen über Rom. Eine 'Seilschaft' von Klerikern aus Hannover im Spätmittelalter*, in: *Hannoversche Geschichtsblätter*, NF 52: 5–87

——, (1999) *Hannoveraner in Braunschweig. Die Karrieren von Johann Ember (†1423) und Hermann Pentel (†nach 1463)*, in: *Braunschweiger Jahrbuch für Landesgeschichte*, 80: 9–54.

Schwinges, Rainer Christoph, (1986) *Deutsche Universitätsbesucher im 14. und 15. Jahrhundert. Studien zur Sozialgeschichte des alten Reiches*, Stuttgart.

Tewes, Götz-Rüdiger, (1993), *Die Bursen der Kölner Artisten-Fakultät bis zur Mitte des 16. Jahrhunderts* (Studien zur Geschichte der Kölner Universität 13), Köln/Weimar/Wien.

Toepke, Gustav, (1884) *Die Matrikel der Universität Heidelberg von 1386–1662* I, Heidelberg.

Ulbrich, Tobias, (1998) *Päpstliche Provision oder patronatsherrliche Präsentation? Der Pfründenerwerb Bamberger Weltgeistlicher im 15. Jahrhundert* (Historische Studien 455), Husum.

Vansteenberghe, Edmond, (1920), *Le cardinal Nicolas de Cues (1401–1464). L'action – la pensée*, (Bibliothèque du XVe siècle XXIV), Paris.

ANMERKUNGEN

1 Vansteenberghe 1920.
2 Meuthen 1964a.
3 *Acta Cusana.*
4 Die Vortragsform wurde beibehalten. Aus Platzgründen müssen die Anmerkungen auf die nötigsten Nachweise beschränkt werden.
5 Vgl. etwa *Acta Cusana*: 849 (sanctam Romanam ecclesiam non respicere ad locum vel genus nativitatis).
6 Toepke 1884: 128 (= Acta Cusana 11).
7 Schwinges 1986: 31.
8 *Acta Cusana* 18.
9 *Acta Cusana* 12.
10 Schwarz 1998, Schwarz 1999.
11 Meuthen 1964a: 13f., zu Capranica Lexikon des Mittelalters 2: 1488 (Erich Meuthen), zu Cesarini Lexikon des Mittelalters 2: 1639f. (Erich Meuthen).
12 *Acta Cusana* 20.
13 *Acta Cusana* 22, 28.
14 Meuthen 1962.
15 *Acta Cusana* 30.
16 Vgl. unter den neueren Arbeiten zum Thema Schwarz 1991 und Schwarz 1993. Ulbrich 1998, möchte den gängigen Terminus durch den merkwürdigen Begriff 'Pfründenschalter' ersetzen.
17 Repertorium Germanicum IV.
18 Die jüngste Arbeit zum Thema ist die noch ungedruckte Habilitationsschrift von Boeselager 1999.
19 *Acta Cusana* 31.
20 Meuthen 1964a: 7.
21 *Acta Cusana* 31.
22 *Acta Cusana* 30.
23 Keussen 1928: 277 (= Acta Cusana 25).
24 Lehrtätigkeit nehmen an Keussen 1934: 452, Meuthen 1964b: 79, Grass 1970: 106f., zurückhaltender Meuthen 1988: 189.
25 *Acta Cusana* 64, 232.
26 Das wird deutlich in den Stiftungsbedingungen des Hospitals in Kues und der mit ihm verbundenen Schulstiftung, die ausdrücklich nicht an einem Universitätsstandort fundiert werden sollte. Vgl. dazu Marx 1906. Es ist auch keine Beteiligung des Cusanus an den Bemühungen um die Gründung einer Trierer Universität (päpstliche Privilegierung 2. Februar 1455) nachzuweisen. Vgl. dazu Matheus 1999.
27 Zu den Lehrrichtungen der Kölner Universität vgl. Meuthen 1988: 170–202 und Tewes 1993: 332–367.
28 *Acta Cusana* 26. Zu Heymericus vgl. Meuthen 1988: 187–189, Tewes 1993: 48.
29 *Acta Cusana* 59, vgl. 61.
30 *Acta Cusana* 27, 65.
31 *Acta Cusana* 34, 35, 48, 62, 63, 66, 67, 70, 73.
32 *Acta Cusana* 23, 24.
33 *Acta Cusana* 40.
34 *Acta Cusana* 38, Diederich 1967: 255.
35 *Acta Cusana* 40.
36 *Acta Cusana* 50–52.
37 *Acta Cusana* 60.
38 *Acta Cusana* 74.

39 *Acta Cusana* 75–76.
40 *Acta Cusana* 74.
41 *Acta Cusana* 95.
42 Von Boeselager 1999: 307.
43 Diederich 1967: 228.
44 Acta Cusana 79, 258.
45 Meuthen 1964b.
46 Vgl. zu ihm Miller 1983.
47 Acta Cusana 80.
48 Acta Cusana 83. Haubst 1970.
49 Schmidt-Heimpel 1977.
50 Acta Cusana 85.
51 Helmrath 1987: 1.
52 Acta Cusana 102.
53 Acta Cusana 236.
54 Acta Cusana 246, 248.
55 Meuthen 1964a: 23 (Priesterweihe zwischen 1436 und 1440).
56 Acta Cusana 278.
57 Acta Cusana 337, 343, 347, 348, 391, 422,
58 Acta Cusana 294.
59 Acta Cusana 321.
60 Acta Cusana 320.
61 Schwarz 1988.
62 Acta Cusana 727.
63 Acta Cusana 740.
64 Meyer 1986.
65 Acta Cusana 776–781, 787–788.
66 Acta Cusana 808 (Rari ex Almania hoc dignitatis accipiunt).
67 Hierarchia catholica 2: 8, Allgemeine Deutsche Biographie 25: 462–464 (Wilhelm Vogt).
68 Hierarchia catholica 2: 13, Neue Deutsche Biographie 3: 27f. (Herbert Klein).
69 Acta Cusana 849.
70 Meuthen 1964a: 83ff.
71 Acta Cusana 952.
72 Acta Cusana 872.
73 Hallauer 1994.
74 Schwarz 1998: 36–51.

CHAPTER ELEVEN

Kardinal Nikolaus von Kues und die Reichs-Wahlstadt Frankfurt am Main

Die Pfarreiteilung und Judendiskriminierung auf seiner deutschen Legationsreise

Kinnichi Ogura

ZUM GELEIT:

Als ein Historiker der Universität, die diesen internationalen Kongreß einberief, möchte ich hier aus meiner Forschung, die sich auf das mittelalterliche Frankfurt a. M. konzentriert, über Pfarreiteilung und Judendiskriminierung referieren.

Wie ja allgemein bekannt, liegt Frankfurt in der Mitte Deutschlands, 30 km flußaufwärts am Main vom Zusammenfluß von Rhein und Main und somit an einem Verkehrsknotenpunkt, am Südende der Wetterau, die schon den Kolonialherren der Römerzeit als durch ihr mildes Klima und ihre Bodenfruchtbarkeit ausgezeichnete Kornkammer bekannt war. Der oben genannte Ort wurde dann im Mittelalter, nach der Eroberung durch die Franken Mittelpunkt eines sich in der Rhein- und Maingegend konsolidierenden Königsgutes.[1] Als um ca. 500 A.D. den Franken der Sieg über ihre Erzfeinde, die Alemannen gelang, erhielt der Ort, an dem der Fluß überquert wurde, den Namen <<Frankonofurd>> d.h. 'Furt der Franken'. Es ist schriftlich überliefert, daß 794 Großkönig Karl, der spätere Kaiser Karl, der Große dort eine Reichsversammlung einberief. Im 12. Jahrhundert wurde dann dort unter der Herrschaft der Staufer als Reichsterritorienstützpunkt eine Königsburg errichtet und eine Stadt erbaut, die der königlichen Verwaltung direkt unterstand. Unter der Oberaufsicht eines Schultheiß übten zu Beginn Schöffen das Recht. Jedoch mit dem Aufblühen von Handel und Wandel erwarben sich die Bürger mehr und mehr Freiheit und Recht in ihrer eigenen Verwaltung. 1266 bildete sich ein Stadtrat, dem ab 1311 ein Bürgermeister vorstand. Um während der Wirren in der Zeit des Niedergangs der Staufer die Verteidigung des Friedens und die Sicherheit des Handels zu gewährleisten, schloß sich die Stadt 1254 dem Rheinischen und 1266 dem Wetterauer Städtebund an. Die wachsende Freiheit mündete dann in die Selbstnennung der 'Reichstadt', den Frankfurt mit den anderen unter direkter königlicher Verwaltung stehenden Städten teilte.

Frankfurt war seit der Zeit der Frankenkönige immer wieder der Thronerhebung und Königswahlen. Mit der 'Goldenen Bulle' Kaiser Karls IV. 1356 wurde jedoch reichsrechtlich Frankfurt zu der Stätte bestimmt, an der von sieben weltlichen Kurfürsten der Kaiser in der Bartholomäuskirche im Zentrum der Stadt zu wählen war und damit nahm diese Stadt in der kaiserlichen Verwaltung eine besondere Stellung ein. Jedes Jahr wurde dort zu Beginn des Herbstes auf dem Stadtplatz das in der Wetterau geerntete Getreide vermarktet. Zur selben Jahreszeit wurde auch das Gründungsjubiläum der Stadtkirche gefeiert, so weitete sich der Markt zur (Kirchweih-) Messe aus, in der alle erdenklichen Waren verhandelt wurden.[2] 1240 schon sicherte ein Erlaß Kaiser Friedrich II. den Besuch dieser Messe und 1330 wurde von Kaiser Ludwig dem Bayern eine zweite Messe zu Frühlingsanfang gestattet. Die Messe wurde zum Umschlagplatz aller möglichen Waren Europas und zu einem Zentrum des Geldaustauschs. 1333 gestattete der Kaiser auch außerhalb der am rechten Ufer des Mains gelegenen Altstadt den Bau einer <<Neustadt>>. Dazu kam der Stadtteil Sachsenhausen, wo sich seit dem 12. Jahrhundert Behausungen von Rittern befanden. Die Stadt erstreckte sich also über drei Siedlungen hinweg und die Einwohner vermehrten sich explosionsartig. Der berühmten Schätzung des Ökonomen der Historischen Schule, Karl Bücher entsprechend, belief sich die Zahl der Einwohner 1387 auf 9632 und 1440 sollen es 8719 gewesen sein. Gegen Ende des Mittelalters lebten dort knapp zehntausend Menschen.[3]

I. DIE TEILUNG DER PFARREIEN

Mit der atemberaubenden Entwicklung der Stadt Frankfurt Hand in Hand schwelte aber auch auf der religiösen Seite eine langsam größere Kreise ziehende Unzufriedenheit mit der Seelsorge, denn die einzige Pfarrkirche war St. Bartholomäus. Sie führte ihren Ursprung auf die Hofkapelle der Frankenkönige zurück.[4] Auf Kaiser Ludwig den Frommen soll die Regelung zurückgehen, die 12 Stifts-Kanonikern im Stifts-Kapitel die Wartung des Gotteshauses übertrug. In der zweiten Hälfte des 13. Jahrhunderts wurden dann die Gebeine des orientalischen Märtyrers St. Bartholomäus aus Rom in diese Kirche überführt und sie nach ihm benannt und somit gewann diese Kirche eine Zentralstellung im religiösen Leben der Stadt. Eine einzige Pfarrkirche, was für Kleinstädte im Mittelalter das Übliche war, wurde in den Großstädten, wie Frankfurt zum Problem. Köln z.B. richtete schon früh zuerst 5, dann später 13 und schließlich 19 Pfarreien ein, Straßburg und Regensburg hatten 9, Soest 6, Münster und Halle 4 Pfarreien; auch Lübeck, Bremen, Braunschweig, Goslar, Osnabrück, Dortmund, Aachen, Worms, Basel und Bamberg hatten mehrere Pfarreien eingerichtet.[5]

Von Anfang an war der Stadtrat bestrebt, das Monopol des Domkapitels zu brechen.[6] Jedoch das Domkapitel wandte sich aus Angst vor der Schmälerung seiner Einnahmen um Hilfe an das Oberhaupt dieser Kirche, den Erzbischof von Mainz, der dann den Stadtrat zum Verzicht auf seine Forderungen zwang. Das Domkapitel jedoch schmälerte, des Großen Schismas zum Trotz, seine Zuwendungen in Treue zur Kurie und bat um die Erlaubnis des Zusammenschlusses der Pfarreien, um die finanzielle Krise zu überwinden. 1389 dann wurden mit Erlaubnis der Kurie das Pfarrernennungsrecht ans Domkapitel vergeben. Der Stadtrat hingegen forderte weiterhin die Aufteilung der Pfarreien und wandte sich um 1434 mit einem entsprechenden Schreiben an die Kurie. Die durch eine Mainüberschwemmung geschädigte Brückenkapelle sollte mit der Dreikönigskapelle vereinigt und mit St. Peter zu Pfarrkirchen erhoben werden.

Im Dezember 1450 beorderte der Stadtrat erneut eine Gesandtschaft mit einem Schreiben nach Rom an die Kurie, das 18 Paragraphen enthielt. Sein Inhalt war etwa das Folgende:[7]

(1) Trotz der enormen Einwohnerzahl Frankfurts, besitze die Stadt nur eine einzige Pfarrkirche und die sei der Dom selbst.
(2) Das bedeute, daß die Pfarrgemeinde 12000 Abendmahlsempfänger beherberge.
(3) Diese Pfarrei sei gegenwärtig von einem einzigen Geistlichen verwaltet, der vom Domkapitel ernannt sei.
(4) Zum Pfarrbereich gehörten zwei dichtbesiedelte Vorstädte: Sachsenhausen und Neustadt.
(5) Die Vorstädte seien von Mauern, Türmen und Toren umgeben und außerdem sei Sachenhausen durch den Main und Neustadt durch einen Graben von der Altstadt abgetrennt.
(6) Nachts und insbesonders in Kriegszeiten seien die Tore verschlossen und deshalb kein Verkehr mit der Altstadt möglich.
(7) Durch das Schließen der Tore kämen die Seelen der in den Vorstädten wohnenden Christen in Gefahr. Da die Geistlichen der Stadtpfarrei zu ihnen nicht gelangen könnten, sei ihnen der Empfang der Sakramente nicht möglich.
(8) An großen Kirchenfesten strömten die Gläubigen in Scharen in die Pfarreikirche und bäten um Ablaß. Sie stünden in den Kreuzgängen und wo sie sonst Platz fänden und drängten sich und störten die Gebete.
(9) Wenn man sich an Pestzeiten erinnere, mache der Stadtrat sich darüber Sorgen, daß die einzige Pfarrkirche nur eine beschränkte Anzahl von Menschen aufnehmen könne.
(10) Die Verstorbenen könnten nur in der Umgebung der Pfarrkirche bestattet werden. Der üble Verwesungsgeruch sei daher ein Problem bei der Öffnung von neuen Gräbern.
(11) An Ostern strömten die Abendmahlsempfänger scharenweise in die Kirche und viele müßten schweren Herzens den Empfang der Sakramente auf einen Tag nach dem Fest verschieben.
(12) Ein Teil der Pfarrgemeinde sei gezwungen, um dem Gedränge auszuweichen, bereits in der Fastenzeit die Sakramente zu sich zu nehmen.
(13) Wenn die Dreikönigskapelle und St. Peter zu Pfarrkirchen aufsteigen könnten und je ein Priester den Auftrag erhielt, zum Seelenheile der Bevölkerung der

Vorstädte die Sakramente zu erteilen, wäre die Behebung der genannten Unannehmlichkeiten möglich.

(14) Die Dreikönigskirche in Sachsenhausen, die Kapelle der St. Katharina an der Brücke und die des St. Petrus in Neustadt seien der Obhut des Stadtrates anvertraut.

(15) Bürgermeister, Stadtrat, Schöffen und die ganze Bürgerschaft wären, um den Aufstieg zu einer Pfarrkirche zu ermöglichen, bereit dazu, die Kapelle an der Brücke mit der Dreikönigskirche zusammenzulegen.

(16) Wenn die beiden Kapellen zusammengelegt würden, müßte der Aufstieg der Dreikönigskirche und von St. Peter gewährleistet sein.

(17) Das Einkommen der Dreikönigskirche betrage, der allgemeinen Ansicht entsprechend, nicht mehr als vier Mark und entspräche somit auch dem Einkommen an der Brückenkapelle.

(18) Die Beichte verursache der Gemeinde großen Zeitverlust. Für die große Anzahl der Menschen reiche die Zahl der Beichtväter nicht: einem Priester stünden für 12000 Seelen nur drei Kapläne zur Verfügung.

Unter solchen Umständen erteilte im Dezember des Jahres 1450 Papst Nikolaus V. anläßlich der Wiederkehr des Heiligen Jahres seinen Segen, Ablaß und andere Gnaden und beaufragte den Kardinal Nikolaus Cusanus in Sondermission mit einer Deutschlandvisitation.[8] Cusanus begann damit Ende Januar des folgenden Jahres in Salzburg. Während seines Aufenthaltes in Wiener Neustadt empfing er einen Brief des Papstes, der das Datum des 23. Februar trug.[9] Darin legte der Papst den Inhalt des Bittschreibens des Stadtrates von Frankfurt zusammenfassend dar und forderte Cusanus auf, zwecks des Seelenheils der Pfarrgemeinde auch die Schilderung der Verhältnisse vom Domkapitel gut anzuhören, und, falls die Forderungen des Stadtrates berechtigt wären, unter Einberechnung eines Schadenersatzes den beiden Kapellen den Rang von Pfarrkirchen zu verleihen. Jedoch überließ es ihm der Papst, wie zu bemerken ist, die beiden Kapellen auf das Bestattungs- und Taufrecht zu beschränken, d.h. sie in den Rang von *ecclesiae curatae, i.e. Filialkirchen* zu erheben und so für den Dom einen zweiten, günstigeren Plan zu erwirken.

Cusanus besuchte dann vom 18. bis zum 20. März 1452 Frankfurt. Zuvor, vom 13. November bis zum 7. Dezember hielt er sich allerdings länger in Mainz auf und befahl dem dortigen Klerus die vorliegenden Pfarrei-Probleme zu untersuchen. Die Lösung des Konfliktes gemäß dem päpstlichen Erlaß gelang ihm am 19. März.[10] Die Hauptsache darin war, für die vielen Einwohner Pfarrkirchen zu schaffen, d.h. die Dreikönigskapelle in Sachsenhausen und St. Peter in Neustadt wurden zu Pfarrkirchen erhoben und den Priestern dort wurde die Ausübung aller Sakramente mit Ausnahme der Taufe erlaubt. Die Taufen hatten, wie bisher, im Dom stattzufinden. Die Priester hatten im Jahr 75 Rhein-Gulden zu beziehen. Die Dreikönigskirche und St. Peter entäußerten sich des Patronats des Stadtrates und ihre Pfründen wurden den Filialkirchen zugeteilt. Dafür erhielt der Stadtrat die Schirmherrschaft über 2 Hilfspriester des Domes. Damit durch die Errichtung der

Filialkirchen die Dombesuche der Bevölkerung sich nicht verringerten oder gar ausblieben, wurde Filialkirchen das Einrichten eigener Kassen untersagt.

Der Beschluß fiel zwar zu Gunsten des Domes aus, aber ein derartiger Kompromiß war die einzig mögliche Lösung und von der Mehrzahl der Bürger freudig begrüßt. Jedoch es blieb im Unklaren, wer die zwar festgelegten Gehälter der Priester der Filialkirchen bezahlen sollte: ... das Domkapitel ... oder der Stadtrat? – Darüber hinaus schufen die priesterlichen Tätigkeiten, die Wartung der Pfarrhäuser und Kirchen, ihr Schmuck, die Pflege der Gräber Finanzierungsprobleme.[11] Der Stadtrat richtete an Cusanus die Bitte, die Bevölkerung zu Ablaß-Spenden aufzurufen. Ein auf den 2. Mai datierter Ablaßbrief für 100 Tage wurde für den Besuch der Filialkirchen und ihre Renovierung ausgestellt. Danach, ab Juni 1453 übernahm der Stadtrat die Wartung der Filialkirchen und die Besoldung der Priester. Die indirekte Steuer für die Priester wurde aufgehoben und mit der Anerkennung der Sonderrechte der Priester war der gesammte Problemkomplex gelöst.[12]

II. DIE JUDENDISKRIMINIERUNG

Auf seiner Legationsreise durch Deutschland eröffnete Cusanus in Salzburg, Bamberg, Magdeburg, Köln und an anderen Orten Provinzialsynoden, um die Kirchenreform durchzuführen. Die auf diesen Synoden erlassenen Dekrete entstammten teilweise dem vierten Lateran-Konzil von 1215, das auch die Basis für die Generalsynode von Basel (1434) bildete, auf der dann das Judendekret beschlossen wurde. Es wurde in Salzburg, Bamberg, Würzburg, Magdeburg, Hildesheim, Minden und Mainz verkündet.[13] In der berühmten Judenordnung von Bamberg vom 30. April 1451 steht etwa das Folgende:[14] 'Wir bemühen uns, alle Bestimmungen unserer Kirchenordnung zu achten und so bemühen wir uns den in der Stadt Bamberg und derselbigen Diözese wohnhaften Juden gegenüber die gleiche Humanität walten zu lassen, wie man sie in der Hauptstadt der christlichen Welt, Rom pflegt und bestimmen aus diesem Grunde das Folgende: Vom ersten August an haben alle in der genannten Diözese wohnhaften Angehörigen des israelischen Glaubens über ihrer Brust auf der Oberbekleidung oder über ihrem Mantel einen Ring anzubringen. Dieser Ring muß etwa die Breite eines Fingers haben und aus safrangelben Fäden gewirkt sein. Den jüdischen Frauen obliegt es, in ihrem Schleier zwei deutlich sichtbare blaue Streifen zu tragen. Auserdem sollen sich die Juden des die Christenmenschen schädigenden Zinswuchers enthalten. Wenn sie sich so verhielten, sollten sie geduldet werden, Falls sie den Anordnungen jedoch widerstrebten, sollte über diese Diözesen das Interdikt verhängt werden.'

Aber die Marktwirtschaft, deren Entwicklung sich damals schon abzeichnete und die Kreditwirtschaft erforderten einen Umlauf von riesigen Geldmengen und verzinste Anleihen wurden zu einer Alltäglichkeit. Aus diesem Grunde sprach Nürnberg, vom gleichen Schaden, wie andere süddeutsche Städte, u.a. auch Heilbronn und Rothenburg betroffen, von Ende Mai an bei Kaiser Friedrich III. (1440–93) vor, um eine Aufhebung des Bamberger Dekrets zu erwirken. Der Kaiser legte dies dem Papst zur Begutachtung vor und erwirkte in den Habsburgischen Erblanden für die Juden die Erlaubnis, Geld zu leihen, Zins zu nehmen und die Häuser von Christen als Pfand in Beschlag zu nehmen. Und schließlich wurde das Dekret am 14. Mai 1452 abgeschafft.[15] Kaiser Friedrich III. nahm dann die Juden aus finanzpolitischen Gründen als Kammerknechte in Schutz und erhielt dafür den 'Spitznamen' «Judenkönig» (rex iudeorum).[16]

Ganz anders war dagegen die Lage in Norddeutschland. Cusanus schrieb, während seines Aufenthaltes in der Diözese Bremen in einem Brief an den Bischof von Bamberg das Folgende:[17] 'Gott sei gedankt, daß es hier keine Juden gibt!' *nullus est Judeus per dei gratiam*. Und falls es tatsächlich solche gäbe ... 'In dieser Diözese herrsche Gehorsamkeit, als ob das Dekret schon Fuß gefaßt hätte. Danach besuchte Cusanus auf seiner Visitationsreise die Städte Minden, Utrecht, Maastricht, Liege und Trier und kam schließlich in Mainz an. Wie schon früher erwähnt stand Frankfurt unter der Oberhoheit des Erzbischofs von Mainz. Cusanus erließ bei der dortige Synode das Judendekret am 3. Dezember.[18] Den dortigen Juden wurde auferlegt, ein Kennzeichen *signum* zu tragen. Falls sie dem nicht entsprächen träfe sie der Bannfluch mit Vertreibung aus der Stadt. Im Mainzer Dekret war überdies vermerkt, daß dieses Kennzeichen mit dem in Rom auferlegten übereinstimme, *conformiter ut in urbe Romana*, um an die Verbindung mit dem Papste zu erinnern und die Absicht in Übereinstimmung mit Papst und Kurie zu handeln zu bekunden. Das Dekret enthielt überdies noch einen Zusatz, der den Juden die Rückgabe der Zinsen befahl. Erich Meuthen vermutet, daß nach Aufhebung des Judendekretes dies in sich auch auf das allgemeine Verbot zu hoher Zinsnahme beziehen mußte und Cusanus sich der Gegnerschaft des Kaiserhofes bewußt bzw. im römischen Winken diese Ersatzbestimmungen veröffentlichte.[19] Jedoch auch später machte Cusanus in der Sache Judenkennzeichen keine Konzessionen. In einem Brief an den Frankfurter Stadtrat vom 2. Mai 1452, den er in der Burg Bruneck bei Brixen schrieb, erwähnt er keine hohen Zinsen, sondern empfiehlt lediglich ein strenges Befolgen der Anordnungen des Mainzer Dekrets.[20]

Kaiser Friedrich III. befahl im September 1458 dem Frankfurter Stadtrat, die Übersiedelung der Juden zu ihrem Schutz in ein Ghetto, da sie mit ihrer Synagoge neben dem Dom und ihrem 'Geschrei'auf der Straße die Gebete störten.[21] Eine Intention, die schon im August 1442, gleich nach der Krönung Friedrichs III. ihren Anlauf genommen hatte, aber wieder zurückgenommen worden war. 1460 jedoch entschloß sich der Stadtrat nach vielen Diskussionen im August die Juden in der Nähe ihres Friedhofes bei der Staufenmauer an einem Dammweg anzusiedeln und von der Stadt auszugrenzen.[22] Zwischen 1461 und 1465 entstanden dort eine Synagoge, ein Badehaus, ein Spital, eine Tanzhalle, auch eine Herberge, Versammlungs- und Wohnstätten wurden gebaut, ein Fleischmarkt angelegt und Brunnen gegraben. 1462 begann der Umzug dorthin mit ca. 100 Personen. Die neue Wohnstätte war von einer Mauer umgeben und im Norden und Süden durch zwei Tore betretbar. Diese Tore waren bei Nacht und an Festtagen verschlossen. Nur für ein kleines Törchen in der Mitte der Stadtmauer erhielten die Juden selbst den Schlüssel und so konnten sie in Notfällen die Hilfe der Bewohner der Altstadt erbitten. Mit dem Umzug in dieses erste, von den Juden *Neuägypten* genannte Ghetto in Deutschland wurde den Juden zur klaren Unterscheidung von den Christen das Tragen ihres Kennzeichens zur Pflicht gemacht und Diskriminierung und Verachtung wurden Alltäglichkeiten. Diese Diskriminierung wurde dann noch 1474 durch *Stättigkeit* i.e. zeitlich begrenzte Wohnerlaubnis festgeschrieben, wofür noch im 16. und 17. Jahrhundert der erwähnte Brief von Cusanus herangezogen wurde.[23]

SCHLUßWORT

Am Ende seiner langen Visitationsreise durch Deutschland kehrte Cusanus Anfang April 1452 in die Diözese Brixen zurück und feierte dort Ostern. Im nächsten Jahr, am 29. Mai 1453 wurde Konstantinopel vom türkischen Heer erobert. Das oströmische Reich war zugrunde gegangen. Auf diese beispiellos schwierige Situation reagierte Cusanus nicht nur schlicht und einfältig militärisch und politisch, sondern ermahnte die Christenwelt zur inneren Rückbesinnung, betonte die Notwendigkeit einer inneren Reform einerseits und wies andereseits darauf hin, daß in der Außenwelt die Zusammenarbeit und Koexistenz der Religionen notwendig sei. Ein Produkt seiner diesbezüglichen Bemühungen ist die Schrift *De Pace Fidei (*1453), worüber Kazuhiko Yamaki in den Anmerkungen zu seiner Übertragung in das Japanische berichtet.[24] Darin ist religiöse Toleranz zu erkennen. Wie ich in dieser Abhandlung im ersten Teil zu zeigen versuchte, zeigte Cusanus bei dem Pfarreiteilungs-Problem der Reichsstadt Frankfurt eine auf eigenen Auffassungen beruhende Urteilskraft und politisches Geschick mit einer vorsichtig geschickten Einschätzung der tatsächlichen Lage. Die Judendiskriminierung, die ich im zweiten Teil meines Referates darstellte, zeigt uns andererseits eine idiologisch-theologisch bedingte Denkweise, die in scharfer Diskrepanz zum Politiker und Philosophen Cusanus steht. Man ist fast geneigt von einer gespaltenen Persönlichkeit zu sprechen. Der Beantwortung dieser Frage durch die Forschung sehe ich mit besonderem Interesse entgegen.[25]

(Übertragung in die deutsche Sprache: C. Y. Jobst.)

BIBLIOGRAPHIE

Acta Cusana (1996), Bd.1, 3a–3b.

Backhaus, F., (1989) *Die Einrichtung eines Ghettos für die Frankfurter Juden im Jahre 1462*, in: *Hessisches Jahrbuch für Landesgeschichte*, Bd.39, S.59–86.

Battenberg, F., (1990) *Das europäische Zeitalter der Juden*, Bd.1, Darmstadt.

Bothe, F., (1966) *Geschichte der Stadt Frankfurt am Main*, 1913, ND Frankfurt a. M.

Bothe, F., (1920) *Frankfurts wirtschaftlich-soziale Entwicklung vor dem dreissig jährigen Kriege und der Fettmilchaufstand (1612–1616)*, T.2, Frankfurt a. M.

Bücher, K., (1886) *Die Bevölkerung von Frankfurt am Main im 14. und 15. Jahrhundert*, Bd.1, Tübingen.

Cardinalis Nicholai Erklärung, *welcher Gestalt die Juden (als Feinde des Creutzes Christi) sollen gelbe Ring, ihre Weiber aber blaugestreiffte Schleyer tragen*, in: *Privilegia et Pacta der Heiligen Reichs-Stadt Frankfurt am Mayn*, (1728) Frankfurt a.M., S.311 [Original: Institut für Stadtgeschichte (Stadtarchiv) Frankfurt am Main, Privileg Nr.350 (2. Mai 1452, Bruneck/Brixen)].

Cusanus (1978), *De pace fidei*, (h VII).

Dechent, H., (1913) *Kirchengeschichte von Frankfurt am Main seit der Reformation*, Bd.1, Leipzig/Frankfurt a. M.

Dietz, A., (1970) *Frankfurter Handelsgeschichte*, Bd.1, 1910, ND Glashütten i. Ts.

Flasch, K., (1998) *Nikolaus von Kues – Geschichte einer Entwicklung: Vorlesungen zur Einführung in seine Philosophie*, Frankfurt a. M.

Frankfurter Historische Kommission (1991) (Hrsg.), *Frankfurt am Main. Die Geschichte der Stadt in neuen Beiträgen*, Sigmaringen.

Grass, N. (1970) *Cusanus als Rechtshistoriker, Quellenkritiker und Jurist. Skizzen und Fragmente*, in: Grass, N., (Hrsg.), *Cusanus Gedächtnisschrift im Auftrag der Rechts-und Staatswissenschaftlichen Fakultät der Universitat Innsbruck*, Innsbruck/München, S.148–151.

Groten, M., (1999) *Von der wunderbaren Grösse Kölns oder: Was war das Besondere an der Kölner Stadtverfassung des 12. Jahrhunderts*, in: *Mitteleuropäisches Städtewesen in Mittelalter und Frühneuzeit. Edith Ennen gewidmet.* hrsg.v. W. Janssen u. M. Wensky, Köln/Weimar/ Wien, S.41–62.

Jung, R., (1892) *Inventare des Frankfurter Stadtarchivs*, Bd.3, Frankfurt a. M.

Kellner, W. E., (1962) *Das Reichsstift St. Bartholomäus zu Frankfurt am Main im Spätmittelalter*, Frankfurt a. M.

Kimase, S., (1966) *Cardinal Nicolaus Cusanus and the idea of Tolerance*, in: *Seisin Studies*, Vol. 26, P. 49–61, Tokyo (japanisch).

Kracauer, I., (1925) *Geschichte der Juden in Frankfurt am Main*, Bd.1, Frankfurt a. M.

Meuthen, E., (1989) *Die deutsche Legationsreise des Nikolaus von Kues 1451/1452*, in: Boockmann, H., Moeller,B. u. Stackmann, K. (Hrsg.), *Lebenslehren und Weltentwürfe im Übergang vom Mittelalter zur Neuzeit*, Göttingen, S.420–499.

Natale, H., (1957) *Das Verhältnis des Klerus zur Stadtgemeinde im spätmittelalterlichen Frankfurt*, Diss. phil., Frankfurt a. M.

Rengstorf, K. H. u. Kortzfleisch, S.v. (Hrsg.), (1988) *Kirche und Synagoge*, Bd.1, Stuttgart 1968, dtv München.

Rothmann, M. (1998) *Die Frankfurter Messen im Mittelalter*, Wiesbaden.

Schreckenberg, H. (1994) *Die christlichen Adversus-Judaeos-Texte und ihr literarisches und historisches Umfeld*, Bd.3, Frankfurt a. M.

Uebinger, J. (1887) *Kardinal Nikolaus Cusanus in Deutschland*, in: *Historisches Jahrbuch*, Bd.8, S.629–665.

Yamaki, K. (1992) Der Kommentar zu seiner japanischen Übersetzung von Cusanus' *De Pace fidei*, in: Koyama,Ch. (Hrsg.), *Chuseimakki no Sinpisisou*, Tokyo, S.578–583 (japanisch).

Der Verfasser dankt für die Hinweise der Professoren Dr. W. A. Euler, Trier und Dr. M. Watanabe, Long Island, bei der Diskussion und Prof. Dr. D. Rebentisch und Herrn B. Reichel Instiut für Stadtgeschichte (Stadtarchiv) Frankfurt a. M. für das großzügige Übermitteln von Cusanus-Mikrofilmen und -Kopie.

ANMERKUNGEN

1 Bothe 1966; Frankfurter Historische Kommission 1991.
2 Dietz 1970; Rothmann 1998.
3 Bücher 1886: 66, 192.
4 Dechent 1913; Kellner 1962; Rauch 1975.
5 Groten 1999: 47f.; Natale 1957: 50.
6 Natale 1957: 50ff., 53ff.
7 Natale 1957: 59f.

8 Uebinger 1887: 629–665; Meuthen 1989: 420–499.
9 *Acta Cusana* 1996: 1/3a. Nr.1048; Natale 1957: 61ff.
10 *Acta Cusana* 1996: 1/3b. Nr.2391–2395; Natale 1957: 68f.
11 Natale 1957: 69, 72.
12 Jung 1892: Nr.349; Natale 1957: 72ff.
13 Rengstorf u. Kortzfleisch 1988: 224, 247ff.; Battenberg 1990: 157f.
14 *Acta Cusana* 1996: 1/3a. Nr.1251; Rengstorf u. Kortzfleisch 1988: 224f.
15 Grass 1970: 148–151; Rengstorf u. Kortzfleisch 1988: 225.; Meuthen 1989: 477ff.
16 Backhaus 1989: 70ff.; Battenberg 1990: 155.
17 *Acta Cusana* 1996: 1/3a.Nr.1525; Meuthen 1989: 477ff.; Flasch 1998: 350.
18 *Acta Cusana* 1996: 1/3b. Nr.2064; Meuthen 1989: 484.
19 Meuthen 1989: 484f.
20 Cardinalis 1728: 311 [Original: Privileg (1452), Nr.350]; Meuthen 1989: 485.
21 Kracauer 1925: 197ff.; Backhaus 1989: 64f.
22 Kracauer 1925: 200ff.; Backhaus 1989: 67ff.
23 Bothe 1920: 247; Backhaus 1989: 78 mit Anm.119.
24 Cusanus 1978; Yamaki 1992: 578–583.
25 Vgl. Kimase 1966: 49–61; Schreckenberg 1994: 524–529.

CHAPTER TWELVE

Nicolaus Cusanus und das Kloster Tegernsee

Rudolf Endres

Am letzten Maitag des Jahres 1452 kam Nikolaus von Kues, wahrscheinlich von Innsbruck her über den Achenpaß, nach Kloster Tegernsee. Der Kardinal und neue Bischof von Brixen war als päpstlicher Legat auf dem Weg nach Böhmen. Er blieb im Kloster Tegernsee am gleichnamigen See drei Tage während der Oktav des Pfingstfestes bis zum 2. Juni. Zur großen Freude des Abtes Kaspar Ayndorffer und der Tegernseer Mönche machte der berühmte Theologe, 'vir in omni arte et sciencia eruditissimus', ihr ganzes monastisches Leben mit, aß mit den Brüdern im Refektorium, stand mit ihnen im Chor und gab geistige und geistliche Anregungen. So stellten ihm unter anderem die Mönche die merkwürdige Frage, ob es erlaubt sei, Epileptiker mit einem Beryll zu brennen, wie dies seit langer Zeit praktiziert werde. Man habe – so die Mönche – Theologen und Physiker befragt und unterschiedliche Antworten erhalten, weshalb man dieses Verfahren aufgegeben habe. Der Bischof aber erlaubte dieses Brennen, doch sollte den Patienten gesagt werden, dass dieser Stein die natürliche Kraft in sich habe und es sich nicht um ein Wunder handle. Auch solle man das Heilverfahren außerhalb des Klosters und von besonders Befähigten ausführen lassen.

Während des dreitägigen Aufenthalts im Kloster gab der Kardinal dem Kloster eine ganze Reihe von Vergünstigungen und Privilegien. So verlieh er dem Kloster Ablässe für die Hochfeste und einen eigenen Ablass für den Besuch der Sonntagspredigt, damit das Volk in der Frömmigkeit wachse. Auch für die zum Kloster gehörende Pfarrei in Egern gab er einen Ablass. Der ebenfalls im Kloster anwesende Bischof von Freising, Johann Grünwalder, folgte dem Beispiel des Bischofs von Brixen und verlieh den Besuchern von drei Altären einen Ablass. Noch von Ebersberg aus, einer Station auf seiner Reise nach Böhmen, erteilte Nicolaus Cusanus die gewünschte Vollmacht, dass in Tegernsee für die Kranken im Krankensaal ein Tragaltar errichtet und auf ihm die Messe gefeiert werden dürfe, wozu er als päpstlicher Legat berechtigt war. Zum Dank für die Privilegien nahmen die Tegernseer den Kardinal in ihr Verbrüderungsbuch auf.

Cusanus war bei seinem kurzen Aufenthalt von dem monastischen und geistigen Leben im Reformkloster Tegernsee sowie von der tiefen Frömmigkeit und Spiritualität der Mönche so sehr beeindruckt und angetan, dass er sich sogar eine Zelle für seine alten Tage reservieren ließ. Tatsächlich war zu dieser Zeit Kloster Tegernsee ein vorbildliches Reformkloster. Dies war aber nicht immer so gewesen. Das Benediktinerkloster am Tegernsee war im Jahr 746 von den Brüdern Adalbert und Oatker aus der bedeutenden bairischen Adelsfamilie der Huosi gestiftet worden wie auch Benediktbeuren. Den Benediktinern, die aus St. Gallen kamen, wurde die Missionierung und Kultivierung des Alpenvorlandes übertragen. In der sog. Säkularisation unter dem bairischen Herzog Arnulf um 925 verlor das Kloster sehr viel Besitz und geriet in Verfall. Kaiser Otto II. gilt als Neugründer des Klosters und er stellte auch die Verbindungen zu St. Maximin in Trier her, so dass die Gorzer Reform in Tegernsee Einzug halten konnte. Kaiser Heinrich VI. privilegierte Tegernsee sogar mit den Rechten eines unmittelbaren Reichsklosters, doch bald danach begann der Abstieg und Verfall des Klosterlebens, wofür mehrere unwürdige Äbte aus dem bairischen Adel die Schuld trugen.

Eine Visitation des Freisinger Generalvikars Johannes Grünwalder im Jahr 1426 brachte dann die entscheidende Wende. Der erst 24jährige Kaspar Ayndorffer – er regierte bis 1461 – wurde zum Abt bestimmt und er führte sofort die Melker Reform ein. Man verzichtete auf den Titel einer Reichsabtei und nahm nun auch Bürgerliche und Bauernsöhne als Mönche auf, was bald zu einem mächtigen Zulauf führte. 1418 lebten noch 10 Mönche in Tegernsee, 1474 waren es schon 44. Vor allem aber fanden viele junge Mönche, die an der Universität Wien studiert hatten, den Weg nach Tegernsee, einige über Kloster Melk an der Donau. Von Tegernsee aus aber erreichte die Melker Reform noch andere Klöster in Oberdeutschland, wie etwa Michelsberg in Bamberg, Benediktbeuern, Dietramszell, Scheyern, Biburg und andere.

Das tragend Element der Melker Reform waren die Visitationen. Wie verlief nun eine Visitation, mit deren Hilfe die Reformer und besonders Nicolaus Cusanus die ursprüngliche mönchische Gemeinschaft entsprechend den Regeln des hl. Benedikt wieder herstellen wollten? Der Abt und Konvent begrüßten die Visitatoren im Kapitelsaal. Darauf verlas einer der Visitatoren die Littera commissionis und setzte sich in einer anschließenden Exhorte für die Erneuerung des klösterlichen Lebens ein. Dies wurde als der Wille Gottes bezeichnet. Danach mussten alle Anwesenden, die nicht in vollem Sinne Mönche und Mitglieder des Kapitels waren, den Saal verlassen. Die Untersuchung des monastischen Lebens erfolgte darauf in drei Schritten: der Inquisitio, der Recitatio und der Traditio cartae mit der Conclusio.

In der Inquisitio versprachen die Visitatoren, alle Aussagen geheim zu halten, und versicherten jedem das Recht, sich zu verteidigen. Abt und Konvent mussten sich durch Eid verpflichten, die Fragen der Visitatoren wahrheitsgetreu zu beantworten und Missstände aufzudecken. Die Fragen der Visitatoren sind im Interrogatorium überliefert.

Der zweite Teil der Visitation war die Recitatio. Sie bestand in der Beratung der Visitatoren über den monastischen und wirtschaftlichen Zustand des Klosters, der sich aus der Befragung des Konvents ergab. Sie gaben dann die Anweisung, in welchen Punkten das klösterliche Leben der Melker Observanz anzugleichen sei.

Im dritten und abschließenden Teil wurde die Carta visitationis dem versammelten Konvent vorgelesen und dem Prior zur Aufbewahrung übergeben. Die Visitatoren verabschiedeten sich nach einer Culpa von Abt und Konvent, die ihnen für alle bei der Visitation unterlaufenen Fehler die Absolution erteilten.

Die Visitatoren wollten vor allem die Einstellung aller Mitglieder eines Hauses zu Fragen der Besitzlosigkeit (paupertas), der Enthaltsamkeit (castitas), des Gehorsams (oboedientia), der Schweigsamkeit (silentium), des Fastens (ieiunium), des gesamten Gottesdienstes (divinum officium) sowie der geistlichen Lesung (hora lectionum) und der Handarbeit (opus manuum) erfahren. In einem weiteren Schritt erfolgte die genaue Prüfung der wirtschaftlichen Situation; denn nach einer alten Erfahrung der Prälatenklöster kann sich ein observantes innerklösterliches Leben nur auf der Grundlage einer geordneten Ökonomie entfalten. Ein Verzeichnis über den gesamten Besitz des Klosters und seine Einkünfte wurde deshalb angelegt und dem Abt zur Aufbewahrung übergeben.

Um die Offizialen kümmerte sich die Visitation in besonderer Weise. Der Abt sollte die Hauptverantwortung für den Stand des monastischen Lebens tragen, darin unterstützt vom Prior und Subprior für die geistlichen Angelegenheiten. Der Novizen- und der Konversenmeister betreuten jeweils ihre Gruppe im Konvent. Mit den Temporalia wird der Zellerar betraut, dem der Vestiarius (für die Kleidung zuständig) und der Koch unterstellt sind. Der Infirmar sorgt für die Kranken. Sakristan und Pförtner sind weitere Ämter. An Mariä Lichtmess (2. Februar) jeden Jahres mussten die Offizialen Rechenschaft ablegen und wurden dann in ihren Ämtern bestätigt oder ersetzt. Da sich ein zu häufiger Wechsel nachteilig auswirken konnte, warnten die Visitatoren den Abt vor Unbeständigkeit. Die Carta visitationis sollte wie die Regel Benedikts viermal im Jahr dem Konvent vorgelesen werden, damit die Anordnungen von Dauer wären.

Bei ihrem Bemühen um die Erneuerung des klösterlichen Lebens stellten die Reformer die Anordnungen für den Gottesdienst in den Vordergrund. Neuordnung und Gleichordnung sollten die Mißstände und die vielen Eigenbräuche der einzelnen Klöster beseitigen. Die Gebetstexte wurden auf ein sinnvolles Maß reduziert, und die allzu kunstvollen Gesänge auf die schlichten Melodien des gregorianischen Chorals zurückgeführt. Die Beobachtung einer gemeinsamen Gottesdienstordnung war das Kennzeichen der Zugehörigkeit eines Klosters zum Melker Reformkreis. Dennoch erreichten die Melker keine uniformitas, obgleich dies ein wesentliches Bindeglied gerade beim Fehlen eines Generalkapitels gewesen wäre.

Die Wiener Universität war die Hauptbildungsquelle und der Vermittler der Reformgedanken in der ersten Hälfte des 15. Jahrhunderts, wie Virgil Redlich nachgewiesen hat. Für den Benediktinerorden ist gesichert erwiesen, dass alle Männer, die in der Geschichte der Reformen von Melk Bedeutsames geleistet haben, mit der Universität in Wien in Verbindung standen: Petrus Schlitpacher, Johann Keck, Konrad Geisenfeld, Bernhard von Waging, Paul von Elchingen,

Melchior Stamhaim, Angelus Rumpler und andere. Von allen Orden, die ihren Nachwuchs zum Studium nach Wien schickten, erreichten die Benediktiner die Höchstzahl, nämlich 250. Die stärkste Verbindung zur Wiener Hochschule hatte das Kloster Melk, seitdem der ehemalige Rektor Seyringer Abt in Melk geworden war. In Melk hat auch der um die Wiener Universität hochverdiente Rektor Nikolaus von Dinkelsbühl in den Jahren 1422–1424 Vorlesungen gehalten.

Melk aber leitete das neue geistige Leben und die Reformvorstellungen weiter nach Tegernsee. Dies traf vor allem für Johann Schlitpacher in Melk zu, dessen Biographie bezeichnenderweise in Tegernsee kurz nach seinem Tod verfasst wurde. Schlitpacher war 1403 in Schongau geboren und kam mit 21 Jahren nach Wien zum Studium, das er mit dem Doktorat abschloss. Um zu lehren, kam er 1434 nach Melk, wo es ihm so gut gefiel, dass er ein Jahr später in das Kloster eintrat. Durch ihn wurden die regen Beziehungen zu Kloster Tegernsee unter den Äbten Kaspar Ayndorffer und Konrad von Weilheim hergestellt, denn er war Visitator, Freund und literarischer Anreger, Berater und Berichterstatter über die Vorgänge der Zeitgeschichte, wie seine vielen Briefe nach Tegernsee belegen. Von Schlitpacher stammten fast alle Texte, die für die Reform und insbesondere für die Visitationen wichtig waren, zumindest hat er sie bearbeitet. 1451/52 visitierte er 27 Klöster in Bayern und sandte seine Ergebnisse in einem umfangreichen Bericht an Nicolaus Cusanus, der sich sehr herzlich und anerkennend bedankte.

Noch enger wurden die Beziehungen und der Austausch zwischen den beiden Klöstern, als der Melker Prior Konrad von Geisenfeld nach Tegernsee übertreten wollte. Auch er hatte in Wien studiert und stand Schlitpacher sehr nahe. Er hatte ihn zu einem großen Kommentar zur Benediktinerregel angeregt, der später von Abt Konrad Airimschmalz von Weilheim in Tegernsee eigenhändig abgeschrieben wurde. Nach einigem Hin und Her durfte der Melker Prior 1445 nach Tegernsee wechseln, wo er sogleich Prior wurde. Er stand weiterhin in regem Briefwechsel mit Schlitpacher und tauschte mit ihm Schriften aus. Einer der Briefe nach Melk handelt von dem Kommentar, den Nikolaus von Kues zur mystischen Theologie des Dionys des Kartäusers geschrieben hatte und von vier seiner Briefe. Prior Konrad von Geisenfeld gab den Anstoß zu einer engeren Beschäftigung mit den Werken des Kardinals und seinen Vorstellungen von der 'Mystischen Theologie'. Magister Konrad von Geisenfeld, ein sehr gelehrter Mann, wurde 1450 auch Bibliothekar in Tegernsee und nahm regen Anteil an der Korrespondenz mit Nicolaus Cusanus.

Seit 1451 stand Abt Kaspar Ayndorffer von Tegernsee mit Nikolaus von Kues in regem Briefwechsel. Abt Kaspar war dabei stets der Fragende, der auch mit kleinen liturgischen und rechtlichen Bedenken sich an Nicolaus Cusanus wandte. Wenn er tiefergehende theologische Fragen an den Kardinal hatte, dann war er nach eigenem Geständnis nur das Sprachrohr seines Priors Bernhard von Waging oder der anderen gelehrten Magister des Konvents. Abt Kaspar war ein 'Bau-Abt', der den Bau der Klosterkirche, der Mühlen und der Wehrbauten zum Schutz des Klosters vorantrieb. Abt Kaspar Ayndorffer war aber auch von entscheidender Bedeutung für die tiefgreifenden Reformen im Kloster Tegernsee. Er hatte eine ungewöhnliche innere Kraft und eine bewundernswerte Zähigkeit beim Erreichen seiner Ziele und wusste dabei durch seine persönliche Frömmigkeit und seine väterliche Art alle für sich zu gewinnen. Doch in der Geistesgeschichte von Kloster Tegernsee überragte ihn eindeutig sein Prior Bernhard von Waging, der zum eigentlichen Briefpartner und sogar Vertrauten des Bischofs von Brixen wurde.

Bernhard, um 1400 in Waging geboren, hatte ebenfalls in Wien studiert und sich dort die Würde eines Baccalaureus artium erworben. Anschließend wurde er für 10 Jahre Chorherr in Indersdorf. Als er 1446 nach Tegernsee kam, fand er im Kloster nicht nur die strenge Observanz vor, sondern auch einen vorbildlichen Gemeinschaftsgeist und sehr gute Möglichkeiten des Studiums, denn Tegernsee besaß eine hervorragende Bibliothek. Bei seiner Profeß hielt ihm der Prior Magister Johannes Keck die Ansprache. In Abt Kaspar Ayndorffer, der sich schon 20 Jahre bemüht hatte, das Kloster außen und innen zu reformieren, fand er bald einen Vater und Freund.

Im gleichen Jahr 1426, als mit Abt Kaspar Ayndorffer die Reformen einsetzten, begann auch ein neuer Abschnitt in der Bibliotheksgeschichte von Kloster Tegernsee. Unter Abt Kaspar und seinem Nachfolger Abt Konrad von Weilheim wuchs von Jahr zu Jahr die Schreibtätigkeit der Mönche und der bezahlten Schreiber. Auch kam es zu vielen reichen Bücherschenkungen oder Hinterlassenschaften von verstorbenen Mitgliedern des Konvents. Besonders unter Abt Konrad wurden auch viele Wiegendrucke angekauft. Abt Kaspar Ayndorffer selbst hat offensichtlich nichts geschrieben, dagegen finden sich allein in der Münchner Staatsbibliothek aus der ehemaligen Klosterbibliothek über 40 Handschriften von Werken Bernhards von Waging. Die Münchner Staatsbibliothek besitzt heute über 2000 Handschriften aus Tegernsee und sehr viele Briefe an und vom Tegernsee, von denen nur wenige ausgewertet sind. Allein die Briefsammel-Handschrift '19697 Clm' enthält rund 500 Briefe.

Nur ungern verließ Abt Kaspar Ayndorffer das Kloster Tegernsee. Das sei nicht Sache der Mönche, schrieb er einmal an Kardinal Nikolaus von Kues, und erst recht nicht seine Sache. Denn er war ein kränkelnder Mann, was ihn am Wirken nach außen hinderte. Deshalb musste ihn stets bei Einladungen sein Prior Bernhard von Waging vertreten, dessen Fähigkeiten der Abt erkannt und stets väterlich gefördert hat. Bernhard aber war unermüdlich im Sinne der Klosterreform tätig und daher sehr viel auf Reisen in ganz Oberdeutschland. Den Konvent von Tegernsee aber beeinflusste Bernhard wohl am stärksten in den Jahren 1452–1465, in denen er Prior war. Er hielt die sonntäglichen Konferenzen mit den Mönchen, in denen er sein theologisches Wissen ausbreitete, sich selbst aber auch im Disput anregen ließ. Er hielt bei Neuaufnahmen und Professfeiern die Ansprachen und formte so ganz wesentlich das geistige Leben und die Spiritualität im Kloster Tegernsee.

Die herausragende Gelehrsamkeit und persönliche Integrität Bernhards hatte auch Nicolaus Cusanus bei seinem Aufenthalt im Kloster Tegernsee sogleich erkannt. Bei ihm suchte der Kardinal selbst mehrfach Antwort und Rat. So musste Bernhard ihm seine Zweifel und Bedenken bei den Priester- und Ordensreformen lösen. Er musste ihn sogar mehrmals in persönlichen Angelegenheiten beraten, und ihm schickte der Kardinal eigene, noch nicht abgeschlossene Werke und bat um

Kritik und Korrekturen. Dabei nahm Nicolaus Cusanus die Anregungen Bernhards sehr ernst, denn er bemerkte später, dass er die Briefe des Tegernseer Priors wieder und wieder lese. Ihm sagte er das schöne Wort: 'Alles meine ist auch Dein!' Aus seiner tiefen Zuneigung zu dem Tegernseer Prior machte Cusanus kein Hehl.

Anlass zu noch engeren Verbindungen zwischen dem Bischof von Brixen und Bernhard im Kloster Tegernsee war die Kontroverse über die Koinzidenzlehre, in der sich Bernhard durch die Schärfe seines Geistes und die Präzision seiner Argumentation als vorzüglicher Schüler des Nikolaus von Kues auswies. Als Cusanus das dreiteilige Werk 'De docta ignorantia' vorlegte und dieses um 1451 von Bernhard in Tegernsee eingehend studiert wurde, da begann sich im Kloster ein neues Denken durchzusetzen. Von Tegernsee aus griff die Bewegung auch auf die Klöster Melk, Mondsee, Aggsbach und München über. Bernhard schrieb nun ein 'Laudatorium doctae ignorantiae'.

Auch wandten sich die Tegernseer im September 1452 an Nicolaus Cusanus mit der Frage, welcher Anteil den einzelnen geistigen Fähigkeiten mit der mystischen Gottvereinigung zukomme. Die Scholastik hatte ohne Einschränkung den Primat des Verstandes verkündigt und die Erkennbarkeit Gottes durch die natürlichen Kräfte der Vernunft gelehrt. Cusanus aber stellte nun die Bewegtheit der Liebe und das Affektive in den Vordergrund. Der rein intellektuelle Weg führe nicht zur Vereinigung des Menschen mit Gott, denn es gebe keine wesentliche Vereinigung ohne Bewegung und keine Bewegung ohne Liebe. Diese Erkenntnis, dass der Verstand aus sich unfähig sei, zur Gotteserkenntnis zu kommen, sei zwar Unwissenheit, aber zugleich höchstes Wissen, eben das Wissen des Nichtwissens, die docta ignorantia, der Ineinsfall der Gegensätze.

Damit setzte sich Nicolaus Cusanus von der strengen Scholastik ab. Als der Karthäuser Vinzenz von Aggsbach, der als reiner Voluntarist sich leidenschaftlich gegen den Kardinal wandte und sogar der Vorwurf des Pantheismus erhoben wurde, trat Bernhard von Waging nachhaltig für die Anschauungen des Bischofs von Brixen ein. Im 'Defensorium doctae ignorantiae' bekämpfte er eindringlich die Gegner der Vorstellungen des Nikolaus von Kues. In der Bibliothek von Kloster Tegernsee findet sich sogar ein 'Strictilogium de mistica theologia', das sehr klar, präzise und gedrängt die Streitpunkte und Fragen zusammenfasst. Diese Schrift des Bernhard von Waging wurde in den Klöstern in ganz Oberdeutschland verbreitet und gelesen.

Der rege Briefwechsel, den Nicolaus Cusanus mit den Mönchen in den fünfziger Jahren führte, drang in die letzten Tiefen theologisch-philosophischer Erkenntnisse vor. Präzise legte er noch einmal den Sinn seiner Koinzidenzlehre dar: Durch das Dunkel der Vernunft erhalten wir nur negative Erkenntnis über Gott; er ist in Gefahr, zum Nichts zu werden. Aber wir müssen noch eine Stufe weitersteigen dorthin, wo es kein Positiv und Negativ mehr gibt. Eben dort ist Gott. Cusanus selbst war von dem philosophischen Ernst und der tiefen Frömmigkeit der Tegernseer Mönche tief beeindruckt.

Der intensive Briefwechsel mit den Tegernseern war für Nicolaus Cusanus besonders wertvoll, da er zu dieser Zeit in den völlig unerquicklichen Streit mit Erzherzog Sigismund den Münzreichen verstrickt war. Deshalb widmete er ihnen auch das Büchlein 'De visione Dei', das die Mönche mit großer Begeisterung aufnahmen, da es ihnen den kürzesten Weg zu Gott zeige. Dreimal schrieben sie das Büchlein ab und widmeten ein Exemplar auf Pergament ihrem verehrten Abt Kaspar Ayndorffer.

Für das Kloster Tegernsee war die theologisch-philosophische Begegnung mit Nicolaus Cusanus von nachhaltiger Wirkung. Bisher waren das geistige Leben und die theologische Grundeinstellung von Wien her geprägt gewesen, d.h. die Scholastik bestimmte die Vorstellungen der Mönche. Durch Cusanus aber wurde der Anstoß zu etwas Neuem gegeben. Denn durch den Kardinal wurde Tegernsee mit Literatur vertraut gemacht, die in den anderen oberbayerischen Klöstern erst ein halbes Jahrhundert später Eingang fand. Dies gilt vor allem für die mystischen Schriften und Predigten des Areopagiten, des hl. Bernhard und Alberts des Großen sowie für Schriften der mathematisch-astronomischen Wissenschaft.

Bernhard von Waging im Kloster Tegernsee wurde durch den Briefwechsel und die Vorstellungen des Kardinals zu einer eigenen Abhandlung 'De cognoscendo Deum' im Jahr 1459 angeregt. Darin wurden die Fragen der Koinzidenz-Controverse erneut aufgegriffen, nur scharf und klar gefasst. Bernhard zeigte sich darin nicht so sehr als Vertreter einer spekulativen Theologie, sondern der praktischen Erfahrung und einer wohltuenden Lebensnähe.

Diese Grundeinstellung bewährte sich auch bei Bernhards Tätigkeit als gesuchter Klosterreformer. In der Durchführung der regulären Obervanz in den oberdeutschen Klöstern sah Bernhard seine Lebensaufgabe. Dabei wehrte er sich gegen gewaltsame Erneuerungsversuche, wie diese Nicolaus Cusanus in seiner Diözese durchsetzen wollte. Vielmehr müsse eine andauernde Reform von innen her wachsen und vor allem von einer im neuen Geist gebildeten monastischen Jugend getragen werden. So übte er sogar offen Kritik an den rigiden und drastischen Reformverfahren des Bischofs von Brixen, der Musterklöster schaffen wollte: 'Der Eifer des hochwürdigsten Herrn müsste gemäßigt werden, damit nicht nach den Worten des hl. Benedikt das Gefäß selbst zerbrochen werde, während man es allzu eifrig vom Rost reinige – Bei den Visitationen müsse man bescheidener und mit größerer Diskretion vorgehen, sonst werde nichts erreicht. Man habe genug überführende Beispiele. Und wie solle der Bischof, der niemals an sich selbst ein reguläres Leben erfahren habe, fähig sein, andere in dieses reguläre Leben einzuführen? Hier müsse doch auch wie bei allen Dingen die Erfahrung mitreden. Nur nicht allzu gerecht sein wollen: Denn höchstes Recht sei höchste Ungerechtigkeit'. Bernhard wollte nicht die Observanz um der Observanz willen, sondern er wolle die Menschen in den Klöstern gewinnen für die Liebe und den Frieden. Er schreibt: 'Ihr sucht umsonst nach regulärem Leben! Wo keine Liebe ist, da ist auch keine Observanz'.

Verständlicherweise suchte Nicolaus Cusanus den erfahrenen Tegernseer Prior Bernhard von Waging für die Reform der Klöster seiner Brixener Diözese zu gewinnen. Nachdem der Bischof selbst beim Benediktinerinnen-Kloster Sonnenburg bei Bruneck am Widerstand der adeligen Nonnen gescheitert war, ließ er am 27. November 1453 den Tegernseer Prior kommen. Bernhard fand bei seiner Visitation zusammen mit dem Generalvikar von Brixen bei der Äbtissin und den Schwestern eine völlige Unkenntnis der Ordensregeln und keinerlei Bereitschaft zu Reformen vor. Die adeligen Frauen ließen es sich gut sein im Kloster und hielten sich nicht an die Klausur. Bernhard schlug deshalb dem Bischof vor, die Äbtissin Verena von Stuben abzusetzen und die gebildete Priorin und einige Ordensfrauen aus St. Peter in Salzburg zu berufen, die den Kern einer neuen Kommunität bilden könnten. Aber leider sagten die Salzburger Benediktinerinnen ab.

Die Nonnen in Sonnenburg aber protestierten weiter gegen die, wie sie sagten, 'vom Haß diktierte' Reform und intrigierten gegen den Bischof bei ihren adeligen Verwandten. Bernhard dachte sogar daran, Sonnenburg in ein Männerkloster umzuwandeln, was aber Cusanus ablehnte. Viele Visitationen habe er erlebt, aber noch nie so wenig Erfolg wie in Sonnenburg gesehen, schreibt Bernhard an Cusanus. Als es 1458 zu gewaltsamen Aktionen kam, die später von Gregor von Heimburg als 'Mord von Enneberg' verschrieen wurden, da gab Erzherzog Sigismund dem Drängen nach. Der Generalvikar von Brixen, Michael Natz, konnte Barbara Schöndorffer als neue Äbtissin einsetzen, nachdem die aufmüpfigen adeligen Nonnen beinahe ausgehungert worden waren.

Bernhard von Waging musste im Auftrag des Fürstbischofs auch das Benediktinerkloster St. Georgenberg in Tirol visitieren und sollte es reformieren. Auch hier fand er traurige Verhältnisse vor, wie er in einem Schreiben an den Kardinal tief beklagte. Als Grundvoraussetzung für einen Wandel verlangte er die Absetzung des unfähigen und würdelosen Abtes, der die Fastenordnung nicht einhielt. Da Bernhard von einem allgemeinen Dispens nichts wissen wollte, forderten der Abt und die Mönche von Georgenberg ihrerseits andere Visitatoren, was vom Bischof von Brixen abgelehnt wurde. Mehr als zwei Jahre dauerten die Reformversuche in Georgenberg bis sie schließlich Erfolg hatten.

Im Februar 1455 beschwor der Kardinal den Reformer Bernhard von Waging nach Brixen zu kommen, denn Nicolaus Cusanus rang mit der Überlegung, auf das Hochstift Brixen wegen des Streits mit Erzherzog Sigismund zu verzichten. Er war nahe daran, ins vorbildliche Kloster Tegernsee einzutreten, wo man eine Zelle für ihn bereit hielt. Doch schließlich hielt er als Bischof durch, wozu ihm wohl Bernhard geraten hatte.

Dieser dachte oft über das Wort des Kardinals nach, dass er in den Klöstern seiner Diözese eine vollkommene Observanz und Reform wünsche. Was sie sei, das wüsste der Kardinal nicht, aber nichts wünsche er leidenschaftlicher als in Gemeinschaft wahrer Mönche zu leben. Denn Nicolaus Cusanus war tief erschüttert und innerlich betroffen durch den Kampf mit Erzherzog Sigismund und den Tiroler Adeligen sowie durch die Widerstände und Misserfolge bei seinen Reformversuchen der Klöster in seiner Diözese.

Selbst aus der Ferne nahm Nicolaus Cusanus weiterhin entscheidenden Einfluss auf das geistige Leben im Kloster Tegernsee, und hier insbesondere auf die Einführung und Entwicklung des Humanismus. In diesem Prozess fand Cusanus einen besonderen Briefpartner und engagierten Wissenschaftler in dem Magister der Theologie Johannes Keck. 1400 in Giengen als Sohn eines Wagners geboren, studierte Keck ebenfalls in Wien und kam 1434 nach München, wo er Beichtvater des bayerischen Herzogspaares wurde. 1441 berief ihn Kardinal Johann Grünwalder nach Basel, wo er als Konzilsprediger wirkte. Dabei kam er in Berührung mit den italienischen Humanisten und machte eifrig Auszüge aus philosophischen und theologischen Schriften.

1442 trat Keck in das Kloster Tegernsee ein und brachte die ersten Übersetzungen aus dem Griechischen mit, so die Übertragung des Büchleins von Basilius über das Studium der heidnischen Schriftsteller durch den Humanisten Leonardo Aretino sowie eine Rede des italienischen Humanisten Hugolino, die dieser auf dem Konzil in Basel gehalten hatte. In Basel war Keck auch Nikolaus von Kues nähergetreten. Nachdem Keck 1450 unter Papst Nikolaus V. Pönitentiar in Rom geworden war, wandte er sich in schwierigen Fällen stets an Cusanus. Aus einem Schreiben geht deutlich hervor, in welch hohem Ansehen Cusanus bei seinen Zeitgenossen und speziell bei Keck stand. Vor allem das Neue, die hervorragende Kenntnis der klassischen Sprachen rühmte er. Er wollte von Cusanus wissen, was es bei den Lateinern, den Griechen und den Hebräern Wissenswertes gebe. Emphatisch schrieb er: 'Ja wahrhaftig, wäre dein Geist damals bei dem Konzil von Vercelli gewesen, dann hätte das Konzil den Johannes Scotus, den Übersetzer der Bücher des sel. Dionysius sicher nicht verdammt und es hätte über der allzu großen Aufmerksamkeit auf die Fachausdrücke den kostbaren Wahrheitssinn nicht vernachlässigt'.

Keck war Theologe und eignete sich, wie eine Handschrift beweist, griechische Kenntnisse an, da er sie zum Lesen des Pseudo-Dionysius benötigte, von dem er mehrere Werke aus Basel mit nach Tegernsee gebracht hatte. Er verfasste sogar ein kleines griechisches Wörterverzeichnis mit der ausdrücklichen Begründung, dass unverstandene Worte auch den Text selbst verdunkeln würden. Vielleicht hätte Keck, der in Rom Bücher für Kloster Tegernsee abschreiben ließ, mehr für die Durchsetzung des Klosterhumanismus wirken können, wenn ihn nicht schon 1450 die Pest hinweggerafft hätte.

Nachhaltiger war der Einfluss von Nicolaus Cusanus auf die literarisch-humanistische Bildung in Tegernsee. Schon seine erste Begegnung mit Tegernsee war bedeutsam und aufschlussreich für den historischen Sinn des Kardinals. Auf einer Synode in Trier 1451 bat die Äbtissin von Neuß am Rhein, in ihrem Kloster das Fest des hl. Quirinus feierlich begehen zu dürfen, da am Grabe des Heiligen viel Wunderbares geschehe. Da erklärten anwesende Fürsten aus Bayern, dass der Leib des Heiligen im Kloster Tegernsee ruhe. Sie wussten auch von dem heilkräftigen Quirinusöl und von anderen wunderbaren Geschehnissen zu berichten. Der Kardinal gab sich aber damit nicht zufrieden, vielmehr müsse man nach den ältesten Quellen und Handschriften suchen. Die Mönche sollten ihm berichten, wie und von woher der Leib des Heiligen nach Tegernsee gekommen sei. Die Mönche vom Kloster Tegernsee übersandten die gewünschten Handschriften, so dass der Kardinal sich selbst kundig machen konnte.

Nach seinem Besuch in Tegernsee vermittelte Cusanus mehrmals den Mönchen und insbesondere seinem Freund Bernhard von Waging Werke der großen Übersetzer aus dem Griechischen, Leonardo Aretino und Abrogio Traversari.

Weiterhin übersandte er ihnen Schriften des Eusebius in der neuen Übertragung von Georg von Trapezunt. Umgekehrt bat der Kardinal, die Mönche möchten für ihn die Schrift des Aristoteles 'De consilio et legibus', die er in Admont gesehen hatte, ausfindig machen. Die Schriften des Dionysius Areopagita über die mystische Theologie, die sein Freund Traversari übersetzt hatte, sandte er ihnen der Reihe nach zur Abschrift.

Eine neue humanistisch-literarische Bildungswelt tat sich damit im Kloster Tegernsee auf, zumal mit Magister Konrad von Geisenfeld ein hervorragend gebildeter Mönch die Leitung der Bibliothek übernommen hatte, der schon ein Ausleihverzeichnis eingeführt hat, das leider nicht mehr erhalten ist. Voller Begeisterung über die Wiederbelebung der griechischen Literatur, die unter dem humanistisch gebildeten Papst Nikolaus V., dem Begründer der vatikanischen Bibliothek, so sehr gefördert wurde, schrieb der Tegernseer Prior Keck an Nicolaus Cusanus: 'Gepriesen sei der moderne Papst! Durch sein Bemühen und seinen bewundernswerten Eifer ist das, was bisher vom Weisheitsschatz der Griechen unbekannt geblieben war, neu ins Lateinische übersetzt und dadurch der ganzen Welt erschlossen worden'. Aber er lobte auch den Kardinal, weil dieser so vielen, die in der Einsamkeit – gemeint ist Tegernsee – gleichsam außerhalb der Welt gelebt haben, die Wege zu dieser wertvollen Literatur aufgetan und gewiesen habe.

Wahrscheinlich ist es auch auf die Einwirkungen des Kardinals zurückzuführen, wenn die Bibliothek in Tegernsee schon um die Mitte des 15. Jahrhunderts frühe Beispiele von Humanistenschriften aufzuweisen hat. Denn eine ganze Reihe von Handschriften, die heute in der Staatsbibliothek in München aufbewahrt werden, sind in der antikisierenden Minuskel der italienischen Renaissance geschrieben. Zwei Sammelhandschriften, die auch eine Rede und Abhandlung des Nikolaus von Kues enthalten, weisen eine besonders feine und zierliche Minuskel auf. Ebenso sind die Tegernseer Reformstatuten von einem vorzüglichen Schönschreiber der Renaissance geschrieben. Nach dem Tode des Nicolaus Cusanus bezogen die Tegernseer Mönche humanistische Handschriften, Wiegendrucke und Bücher über Augsburg vor allem aus Venedig. Dass Tegernsee zum Anziehungs-, Mittel- und Ausstrahlungspunkt literarisch-humanistischer Bildung werden konnte, hatte das Kloster vor allem der Freundschaft mit Nicolaus Cusanus zu verdanken.

BIBLIOGRAPHIE

Faust, Ulrich (1999) *Die Benediktinischen Orden*, In: Walter Brandmüller (Hrsg.) *Handbuch der bayerischen Kirchengeschichte*, Bd. 1, II: 539–552, München.

Flasch, Kurt (1998) *Nikolaus von Kues*, Frankfurt a. M.

Holzfurtner, Ludwig (1985) *Das Klostergericht Tegernsee, Komm. für Bayerische Landesgeschichte*, München.

Meuthen, Erich (1992) *Nikolaus von Kues*, Münster.

Niederkorn-Bruck, M. (1994) *Die Melker Reform im Spiegel der Visitationen* (= MIÖG Erg.bd. 30), Wien.

Redlich, Virgil (1974) *Tegernsee und die deutsche Geistesgeschichte im 15. Jahrhundert*, Aalen.

Schneider, Bernhard (1974) *Abt Ellinger von Tegernsee*, Aalen.
Schneider, Bernhard (1974) *Studien zur Geschichtsschreibung des Klosters Tegernsee* (vom 11. bis zum 16. Jh.), Aalen.
Stift Melk (1983), In: *Geschichte und Gegenwart* 3: 8–92.
Weissensteiner, Johann (1983) *Tegernsee, die Bayern und Österreich*, Wien.

CHAPTER THIRTEEN

St. Benedict and Nicholas of Cusa

Yoshiaki Yauchi

I am mainly concerned in this paper with Nicholas of Cusa's view of monks and monasticism in his *Sermon on Mount Olivet*, with reference to St. Benedict of Nursia, his *Rule* (*Regula monachorum*) and the *Dialogues* (*Dialogi*) of St. Gregory the Great.

1. CUSA'S SERMON ON MOUNT OLIVET

In 1461–1463, having been occupied in the curia in Rome, Nicholas of Cusa went to Orvieto to avoid the heat of the summer and recuperate, on the advice of his colleague Cardinal Peter Barbo. But since the pope made him an official visitor and reformer of the city and diocese of Orvieto, he had to undertake a reform of the diocese, cathedrals, and hospitals, and to settle political feuding in this city. In July of 1463, he visited the Abbey of Mount Olivet for a few days. On the second day after his arrival, he was present at the vesture of a novice called Nicholas and preached a sermon that fully explained what a monk is and how to live as an Olivetan monk on the basis of his own thought and experience.

Soon after leaving the Abbey, he sent a letter to novice Nicholas (*Epistola ad religiosum Nicolaum, novitium Montisoliveti*) in order to supplement his sermon. This letter, written nearly one year before his death, was, so to speak, his 'spiritual testament (das geistige Vermächtnis).'[1] His *Sermon* has been studied from a philosophical point of view.[2] But I would like to deal with it from a monastic point of view, especially in the light of St. Benedict and his *Rule*.

2. THE OLIVETANS

I shall begin with a brief account of the Olivetans.[3] The Olivetans (Ordo sancti Benedicti Oliveti) were established on Mount Olivet (Monte Oliveto) in Italy by Blessed Bernard Tolomei (1272–1348) and approved by Pope Clemens VI in 1344.

This congregation came into existence during a period of decline in Benedictine monasticism and restored a rigorous observance of the *Rule of St. Benedict.*

In 1313 Tolomei withdrew into solitude at Accona, between Siena and Arezzo, with his two disciples Patirizius Patrizi and Ambrosius Piccolomini, and kept a rigorous eremitical life for some years. But when disciples soon flocked to them, he adopted the *Benedictine Rule* and began a cenobitical life in 1319.

Therefore a great respect for St. Benedict and a strict observance of the *Rule* are the core of Olivetan spirituality. In an earlier document of the Orivetans St. Benedict was called 'Our venerable father Benedict (venerabilis pater noster Benedictus).'[4] In his solemn vow a monk professes according to the Benedictine traditional formula:' Promitto ... oboedientiam secundum regula beati patris nostri Benedicti.'[5] However, some points of the *Rule* were adjusted to the conditions of the age. For example, a term of the abbot general was not a lifetime, but twelve years, and an observance of stability (stabilitas loci) was mitigated.

Furthermore we must point out the strong tendency to an eremitical life of this congregation. The Franciscan Order and the Dominican Order developed in thirteenth century cities, but the Orivetans retreated from cities. As mentioned above, the founder Tolomei himself was originally directly eremitical in tendency and pursued a liturgical life according to the *Rule* in quiet and solitude. Cusa also emphasizes this point in his *Sermon on Mount Olivet.*

The Olivetan reform spread rapidly in Italy and other countries. By the end of the fourteenth century, some 80 Olivetan monasteries were founded in Italy, and in the fifteenth century, when Cusa visited the Abbey of Mount Olivet, the number of them had grown to more than 150. Flourishing under the protection of popes and bishops, they contributed greatly to the restoration and reform of monasticism in Italy.

3. ST. BENEDICT, ST. GREGORY THE GREAT AND NICHOLAS OF CUSA

Next we turn to Cusa's *Sermon on Mount Olivet* with relation to the *Rule of St. Benedict* and the *Dialogues* of Gregory the Great.

In his *Sermon,* a Cusa praises the *Rule of St. Benedict* as follows: '... ista regula mihi plurimum placet et mulutum commendabilis apparet ex beati Grergorii papae in libro Dialogorum secundo' (25). He does not cite the *Rule* directly. But it is probable that he had read and studied the *Rule* during his activities of monastic reform as the bishop of Brixen. He also refers to book two of the *Dialogues* of Gregory the Great on the life of St. Benedict – not a biography in the modern sense of the word – written on the testimony of his four disciples and eagerly read and used for centuries. Cusa points out here this sentence from the *Dialogues*:

> He (Benedict) wrote a Rule for Monks that is remarkable for its discretion and its clarity of language. Anyone who wishes to know more about his life and character can discover in his *Rule* exactly what he was like as abbot, for his life could not have differed from his teaching (II, 36).

Cusa also explains what a monk is, interpreting the meaning of the term 'monachus' from 'mono', he goes on to say:

> et ideo monachus debet solus esse, ut melius possit deo vacare et orare, et in solitudine versari debet, ut liberius et quietius contemplationi caelestium et in societate angelorum sit intentus et in officio divino sit mancipatus (8).
>
> Sicut habemus in Vitis patrum, quod fecerunt illi sancti patres et antiqui monachi, et sicut habemus de glorioso patre nostro Benedicto, qui stabat solus et separatus a turbis hominum et faciebat sicut scriptum est in libro Ieremiae prophetae: 'Sedebit solitarius et tacebit et levabit se super se', quia dominus deus [39va] citius et lebentius vini ad mentem et ad animam quae quiescit a tumultu separata,... (9).

He regards hermits in the *Lives of Desert Fathers* (*Vitae patrum*) and St. Benedict described in the *Dialogues* as exemplary monks because they separated from the tumult of people and stayed in solitude. And it is significant that here Cusa bears in mind young Benedict in Chapter 3 of *Dialogues II.*

According to Gregry the Great, young Benedict was sent to school in Rome, but soon he abandoned his secular learning and renounced the world: 'He took this step, well aware of his ignorance, yet wise, uneducated though he was(scienter nescius et sapienter indoctus)' (II, Prologus 1). Then, living alone for three years in a cave at Subiaco, he became an abbot of a nearby community of false monks. But tension between Benedict and monks culminated in their attempt to poison him, so he returned to Subiaco. Gregory says: 'Then he went back to the wilderness he loved, to live alone with himself in the presence of his heavenly Father' (II, 3, 5).

Thereafter he was joined by numerous disciples, for whom he established twelve small monasteries like a Pachomian system (II, 3–8). In 529 he migrated to Casinum with a few disciples and founded a fully cenobitic monastery, Monte Cassino, where he wrote the *Rule* for monks in community (II, 8–38). In from the whole context of book two of *the Dialogues,* Chapter 3 is the point at which Benedict the hermit undergoes transfiguration into Benedict the ideal abbot who leads the monastic community of Monte Cassino.

However, Cusa does not regard Benedict the Father of cenobitism, as a model for monks, but rather Benedict the hermit who seeks alone the One (Solus ad Solum).

However, this is not the monasticism of the *Rule.* Chapter 1 of the *Rule* distinguishes four kinds of monks. The first kind are the cenobites (cenobitae). They 'belong to a monastery, where they serve under a rule and an abbot' (1, 1–2). The second kind of monks are the anchorites (anachoritae) or hermits (eremitae).

> They have come through the test of living in a monastery for a long time, and have passed beyond the first fervor of monastic life. Thanks to the help and guidance of many, they are now trained to fight against the devil. They have built up their strength and go from the battle line in the ranks of their brothers to the single combat of the desert. Self-reliant now, without the support of another, they are ready for body and mind (1, 3–5).

It is evident that according to the *Rule* an eremitical life is more perfect than a cenobitical one. But the *Rule* itself was written for cenobites, not hermits. The *Rule* indicates the way in which monks live in a monastery under a rule and an abbot, and they altogether (pariter) reach everlasting life.

It is true that in his *Sermon*, Cusa exhorts observance of the *Rule*. In the last part of his *Sermon*, he mentions the three promises, i.e. povertyv (pauperitas), celibacy (castitas), obedience (oboedientia) that the religious have generally promised to observe since the Middle Ages.[6] On obedience, he emphasizes observing the *Rule*:

> Ideo stude semper observare tuam regulam sanctam, videlicet beati Benedicti, et maxime, . . .' (25).
>
> . . .quin immo dico tibi fortius quod si faceres aliquod bonum opus, quod contineretur in regula sanctorum Augustini vel Francisci, quod esset contra regulam sancti Benedicti, tu male faceres, licet opus illud in se bonum esst, nec esses oboediens (24).

But at the same time, it seems to me that he insists on 'Solus ad solum.' In his *Epistle* to the novice, which was written after this *Sermon*, he also says:

> Fuit autem consuetudo Christi saepe cum suis discipulis in hunc separatum ab hominibus locum intrare. Relegatus es, fili mi, [162va] a publicis hominum concursibus, ut liberius apud te ipsum converseris. Neque ob hoc cares loco homini apto et grato;nam non reperitur defectus gratitudinis loci, ubi in uno compendio quae ex loco grata sunt reperiuntur, uti est mons, vallis et hortus (63).

He exhorts men to imitate Christ, who prayed in solitude to God at Gethsemane.

Why does he insist on this? Part of the answer to this question would have to be sought in the eremitical tendency of Olivetan spirituality. But part of the answer might be sought in his thought as follows: 'quia dominus deus citius et libentius venit ad mentem et animam quae quiescit a tumultu separata.' The idea of God visiting a human soul in quiet and solitude is foreign to the *Rule* and mystical theology of Gregory the Great.[7] His idea of monks in the *Sermon* and *Epistle* might reflect such thought. It remains a problem whether we can discover Cusa's 'theology of monasticism.'[8]

Cusa's reforms at Orvieto did not go according to plan because the upper class citizens who had been connected with monasteries and hospitals in this city for many years obstructed him. And in the course of reforms he had to return to Rome. On the other hand, like the Carthusians, the Olivetans were not in his eyes in need of being reformed. Indeed, they had a strong influence on the restoration and reform of monasticism in Italy at this time. Therefore, he could freely express his thought. He probably spent a few days in peace and quiet at the Abbey of Mount Olivet.

BIBLIOGRAPHY

Primary Sources

Benedict of Nursia, (1980) *The Rule of St. Benedict.* Fry, T. (ed. and trans.), Minnesota.

Cusanus, (1955) *Der Brief an Nikolaus Albergati nebst der Predigt in Monteoliveto* (1436). (CT IV–3).

Gregory the Great, (1979) *Dialogues* II. Vogüé, A. de; Antin, P. (eds. and trans.), Sources chrétiennes 260, Paris. English translation: *Dialogues.* Zimmerman, O. J. (trans.) 1959, The Fathers of the Church 39, Washington.

Secondary Sources

Bredow, Gerda von, (1955) *Erläuterungen,* in: CT IV–3.

Cattana, V. (1971) *La primitiva redazione delle constituzioni olivetane,* in: *Benedictina* 18: 72–116.

Grégoire, R. (1968) *Bulletin de Théologie monastique,* in: *Studia Monastica* 10: 161–180.

McGinn, B. (1994) *The Growth of Mysticism. Gregory the Great through the 12th Century.* New York.

Meuthen, E. ([7]1992) *Nikolaus von Kues 1401–1464. Skizze einer Biographie.* Münster.

NOTES

1 Bredow 1955: 60–101.
2 Meuthen [7]1992: 127.
3 Cf. LThK[2]7: 1148 (X.M. Savelloni); NCE2: 301(G. Picasso); DSp 11: 776–781 (G. Picasso); LThK[3] 7: 1045–1046 (K.S. Frank).
4 Cattana 1971: 78.
5 Cattana 1971: 115.
6 Cf. Fry 1980: 457–466.
7 For the mystical theology of Gregory the Great, see McGinn 1996: 34–79.
8 For the formula 'theology of monasticism(théologie du monachisme),' see Grégoire 1968: 179–180.

PART II

Cusanus and Religion

CHAPTER FOURTEEN

Gewohnheit ist kein Attribut Gottes

Die Intention des Religionsdialoges bei Abaelard, Lull und Cusanus

Walter Andreas Euler

'Einstmals lebte in Nordindien ein König. Der gebot seinem Diener: "Lasse alle Blindgeborenen der Stadt an einem Ort zusammenkommen." Als dies geschehen war, ließ er den Blindgeborenen einen Elefanten vorführen. Die einen ließ er den Kopf betasten mit den Worten: "So ist ein Elefant", andere das Ohr oder den Stoßzahn, den Rüssel, den Rumpf, den Fuß, das Hinterteil, den Schwanz, die Schwanzhaare. Dann fragte er: "Wie ist ein Elefant beschaffen?" Da sagten die, welche den Kopf betastet hatten, "er ist wie ein Topf", die das Ohr betastet hatten, "wie ein geflochtener Korb zum Schwingen des Getreides", die den Stoßzahn betastet hatten, "wie eine Pflugstange", die den Rumpf betastet hatten, "wie ein Speicher", die den Fuß betastet hatten, "wie ein Pfeiler", die das Hinterteil betastet hatten, "wie ein Mörser", die den Schwanz betastet hatten, "wie eine Mörserkeule", die die Schwanzhaare betastet hatten, "wie ein Besen". Und mit dem Ruf: "Der Elefant ist so und nicht so", schlugen sie sich gegenseitig mit den Fäusten zum Ergötzen des Königs.'[1]

Die Parabel von den Blinden und dem Elefanten findet sich zuerst im buddhistischen Pali-Kanon (Udana 6, 4). Der historische Buddha erzählt sie dort, um seine Jünger vor den miteinander unaufhörlich streitenden philosophierenden Wanderasketen zu warnen. In späterer Zeit wurde die Geschichte in Asien oft mit einer religionskritischen Spitze weitertradiert: Die verschiedenen Religionen verhalten sich wie die Blinden. Sie bekämpfen einander im Namen jener Wahrheit, die ihnen verborgen ist, weil sie kein Mensch und keine Religionsgemeinschaft fassen kann.

Ein abendländisches Gegenstück zu diesem Gleichnis bildet die aus jüdischen Quellen stammende Parabel von den drei Ringen, in der Fassung, in der sie im Anschluß an Giovanni Boccaccio Gotthold Ephraim Lessing in dem Drama *Nathan der Weise* erzählt. So unentscheidbar, wie die Frage, welches der wahre Ring sei, ist die Frage, welche der drei Offenbarungsreligionen denn die wahre sei, erklärt Nathan seinem Gegenüber Saladin. Dieser zeigt sich über diese Auskunft verwundert und stellt fest, die Religionen könnten doch bis hin zu den Kleidungs- und Eßgewohnheiten genau unterschieden werden. Darauf antwortet Nathan:

> 'Und nur von Seiten ihrer Gründe nicht. –
> Denn gründen alle sich nicht auf Geschichte?
> Geschrieben oder überliefert! – Und
> Geschichte muß doch wohl allein auf Treu
> Und Glauben angenommen werden? – Nicht? –
> Und wessen Treu und Glauben zieht man denn
> Am wenigsten in Zweifel? Doch der Seinen?
> Doch deren Blut wir sind? doch deren, die
> Von Kindheit an uns Proben ihrer Liebe
> Gegeben? die uns nie getäuscht, als wo
> Getäuscht zu werden uns heilsamer war? –
> Wie kann ich meinen Vätern weniger,
> Als du den deinen glauben? Oder umgekehrt.'[2]

Nach Lessings Auskunft ist die Wahrheitsfrage in Hinblick auf die verschiedenen Religionen theoretisch nicht entscheidbar, da alle Religionen auf Geschichte, Überlieferung und Gewohnheit beruhen. Der 'garstig breite Graben' zwischen 'zufälligen Geschichtswahrheiten' und 'notwendigen Vernunftwahrheiten' könne, so Lessing in der kleinen Schrift *Über den Beweis des Geistes und der Kraft*, nicht übersprungen werden;[3] deshalb sollten sich die Religionen allein auf die praktische Gottes- und Nächstenliebe konzentrieren.[4]

Die in den beiden genannten Gleichnissen zum Ausdruck kommende religionstheologische Position unterstützt zweifelsohne die Idee der interreligiösen Toleranz, aber sie stellt zugleich das Selbstverständnis aller großen Religionen in Frage, die allesamt einen universalen Wahrheits- und Heilsanspruch erheben.

Exemplarisch drückt sich dieser Anspruch bezogen auf das Christentum in der Selbstaussage Jesu nach dem Johannes-Evangelium aus: 'Ich bin der Weg, die Wahrheit und das Leben' (Joh 14, 6). Tertullian ergänzt diese Aussage in *De virginibus velandis* folgendermaßen: 'Christus, unser Herr, hat sich die Wahrheit genannt, nicht die Gewohnheit'.[5] Der katholische Theologe Joseph Ratzinger betrachtet diese Sentenz Tertullians als einen 'der wirklich großen Sätze der Väter-Theologie'. Das Christentum stelle sich damit 'entschlossen auf die Seite der Wahrheit'.[6] Der Satz Tertullians verbreitete sich schnell im Abendland und fand Eingang ins *Decretum Gratiani* (D. VIII, c. 5).[7] Offensichtlich hat auch Cusanus diese Sentenz gefallen, da er sie, auf Gott übertragen, in einer Predigt aus dem Jahre 1444 anführt. Mahnend wendet sich Nikolaus im *Sermo XXIX* an seine Zuhörer: 'Wenn ihr doch bedenken würdet, daß Gott die Wahrheit ist – er, der sagte: "Ich bin die Wahrheit", und der nicht sagte: "Ich bin die Gewohnheit".'[8]

Gewohnheit ist also kein Attribut Gottes. Und doch hängen die Menschen an ihren lieb gewordenen Überlieferungen und Gewohnheiten und am meisten zeigt sich dies im Bereich der Religionen aus den von Lessing genannten Gründen. Diese Gewohnheiten entzweien die Menschen und Religionen zugleich voneinander, während die Wahrheit sie zur Einheit führen könnte. Diese Überlegung steht im Zentrum der drei fiktiven mittelalterlichen Dialogen zwischen Vertretern verschiedener Religionen, die im folgenden betrachtet werden sollen: Abaelards *Gespräch eines Philosophen, eines Juden und eines Christen*, Lulls *Buch vom Heiden und den drei Weisen* und Cusanus' Schrift *Vom Frieden im Glauben*. Anhand dieser drei Autoren sollen zugleich einige wesentliche Prinzipien des Religionsvergleiches von christlicher Seite im Mittelalter aufgezeigt werden.

Die in der Einleitung skizzierte Problematik thematisiert Abaelard (1079–1142) in einem, seinem Sohn Astrolabius gewidmeten Lehrgedicht. Dort heißt es:

> 'So viele Glaubensrichtungen teilen die Welt, wie es heißt,
> Daß man kaum noch erkennt, welches des Lebens Pfad.
> Weil entgegengesetzt so viele Glaubensdogmen der Welt,
> Handelt ein jeder so, wie sein Volk es tradiert.
> Niemand wagt es zuletzt, darin die Vernunft zu befragen,
> Während ein jeder strebt, sich zum Frieden zu leben.'[9]

Diese Worte könnten als ein ex negativo formuliertes Motto über der unter dem, nicht von Abaelard stammenden Namen *Dialogus inter Philosophum, Iudaeum et Christianum* bekannten Schrift stehen.[10] Das Werk handelt von der Auseinandersetzung der im Titel genannten Personen, die Abaelard in einer Nachtvision begegnen und über die er zugleich als Schiedsrichter, 'iudex', präsidiert. 'Wir sind Menschen', stellen sich die drei Männer vor, 'die sich auf unterschiedliche Glaubensrichtungen stützen. Eines einzigen Gottes Verehrer zu sein, bekennen wir nämlich alle gleichermaßen, obwohl wir ihm mit einem unterschiedlichen Glauben und Leben dienen. Einer von uns, ein Heide, gehört zu denen, die man Philosophen nennt, und ist mit dem natürlichen Sittengesetz zufrieden. Die zwei anderen haben hl. Schriften; von ihnen wird der eine Jude, der andere Christ genannt. Weil wir indes schon lange über die verschiedenen Richtungen unseres Glaubens miteinander Vergleiche anstellen und streiten, haben wir uns schließlich deinem Richterspruch anheimgestellt.'[11]

Bereits die Anfangsworte der Schrift kennzeichnen diese als ein Dokument der Begegnung verschiedener geistiger Kulturen: der sog. heidnischen Philosophie, die sich mit der 'lex naturalis', dem durch die Vernunft erkennbaren Sittengesetz und dem Monotheismus begnügt sowie der jüdischen und christlichen Religion. Ihr Disput erfolgt jedoch nicht im offenen Dreiergespräch, sondern in zwei sukzessive aufeinander folgenden Etappen. Zuerst tritt der Philosoph dem Juden gegenüber und dann dem Christen; eine Diskussion zwischen Jude und Christ findet nicht statt. Dieser bemerkenswerte Sachverhalt erlaubt einen wichtigen Rückschluß auf die Intention des *Dialogus*. Es geht – vereinfacht dargestellt – darum, ob die Offenbarungsreligionen Judentum und Christentum ihren besonderen Wahrheits- und Verpflichtungsanspruch gegenüber der 'natürlichen Religion' bestätigen können, ob sie ihre Inhalte und Werte als reales, universal gültiges 'Mehr' gegenüber dem ohnehin von allen vernünftigen Menschen Bedachten und Erstrebten zu erweisen vermögen.

Bevor die eigentliche Disputation beginnt, erlaubt Abaelard dem Philosophen eine scharfe Kritik am Primat der Gewohnheit im Bereich des Religiösen, die sich wie ein Kommentar zu dem zitierten Gedicht für Astrolabius liest. Da sich eine lange geübte Gewohnheit gewissermaßen in eine natürliche Anlage verwandelt, halten die Menschen als Erwachsene unreflektiert an dem, was sie als Kinder gelernt haben, fest. Sie bemühen sich nicht um ein Verständnis des Geglaubten und sind gleichzeitig felsenfest davon überzeugt, die einzige heilbringende Wahrheit zu besitzen.[12]

Im Dialog zwischen dem Philosophen und dem Juden[13] tritt das genannte Hauptanliegen offener zutage als im späteren Gespräch zwischen dem Philosophen und dem Christen. Der Philosoph bestreitet, daß die jüdische Religion gegenüber dem natürlichen Gesetz, das im wesentlichen aus Gottes- und Nächstenliebe besteht, einen realen Fortschritt darstelle, da bereits im vormosaischen Raum viele Gestalten – Abel, Henoch, Noah und die Patriarchen – ohne die Beachtung des jüdischen Gesetzes vor Gott gerechtfertigt wurden. Auch sei das alttestamentliche Gesetz selbst unvollkommen, es mache sich an Äußerlichkeiten wie Beschneidungsgebot, Speise- und Ritualvorschriften fest und verspreche sogar bei seiner Beachtung nur zeitlichen und irdischen Lohn, nicht ewige Glückseligkeit.[14]

Dieser Kritik vermag der Jude nur wenig entgegenzusetzen. Er verweist auf den Gedanken der Verdienstlichkeit des Gehorsams und der Treue gegen die Thora als Gottes Offenbarung an Israel durch viele Generationen hindurch[15] und betont die innere, geistige Dimension der Gebote und Verbote des Gesetzes.[16] Eine Wertung des 'iudex' zwischen den Argumenten beider Disputanten erfolgt nicht. Es dürfte allerdings klar sein, daß die Einwände des Philosophen gegen das Judentum diejenigen von Abaelard selbst sind.[17] Das Bild des Juden ist zugleich voller Sympathie für dessen beklagenswertes Diasporaschicksal gezeichnet. 'Für uns', so sagt der Jude, 'die wir sie so sehr geknebelt und unterdrückt sind, ist es bereits wunderbar, wenn wir leben dürfen.'[18] Gott müßte wirklich grausam sein, wenn er die pharisäische Glaubenstreue der Juden nicht belohnen würde.[19]

Mit Beginn der Disputation des Philosophen mit dem Christen wandelt sich die Szenerie. Ins Zentrum tritt die Frage nach dem 'summum bonum', dem höchsten Gut, sowie dem Weg des Menschen zu diesem. Gott wird von beiden als das 'summum bonum' benannt und die Tugenden werden mit Hilfe umfangreicher moralphilosophischer Darlegungen als Wege zur Erlangung der Seligkeit gekennzeichnet.[20] Letztlich bedeutet für den Menschen die größte Liebe zu Gott das höchste Gut, wofür ihm im nächsten Leben die Anschauung Gottes geschenkt wird, der größte Haß gegen Gott ist das höchste Übel, das zu den ewigen Höllenqualen führt.[21]

In der Entfaltung der Wesenszüge des 'summum bonum' hat der Christ die geistige Führung übernommen. Der den Juden so kräftig attackierende Philosoph wird immer mehr in die Defensive gedrängt. Es werden zum einen die wesentlichen Kongruenzen zwischen den Intentionen der antiken Philosophen und dem Christentum hinsichtlich der Frage des höchsten Gutes herausgearbeitet. Gleichzeitig aber betont der Christ, daß das Christentum den Kern des Sachverhalts klarer bezeichne als vorgängige Philosophien, seine Offenbarung erschließe der Vernunft neue Dimensionen. Deshalb müßten die Christen die wahren Philosophen genannt werden, die von der wahren Weisheit, d.h. Christus, belehrt werden.[22] Die Heilsverheißung des Christentums sei zugleich konkreter und umfassender als die der natürlichen Philosophie.

Abaelards Anliegen ist es zu zeigen, daß im Christentum der Glaube an die Offenbarung mit deren autoritativem Verpflichtungscharakter und die Ausrichtung an der Vernunft keinen Widerspruch bilden; sie harmonieren miteinander, wenn der Offenbarungsglaube sich nicht im Literalverständnis der Heiligen Schrift verliert und die Vernunft sich für die höhere Wahrheit möglicher göttlicher Offenbarung öffnet.

Abaelard, dem der konservative Mönchstheologe Bernhard von Clairvaux vorwarf, er würde durch sein Bemühen um eine vernunftgemäße Begründung des christlichen Glaubens dessen Verdienstcharakter in Frage stellen,[23] verteidigt sein umstrittenes Theologieverständnis ausdrücklich im *Dialogus.* Nur wenn die Christen bereit sind, von den Ungläubigen nachvollziehbare rationale Argumente für ihren Glauben zu nennen, können sie im Gespräch mit Andersdenkenden bestehen und den Wahrheitsanspruch ihrer Religion behaupten. Wer sich nur auf sog. Autoritäten, die Überlieferungen der hl. Schrift und der Väter beruft, ohne diese kritisch zu sichten, ist machtlos gegenüber dem Aberglauben. 'Mag ein Götzendiener von einem Stein oder Holzstück oder einem beliebigen Geschöpf sagen: dies ist der wahre Gott, der Schöpfer des Himmels und der Erde; oder mag einer irgendeinen offenkundigen Greuel verkünden: wer wird fähig sein, ihn zu widerlegen, wenn über den Glauben nichts mit Vernunft erörtert werden darf?'[24] In diesem Zusammenhang wird der, vielen seiner Zeitgenossen revolutionär anmutende, theologische Grundansatz Abaelards deutlich, den er ähnlich auch im Vorwort zu *Sic et non* entfaltete: reine Autoritätsargumente sind abzulehnen, der Vorrang gebührt dem 'forschenden Suchen', dem lernenden 'Hören' und dem vergleichenden Prüfen gegenüber dem vorschnellen Urteilen und Entscheiden.[25]

Das Zusammenspiel von 'Philosophus' und 'Christianus' erlaubt es Abaelard, seine Auffassung eines in der Vernunft gründenden christlichen Glaubens, der seinen Wahrheitsanspruch im Gegensatz zum Judentum behaupten kann, zu entfalten. Eigenartigerweise heißt es von dem Philosophen an einer Stelle, er sei der Sohn eines Volkes, das in Nachahmung seines Vaters Ismael die Beschneidung der zwölfjährigen Knaben praktiziert.[26] Hatte Abaelard, der nach dem Bericht seiner *Historia calamitatum* daran dachte, Zuflucht vor seinen zahlreichen Feinden im islamischen Raum zu suchen,[27] demnach ebenfalls einen islamischen Denker vor Augen, als er seinen 'Philosophus' schuf? Dies ist wenig wahrscheinlich, da der Philosoph keine spezifisch muslimischen Auffassungen vertritt.[28] Das Interesse für den Islam wächst erst allmählich nach Abaelards Tod mit der Verbreitung der durch seinen Zeitgenossen Petrus Venerabilis initiierten lateinischen Koranübersetzung und der ersten Berichte aus dem Orient.

Die Schrift endet, ohne daß der dem Gespräch vorstehende 'iudex' abschließend das Wort ergreifen würde. Die ältere Forschung betrachtete den *Dialogus* als das letzte Werk Abaelards und nahm an, der Tod habe ihn an der Vollendung seiner Schrift gehindert.[29] Diese Auffassung wurde mittlerweile verschiedentlich in Frage gestellt.[30] Vergleichende Analysen der Schriften Abaelards lassen es als wahrscheinlich erscheinen, daß der *Dialogus* nicht aus seiner allerletzten Lebensphase stammt. Warum aber fehlt dann das Urteil des 'iudex', das er doch, wenn auch eigenartig zögernd, den Gesprächsteilnehmern verspricht?[31] Sollte der uns vorliegende Schluß des Buches das von Abaelard intendierte Ende darstellen, muß man annehmen, er habe den Lesern seines Werkes das Urteil überlassen wollen. Diese sind also die letzten und eigentlichen Schiedsrichter über das fiktive Gespräch, dessen Zeuge er geworden ist. Für diese These spricht, daß der Richter zweimal betont, er wolle lieber aufmerksam zuhören als vorschnell urteilen.[32] Genau diese Einstellung scheint Abaelard auch allen Lesern seines Werkes zu empfehlen.

Im Unterschied zu Abaelard stammte Ramon Lull (1232–1316) aus einem Randgebiet des christlichen Abendlandes. Seine Heimat Mallorca war erst wenige Jahre vor seiner Geburt aus muslimischer Herrschaft befreit worden. Zu seinen Lebzeiten lebten noch viele Muslime und auch Juden auf der Insel.[33] Sein kultureller Hintergrund unterscheidet sich tiefgreifend von dem der meisten mittelalterlichen Theologen. Er war ursprünglich Höfling und verheiratet. Nach einer mehrmaligen Vision des gekreuzigten Christus beschloß er im Alter von etwa 30 Jahren sein bisheriges Leben aufzugeben und sich fortan ausschließlich der Mission der Juden und Muslime, später auch der Mongolen, zu widmen. Lull wollte auf intellektueller Grundlage für das Christentum werben. Deshalb lernte er Arabisch und studierte die islamische Theologie.

Nach seiner lebenslang vertretenen Überzeugung läßt sich die Wahrheit des Christentums vernunftgemäß beweisen, wenn sich die Andersgläubigen unvoreingenommen mit dessen wesentlichen Glaubensinhalten beschäftigen und diese von speziell geschulten Theologen in der richtigen Weise verkündet werden. Lulls Missionstheorie zufolge muß der christliche Missionar gesprächsbereit gegenüber jedermann sein und so die Andersgläubigen ermutigen, sich für seine Argumente innerlich zu öffnen. Die fiktiven Religionsgespräche, die Lull verfaßte,[34] sind gedacht als Modelle für reale Disputationen zwischen Christen und Anhängern anderer Religionen, in denen Lulls Prinzipien angewandt werden sollen.[35]

Ein wesentliches Anliegen Lulls besteht darin, die Gesprächsteilnehmer frei zu machen von Vorurteilen und Ressentiments, die sie daran hindern, Wahrheit und Irrtum voneinander zu scheiden. Er beklagt, daß 'der Glaube, den die Menschen von ihren Eltern und Vorfahren übernommen haben, so tief in ihnen verwurzelt sei, daß es unmöglich wäre, sie durch Predigt oder Disputation oder sonst noch Menschenmöglichem von ihren Meinungen abzubringen. Deshalb würden sie, wenn man mit ihnen diskutieren wollte und ihnen die Irrtümer, in denen sie sich befinden, aufzeigen möchte, sofort alles, was man ihnen sagt, verächtlich machen und sagen, sie wollten in demjenigen Glauben verharren und sterben, den ihnen ihre Eltern und Vorfahren überliefert haben'.[36] Diese Feststellung klingt ausgesprochen resigniert und fußt wohl auf bitteren Erfahrungen, die Lull bei verschiedenen Diskussionen machen mußte. Allerdings behält die Resignation bei

Lull nie die Oberhand, da er, trotz aller Rückschläge in seinen Missionsbemühungen, zugleich von einem ungewöhnlichen Optimismus beseelt blieb. 'Die Wahrheit', so schreibt er, 'ist stärker im Geist verankert als die Falschheit, da Wahrheit und Sein miteinander in Einklang stehen, genauso wie Falschheit und Nicht-Sein. Deswegen müßte notwendigerweise, wenn die Falschheit hartnäckig von der Wahrheit und von vielen Menschen bekämpft wird, die Wahrheit über die Falschheit siegen.'[37]

Die beiden soeben zitierten gegenläufigen Aussagen finden sich im Epilog des *Buches vom Heiden und den drei Weisen*, dem bedeutendsten Werk Lulls zur Frage des Religionsdialoges. In dieser zwischen 1274 und 76 entstandenen, in altkatalanischer und lateinischer Fassung überlieferten Schrift[38] wird die religionstheologische Thematik in einer für Lull typischen Weise dichterisch eingerahmt.

Ein Heide, der weder Gott noch eine konkrete Religion kennt und in Erwartung seines Todes verzweifelt, irrt durch einen Wald. Gleichzeitig treffen sich drei weise Männer, ein Jude, ein Christ und ein Muslim, um über Glaubensfragen zu diskutieren. Zu diesem Zweck gehen sie in den Wald zu einer Quelle und lassen sich unter fünf Bäumen nieder. Die Blüten der Bäume enthalten jeweils zwei Begriffe. Eine Dame mit dem Namen 'Intelligentia' erklärt den Weisen die Bedeutung der Bäume und ihrer Blüten. Es handelt sich dabei um Kombinationen der sieben göttlichen Attribute (Güte, Größe, Ewigkeit, Macht, Weisheit, Liebe, Vollkommenheit), der sieben geschaffenen Tugenden und der sieben Laster. Die Bäume sind an zwei Voraussetzungen geknüpft: 1. Gott muß die denkbar größte Würde und Vollkommenheit im Hinblick auf sein Wesen und sein Wirken zuerkannt werden. 2. Die göttlichen und die geschaffenen Tugenden müssen miteinander übereinstimmen, während die Tugenden und die Laster im größtmöglichen Gegensatz zu denken sind. Die genannten Voraussetzungen orientieren sich an dem Ziel, Gott lieben, erkennen, fürchten und ihm dienen zu wollen. Nach dieser Erklärung verschwindet die Dame und die drei Weisen beschließen aufgrund der Symbolik der Bäume darüber zu diskutieren, welche ihrer Religionen denn die wahre sei.[39]

Die Baumsymbolik stellt eine vereinfachte Form der 'ars lulliana' dar, deren Prinzipien nach Lulls Überzeugung Juden, Christen und Muslime als Anhänger eines ethischen Monotheismus gleichermaßen bejahen können. Er hält die Religionsdisputation auf der Grundlage einer formalisiert-rationalen, für alle Diskutanten akzeptablen und einsehbaren Methode für erfolgversprechender als eine vergleichende Untersuchung der hl. Schriften der verschiedenen Offenbarungsreligionen. Nach seiner oftmals wiederholten Meinung ist es unmöglich, auf der Basis von sog. Autoritätsbeweisen zu einer interreligiösen Übereinstimmung zu gelangen.[40]

In dem Moment, in dem die Weisen ihre Glaubensdisputation beginnen wollen, sehen sie den herumirrenden Heiden, der ihnen seine Verzweiflung schildert. Sie erbarmen sich seiner, unterbrechen ihr Gespräch und erklären ihm auf der Grundlage der Baumsymbolik zunächst gemeinschaftlich die Existenz Gottes und die Notwendigkeit der Auferstehung der Toten (Buch I).[41] Der Heide dankt Gott in einem Dankgebet für die gewonnene Einsicht, muß aber in diesem Moment feststellen, daß die Weisen in Glaubensfragen uneinig sind. Deshalb fragt er sie ganz erstaunt: 'Seid ihr etwa nicht alle in einem Glauben und unter einem religiösen Gesetz?'[42] Die drei Weisen gestehen, daß in diesem Punkt unter ihnen die größten Unterschiede herrschen: der eine von ihnen ist Jude, der andere Christ und der dritte Muslim. 'Wer von euch besitzt die bessere Religion?' fragt der besorgte Heide die drei Männer, und bittet sie, ihm den Weg zur heilbringenden Wahrheit zu zeigen.[43]

Damit ist die entscheidende Frage gestellt, auf die die Gesprächspartner eine Antwort finden müssen. Gemeinsam beschließen sie, daß jeder von ihnen dem Heiden die Gründe seiner Religion darlege, und zwar in der Reihenfolge ihrer geschichtlichen Entstehung; zuerst soll also der jüdische, dann der christliche und schließlich der islamische Glaube skizziert werden. Nur der Heide darf jeweils Fragen stellen oder Einwände vorbringen. Im Hauptteil der Schrift (Bücher II–IV) erörtert jeder der drei Männer anhand der Methode der Bäume und Blüten seine Religion und nennt die Gründe für die Wahrheit seines Glaubens. Dies gilt nicht nur für den Christen, sondern ebenso für den Juden und Muslim, die die Lull bekannten Argumente der jüdischen und islamischen Apologetik vortragen.[44] Die von Lull propagierte Argumentationsbasis läßt diejenige Religion als wahr erscheinen, der es gelingt, die eigenen Glaubenssätze als universal gültige philosophische Aussagen zu formulieren. Im Anschluß an Lessing könnte man sagen, die wahre Religion im Sinne Lulls ist diejenige, bei der eine unzerstörbare Brücke zwischen den 'zufälligen Geschichtswahrheiten' und den 'notwendigen Vernunftwahrheiten' besteht.[45]

Die Schrift endet, ohne daß der Leser erfährt, für welche Religion sich der Heide entschieden hat. Gesagt wird nur, daß er eine der drei Religionen gewählt hat. Die Weisen hindern ihn aber daran, seine Entscheidung mitzuteilen, weil sie, unbeeinflußt von seiner Wahl, weiter diskutieren wollen, bis sie zu einer gütlichen, den Geboten der Ehre Gottes, des Friedens und der Vernunft genügenden Einigung gelangen.[46]

Im Prolog, im ersten Buch und im Epilog vertreten die drei Weisen gemeinsam die Überzeugungen Lulls. Wo sie als Jude, Christ und Muslim auftreten, verficht der Christ die spezifisch christliche Meinung Lulls und argumentiert in der aus vielen Schriften Lulls bekannten Weise, der Jude und der Muslim argumentieren wie Theologen dieser Religionen. Lull betont einerseits die Gemeinsamkeiten zwischen den drei Offenbarungsreligionen so stark, daß sie dem areligiösen Heiden bis zum Ende des ersten Buches wie Vertreter einer einzigen Religion erscheinen. Er hält aber gleichzeitig daran fest, daß nur eine der drei Religionen wahr sein kann und infolgedessen die Anhänger der beiden anderen Religionen sich in Hinblick auf das eschatologische Heil in keiner Weise vom religionslosen Heiden unterscheiden. Er vertritt einen Wahrheits- und Heilsexklusivismus, der meines Erachtens der formalen Struktur des Buches nicht gerecht wird.

Lull ist fasziniert von der Idee der Einheit. Da Gott, der Herr und Schöpfer der Welt, einer ist, sollten sich die Völker der Welt zu einem einzigen Volk vereinigen und es sollte nur eine Religion und eine Form der Gottesverehrung geben, durch die alle Menschen zum Heil gelangen könnten und der Haß und die Feindschaft der Menschen ein Ende hätten.[47] Es ist für Lull klar, daß dieser eine Glaube der Menschheit der christliche sein sollte, weil die christliche Religion die göttlichen Attribute durch die Ideen der Trinität und Inkarnation sowohl in Hinblick auf das innere Wesen Gottes als auch in Bezug auf ihre Gegenwärtigkeit in der Schöpfung in höchster Vollkommenheit denkt und damit Judentum und Islam überbietet.[48]

Auch das Denken des Nikolaus von Kues (1401–1464) wird maßgeblich von der Idee der Einheit bestimmt. Allerdings sucht er diese im Gegensatz zu Lull nicht, wie Eusebio Colomer schreibt, 'in der starren Gleichheit des Identischen, sondern in der lebendigen Übereinstimmung des Verschiedenen.'[49] Dieser für Cusanus eigentümliche Ansatz kommt in seiner unmittelbar nach dem Fall Konstantinopels 1453 verfaßten Schrift *De pace fidei* klar zum Ausdruck. Da ich dessen Inhalt hier nicht im einzelnen darlegen kann,[50] möchte ich mich auf einige für unser Thema wichtige Aspekte des Werkes beschränken.

In den einleitenden Kapiteln von *De pace fidei* konzentriert sich der Gedankengang zunächst auf die Frage nach dem Grund der Verschiedenheit der Religionen. Warum gibt es überhaupt viele Religionen, da doch Gott einer ist und warum bekämpfen sich diese vielen Religionen, die zugleich alle den einen Gott verehren? In der durch himmlische Mächte vorgetragenen Antwort des Kardinals auf dieses Problem begegnen uns einige bereits von Abaelard und Lull her bekannte Überlegungen. Die Menschen wurden von Gott zwar so geschaffen, daß sie prinzipiell zur Gemeinschaft mit ihm gelangen können, aber sie neigen immer dazu, das Vorläufige und Vorletzte zu verabsolutieren, das Übliche und Gewohnte für die einzige Wahrheit zu halten. Die verschiedenen religiösen Gewohnheiten, die die Menschen voneinander trennen, werden ihnen im Laufe der Zeit gewissermaßen zu einer zweiten Natur.[51] Sie verteidigen sie wie die Wahrheit und lassen sich dafür bisweilen sogar töten, wie Cusanus in der *Apologia doctae ignorantiae* anmerkt.[52] Bereits in *De coniecturis* weist Nikolaus darauf hin, daß die religio, die Gottesverehrung, unbeständig zwischen Geistigkeit und Zeitlichkeit ('spiritualitas et temporalitas') schwanke.[53]

Nur wenige Menschen sind in der Lage, sich ganz auf das Geistige auszurichten. Diese allerdings können mit göttlichem Beistand erkennen, daß es letztlich nur eine Wahrheit gibt,[54] die sich in den verschiedenen Religionen in je eigener Weise ausdrückt. Cusanus spricht von der 'una religio in rituum varietate',[55] der einen Religion in der Vielfalt der Riten, die offenbar wird, wenn die Religionen nach ihren Voraussetzungen befragt werden. Es geht also nicht darum, eine Religion durch eine andere zu vertauschen, sondern den einheitlichen Grund aller Religionen freizulegen,[56] den Nikolaus die 'una fides orthodoxa', den einen rechten Glauben, nennt.[57] Diese Aufgabe wird 17 weisen Männern als Vertretern der Völker und Religionen übertragen. Sie bestimmen im Gespräch mit dem göttlichen Wort, Petrus und Paulus den gemeinsamen inneren Kern aller Religionen, dessen Hauptelemente das monotheistisch-trinitarische Gottesverständnis, die Menschwerdung des Sohnes Gottes, das ewige Leben und die Rechtfertigung aus dem Glauben sind.[58]

Der programmatische Leitgedanke der Schrift: 'una religio in rituum varietate' besitzt weitreichende religionstheologische Implikationen. Er setzt zunächst voraus, daß es auch den nichtchristlichen Religionen um den einen Gott geht, daß auch in den anderen Religionen das in allen Menschen von Natur her angelegte Streben nach Gotteserkenntnis und Gottesliebe sich auswirkt.[59] Er impliziert außerdem, daß die verschiedenen Religionen in ihrem Ziel konvergieren und daß die Verwirklichung dieses Zieles in den verschiedenen Völkern und zu verschiedenen Zeiten sich in unterschiedlicher Weise ausdrückt. Die Verschiedenheit der Riten und Gebräuche wird sogar als Beitrag zur Förderung der Gottesverehrung gewürdigt.[60]

Daß die cusanische Idee von der 'una religio in rituum varietate' gleichwohl nicht zu einem religionstheologischen Relativismus führt, der die verschiedenen Religionen nur als historische oder nationale Erscheinungsformen desselben Wesens von Religion betrachtet, ergibt sich aus dem Hauptteil der Schrift. Das Religionsgespräch bemüht sich ja gerade um den Nachweis, daß in den Kerngedanken der christlichen Offenbarung, die auch in allen übrigen Religionen vorfindbaren Elemente echter Gottesliebe und -erkenntnis konvergieren und ihren vollkommensten Ausdruck finden.[61] Cusanus' religionstheologisches Programm beruht auf einem inklusivistischen Wahrheitsverständnis, das alle Religionen positiv auf die christlichen Glaubenslehren bezieht.

Eine klare Trennlinie besteht nur gegenüber den Juden, weil sie Christus ablehnen und die Ankunft des Messias erst für die Zukunft erwarten.[62] Einen auffälligen Gegensatz zu seiner schroffen Haltung gegenüber den Juden stellt das Bemühen des Kardinals dar, den Islam, den Hauptadressaten seiner Überlegungen, harmonisch in sein Religionsverständnis zu integrieren. In der gut sieben Jahre später verfaßten *Cribratio Alkorani* urteilt Nikolaus in dieser Hinsicht differenzierter. Zwar greift er vor allem im II. Buch dieses Werkes ausführlich auf die Ideen von *De pace fidei* zurück, kennzeichnet sie aber gleichzeitig als eine 'pia interpretatio', eine fromme, d.h. christliche Auslegung des Korans.[63] An anderer Stelle bemerkt er dagegen verschiedentlich, daß die eigentliche Intention des Korans seiner christlichen Lesart zuwiderlaufe[64] und polemisiert in einer in *De pace fidei* unbekannten Weise gegen Mohammed und das hl. Buch der Muslime.

Genau betrachtet wird der hermeneutische Grundsatz der 'pia interpretatio', der christlichen Deutung der Formen nichtchristlicher Religiosität, in der Schrift vom Frieden im Glauben viel konsequenter befolgt als in der späteren 'Sichtung des Korans', in der der Terminus erstmals auftaucht. Diese 'pia interpretatio' ist die eine Säule, auf der die Argumentation in *De pace fidei* ruht; die andere und wichtigere ist eine konzentriert anthropologisch-metaphysische Interpretation der zentralen christlichen Glaubenslehren, deren universale Verbindlichkeit Cusanus auf diese Weise zu begründen bemüht ist.

Unter religionswissenschaftlichem Blickwinkel betrachtet, stellt sein Ansatz einen Rückschritt im Vergleich zu demjenigen von Lull dar, der die verschiedenen Religionen ihrem Selbstverständnis entsprechend darstellt. Theologisch betrachtet, bedeutet Cusanus' Leitgedanke von der 'una religio in rituum varietate' aber zugleich einen großen Fortschritt im Vergleich zu Lull. Diese Idee ermöglicht es, die verschiedenen Formen nichtchristlicher Religiosität und Gottessuche positiv auf das Christentum zu beziehen. Sein religionstheologisches Programm wurde im Bereich der katholischen Theologie erst durch das II. Vatikanische Konzil eingeholt, es ist aber wohl noch längst nicht überholt. Die Spannung zwischen der Einsicht, daß sich alle Religionen aufrichtig um die eine göttliche Wahrheit mühen und der theologischen Notwendigkeit, zugleich den Wahrheitsanspruch des christlichen Glaubens zu verteidigen, ist für Cusanus ebenso charakteristisch wie für die heutige Theologie. Alle Versuche, diese Spannung einseitig aufzulösen, haben bisher nur in Sackgassen geführt.

Dem inklusivistischen Wahrheitsverständnis entspricht die formale Struktur des fiktiven Religionsgespräches über den Frieden im Glauben. Die weisen Vertreter der Völker und Religionen werden angeleitet, das Wesentliche vom Unwesentlichen, den unwandelbaren Kern der Religion von ihren wandelbaren Zeichen, zu unterscheiden,[65] und sich auf die zur Erlangung der Gemeinschaft mit Gott und der Förderung des Friedens notwendigen Elemente zu beschränken. Sie sind offen für die ewige Vernunft, die durch das göttliche Wort, Petrus und Paulus spricht. In einem zweiten Schritt sollen sie dann das im Himmel im Gespräch Erarbeitete im Rahmen der irdischen Verhältnisse umsetzen und die an ihren Gewohnheiten hängenden Menschen anleiten, sich für die eigentliche und einheitliche Wahrheit der Religion zu öffnen.[66]

Vergleicht man die drei in diesem Beitrag vorgestellten Religionsdialoge miteinander, so fällt zunächst auf, wie sich im Laufe des Mittelalters der kulturell-geographische Horizont allmählich weitet. Der noch ganz im Binnenraum des christlichen Abendlandes verwurzelte Abaelard orientiert sich an der schon aus der Antike bekannten Konstellation: die Philosophie im Gespräch mit Judentum und Christentum. Lull konzentriert sich auf die drei Religionen seiner spanischen Heimat, wird aber später durch seine Reisen auch auf die Tataren bzw. Mongolen aufmerksam, die zu seinen Lebzeiten bis nach Syrien kommen. Cusanus schließlich, der sich für die Berichte der Orientreisenden aus dem 13. und 14. Jahrhundert interessierte, hat immerhin sieben verschiedene Asiaten in die Reihe seiner weisen Männer aller Völker und Religionen aufgenommen: einen Araber, Inder, Chaldäer, Perser, Syrer, Türken und Tataren; der ebenfalls in Asien anzusiedelnde Skythe steht für ein in antiken Quellen genanntes, zu Lebzeiten von Cusanus bereits untergegangenes Volk.[67]

Im platonischen Dialog *Menon* unterscheidet Sokrates das 'Gespräch unter Freunden', bei dem sachorientiert und höflich um die Wahrheit gerungen wird, vom sophistischen Streitgespräch, welches primär auf die Behauptung der eigenen Meinung und den Triumph über den Gesprächspartner zielt.[68] Im Sinne dieser Unterscheidung können die im Vorangegangenen skizzierten Texte als modellhaft vorbildliche Dialoge unter Freunden betrachtet werden. Als literarisch stilisierte Selbstgespräche eines Autors mit von ihm erdachten Andersdenkenden sind sie frei von der Gefahr in sophistische Streitgespräche abzugleiten. Augustinus verteidigt in seinem Frühwerk *Soliloquia* die von ihm gewählte Form des Selbstgespräches mit dem Hinweis, daß 'man einerseits nie besser nach der Wahrheit forschen kann als in der Form von Frage und Antwort, anderseits sich aber kaum jemand findet, der nicht Scham verspürt, wenn er im Gespräch unterliegt, und das fast immer zur

Folge hat, daß eine Sache, die einwandfrei zur Erörterung gestellt worden ist, zuschanden wird am ungezügelten Widerspruch des Starrsinns, wobei auch Verwundungen des Innern nicht ausbleiben.'[69]

Augustinus' Worte kann man als sehr gute Rechtfertigung der Bemühungen von Abaelard, Lull und Cusanus betrachten. Die Erinnerung an ihre Religionsgespräche sollte uns zudem davor bewahren, den Fehler der armen Blinden zu wiederholen, die, verführt durch den bösen König, nicht miteinander sprachen, sondern aufeinander einprügelten.[70]

BIBLIOGRAPHIE

Abélard, (1959) *Historia calamitatum*; texte critique avec une introduction, publié par J. Monfrin, Paris.

Abailard, Peter, (1995) *Gespräch eines Philosophen, eines Juden und eines Christen*, lat.-dt. hrsg. und übertr. v. H.-W. Krautz, Frankfurt a. M./Leipzig.

Abelard, Peter, (1979) *A Dialogue of a Philosopher with a Jew, and a Christian*, translated by P. J. Payer, Toronto.

Abaelardus, Petrus (1970) *Dialogus inter Philosophum, Iudaeum et Christianum*. Textkritische Edition von R. Thomas, Stuttgart-Bad Cannstatt.

Allen, Julie A. (1998) *On the Dating of Abailard's Dialogus: A Reply to Mews*, in: *Vivarium* 36: 135–151.

Augustinus, Aurelius, (1986) *Selbstgespräche*; Aurelius Augustinus, Selbstgespräche. Von der Unsterblichkeit der Seele, lat.-dt. Gestaltung des lat. Textes v. H. Fuchs. Einf., Übertr., Erl. u. Anm. v. H. Müller, 6–153. München/Zürich.

Benz, Ernst, (1961) *Ideen zu einer Theologie der Religionsgeschichte*, Wiesbaden.

Bernhard von Clairvaux, (1977) *Epistola 191*; Opera, Bd. VIII, ed. J. Leclercq – H. Rochais, pp. 41–43, Rom.

Colomer, Eusebio, (1984) *Die Vorgeschichte des Motivs vom Frieden im Glauben bei Raimund Llull*, in: MFCG, Bd. 16: 82–112, Mainz.

Cusanus, Nicolaus, (1932) *Apologia doctae ignorantiae* (h II).

——, (1959) *De pace fidei cum epistula ad Ioannem de Segobia* (h VII).

——, (1972) *De coniecturis* (h III).

——, (1983) *Sermo XXIX* (h XVII/1: 29–39.).

——, (1986) *Cribratio Alkorani* (h VIII).

Domínguez, Fernando, (1999) *Der Religionsdialog bei Raimundus Lullus. Apologetische Prämissen und kontemplative Grundlage*, in: Jacobi, K. (ed.) *Gespräche lesen. Philosophische Dialoge im Mittelalter*: 263–290. Tübingen.

Dupré, Wilhelm, (1975) *Apriorismus oder Kausaldenken nach der cusanischen Auffassung von der Gotteserkenntnis?*, in: MFCG, Bd.11: 168–194. Mainz.

Euler, Walter Andreas, ([2]1995) *Unitas et Pax. Religionsvergleich bei Raimundus Lullus und Nikolaus von Kues*, Würzburg/Altenberge.

Gebel, Doris, (1978) *Die 'Sapientes Nationum' bei Nikolaus von Kues*, in: *Jahrbuch der Gesellschaft für niedersächsische Kirchengeschichte* 76: pp. 139–154.

Glasenapp, Helmuth von, (1996) *Die fünf Weltreligionen: Hinduismus, Buddhismus, chinesischer Universismus, Christentum, Islam*, München.

Lessing, Gotthold Ephraim, (1920a) *Nathan der Weise*; Werke in sechs Bänden, Bd. II: 275–392. Berlin.

——, (1920b) *Über den Beweis des Geistes und der Kraft*; Werke in sechs Bänden, Bd. VI: 49–54. Berlin.

Lullus, Raimundus, (1722/1965) *Liber de gentili et tribus sapientibus*; Opera II: 21–114. (Mainz, Nachdruck: Frankfurt/M.). Die Seitenzählung bezieht sich auf die fortlaufende Paginierung des Nachdrucks.

Llull, Ramon, (1993) *Llibre del gentil e dels tres savis*, Bonner, A. (ed.) Palma de Mallorca.

Lull, Ramon, (1998) *Das Buch vom Heiden und den drei Weisen*. Übers. u. hrsg. v. T. Pindl, Stuttgart.

Mews, Constant, (1985) *On Dating the Works of Peter Abelard*, in: *Archives d'Histoire doctrinale et littéraire du Moyen Age* 60: 73–134.

Moos, Peter von, (1998) *Abaelard: Collationes (Gespräche eines Philosophen mit einem Juden und einem Christen)*, in: Flasch, K. (ed.) *Interpretationen. Hauptwerke der Philosophie: Mittelalter*, 129–150, Stuttgart.

Ratzinger, Joseph, ([4]1980) *Einführung in das Christentum. Vorlesungen über das Apostolische Glaubensbekenntnis*, München (Taschenbuchausgabe).

Tertullian, (1954) *De virginibus velandis*, ed. E. Dekkers, CCSL II: 1209–1226, Turnholti.

Thomas, Rudolf, (1966) *Der philosophisch-theologische Erkenntnisweg Peter Abaelards im Dialogus inter Philosophum, Iudaeum et Christianum*, Bonn.

Westermann, Hartmut, (1999) *Wahrheitssuche im Streitgespräch. Überlegungen zu Peter Abaelards 'Dialogus inter Philosophum, Iudaeum et Christianum'*, in: Jacobi, K. (ed.) *Gespräche lesen. Philosophische Dialoge im Mittelalter*, 157–197, Tübingen.

ANMERKUNGEN

1 Glasenapp 1996: 439–440.
2 3. Akt, 7. Szene: Lessing 1920 a: 335.
3 Lessing 1920 b: 51–53.
4 So das Resümee der Ringparabel: Lessing 1920 a: 337.
5 I, 1: Tertullian 1954: 1209, linn. 9–10.
6 Ratzinger 1980: 93.
7 Dupré 1975: 172.
8 Cusanus 1983: 37, n. 9, linn. 2–3.
9 Zit. nach: Peter Abailard 1995: 343.
10 Die Schrift ist in den Handschriften ohne Titel überliefert. Abaelard nennt das Werk an anderer Stelle einfach Collationes. Der heute verbreitete Titel stammt von der Erstedition aus dem Jahr 1831; vgl. dazu *Moos 1998*: 129. Der Text wird zitiert nach: *Abaelardus 1970*.
11 Petrus Abaelardus 1970: 41, linn. 5–11; dt. Übers. weitgehend nach Peter Abailard 1995: 9.
12 Vgl. Abaelardus 1970: 45–46, linn. 107–138.
13 Vgl. Abaelardus 1970: 44–85.
14 Vgl. etwa Abaelardus 1970: 53–62, linn. 332–565; 73–84, linn. 878–1164.
15 Abaelardus 1970: 49, linn. 212–219.
16 Abaelardus 1970: 62–73, linn. 566–877.
17 Vgl. Abelard 1979: 35.
18 Abaelardus 1970: 51, linn. 284–286.
19 Abaelardus 1970: 50, linn. 252–254.
20 Vgl. Abaelardus 1970: 85–138, linn. 1172–2594.
21 Abaelardus 1970: 132–133, linn. 2437–2449.
22 Abaelardus 1970: 92, linn. 1363–1368.
23 Vgl. Bernhard von Clairvaux 1977: 41, linn. 10–12.
24 Abaelardus 1970: linn. 1385–1388; dt. Übers. weitgehend nach Peter Abailard 1995: 115–117.
25 Moos 1998: 130–131.

26 Abaelardus 1970: 68, linn. 730–732.
27 Vgl. Abélard 1959: 97, linn. 1221–1225.
28 Vgl. Moos 1998: 133.
29 Vgl. dazu Thomas 1966: 27–29.
30 Vgl. dazu Mews 1985: 104–107; Allen 1998.
31 Abaelardus 1970: 84–85, linn. 1165–1171.
32 Abaelardus 1970: 43–44, linn. 68–78; 84, linn. 1167–1168.
33 Zu Lulls Biographie vgl. Euler 1995: 42–48.
34 Vgl. dazu Colomer 1984: 94–102.
35 Vgl. Domínguez 1999: 267 und 282.
36 Liber de gentili et tribus sapientibus: Raimundus Lullus 1722/1965: 113–114; die dt. Übers. folgt teilweise Ramon Lull 1998: 247.
37 Lullus 1722/1965: 114; dt. Übers. nach *Lull 1998*: 247.
38 Textkritische Edition der altkatalanischen Fassung: Llull 1993.
39 Lullus 1722/1965: 23–25.
40 '... et eo quod per authoritates non possumus convenire, tentaremus, utrum possemus concordare demonstrativis et necessariis rationibus' (Lullus [1722/1965], 25).
41 Lullus 1722/1965: 26–40.
42 Lullus 1722/1965: 40.
43 Ibd.
44 Lullus 1722/1965: 41–109.
45 Vgl. Anm. 3.
46 Lullus 1722/1965: 109–114.
47 Lullus 1722/1965: 25; 114.
48 Lullus 1722/1965: 92.
49 Colomer 1984: 107.
50 Zum Inhalt von De pace fidei vgl. Euler 1995: 160–168.
51 C. 1: Cusanus 1959: 4, lin. 19 – 6, lin. 8.
52 Cusanus 1932: 6, linn. 3–7.
53 II, 1: Cusanus 1972: 149, n. 149, linn. 8–9.
54 C. 3: Cusanus 1959: 10, linn. 4–5.
55 C. 2: Cusanus 1959: 7, linn. 10–11.
56 C. 4: Cusanus 1959: 11, linn. 11–12.
57 C. 3: Cusanus 1959: 10, lin. 6.
58 Vgl. c. 4–16: Cusanus 1959: 11–56.
59 Vgl. c. 1: Cusanus 1959: 4, lin. 20 – 5, lin. 10.
60 C. 1: Cusanus 1959: 7, linn. 11–12.
61 Vgl. Benz 1961: 26.
62 C. 12: Cusanus 1959: 39, linn. 8–15.
63 Der Begriff 'pia interpretatio' erscheint insgesamt viermal in Cribratio Alkorani. Alle vier Stellen finden sich im II. Buch: Cusanus 1986: 72, n. 86, lin. 4 (II, 1); 95, n. 119, lin. 1 (II, 12); 99, n. 124, linn. 3–4 (II, 13); 125, n. 154, lin. 8 (II, 19).
64 Vgl. etwa Cusanus 1986: 24, n. 23, linn. 14–18 (I, 1); 56, n. 64, linn. 10–12 (I, 14).
65 Vgl. c. 16: Cusanus 1959: 52, linn. 1–2.
66 Vgl. c. 19: Cusanus 1959: 62, linn. 20–21.
67 Vgl. Gebel 1978.
68 75 c-d; vgl. Westermann 1999: 178–179.
69 II, 14: Augustinus 1986, lat. Text: 100, lin. 21 – 102, lin. 1; dt. Übers: 101.
70 Vgl. dazu auch den Brief von Nikolaus von Kues an Johannes von Segovia vom 29.12.1454: '... potius putem conferendum quam bellandum' (Cusanus 1959: 100, linn. 13–14).

CHAPTER FIFTEEN

Vom Wesen des Panentheismus in Ost und West

Ein Vergleich *De docta ignorantia* von Cusanus und der Erkenntnis des *Kegon-Sûtras* im Mahayana-Buddhismus

Akira Kawanami

Was bedeutet *Panentheismus*? Ich möchte meine Abhandlung mit der Beantwortung dieser Frage beginnen. Dieser Terminus wurde von K. Ch. F. Krause (1781–1832) eingeführt und ist seither als ein religionsphilosophischer Begriff bekannt. Die Unterscheidung von *Theismus* und *Pantheimus* ist allgemein bekannt; nur zeigt der *Panentheismus* einen wesentlichen Unterschied vom *Theismus* und dem *Pantheismus* auf: Die begrifflichen Gegensätze des *Theismus* und des *Pantheismus* werden im Horizont des *Panentheismus* überwunden. Gezeigt wird im Letzteren eine Aufhebung der Gegensätze des Ersteren und die sich daraus ergebene Synthesis. Diese Synthesis beruht auf dem Horizont, auf welchem *Gott* bzw. *das Absolute* in unserer Welt sowohl in einer *transzendenten* als auch in einer *immanenten* Weise erkannt werden können. Zwar ist Krause einer der Ersten, der diesen Gedanken mit dem Terminus *Panentheismus* benannt hat. Aber man muß allerdings berücksichtigen, daß ein ähnlicher Gedanke schon seit altem gegeben war. R Eisler beschrieb in seinem *Wörterbuch der philosophischen Begriffe*, daß der Gedanke der möglichen Aufhebung der Transzendenz und der Immanenz Gottes des Absoluten bei folgenden Autoren bereits angegeben wurde: Plotinos, Augustinus, Dionysius Areopagita, Meister Eckhart, Nicolaus Cusanus usw.[1]

Etymologisch gesehen hat der *Panentheismus* seinen Ursprung im antiken Griechenland, nämlich in der *All-in-Gott-Lehre.* Repräsentiert wurde dabei die Position, daß alles Seiende in Gott dem Absoluten enthalten ist. Als das Um-Greifende wird Gott (theos) als ein absolutes Wesen, das alles Seiende transzendiert, verstanden. Die letztere Stellungsnahme kann unter Umständen zur Position eines *Theismus* weitergeführt werden; allerdings stimmt diese mit dem *Panentheismus* nicht überein. Wie gesagt wird im *Panentheismus* eine andere Position aufgezeigt; daß Gott / das Absolute mit allen Seienden in Kommunikation steht. Gott / das Absolute ist mit uns gemeinsam in der Welt: Der Aspekt der Immanenz Gottes in der Welt wurde im *Panentheismus* in den Vordergrund gestellt. Steht nun der *Panentheismus* dem *Pantheismus* nahe? Einerseits ja, andererseits nein: Man muß bemerken, daß der Panentheismus verschiedene Aspekte umschließt. Außer der *All-in-Gott-Lehre* weist der *Panentheismus* auf einen weiteren, umgekehrten Aspekt hin, nämlich: die *Gott-in-All-Lehre.*

Ausgehend von der Terminologie Krauses möchte ich nun auf folgenden Aspekt aufmerksam machen: Trotz seiner aufschlußreichen These folgte fast niemand der Idee des *Panentheismus* in Europa. Dies zeigt sich vor allem in der deutschen Philosophie-Geschichte. Einerseits gab es Schulen des intensiven Protestantismus; darunter war K. Barth einer der bekanntesten Vertreter, der die Transzendenz Gottes theologisch bewiesen hat. Entgegen den Schulen des Protestantismus gab es eine Reihe von Geistesströmungen, in denen die Welt-Immanenz Gottes bzw. des Absoluten in *nicht-theologischer* Hinsicht repräsentiert wurde: Die Position des Materialismus, der kognitiven Naturwissenschaft und auch Teile der Philosophen des deutschen Idealismus vertraten die letztere Position, die sich dem Theismus entgegensetzte. Die mannigfältigen Gegensätze der Ersteren und Letzteren führten zur Abspaltung der Meinungen in eine Polarisation, für oder gegen den Theismus. Auf diesem Horizont fehlte nun die Grundlage zur Entwicklung eines panentheistischen Gedanken. Blickt man nun auf die Geschichte der Philosophie, so findet man die Tatsache, daß eine solche Gegensätzlichkeit des *Theismus* und *Nicht-Theismus* vor der Moderne in Deutschland ganz und gar entbehrlich gewesen war. Philosophisch gesehen gab es vor der Moderne einen anderen, sogar einen weit fortgeschritteneren Denkhorizont, auf welchem die Abspaltung der Gegensätze weit überwunden wurden. Im Raum der abendländischen Philosophie war Nicolaus Cusanus, der die Gegensätzlichkeit der Transzendenz und der Immanenz des Absoluten überwunden hat. In der buddhistischen Philosophie von Ostasien zeigt das *Kegon-sûtra* (*Huayen-Sûtra*), eines der wichtigsten Sutras im Mahayana-Buddhismus, eine hoch interessante Grundlage für die Reflexion der vergleichenden Philosophie. Trotz einer großen Differenz der geschichtlichen und der geographischen Gegebenheiten zeigen diese beiden Werke von Ost und West nicht nur Ähnlichkeiten in ihren Grundideen, sondern es wird darin auch die Möglichkeit der gegenseitigen Ergänzung aufgewiesen, die für eine weitere Entwicklung der vergleichenden Philosophie von Ost und West reich an Inhalt ist. Im Folgenden erlaube ich mir die Bekanntgabe meiner gegenwärtigen Forschung von Cusanus und dem Kegon-Sûtra. Der Brennpunkt dieser Forschung liegt im Vergleich des *Panentheismus* von Ost und West.

Die Gottesanschauung des Cusanus ist im Grunde genommen *pan-entheistisch*: Einerseits beruht sie auf dem Motivationshorizont der scholastischen Philosophie; darin wurde die Anerkennung der absoluten Transzendenz Gottes angestrebt. Andererseits betont sie das Sein Gottes in uns, den Anschauenden: Die Welt-Immanenz Gottes ist in uns. Letzteres hat darauf hingewiesen, daß die Gottesanschauung des Cusanus zwischen der Scholastik und der neuzeitlichen Philosophie lag, so daß sie samt ihrer traditionellen Grundlage eine Basiskenntnis für die Entwicklung der Philosophie der Neuzeit bieten konnte. Gegenüber der Entwicklung mancher Denkhorizonte nach der Moderne, bei denen Materialismus, Anthoropozentrismus, cognitive science usw. mit ihrem Anspruch der absoluten

Wertlegung auf die empiristische Welt-Immanenz erschienen, zeigt die Philosophie des Cusanus eine Möglichkeit der Öffnung ihrer geschlossenen Denkhorizonte.

Die grundlegende Struktur der Erkenntnis des Cusanus zeigt sich in seiner Schrift *De docta ignorantia* (1440). Im 3. Abschnitt des zweiten Buches derselben stellte Cusanus vor, daß Gott das Größte aller Größsten ist, welches sich von einem beschränkten Wissen des Menschen nicht definieren läßt. Cusanus:

> 'Über die unerforschte Wahrheit kann nichts gesagt oder gedacht werden, was nicht im ersten Teil schon eingeschlossen wäre (Nihil dici aut cigitari potest de veritate investigabili, quod in prima parte non sit complicatum).' 'Das Größte ist das, dem nichts entgegengesetzt werden kann, wo also auch das Kleinste das Größte ist (Meximum autem est, cui nihil potest opponi, ubi et minimum est maximum).[2] 'Die unendliche Einheit ist die Entfaltung von allem; das besagt: die Einheit, die alles eint (Unitas igitur infinita est omnium cimplicatio; hoc quidem dicit unitas, quae unit omnia)'.[3]

Als das Größte aller Größten umschließt Gott alles Seiende in sich:

> 'Darin, daß alles in Gott ist, schließt er alles ein. Und darin, daß er selbst in allem ist entfaltet er alles (Deus ergo est omnia complicans in hoc, quod omnia in eo; est omnia explicans in hoc, quia ipse in omnibus)'.[4]

Bemerkenswert ist darin, daß die Dualität der Transzendenz Gottes und der Immanenz desselben, welche in der Philosophie seit der Moderne massive Gegensätze gebildet haben, in allen Teilen überwunden wurde. Wodurch wurde aber eine solche Überwindung der Gegensätze möglich? Der Grund hierfür liegt in der Ausgangsposition der Denkungsart des Cusanus:

> 'Die Art und Weise der Entfaltung und Ausfaltung übersteigt aber unseren Geist (Excedit autem mentem nostram modus complicationis et explicationis).[5]

Wie Gott uns und alles Seiende in ihm enthält (complicatio) und wie Gott in unserer Anschauung sich selbst entwickelt (explicatio), ist an sich transzendent. Diese übertrifft unser Wissen. Der beschränkte Denkhorizont unseres wissenden Wissens wird in der Anschauung Gottes überwunden: Es öffnet sich nun ein Horizont der *wissenden Unwissenheit* (docta ignoratia). Hierzu sagte Cusanus:

> 'Man weiß nur das, daß man die Art und Weise nicht kennt, wenn man auch weiß, daß Gott aller Dinge Ein- und Ausfaltung ist und daß – da er die Einfaltung ist – alles in seinem Sein er selbst ist und – da er die Ausfaltung ist – er selbst in jedem Sein das ist, was es ist, wie die Wahrheit im Abbild (hoc tantum scire, quod tu ignoras modum, licet etiam scias Deum omnium rerum complicationem et explicationem, et ut est complicatio omnia in ipso esse ipse, et ut est explicatio ipsum in omnibus esse id quod sunt, sicut veritas in imagine)'.[6]

Diese Gegensätzlichkeit der Transzendenz und der Immanenz Gottes / des Absoluten und deren Aufhebung war in der Philosophie des Mahayana-Buddhismus eines der wichtigsten Themen: Dabei wird das wissende Wissen des

Menschen als ein begrenztes, endliches Wissen verstanden. Demgegenüber ist das unbeschränkte Wissen Buddhas / *tathâgata.* (Bekanntlich nannte sich Buddha *tathagata*; der Mensch, der zum Horizont der absolut-unendlichen Wahrheit hinübergegangen ist und der zum Horizont der immanenten Welt zurückkommt.) Das unbeschränkte Wissen Buddhas ist die sog. *prajñā*, das einsichtliche Wissen der umfassenden Ganzheit der Erkenntnis *dharma.* Im unbeschränkten Wissen Buddhas ist die Transzendenz der absoluten Wahrheit und die Immanenz derselben in einer untrennbaren Einheit: Als *tathâgata*, der zum unbeschränkten Horizont der absoluten Wahrheit Gegangene, vertrat Buddha dieses absolute Wissen in der immanenten Welt: Für Buddha ist die Transzendenz und die Immanenz eine Einheit der beiden aufgehobenen Gegensätze. Das Vermittelnde, das die Gegensätze von Transzendenz und Immanenz verbindet, ist die Leere / *shûnyatâ* / *kû*; das Unbeschränkt-Vermittelnde des Wissens und das Mitleid des *tathagata* / *Buddha.* Die *prajna* ist nämlich das Wissen der Unwissenheit, welche die Transzendenz und die Immanez des menschlichen Wissens überwindet: *prajna* betätigt sich als ein unentzweites Wissen zum Erfassen der Wahrheit als Ganzes (funichi).

In betreff der oben genannten Aspekte der *prajna*, des un-entzweiten Wissens der Unwissenheit möchte ich die Erkenntnis des *Kegon-Sûtras* im Zusammenhang der Idee von der *tathâgata garbha*, nämlich der potentiellen Möglicnkeit der Entfaltung des unbeschränkten Wissens Buddhas in uns, vergleichen (*Nyoraizô*). Wörtlich bedeutet *garbha* die Gebärmutter: Möglich wäre ein interkultureller und religionsphilosophischer Vergleich mit der Geschichte des Empfängnisses des Christentums. Das Leben Christi wurde von der Physis der heiligen Mutter Gottes geborgen. Die Idee der *tathagata garbha* stellt die Geburt der *buddha-heit* in der Welt-Immanenz der menschlichen Physis symbolisch dar.

Das *Kegon-Sûtra* entstand aus der Sammlung von mehreren Sutren, die seit dem 1. Jhdt. v. Chr. Jahrhunderte hindurch ausgearbeitet wurden. Darunter sind die Abschnitte 'Von der Entstehung des *tathagata* / Buddha', 'Die Erscheinung des *tathâgata* / *Buddha*' u.a bekannt:

> '*dharmakâya*, das Wesen der Erkenntnis Buddhas / *tathagata*, beruht auf der unbeschränkten Leere und erfüllt sämtliche Gebiete des Universums. Samt der *prajna* (das unbeschränkte Wissen der Unwissenheit der Leere) erreicht das *dharmakaya* allfällige Gebiete auf der Welt; und zugleich erreicht es nichts Bestimmtes auf der Welt. Wodurch ist nun dieser Widerspruch möglich? Gerade weil das *dharmakaya*, das Wesen der Erkenntnis Buddhas, von keinem Sein eines leibhaften Seienden beschränkt werden kann. Da es von keinerlei bestimmtem Etwas abhängt, ist dies selbst das Unbeschränkte, eine unermeßliche Leerheit.[7]

Das Wesen der Erkenntnis Buddhas transzendiert alles Seiende. Und zugleich ist es dazu fähig, alles Seiende in ihm zu umschließen. Der Grund dieser Implikation ist an sich 'leer'; es läßt sich weder von einem räumlichen noch von einem zeitlichen Zustand der Gegenstände der Welt-Immanenz beschränken. Die complicatio, mit anderen Worten das <Enthalten-Sein im unbeschränkten Wissen Buddhas> gründet sich auf einer unbeschränkten *Leere*, der Erkenntnis des transzendierenden Wissens des Unwissens.

Gerade das Vermittelnde dieses absoluten, unbeschränkten Wissens ist die *Leere*. Vom absoluten Wissen des *tathâgata* / Buddha aus gesehen ist alles Seiende in seinem unbeschränkten Wissen immanent. Von der Welt-Immanenz der Menschheit aus gesehen ist das unbeschränkte Wissen des *tathagata* / Buddha transzendent. Im Erschauen des unbeschränkten Wissens Buddhas ergreift den Menschen (der Anschauende) das unbeschränkte Wissen Buddhas; dies ist das <Wissen der Menschheit Transzendierende>. Das transzendierende Wissen des *tathâgata* wohnt dem anschauenden Menschen inne. Im darauffolgenden Abschnitt desselben Sutras wird folgendes gesagt:

> 'Die unbeschränkte Erkenntnis Buddhas / *tathagata* ist im ganzen Universum vorhanden. Diese totalitäre Ganzheit der Erkenntnis der absoluten Wahrheit liegt auch im kleinsten Staubkorn. Ein Staubkorn vermittelt eine Wahrheit; sämtlicher Staub des Universums könnte auch die totalitäre Wahrheit des Universums des Ganzen vermitteln. Buddha sagte: Wundersam, wundersam ist die Wirklichkeit der Wahrheit des Ganzen! In jedem Seienden ist *dharma*, die Erkenntis der Wahrheit des Ganzen vorhanden, indem Seiendes (*sattva*) dieser Wirklichkeit kaum gewahr wird'.[8]

Das Mitleid Buddhas betätigt sich, die verborgene Fähigkeit zum Erkennen des *dharmakaya* in jedem Seienden zu entwickeln. Meines Erachtens entspricht die Idee der *tathagata garbha* der Cusanischen Idee der explicatio: Der Entfaltung der in Uns verborgenen Fähigkeit des Wissens Buddhas – In der Schau Gottes ist Gott immer mit Uns gemeinsam.

Complicatio und explicatio, diese Konzepte des Cusanus stehen in Wechselwirkung: Alles Seiende ist in Gott dem Absoluten enthalten. Und zugleich ist Gott uns innewohnend. Eine ähnliche Struktur Buddhas (*tathagata*) und allem Seienden (*sattva*) befindet sich in der Erkenntnis des *Kegon-Sutra*. Die Erkenntnis des Cusanus und die des *Kegon-Sutra* stehen in einem wechselseitigen Verhältnis.

Bewundernswert ist eigentlich die Tatsache, daß eine solche Erkenntnis im 1. Jhdt. v. u. n. Chr. in Indien gepflegt wurde. Entgegen dem Konzept Krauses wurde in der abendländischen Philosophie die Zusammengehörigkeit der Transzendenz und Immanenz wenig beachtet. Dem fehlenden Teil entsprechend bestehen die <Docta ignorantia> des Cusanus und das *Kegon-Sutra* des Mahayana-Buddhismus.

Das panentheistische Denken des *Kegon-Sutra* wurde in der weiteren Entwicklungsgeschichte des Mahayana-Buddhismus zur Erkenntnis der *tathagata garbha* (Nyorai Shiso) systematisch dargelegt: Die wichtigste Idee hiervon kann in folgenden der drei Aspekten zusammengefaßt werden:

(1) Exposition der Erkenntnis, daß das Wissen Buddhas / *tathagata* uns innewohnt und daß es mit uns gemeinsam ist. (Diese entspricht der Cusanischen Idee der explicatio.)

(2) Die Erkenntnis des 'Enthalten-seins im unbeschränkten Wissen Buddhas / *tathâgata*. (Diese zeigt ein Pendant der complicatio von Cusanus.)
(3) Die Verborgenheit Buddhas / *tathâgata*: Das unbeschränkte Wissen Buddhas ist den meisten Menschen verborgen. (Die Cusanische Idee, <Der verborgene Gott> mag diesem Sinn entsprechen.)

Die oben genannten drei Aspekte stehen mit der Cusanischen Anschauung in engem Zusammenhang und bereichern unsere Reflexion der vergleichenden Philosophie in einer gegenseitigen Beziehung.

Diese Vielfalt der philosophischen Ideen des Mahayana-Buddhismus wurde im Laufe der geschichtlichen Entwicklung in zwei Linien aufgespalten: Zen-Buddhismus und Jodo-Buddhismus. Die eine Seite des Mahayana-Buddhismus wurde im Zen aktiv entfaltet und weiter entwickelt. Die andere Seite wurde vom Jodo-Buddhismus übernommen und erfuhr ihre eigene Entwicklungsgeschichte, die reich an Inhalt ist. Anscheinend bilden Zen- und Jodo-Schule unterschiedliche Aspekte. Trotzdem ist in einer vergleichende-philosophischen Reflexion folgende Perspektive möglich: Von einem breiteren Denkhorizont von Zen, Jodo-Buddhismus und der Cusanischen <Docta ignorantia> aus beurteilt, gestalten sie die eine Wahrheit des Ganzen, die in ihren unterschiedlichen Erscheinungsarten gegeben werden.

Meines Erachtens sollte die Idee, die von Krause angegeben wurde, als eine weitere Aufgabe der vergleichenden Philosophie in Europa voll entwickelt werden. Das Cartesische *cogito* hat die Grundlage des philosophischen Denkens in eine anthropozentrische Richtung bestimmt. Martin Heidegger war dieser geschichtlichen Strömung aufmerksam und versuchte die Befreiung vom Anthropozentrismus in seinem Aufsatz: *Über den Humanismus*. Parallel dazu ist die Idee von Karl Jaspers <Das Subjekt-Objekt-Spaltung überschreitende Denken> bemerkbar.[9] Das Letzgenannte ist selbstverständlich auf Idee des <Umgreifenden> bezogen. In der Betrachtung der Erkenntnisse von Heidegger und Jaspers kann man darauf aufmerksam machen, wieweit ihre existentialphilosophischen Ideen mit der Anschauung Gottes des Cusanus im geistigen Zusammenhang stehen.

(Übertragung in die deutsche Sprache: Hisaki Hashi)

BIBLIOGRAPHIE

Cusanus, Nicolaus, *De docta ignorantia* (h I).
Eisler, Rudolf, ([4]1927) *Wörterbuch der philosophischen Begriff*, Berlin.
Jaspers, Karl, (1935) *Vernunft und Existenz*, Groningen.
The Taisho Tripitaka (Taishô Daizô-Kyô), (1924–1934), Bd 9, Tokyo.

ANMERKUNGEN

1 Eisler 1927: S.370.
2 Cusanus, *De docta ign.* II, 3, p.69.
3 Ibid.

4 Ibid. p.70.
5 Ibid. p. 72.
6 Ibid.
7 *Taisho Daizo-Kyo*, Bd 9, S. 617ff.
8 Ibid.
9 Vgl. hierzu: Jaspers 1935.

CHAPTER SIXTEEN

Cusanus, die Afrikanische Kultur und Tradition

Das Sehen Gottes als Ausgangspunkt

Clement N. Obielu

EINFÜHRUNG IN DIE THEMATIK

In der afrikanischen Kultur und traditionellen Religion befinden sich eine ganze Reihe von Elementen, die darauf hindeuten, daß Gott nicht nur allmächtig ist, sondern auch allsehend, d.h. allhörend, allkönnend, also allwissend. Was dem allmächtigen Gott in diesem Zusammenhang zugeschrieben wird, gilt auch sogar von den Geistern der Ahnen, allerdings mit gewissen Beschränkungen. Man glaubt also, daß Gott über eine außerordentliche Fähigkeit verfügt, alles über das ganze Leben des Menschen zu wissen. Daher ist es auch dann selbstverständlich, daß es sich nicht lohnt, sich vor Gott verstecken zu wollen, denn er sieht ja schon alles, bevor wir irgend etwas unternehmen wollen. Nachdem aber Gott Geist ist und gleichermaßen die Ahnen durch den Tod in Geister verwandelt werden, müßten auch die Geister in der Lage sein, alles zu wissen, zu hören und auch zu sehen. Die einzige Fähigkeit, die ihnen nicht zugeschrieben wird, ist die des Schöpfers. Gott allein ist der Schöpfer und alles was er geschaffen hat, auch der Mensch, bleibt ihm untertan.

In der afrikanischen traditionellen Religion ist jenes Verständnis fest gegründet, daß es eine deutliche Beziehung zwischen den Geistern der Ahnen und den Menschen gibt. Im Grunde besteht ja der Ahnenkult darin, mit den Ahnen Verbindung aufzunehmen, sie um Gnade und Gefallen zu bitten sowie sie zu ehren. All dies tut man nämlich aus dem Verständnis heraus, daß der Mensch von den Ahnen gesehen, ja beobachtet wird. Wer sich also in Schuld verstrickt oder gar gegen die Erwartungen der Ahnen handelt, muß damit rechnen, von ihnen bestraft zu werden. Eine derartige Strafe könnte entweder als Krankheit, Fluch oder einfach ein schweres Leben zum Vorschein kommen. Genauso wie im Judentum wird in der afrikanischen traditionellen Religion die Krankheit als Folge von Sünde aufgefaßt. Wer sich also gegen die Ahnen versündigt, muß damit rechnen, daß sich die Ahnen bemerkbar machen. Dabei gibt es keine bestimmten Strafen für bestimmte böse

Taten des Menschen, sondern es steht den Ahnen frei zu wählen, wie sie den sündigen Menschen bestrafen wollen. Im allgemeinen aber redet man davon, daß der sündige Mensch von den Ahnen niedergeschlagen wird. Daher kommt der Begriff 'Mba Agbara' oder 'Mba Nmuo' (Schlaganfall). Wer von den Ahnen niedergeschlagen wird, kann nur dann gerettet werden, wenn ein Versöhnungsopfer dargebracht wird. Sind die Ahnen mit dem Versöhnungsopfer zufrieden, so wird der Niedergeschlagene gerettet. Wird aber das Versöhnungsopfer von den Ahnen abgelehnt oder für unzureichend gehalten, so gibt es keine Rettung mehr für den Niedergeschlagenen. Er muß also sterben. Was hier über die Ahnen gesagt wird, steht im Mittelpunkt dessen, was für manche Afrikaner als das geläufige Bild Gottes des Allmächtigen angesehen wird. Gott sieht alles; er duldet keine Sünden, verlangt Reue und Bekehrung vom Sünder und vergibt ihm, wenn er sich als reumütig genug enweist. Weigert sich aber der sündige Mensch, sich mit Gott zu versöhnen, so muß er mit jener Strafe rechnen, die jedem aufgelegt wird, der durch seine Sünde Gott abgelehnt hat. Gott ist zwar barmherzig und voller Güte. Von ihm wird aber nicht erwartet, daß die Sünde übersehen wird. Im Gegenteil fordert seine Gerechtigkeit, daß überall dort, wo seine Gebote nicht erfüllt oder mit Absicht verstoßen werden, eine Wiedergutmachung erfolgen muß. Auch wenn hier der Eindruck erweckt werden könnte, als wollte Gott, sozusagen, Rache an den sündigen Menschen nehmen, muß darauf hingewiesen werden, daß es schließlich der Mensch ist, der Schuld auf sich lädt und daher dafür büßen muß.

DIE TEILHABE DER AHNEN AN DER UNENDLICHKEIT GOTTES

Gott schauen heißt nach Nikolaus von Kues, mit dem Sohn Gottes geeint werden und in ihm den Vater sehen. 'Wer Dich, Gott, das aufnehmbare geistige Licht, aufnimmt, wird bis zu einer solchen Einigung mit Dir gelangen können, daß er mit Dir geeint ist wie der Sohn mit dem Vater.'[1] Das Äußerste und Höchste, zu dem der Mensch gelangen kann, ist also nach Cusanus die Teilhabe an der Gottessohnschaft des ewigen Wortes. Im göttlichen Sohn ist alle menschliche Gotteskindschaft eingefaltet und enthalten.[2] In der afrikanischen traditionellen Religion glaubt man, das jeder Mensch eines Tages zu den Ahnen zurückkehren muß; er wird ihnen hinzugezählt, also mit ihnen geeint. Nachdem aber auch darüber hinaus daran geglaubt wird, daß die Ahnen beim allmächtigen Schöpfer (Chukwuokeabiamiri) ihre Ruhe finden, läuft es also darauf hinaus, daß sie mit Gott geeint sind. In diesem Verstandnis ist die Ansicht begründet, daß in manchen afrikanischen Kulturräumen eine sogenannte 'zweite Beerdigung' gehalten wird. Die 'zweite Beerdigung' zielt nämlich daraufhin, die Seele eines Verstorbenen endlich in Frieden ruhen zu lassen. Geschieht dies nicht, könnte es unter Umständen vorkommen, daß die unruhige Seele oder der böse Geist eines Verstorbenen Unheil bei Familienmitgliedern anrichten könnte. Bei einer fehlenden zweiten Beerdigung könnte es vorkommen, daß die betroffene Seele von den anderen verspottet wird. Eine derartige verspottete Seele mußte sich dann bemerkbar machen dadurch, daß sie Rache an

Familienangehörigen nehmen könnte. Unter Umständen könnte der Verstorbene z.B. den Tod eines Sohnes verursachen und gleichzeitig mit weiteren Strafmaßnahmen drohen, falls die betroffene Person nicht schnell genug handelt.

Eigenartig in diesem Zusammenhang ist die Tatsache, daß nur Männern, die verstorben sind, die 'zweite Beerdigung' zugeschrieben wird. D.h. eine verstorbene Frau wird nur einmal beerdigt. Manchmal gibt es aber Ausnahmefälle, wobei davon die Rede ist, daß sich gewisse verstorbene Frauen unruhig fühlen. Nachdem sie aber nicht als Ahnen anerkannt werden, muß man in solchen Fällen nur gewisse Opfer darbringen wie sie von einem Medizinmann vorgeschrieben werden. Es wird geglaubt, daß damit die unruhige Seele beruhigt wird.

Nun aber kann es manchmal zu Komplikationen kommen, wobei alle Versuche, die unruhige Seele zu beruhigen, fehlschlagen könnten. Für solche Fälle gibt es auch eine Lösung. In diesem Falle werden die Gebeine ausgegraben und eingeäschert. Mit dieser Handlung will man erreichen, daß der böse Geist der verstorbenen Frau ein für allemal außer Kraft gesetzt wird, damit die von ihm belästigten Angehörigen Ruhe haben können. Cusanus gebraucht nämlich das traditionelle Bild der bräutlichen Liebe und Vermählung, um die Einigung des Menschen mit Gott zu veranschaulichen,[3] aber er gibt dem Bild der Sohnschaft oder Kindschaft den Vorzug; denn er meint: wir kennen kein innigeres Band.[4]

Insofern als der Sohn mit dem Vater geeint ist und gleichzeitig der Vater unendlich ist, kann also daran kein Zweifel gelassen werden, daß der Sohn auch unendlich ist.

Wer getauft wird, erfährt dadurch eine neue Dimension der Beziehung von Gott zu den Menschen. Die Taufe bedeutet also nicht nur Eingliederung in die Kirche als Gemeinschaft der Glaubenden. Sie bedeutet auch darüber hinaus Eingliederung in den Leib Christi, des Sohnes Gottes. Daher versteht es sich also, daß alle, die in Christus eingegliedert sind, dadurch Anteil an seinem Leben, das unendlich ist, erhalten. Die Teilhabe am Leben Christi ermöglicht es dem Menschen, auch am Leben des Vaters und des Heiligen Geistes ebenfalls teilzuhaben. Auf diese Art und Weise gelingt es dann dem Menschen, an der Unendlichkeit Gottes, des Schöpfers der Welt, teilzuhaben.

DAS SEHEN GOTTES VON N. v. K. UND DER WUNSCH NACH FORTBESTAND IN AFRIKA

Es ist ein natürlicher Wunsch des Menschen, fortbestehen zu wollen, auch wenn er schon gestorben ist. Manchen gelingt es, diesen Wunsch auf diese oder jene Art und Weise in Erfüllung gehen zu lassen. In der afrikanischen Gesellschaft bekommt man diesen Wunsch sehr zu spüren, wenn es um das Familienleben geht. Von manchen Afrikanern wird nämlich viel Wert auf die Nachkommenschaft bzw. den Fortbestand des Familienstammes gelegt.

In den meisten afrikanischen Kulturräumen wird nur dann eine Ehe als erfolgreich und glücklich bezeichnet, wenn ihr Kinder entspringen. Damit aber der Erfolg oder das Glück einer Ehe von etwas Bedeutung sein kann, glaubt man, daß ein männliches Kind für den Fortbestand eines Familienstammes äußerst notwendig ist. Daher sind Namen wie Amaefule (der Familienstamm darf nicht verlorengehen), Amajuoyi (der Familienstamm darf nicht aussterben) oder Amasike (der Familienstamm soll stärker werden) bei den Igbo Hinweise darauf, daß die Unendlichkeit und der erfolgreiche Fortbestand eines Familienstammes sehr hochgeschätzt werden.

Ein Faktor, der beim Wunsch nach dem erfolgreichen Fortbestand des Familienstammes eine sehr wichtige Rolle spielt, ist die Polygamie. Auch heute in der modernen afrikanischen Gesellschaft, in der die sozialen und wirtschaftlichen Nachteile der Polygamie klar auf der Hand liegen, wird sie noch immer von vielen praktiziert. Die Gründe hierfür sind zahlreich und manchmal grenzen sie an pathetische, menschliche Schicksalssituationen.

Für die Beibehaltung der Polygamie als eine annehmbare afrikanische Tradition sprechen die folgenden Argumente. Erstens wird von manchen behauptet, die Polygamie sichere die Geburt zahlreicher Kinder, so daß Status und Besitz weitergegeben werden und die Familie sich in Raum und Zeit weiter ausdehnen könne. Die hohe Rate der Kindersterblichkeit in der afrikanischen Gesellschaft wird ebenfalls als einer der Gründe angeführt. Um für die Anzahl der Kinder, die als Babys sterben, Ersatz zu schaffen, ist eine Mehrzahl von Ehefrauen notwendig.

In der traditionellen nigerianischen Gesellschaft konnte jedes Kind, welches zur Mannesreife gelangte, seine eigene Landwirtschaft und Sklaven haben und damit zu größerer wirtschaftlicher Macht der Familie beitragen. Dies erklärt, warum Männer in matrilinialen Gesellschaften wie jenen der Trabriand in Melanesien keine Neigung zeigen, die Polygamie zu praktizieren. Soweit die Kinder nicht ihnen gehören und folgerichtig ihren Status und ihr Eigentum nicht erben, sehen sie sich nicht veranlaßt, die Polygamie auszuüben.[5]

Die Unfruchtbarkeit einer Frau wäre Grund genug, zur Polygamie zu greifen. Deshalb gibt es auch viele in Afrika, die der Meinung sind, die Polygamie sei die passendste Lösung im Falle der Unfruchtbarkeit der ersten Frau. Sie würde es vorziehen, einfach die erste Frau zu bleiben, anstatt geschieden und dadurch mit der Notwendigkeit konfrontiert zu werden, einen anderen Gatten finden zu müssen.

In seiner Stellungnahme zur Frage im Zusammenhang mit der Unsterblichkeit des Familienstammes meint Mbiti: 'Wenn die philosophische oder theologische Haltung gegenüber Ehe und Fortpflanzung bedeutet, daß diese eine Hilfe für die teilweise Wiedererlangung oder Gewinnung der verlorenen Unsterblichkeit sind, je mehr Frauen ein Mann hat, umsomehr Kinder wird er wahrscheinlich haben, und je mehr Kinder, umso stärker wird die Macht der Unsterblichkeit in jener Familie.'[6]

In Afrika ist die Polygamie in all ihren Verzweigungen ein menschliches Problem. Die Tatsache, daß die afrikanische Frau ihre besondere Vorstellung von ihrem sozialen Status, der Ehe und Fortpflanzung hat, verleiht diesem Problem eine ganz besondere Dimension. Die Igbo Frau, zum Beispiel, schreckt vor der Aussicht zurück, unverheiratet und folglich kinderlos leben zu müssen. Dies ist darauf zurückzuführen, daß sie nur allzu gut die Schande und Demütigung kennt, die mit diesem unglücklichen Geschichte in Igboland verbunden sind. Eine derartige Frau wird verhöhnt und lächerlich gemacht, besonders von anderen Frauen. Noch mehr: ihre eigenen Triebe werden verletzt. Dies verursacht ihr sowohl geistig als auch physisch akutes Leiden. Nicht einmal im Tode würde ihr Versagen vergeben oder vergessen werden.[7]

In der alten traditionellen afrikanischen Gesellschaft war die Behandlung, die einer kinderlosen Frau zugemessen wurde, weitaus schlimmer als es heutzutage der Fall ist. In verschiedenen Stämmen Nigerias wurde eine kinderlose Frau als eine Art Ungeheuer betrachtet. Tätsachlich ist es nicht unbekannt, daß man als Ausdruck der Verachtung einer toten kinderlosen Frau vor ihrem Begrabnis den Leib aufschlitzte. Sie hatte versagt, ihre Funktion als Frau gegenüber dem Leben zu erfüllen und diese Verstümmelung ihres Körpers war der Beweis ihres Versagens: Ihr Name war für immer ausgelöscht. Jede kinderlose Frau, ob verheiratet oder nicht, wurde der gleichen üblen Behandlung, die an Barbarismus grenzt, unterworfen. Selbstverständlich wurde dies von Männern durchgeführt, für welche die Kinderlosigkeit unbegreiflich war. Die Vorstellung, eine Frau könne unverheiratet bleiben, wurde aus dem Grund verspottet, daß dies nicht nur unnatürlich, sondern auch eine sündhafte Unterbrechung der normalen Funktionen im Leben einer Frau sei. Bis heute werden diese Ansichten noch von vielen Afrikanern, einschließich Christen, aufrechterhalten.[8]

Die Bedrängnis, die Lächerlichkeit und die geistige Angst, der eine unverheiratete Frau in manchen afrikanischen Ländern ausgesetzt sein kann, ist einer der Gegenstände, die immer wieder in den Volksliedern und Mythen der verschiedenen Volksstämme auftauchen.

Hier nun ist ein Beispiel solch eines Volksliedes bei den Igbo. Es heißt 'Das Lied einer unverheirateten Mutter'.

'Gott, Gott, wo bist du?
Du gabst mir ein Kind, aber keinen Gatten.
Gott, Gott, nimm dein Kind zu dir oder schenke mir einen Gatten.
Kind, Kind, wer bist du?
Wie konntest du entstehen?
Gott, Gott, nimm dein Kind zu dir.
Nimm dein Kind zu dir, ich bin noch Jungfrau.
Mutter, Mutter, wie bekamst du meinen Vater?
Bekamst du ihn, nachdem ich geboren war?
Gott. Gott, du bist freundlich
Du hast mir gezeigt, daß ich eine Frau bin.
Kind, Kind, bleibe bei mir
Laß uns auf den Mann warten, der uns beide wünscht
Männer, Männer, wo seid ihr?
Ich erwarte einen jeden von euch.'[9]

Der Wunsch nach der Unendlichkeit ist ein Urtrieb des Menschen. In jedem Kulturraum läßt er sich auf eine bestimmte Art und Weise ausdrücken. Im afrikanischen Kontext wird er logischerweise durch die Aufrechterhaltung des

Familienstammes zum Ausdruck gebracht. Afrikaner wollen nicht vergessen werden; sie wollen verewigt werden. Aus diesem Grund bestehen sie auch auf der Überführung von Leichen in die eigentliche Heimat, damit der Verstorbene nicht weit weg von zu Hause sein muß oder vielleicht einfach vergessen werden durfte. Im Leben gehörte er seiner Familie, seiner Sippe und seinem Stamm an. Auch im Tod darf er auf keinen Fall von ihnen entfernt werden. Er darf nicht vergessen werden. Er muß also unendlich bleiben.

Dadurch, daß der Verstorbene zu den Ahnen zurückgekehrt ist, besitzt er jetzt alle Fähigkeiten, die üblicherweise den Ahnen zugeschrieben werden. Jetzt hört er alles; er sieht alles und er weiß, was seine Angehörigen hier auf Erden tun. Er weiß auch, welchen Angehörigen er einen Gefallen tun muß.

REINKARNATION ALS MITTEL ZUM FORTBESTAND

Dadurch, daß der Verstorbene zu den Ahnen zurückgekehrt ist, besitzt er jetzt alle Fähigkeiten, die üblicherweise den Ahnen zugeschrieben werden. Jetzt ist er imstande, alles zu hören, zu wissen und zu sehen. Er weiß, was seine Angehörigen hier auf Erden tun; er weiß auch, was sie brauchen. Deshalb weiß er auch, welchen Angehörigen er einen Gefallen tun kann. Diesen Gefallen tut er ihnen u.a. in der Form der Reinkarnation – der Wiedergeburt.

Dies ist dann ein Hinweis darauf, daß die Ahnen nicht nur als Geister weiterleben, sondern auch nach eigenem Gutdünken wieder auf die Welt zurückkehren können. In diesem Glauben an die Wiedergeburt nach dem Tode zeigt sich also, daß das Verständnis der Unendlichkeit des Lebens in der afrikanischen Kultur und Tradition tief verwurzelt ist. Wenn es also in der afrikanischen Kultur ein Phänomen gibt, das bei vielen Menschen einen starken Glauben hervorruft, ist es ganz gewiß die Sache mit der Wiedergeburt des Menschen. Der Mensch stirbt nicht für immer, sondern er kehrt zu seinen Angehörigen zurück. Dabei liegt es an ihm zu wählen, wem dieser Gefallen zugute kommt. Deshalb kommt es auch vor, daß wenige Tage nach der Geburt eines Kindes der Medizinmann aufgesucht wird, der den Eltern des Neugeborenen enthüllt, wer in der Gestalt dieses Kinder wieder in die Welt gekommen ist. Erstaunlich ist es, daß es anscheinend immer dem Medizinmann gelingt herauszubekommen, wer in jedem Neugeborenen wieder auf diese Welt zurückgekommen ist. Von ungelösten Fragen in diesem Zusammenhang gibt es keine Nachrichten.

Fragt man nun danach, warum die Reinkarnation einen Stellenwert in der afrikanischen Kultur besitzt, so liegt die Antwort darin, daß die Unendlichkeit des Menschen hier eine wesentliche Rolle spielt. Wer es nach dem Tod nicht schafft, wieder in die Welt zurückzukommen, zählt dann zu den Verlorengegangenen. Wer aber wieder zurückkehrt, wird nicht nur gelobt und geehrt, sondern man freut sich darüber, daß diese Wiederkehr ein Zeichen dafür ist, daß der Verstorbene mit den Angehörigen zufrieden ist. Er lebt im Jenseits im Frieden und will mit seiner Wiederkehr zum Ausdruck bringen, daß es ihm gut geht. Die Freude der Angehörigen über die Wiederkehr des Verstorbenen wird mit solchen Eigennamen wie Onongaya (derjenige, der bei sich zu Hause ist), Nuiaemeka (Vater hat Gutes getan), Nneamaka (die Mutter ist schön) zum Ausdruck gebracht.

Das Phänomen der Reinkarnation birgt in sich eine Streitfrage. Nachdem geglaubt wird, daß eine Person mehr als einmal wiedergeboren werden kann, erhebt sich dann die Frage, ob möglicherweise aus einer Seele mehrere Seelen hervorgehen könnten. Auf diese Frage antworten die Afrikaner, daß die Güte in einem Menschen u.a. dazu führen kann, daß diese Person des öfteren in die Welt zurückkehrt. Nachdem dieser Mensch bereits mit anderen Menschen gut auskommt, kehrt er dann gerne zu den Menschen zurück. Dies würde dann bedeuten, daß je häufiger ein Mensch in die Welt zurückkommt, desto mehr ist die Unendlichkeit gesichert. Daher glaubt man, daß ein gutes Leben eine Voraussetzung für die Teilnahme am ewigen Leben ist. Folgerichtig kann man dann davon ausgehen, daß ein böses Leben dem Menschen das ewige Verderben verspricht. Die Reinkarnation bleibt dann letztlich ein Maßstab zur Feststellung der Lage des Verstorbenen. Der Glückliche darf in diese Welt zurückkehren, sich der Gemeinschaft der Angehörigen erfreuen und grenzenlos weiterbestehen. Dem Verdammten wird der Weg der Rückkehr in die Welt versperrt. Bei seinem ersten Aufenthalt in der Welt hat er versagt: er darf also nie wieder zurückkehren; er muß für immer verbannt bleiben.

SCHLUß

Cusanus greift in *De visione Dei* nicht das der deutschen Mystik des Mittelalters so teure Thema der Geburt Gottes im Herzen der Menschen auf, wohl aber mißt er der Wiedergeburt des Menschen im Geist und überhaupt dem Wirken des Geistes ganz entscheidende Bedeutung bei. Daher meint er: Nur als der vom Geist Gesalbte ist Christus lebendiges Bild Gottes; erst sein Geist vermag uns zu Bildern Gottes zu machen.[10] Das bloße Bild, auch das Bild des Gekreuzigten, weckt von sich her noch keine Hingabe.[11]

Cusanus ist der Auffassung, daß sich die vielen Worte Jesu auf eines zurückführen lassen: er selbst, der Lehrer der Wahrheit, ist das eine Wort der Wahrheit und des Lebens. Er verspricht den Menschen nichts anderes als sich selbst.[12] Auch seine Forderungen lassen sich auf zwei und letztlich auf eine reduzieren, auf die Forderung des Glaubens und der Liebe. Wer Jesus in liebendem Glauben anhängt, hat alles; er ist mit Jesus geeint 'wie ein Glied seinem Haupt'[13] und durch Jesus mit Gott. Genau im diesem Zusammenhang stehen auch die Worte über die Leichtigkeit des Glaubens und der Liebe. 'Was ist leichter als Gott zu glauben? Was ist beglückender, als ihn zu lieben?'[14]

In Afrika glaubt man nicht nur an Gott, den allmächtigen, sondern auch an seine mitwirkenden Geister, zu denen die Ahnen auch zählen. Dieser Glaube führt dann dazu, daß der Verehrung der Ahnen eine große Bedeutung beigemessen wird. Wer es also gut versteht, den Ahnen Ehre zu erweisen, darf sich darauf verlassen, daß er nach der irdischen Pilgerschaft den Lohn der ewigen Seligkeit erhält; er wird den Ahnen zugezählt. Verliert man aber schon hier auf Erden den Draht zu ihnen, so muß unausweichlich mit dem ewigen Verderben als Strafe gerechnet werden.

ANMERKUNGEN

1 *De vis.*, 18 (N. 81).
2 *Ibid.*, (N. 82).
3 *Ibid.*, (N. 80).
4 *Ibid.*, (N. 82).
5 Vgl. Shorter, A., *African Culture and the Christian*. London 1973, 173.
6 Mbiti, J. S., *African Religions and Philosophy*, London 1968, 142.
7 Basden, G. T., *Niger lbos*, London 1966, 232.
8 Unverheiratete Männer waren völlig unbekannt. Selbst von Männern, um deren Impotenz man wußte, erwartete man nicht, daß sie unverheiratet blieben, denn das Problem der Fortpflanzung war leicht durch einen Freund oder Verwandten zu lösen, der zu Gunsten des impotenten Mannes handelte.
9 Umeasiegbu, R. N., *The Way We Lived*, London 1969, 133–134.
10 *De vis.*, 25 (N. 118).
11 *Ibid.*, 24 (N. 112).
12 *Ibid.*, 24 (N. 114).
13 *Ibid.*, 21 (N. 92).
14 *Ibid.*, 24 (N. 114).

PART III

Contemporary Meaning of Cusanus' Thought

CHAPTER SEVENTEEN

L'actualité de la pensée de Nicolas de Cues

La docte ignorance et sa signification herméneutique, éthique et esthétique

João Maria André

1. INTRODUCTION

S'il y a des moments dans lesquels on se sent parcourir l'histoire par des chemins clairement dessinés et dont la direction n'est pas objet de doute ou de perpléxité, il y a d' autres époques historiques dans lesquelles on perçoit devant nous non pas une route, mais un croisement où les chemins se multiplient comme les langues se sont multipliées après la Tour de Babel et le songe de devenir dieux qui a fait les hommes monter si haut. Quand on refait aujourd'hui, avec cette distance critique que seul le temps nous peut offrir, la querelle Modernité / Post-Modernité, on perçoit que le problème qui, au fond, soutenait cette querelle était le premier problème de tous les problèmes philosophiques, la source de toutes les interrogations auxquelles la tradition occidentale (et peut-être aussi d'autres traditions non-occidentales) a toujours essayé de répondre pendant plus de vingt siècles, sous des expressions conceptuelles diversifiées: le problème de l'unité et de la multiplicité, qui s'écrit aussi sous les couleurs de l'identité et de la différence. H. Heimsoeth, en l'identifiant comme le premier de ses 'Grands Thèmes de la Métaphysique Occidentale', a introduit son approfondissement par les mots suivants: 'La plus immédiate et primaire de toutes les questions philosophiques, qui se présentent à l' esprit humain pour jamais se taire, est celle de l'occulte unité de l'être, qui se présente multiple et divisé, enveloppé dans la diversité colorée des expériences. Et ce premier problème de la métaphysique acquiert toute sa gravité avec la perception des contraires dans la réalité et avec la vivacité singulière avec laquelle ceux-ci s'imposent à nous en tant que traces dernières de l'existence spirituelle.'[1] La fragmentation post-moderniste n'est plus qu'un symptôme d'une chute dans la pluralité extrême quand on ne réussit pas à voir que l'unité n'exclut pas la pluralité et que l'identité peut devenir riche et féconde quand elle ne signifie pas l'annulation de la différence (mais se laisse traverser par elle), aussi bien du point de vue ontologique et anthropologique que du point de vue épistémologique, herméneutique, éthique ou esthétique. On pressent que le vingtième siècle a signifié le couronnement d'une certaine modernité, la Modernité des Lumières où Faust a écrit le progrès avec les armes du pouvoir et avec l'unicité rationelle annoncée par Descartes dans son projet de faire des hommmes 'comme maîtres et possesseurs de la Nature'[2] sous les normes d'une Méthode où la Mathématique, coupée de la dimension mystique qui nourrissait les écrits de la Renaissance, devenait Mathesis Universalis, c'est-à-dire, 'science de l'ordre, de la proportion et de la mesure'.[3] Mais on devine aussi aujourd'hui des signes d'une soif non apaisée: à côté de l'unidimensionalité informatique qui configure la matrice cybernétique de la communication présente dans les textes des pères des premières machines à penser, qui prolonge aujourd'hui la Mathesis cartésienne, se lève une matrice herméneutique, qui reprend une autre tradition enracinée dans la conscience de Pascal et de Vico, selon laquelle il y a d'autres ordres de discours que le discours de l'ordre géométrique ne réussit pas à dire, parce qu'íl y a d'autres réalités qui échappent à la rationalité mécaniste. Et si l' on plonge la vision un peu plus loin, on reconnaît que ces réalités nous renvoient vers un fond qu'on ne peut expériencier et exprimer que dans les marges du silence qui sont aussi les limites du discours et de la connaissance: un fond devant lequel Nicolas de Cues, au quinzième siècle, a répondu avec la 'docte ignorance', une attitude qu'on peut considérer comme fondatrice d'une certaine conscience herméneutique, courant le risque de paraître anachronique, et qui, au-delà de ses conséquences épistémologiques, a aussi une signification éthique et esthétique dont l'actualité me semble indéniable.

C'est pourquoi, à cette époque de croisement, on peut, et peut-être on doit, retourner au XV sècle, lui aussi époque de croisement, pour reprendre des chemins qui se sont perdus à l'aube de la Modernité et que personne n'a repris,[4] sauf à quelques moments exceptionnels que la mémoire historique oublie très vite dans le gouffre du Chronos qui continue à manger ses propres fils. En revisitant la pensée de Nicolas de Cues dans cette perspective, on peut certainement penser avec lui au-delà de lui, fidèles à son exortation pour interpréter ses mots par un mouvement de transcensus qui nous conduira vers la plénitude qu'il reconnaît n'avoir pas réussi à dire d'une façon adéquate,[5] mais on peut aussi répondre à l'appel de Gadamer, quand il nous dit que 'les voix du passé ne deviennent perceptibles que lorsque les questions du présent leur sont dirigées'.[6]

L'horizon actuel à partir duquel on voudrait poser des questions à Nicolas de Cues peut être défini par les lignes suivantes: tout d'abord, la fin de la rationalité tecno-scientifique unidimensionnelle et la nécessité de reconnaître le rôle que le symbole peut jouer dans le cadre d'un paradigme plus expressioniste et, par conséquent, plus herméneutique, que représentativiste et objectivateur de la réalité; deuxièmement, la fragmentation dans laquelle on vit aujourd'hui et la nécessité de répondre à la pluralité non pas par l'homogénéisation fondamentaliste qui domine l'autre et le différent par l'acculturation, mais par la reconnaissance de la possibilité, par multiples chemins et dans le cadre de la coexistence plurielle des cultures, de nourrir l'espérance d'être dialogiquement dans la recherche du bien et de la vérité; troisièmement, l'expérience du silence, qui nous remet au fond qui se dit en nous sans s'épuiser dans les mots avec lesquels on essaye de le dire, avec la nécessité de reconnaître que cette expérience, loin d'être l'appel de l'irrationnel, peut être bien l'appel de l'indicible, que les mystiques peuvent vivre dans l'expérience mystique, mais les artistes peuvent aussi vivre dans l'expérience esthétique, en reconnaissant, les uns et les autres, que la 'docte ignorance' habite l'esprit et le corps et peut aussi s'écrire dans et par la sensibilité, qui chez les artistes postule la proportion des formes et chez les mystiques le désir intellectuel de Dieu. Nous nous proposons, donc, de découvrir l'actualité de la 'docte ignorance' en tant que principe d'une philospophie herméneutique, en tant que clé d'un comportement éthique et, finalement, en tant qu'expression d'une expérience esthétique de cet abîme de l'être dans le quel se fonde notre être au monde.

2. LA SIGNIFICATION HERMÉNEUTIQUE DE LA 'DOCTE IGNORANCE'

Quand on parle de la 'docte ignorance' dans la perspective d'une philosophie de l'interprétation, on pense immédiatement aux chapîtres du livre premier du *De docta ignorantia* où les symboles géométriques sont utilisés en tant que symboles pour parler du Maxime absolu et de sa dimension trinitaire, ou dans les multiples métaphores que le Profane nous propose surtout dans les pages du *De mente* significativemente précédées par ces mots: 'En me servant de cet art je cherche, avec des symboles, ce qui m'intéresse, je nourris mon esprit, je fais des cuillers et je repose mon corps. Ainsi j'obtiens toutes les choses dont j'ai besoin.'[7] Toutefois, en prenant ces mots comme la traduction de la voie symbolique ou interprétative de la pensée du Cusain, on risque de rester à la surface de sa philosophie herméneutique, parce que cet art d'interpréter n'est rien d'autre que la concrétisation d'une attitude plus profonde devant l'acte de philosopher. On pourra s'approcher un peu plus quand on voit le Cardinal, une année avant sa mort, dire à Nicolas Albergati: 'Regarde, mon fils, nous marchons dans ce monde par des images et par des énigmes parce que l'esprit de la vérité n'est pas de ce monde et ne peut pas être saisi par lui à moins que, par des paraboles et par des symboles connus par nous, nous soyons haussés à l'inconnu.'[8]

Quand on recherche ce que veut dire cette référence aux images, aux énigmes et aux symboles, on perçoit que le rapport qui s'établit entre l'image, en tant que symbole, et la vérité n'est pas un rapport d'extériorité, comme la métaphore dans son rôle d'ornement dans la réthorique classique, mais un rapport intérieur, ontologique et heuristique: l'infinité de l'absolu qu' on 'pré-suppose' et que la 'docte ignorance', dans sa réflexivité, découvre comme vérité incompréhensible, est présentifiée dans le monde des symboles par lequel nous parlons de Dieu, mais le fondement de ce symbolisme discursif humain est l'acte de cette infinité fondatrice qui, par une originaire donation gratuite de sa plénitude, se présentifie elle-même dans les symboles du monde, ce qui fait du monde, avec l'homme et son discours, un symbole, ou, si l'on veut utiliser une expression erigénienne, une métaphore de Dieu (divina metaphora).[9] Je veux dire que toute la philosophie de Nicolas de Cues, et, evidemment, sa manifestation en tant que 'docte ignorance' s'élève sur une conception de la création en tant que position de sens, c'est-à-dire, en tant qu'expression du discours divin qui, en soi, est une plénitude excessive de sens: un sens qui est vrai et qui, par conséquent, fonde transcendentalement nos prétentions de connaissance (et c'est pourquoi Stallmach peut interpréter les démarches de la dialéctique cusaine comme des mouvements qui sont, en même temps, de réduction transcendantale et de déduction trancendentale)[10]; un sens qui est bon et qui, par conséquent, peut permettre l'interprétation de ces mouvements comme une deificatio ou une theosis[11] qui présuppose une 'scientia amoris'[12]; mais un sens qui est aussi beau et qui, par conséquent, transforme également la docte ignorance en une 'scientia laudis', une science de la louange du sens qui est posé par la création, parce que 'rien n'a mené le créateur à faire cette oeuvre très belle, l'univers, sauf sa louange et sa gloire qu'il a voulu montrer; la fin de la création, c'est lui-même, qui est aussi son principe.'[13]

De ce point de vue, on peut dire que la pensée de Nicolas de Cues postule, au niveau de la discursivité humaine, la 'docte ignorance' comme une philosophie de l'interprétation, qui va du symbole à ce qui se cache derrière lui, parce que, en partant d'une réinterprétation de la mystique du logos, il formule une conception de la trinité en tant qu'expréssivité interne, qui permet, elle-aussi, une conception de la création en tant qu'expréssivité vers l'extérieur. C'est pourquoi on peut lire dans le *De principio* que 'il [le principe] se connaît soi-même, parce qu'il est mieux en étant intelligent de soi. Il engendre, de soi, la raison de soi, la définition ou le logos. [...] Le logos c'est le verbe consubstantiel, c'est-à-dire, la raison du père défini qui se définit soi-même, lequel complique en soi tout le définissable, parce que rien peut être défini sans la raison de l'Un nécessaire.'[14] Cette raison du père qui se définit soi-même, définit aussi toutes choses en créant par la parole, comme le montre le *De filiatione Dei*, quand il dit, en traduisant la création dans l'analogie du maître qui parle à ses élèves: 'Selon cette comparaison, notre principe unitrine, par sa bonté, ayant pour but les esprits intellectuels, a créé le monde sensible comme une matière et une voix, dans laquelle il a fait resplendir de façon diverse le verbe mental, pour que toutes les choses sensibles soient le discours des diverses élocutions de Dieu Père, expliquées par le verbe, son Fils, étant son but l'esprit des univers [...].'[15] Cette parole de Dieu c'est la 'dé-finition' du monde et, par conséquent, Dieu, en tant qu'infini, est une fin infinie qui finitise,[16] c'est-à-dire, une infinité de sens qui se développe en multiples contractions qui ne sont que les images (symboles) qui nous renvoient, par un processus ascensif, à leur auteur. Si le *De dato patris luminum* peut nous dire que 'toutes les choses sont des apparitions ou comme des lumières' et que 'parce qu'il n'y a qu'un seul père et source des lumières, toutes les choses sont donc des apparitions de ce Dieu unique, qui, étant un, ne peut cependant apparaître que dans la diversité',[17] le *De visione Dei* dira: 'Ainsi je comprends que ton visage, Seigneur, est antérieur à toute face susceptible d'être formée, qu'il est le modèle et la vérité de toutes les faces, et que toutes les faces sont des images de ta face qui est incontractable et imparticipable'.[18] C'est justement cette infinitude, cette imparticipabilité, cette incontractibilité qui fait du discours avec lequel nous répondons à la donation de sens du principe fécondateur de toutes choses un discours qui est nécessairement ignorant, mais qui en même temps se sait en effet ignorant, c'est-à-dire, un discours qui est 'docte ignorance'. Mais la marque distinctive de cette ignorance en tant que docte, c'est que loin de conduire au scepticisme et au silence résigné, fait du silence l'espace où s'engendre un nouveau discours, c'est-à-dire, fait de ce silence un espace théophanique, un espace où le silence parle symboliquement, et, ainsi, pour utiliser une expression chère à Paul Ricoeur, où, dans le silence, 'le symbole donne à penser'.[19] Et donne à penser parce que, défini comme une 'structure de signification où un sens direct, primaire, littéral, désigne par succroît un autre sens indirect, secondaire, figuré, qui ne peut être appréhendé qu'à travers le premier',[20] il suppose ce qu'on pourrait appeler une communauté ontologique entre lui-même et ce qui est symbolisé, parce que, dans les mots du même auteur, 'le symbole a pour caractéristique de n'être jamais complètement arbitraire; il n'est pas vide, il y a toujours un rudiment de relation naturelle entre le signifiant et le signifié.'[21] C'est cette même communauté ontologique que suppose Nicolas de Cues quand, dans sa première introduction à sa philosophie de l'interprétation, constituée par les chapîtres 11 et 12 du *De docta ignortantia*, il fonde la démarche symbolique vers Dieu sur ces considérations: 'Tous nos docteurs, les plus sages et les plus divins, sont d'accord pour affirmer que les choses visibles sont véritablement des images des choses invisibles et que notre créateur peut être vu et connu par les créatures comme dans un miroir et dans une énigme. Or, le fait que l'on peut explorer symboliquement les vérités spirituelles, qui sont en soi hors d'atteinte, a sa racine dans ce qui a été dit plus haut, car toutes les choses se trouvent liées par un rapport, caché pour nous sans doute et incompréhensible, mais tel qu' un univers en sort, et toutes les choses sont l'unité elle-même dans le maximum un.'[22]

Les images mathématiques que le Cusain explore ensuite ne sont qu'un cas particulier de la portée de ce principe. En fait, toute l'oeuvre de ce philosophe et théologue mystique du XV siècle est une démonstration du recours au symbole pour atteindre incompréhensiblement l'incompréhensible, et l'homme lui-même, défini, d'un côté, comme image de Dieu, et d'un autre côté comme microcosme, peut être envisagé comme le symbole des symboles, parce qu'il n'est pas simplement un symbole de Dieu, mais surtout un symbole qui interpréte la nature symbolique des autres choses et s'interprête soi-même comme le symbole vif et dynamique du pouvoir explicateur de celui qui est son principe et auquel il doit s'assimiler.[23] Et si la portée du rapport ontologique explicité dans le chapître 11 du *De docta ignorantia* dépasse les symboles mathématiques explorés ensuite, de la même façon les trois pas de la démarche interprétative qui y est esquissée acquièrent eux- aussi une portée plus vaste. Voir les images avec leurs propriétés ('considérer les figures mathématiques finies avec leurs passions et leurs raisons'), transposer ces propriétés au plan de l'infini ('transférer ces raisons pour les figures infinies') et surtout essayer le saut, par un mouvement de supération transsomptive, vers l'infini où il n'y a plus de figures ('transumer les raisons mêmes des figures infinies jusqu'au maximum simple')[24] c'est vraiment faire le parcours qui va du symbole à la plénitude du sens qu'il dit sans dire et qu'il vise sans pouvoir l'exprimer, ou, encore mieux, auquel il s'ouvre, comme une colombe qui nous ouvre l'horizon de la paix. Confrontant ces étapes méthodologiques avec la nécessité d'une reformulation de la logique pour donner au principe de la coïncidence sa place centrale dans la pensée cusaine, on pourrait redéfinir les trois cercles, en spirale, de la logique en quête de l'infini, comme le cercle d'une logique conjécturale, édifié sur le principe de la non-contradiction, le cercle d'une dialéctique coïncidentielle, édifié sur le principe de la coïncidence des opposés, et, finalement, le cercle d'une dialogique transsomptive, édifié sur la conscience de la distance mais aussi sur la nature dialogique du mouvement par lequel on se sent appelé à franchir cette distance.[25] Dans le contexte de notre réflexion, la dialogique transsomptive acquiert une signification spéciale parce que c'est surtout dans le moment de la transsomption que la docte ignorance s'affirme en tant que philosophie de l'interprétation dans le cadre d'une ontologie herméneutique ou, peut-être mieux, d'une hénologie herméneutique, parcours philosophique qui nous conduit du multiple à l'un, du fini à l'infini, non pas par la voie de la causalité efficiente, mais par la voie de l'expression, comme l'a bien vu, il y a longtemps, Ernst Cassirer,[26] et plus récemment D. Duclow,[27] et, de la même façon, non pas par la voie de la représentation, mais par la voie de la non-objectivité, comme l'a aussi démontré M. Stadler[28] dans une dissertation plus récente. On dirait même que la théorie de l'interpétation proposée par Paul Ricoeur,[29] quand il parle de la dialectique qui va de l'explication à la compréhension et quand il interpréte le moment de l'interprétation comme une 'aufhebung' de l'opposition de deux démarches est très proche des trois moments ou des trois cercles de l'interprétation cusaine auxquels nous avons fait allusion.

On voit plus clairement cette proximité quand on constate que la perspective philosophique du Cusain a aussi sa concrétisation épistémologique et méthodologique dans le plan de l'interprétation du discours humain, au niveau des textes, des opinions et des philosophies. Et un des textes où mieux s'opère cette transposition des fondements ontologiques et hénologiques vers le plan discursif, c'est le *De genesi.* Ici, l'auteur, partant de l'idée selon laquelle 'tous ceux qui ont parlé de la génèse ont dit le même de façons diverses',[30] formule ensuite, comme G. Santinello a souligné dans um petit article sur l'herméneutique cusaine,[31] quelques principes d'interprétation, à savoir: (1) la nécessité de contextualiser le discours biblique dans la capacité humaine de compréhension et de appréhension;[32] (2) la transformation du mouvement interprétatif dans un mouvement d'assimilation au idem, c'est-à-dire, de confluence vers le même indicible, par un processus de relativisation des formes contractées de l'expression humaine;[33] (3) la perception que les interprétations des sages et des Pères de l'Église ne sont aussi que des modes divers d'appréhension de l'idem absolu que 'chacun s'applique à représenter de façon assimilative.'[34]Et ces mêmes principes qu'on voit ici appliqués au texte biblique fonctionnent également, dans d'autres textes, au niveau de l'interprétation des textes philosophiques et aussi comme recommendation pour l'interprétation de ce que Nicolas de Cues lui-même a écrit.

3. LA SIGNIFICATION ÉTHIQUE DE LA 'DOCTE IGNORANCE'

On pourrait commencer par dire que la 'docte ignorance', par ses sources et dans ses multiples conséquences, implique indéniablement une portée thérapeutique ayant une connotation éthique, et suppose l'assomption de la fonction 'purgative' qui correspond au moment de la catharsis de l'ascension dionysienne.[35] On pourrait aussi dire que la 'nulla proportio', appelée la règle de la docte ignorance, a aussi une signification éthique spéciale, qui prolonge sa signification herméneutique, par la nature symbolique qu'elle imprime à tout discours: en tant que discours du symbole et sur le symbole, le discours cusain peut, d'une certaine façon, se placer à un niveau méta-linguistique, qui potentialise par le jeu entre l'ostention, le dévoilement et l'occultation, non seulement des effets cognitifs, mais aussi des comportements spécifiques dans la praxis existentielle de ceux qui se laissent envelopper par son jeu apellatif.[36]

Par cette voie, on accéderait certainement à des aspects éthiques importants qui sont corrélatifs du principe de la 'docte ignorance'. Mais aujourd'hui et dans l'actualité, j'aimerais bien souligner la signification éthique de la 'docte ignorance' dans le contexte multiculturel qui caractérise notre société dans cette âge planétaire qui fait de notre monde un village global, mais qui suscite aussi des réponses qui nient la différence, comme les fondamentalismes de nature diverse qui se développent partout. Ainsi, je me propos de considérer le texte plus écuménique de Nicolas de Cues, le *De pace fidei*, comme la traduction éthico-politique du principe de la 'docte ignorance' et, dans les présupposés et fondements philosophiques de ses propositions, comme une formulation profondément actuelle de ce qui pourrait soutenir un sain dialogue interculturel.

Dans une première lecture, le *De pace fidei* pourrait paraître surtout un écrit circonscrit au domaine théologique et eclésiologique dont l'argumentation peut conduire à une survalorisation des dogmes du christianisme. Mais si l'on essaye une analyse de la structure dramaturgique du texte pour comprendre les différents moments du procès argumentatif, on peut conclure que le discours avec lequel le Verbe répond aux premières interventions des sages s'inscrit dans un registre différent du discours de Pierre ou de Paul, c'est-à-dire, un registre clairement philosophique où même les formulations chrétiennes sont relativisées par référence au fond philosophique qu' elles prétendent exprimer. Seule cette perspective peut nous faire comprendre deux passages qui sont, au moins, intrigants. Le premier semble signifier une certaine relativisation de la formule trinitaire: 'En tant que créateur, Dieu est à la fois Trinité et unité. En tant qu'infini il n'est ni trinité ni unité, ni rien de ce qui peut être énoncé.'[37] Si l'on considère que l'infinitude est, pour le Cusain, à côté de l'omnipotence, un des principaux attributs de Dieu, on voit qu'il nous dit simplement que pour penser philosophiquement ce Dieu infini, la conception trinitaire est aussi inadéquate. Le second passage relativise plus encore la conception trinitaire chrétienne, en tant que Père, Fils et Saint Esprit: 'Certains nomment l'unité Père, l'égalité Fils et la connexion Esprit Saint, parce que ces termes, bien que inadéquats, conviennent à la Trinité. [...] Et si l'on pouvait trouver des termes plus simples, ils seraient mieux adaptés, comme Unité, Idité et Identité.'[38]

On peut conclure de ces observations préliminaires que les présupposés de Nicolas dans ce texte sont très ouverts et peuvent aider à penser actuellement une conduite plurielle et respectueuse face aux différences culturelles fondée sur trois niveaux: un niveau épistémologique, un niveau anthropologique et un niveau spécifiquement éthique.

Au niveau épistémologique, la reconnaissance de la nature conjecturelle de chaque croyance ou, dans un langage actuel et sécularisé, de chaque culture, s'impose. Sous ce point de vue, le *De pace fidei* énumère les conséquences de la 'docte ignorance' et éthiquement constitue vraiment un éloge de la différence et une affirmation de sa positivité, présent déjà dans la désignation des anges comme gardiens de chaque peuple et, par conséquent, de son identité, ce qui signifie que Dieu a voulu la différence comme un bien et non comme un mal mineur: 'Et s'il advient qu'il ne soit pas possible ou convenable de faire disparaître cette différence des rites et que cette différence même paraisse souhaitable pour augmenter la dévotion [...].'[39] Cette positivité de la différence s'enracine dans l'unité du fondement d'où elle jaillit et dans sa plénitude et son excès en tant que fondement. C'est pourquoi on a déjà identifié ce Dieu du *De pace fidei* avec le Dieu caché du *De Deo abscondito*,[40] et aussi avec le concept de sagesse, et il est possible d'affirmer que les chapitres IV et V de ce texte ne sont qu'une synthèse de ce qui est dit sur la sagesse, en formules paradoxales, dans les pages du Livre premier du *Idiota de sapientia*.[41] C'est parce que la force de la sagesse une est inéfable que toutes les expressions humaines ne sont que conjectures, même les expressions religieuses[42] et on ne peut pas oublier que déjà le *De coniecturis* dédiait un chapitre à la nature conjecturelle des croyances religieuses.[43]

Au niveau anthropologique, il y a deux aspects qui définissent la portée culturelle de la 'docte ignorance' et qu'on doit maintenant souligner par leur actualité. Tout d'abord, l'idée selon laquelle c'est l'unité de la nature humaine qui fonde l'unité de la religion dans la variété des rites. Mais cette unité de la nature humaine est concrétisée par la définition de l'homme en quête de la sagesse qui, elle aussi, est une: c'est dans la rencontre de cette sagesse que l'homme se réalise dans son essence. Toutefois, cette rencontre n' est pas définie comme une possession, mais comme un processus indéfini, traduit par le concept de vie divine immortale: la dialectique entre la finitude et l'infinitude, entre le temps et l'éternité introduit dans le coeur de l'essence humaine un dynamisme qui fait de l'unité de l'homme non pas une unité déjà achevée, mais une unité en devenir, ce qui fait aussi de l'homme un être en conversion permanente par correspondence à l'infinitude de son intellect.[44] C'est – à-dire, l'homme défini en tant que docte ignorance est un homme en quête de sa nature, ce qui exige naturellement la rencontre avec les autres, eux aussi 'docte ignorance'. Deuxièmement, on ne peut pas oublier l'importance de la singularité, dont la positivité le Cusain reconnaît très tôt, et qui, comme l'a démontré Gerda von Bredow, occupe une place spéciale dans les derniers textes de l'auteur,[45] qui lui dédie un chapitre dans le *De venatione sapientiae*. L'humanité n'existe que contractée dans la singularité de chaque homme et de chaque peuple, ce qui fonde aussi la positivité de la différence dans le *De pace fidei.*

Finalement, au niveau spécifiquement éthique et aussi politique, c'est le concept de liberté qui passe au premier plan. On doit commencer par enregistrer l'inscription de la liberté dans une dynamique anagogique dans laquelle le bien et la vérité s'identifient et dirigent la marche des hommes, illuminée par le Verbe. Et c'est ce Verbe lui-même qui articule la pluralité des croyances et des rites avec la liberté humaine, dans un cadre où la dimension temporelle du savoir et l'historicité radicale de toutes les positions est valorisée: '[. . . .] ayant décrété à l'origine que l'homme devait rester libre, et puisque rien ne demeure stable en ce monde sensible, qu'avec le temps varient les opinions et les fragiles conjectures [. . .]'[46] Dans la reconnaissance de la liberté humaine comme complément de la 'docte ignorance' se fonde la légitimité des multiples voies pour une approche du bien suprême qui est aussi la suprême vérité, comme bien l'exprime le *De visione Dei*, quand Dieu répond à l'homme qui rentre chez soi, dans le silence et dans l'ignorance: 'sois à toi-même et je serai à toi'.[47]

Ces trois niveaux définissent le champ sur lequel peut s'élever la tolérance en tant qu'attitude morale correpondante aux exigences de la 'docte ignorance', et s'il est vrai que Nicolas de Cues n'utilise ici qu'une seule fois le mot tolérer,[48] c'est aussi vrai que tout le texte peut être lu comme un texte sur la tolérance[49] et aujourd'hui seule une raison herméneutique, critique et tolérante peut répondre de façon adéquate aux relativismes et aux fondamentalismes qui nous menacent à la fin de ce vingtième siècle.

4. LA SIGNIFICATION ESTHÉTIQUE DE LA DOCTE IGNORANCE

En citant la *Lettre à Albergati*, nous avons dit avant que notre savoir, qui est un savoir conscient de ses limites, c'est-à-dire, une docte ignorance, conflue vers une 'scientia laudis' devant la beauté du monde qui exprime la beauté de son auteur. Ceci signifie que le mouvement réductif-transcendental n'est pas seulement un mouvement de rencontre du vrai ou du fondement qui est condition du vrai, mais aussi un mouvement de rencontre du beau ou du fondement qui est condition du beau. C'est ainsi que Nicolas de Cues peut reprendre le Pseudo-Denys et, après avoir reconnu que le beau est cause de tous les mouvements des esprits, et, par conséquent, de tout désir,[50] peut affirmer: 'Tout ce qui est, est dès le beau et le bon, dans le beau et dans le bon, et au beau et au bon retourne.'[51] C'est pourquoi on doit reconnaître que le fond d'où tout jaillit est la beauté. Ou mieux, pour utiliser une expression chère à Nicolas et à Denys, son inspirateur, la Beauté des beautés, parce que, de même que tous les nombres sont compliqués dans l'unité, toutes les formes de beauté sont compliquées dans la Beauté.

Cette beauté maximale est, toutefois, une beauté qui dépasse infiniment notre capacité d'appréhension. Si elle est maximale et si dans le maximum il n'y a que l'unité, l'égalité de l'unité et leur connexion, alors, parce que la beauté est 'la splendeur de la forme sur les partes proportionées et délimitées de la matière',[52] ce qui implique différence et altérité, on doit conclure que la beauté per se, c'est-à-dire, la Beauté des beautés, celle qui est cause de toute beauté et qui fait toute beauté,[53] est une beauté qui ne peut être vue ni entendue, ce qui nous interdit de percevoir cette harmonie qui est une harmonie dans l'égalité et, par conséquent, inaudible.[54] La 'docte ignorance' se répercute aussi inévitablement sur notre appréhension ou notre expérience de la beauté et c'est pour cela qu'elle a une signification esthétique. C'est-à-dire, la plénitude absolue de la beauté est, sans proportion, supérieure aux émotions humaines sensibles ou intelectuelles. On ne peut pressentir la beauté qui dépasse toute beauté qu'on peut ouïr ou voir que dans le silence et dans l'obscurité la plus profonde: 'Or ta face, Seigneur, a la beauté et cet avoir est un être. C'est donc être la beauté absolue elle-même que d'être la forme qui donne l'être à toute belle forme. Oh face trop belle! Pour qu'on admire sa beauté, tout ce qu'elle donne à voir d'elle-même ne suffit pas! Dans toutes les faces se voit la face de toutes les faces, mais voilée et en énigme. On ne peut la voir sans voile à moins qu'en dépassant toutes les faces on entre dans un secret et profond silence où ne demeure nulle trace du savoir ni du concept de "face".'[55] Deux aspects corrélatifs doivent être soulignés quand on considère cette articulation de la 'docte ignorance' avec la tonalité esthétique de la hénologie qui la supporte. Premièrement, la non-objectivité de la beauté qui se traduit dans la non-objectivité de sa plénitude maximale et aussi dans la non-objectivité de ses contractions: ce qui est beau n'est pas un object et ne peut pas être objectivé ni être saisi dans une représentation objective. Deuxièmement, la contrepartie de cette non-objectivité est la primauté de l'expression et de ses traductions symboliques: toute forme concrète de beauté n'est qu'un énigme de la beauté suprème qui reste, en soi, indicible, irreprésentable et infigurable. Et c'est ici qu'on voit la possibilité d'une nouvelle approche de la pensée esthétique du vingtième siécle par la médiation d'un de ses représentants les plus significatifs: Mikel Dufrenne. Quand à mi-chemin de son parcours philosophique il relit ce qu'il a écrit, il reconnaît son étonnement: 'Je m'étonne de la persistance d'un leit-motiv: le thème de l'impensable. Le plus haut de la pensée – .... – me paraît le plus obscur, comme si le comble de la pensée était précisement l'aveu de l'impensable, un aveu qui n'est pas une abdication, où la raison ne fait place à la foi, mais où elle découvre la foi sur laquelle elle se fonde.'[56] C'est la traduction de la solidarité entre philosophie et poésie qu'il avait reconnue dans la conclusion de son oeuvre sur l'apriori: 'L'histoire de la pensée atteste en effet une solidarité étroite entre philosophie et poésie, comme si la philosophie, lorsqu'elle prétend être une pensée de l'impensable, ayant peine à se suffire à elle-même, éprouvait le besoin d'être relayée ou relancée par un savoir qui n'est plus philosophique, par un discours qui se situe peut-être au-delà du savoir.'[57] Et la question se pose: 'Expérience mystique ou poétique?'[58] Et il y a aussi un essai de réponse pour séparer les eaux: 'On voit en tout cas que l'expérience religieuse et l'expérience poétique sont voisines; la différence est que la poésie est l'expression d'une expérience qui refuse de se référer à un système, qui est elle-même sa propre révélation.'[59] C'est vrai: par le poétique on reste dans l'immanence de l'être, dans l'immanence du monde, parce que nous sommes au monde, comme dans notre patrie;[60] par le mystique nous reconnaissons ce qui nous dépasse et ce qui dépasse notre présence au monde. La réponse esthétique est différente de la réponse du mystique. Néanmoins, je crois que la structure de l'expérience esthétique est très proche de la structure de l'expérience mystique. Et je voudrais proposer que les catégories par lesquelles Dufrenne explicite sa phénoménologie de l'expérience esthétique puissent aussi nous aider à opérer une phénoménologie de l'expérience mystique: la présence, la représentation et le sentiment.[61] Si l'on essaye de transposer les trois moments de l'utilisation herméneutique des symboles, mentionnés plus haut, dans l'expérience mystique (ce qui est fait par Nicolas de Cues dans son *De visione Dei*), on voit que le premier moment, de la logique conjecturale, correspond à ce qu'on peut appeler la présence (c'est-à-dire, la vision du tableau et la vision de tous les symboles dans sa visibilité, bien que le corps n'y soit pas si important que dans l'expérience esthétique); le deuxième moment, de la dialectique coïncidentielle, correspond à la représentation et à l'intervention de l'imagination visant créer la distance par laquelle on est conduit de la présence du symbole à la distance instituée par ce qui en lui se symbolise; et le troisième moment, le moment de la dialogique transsomptive, correspond au sentiment, le sentiment par lequel on s'ouvre et on répond à la profondeur de l'être qui s'exprime et se voile par ses expressions, le sentiment dans lequel s'engendre la réflexion du fond (des Grundes, en allemand, un génitif qui, comme le génitif de 'visio Dei', est en même temps un génitif objectif et subjectif).

C'est vrai que Dufrenne, dans son introduction à *Le poétique*, propose sans détours une philosophie non théologique,[62] tout en critiquant, en même temps, les discours de Derrida et de Blanchot chez lesquels il décèle la trace de la théologie négative.[63] C'est vrai aussi que pour dessiner cette philosophie non-théologique il se réclame d'une autre expérience.[64] Mais on peut se demander: s'agit-il vraiment d'une autre expérience ou plutôt d'une autre configuration de l'expérience, c'est-à-dire d'une autre source qui lui donne le sens? En fait, en dernière analyse l'expérience n'est autre que l'expérience de la 'docte ignorance'. Parce que, c'est Dufrenne qui le dit, 'pour parler valablement du fond il faudrait en être contemporain, se situer en deçà de l'homme, dans la ténèbre que nul regard ne traverse, dans le silence que nulle parole ne rompt'[65] et, ainsi, 'seule la philosophie peut avouer l'impuissance de la philosophie'.[66] Au XV siècle, avant la laïcisation de son Dieu,[67] Nicolas de Cues avait dit tout simplement: 'Il faut donc que l'intellect devienne ignorant et qu'il se tienne dans l'ombre s'il veut te voir. Mais, mon Dieu, que sont ensemble l'intellect et l'ignorance sinon la docte ignorance? Tu n'es donc accessible, Seigneur, toi qui es l'infinité, qu'à celui dont l'intellect est dans l'ignorance, c'est-à-dire, qu'à celui qui sait qu'il t'ignore.'[68]

BIBLIOGRAPHIE

Aertsen, Jan A./Speer, Andreas (Hrsg.), (1998) *Miscelanea Mediaevalia*. Bd. 26. *Was ist Philosophie im Mittlealter*, Berlin/New York

Alvarez-Gomez, Mariano, (1999) *Hacia los fundamentos de la paz perpetua en la religión según Nicolás de Cusa*, in: *La Ciudad de Dios*, CCXII/.

André, João Maria (1998), *La portée de la philosophie de Nicolas de Cues, La docta ignorantia en tant que philosophie de l'interpretation*, in Aertsen, yan A. / Speer, Andreas (Hrsg.), (1998).

Beierwaltes, Werner, (1976), *Negati affirmatio: Welt als Metapher. Zur Grundlegung einer mittelalterlichen Ästhetik durch Johannes Scotus Eriugen*, in: *Philosophisches Jahrbuch*, 83.

Bredow, Gerda von, (1995) *Der Gedanke der Singularitas in der Altersphilosophie des Nikolaus von Kues*, in: *Im Gespräch mit Nikolaus von Kues*, Münster.

Cassirer, Ernst, (1927) *Die Bedeutung des Sprachproblems für die Entstehung der neueren Philosophie*, in *Festschrift Meinhof*, Hamburg.

Cusanus, Nicolaus, *De coni.* (h III).

——, *De dato.* (h IV).

——, *De docta ign.* (h I).

——, *De fil.* (h IV).

——, *De mente* (h V).

——, *De pace* (h VII).

——, *De princ.* (h IV).

——, *De sap.* (h V).

——, *De vis.* (h VI).

——, *Lettre à Albergati*, (*CT* IV).

——, *Tota pulchra es amica mea (sermo de pulchritudine).* (Edizione critica e introduzione a cura di G. Santinello), Padova, 1959.

Descartes, René, (1996a) *Discours de la méthode*, VI, Paris

——, (1996b) *Regulae ad directionem ingenii*, IV, Paris.

Duclow, Donald F. (1974) *The Learned Ignorance: Its Symbolism, Logic and Foundations in Dionysius the Areopagite, John Scotus Eriugena and Nicholas of Cusa*, Bryn Mawr College.

Dufrenne, M. (1966) *Jalons*, La Haye.

——, (1959) *La notion d'"priori'*, Paris.

——, (1967) *Esthétique et philosophie*, Paris.

——, (1967) *Phénoménologie de l'expérience esthétique. II. La perception esthétique*, Paris.

——, (1973) *Le poétique*, Paris.

Fuehrer, M. L. (1980) *Purgation, illumination and perfection in Nicholas of Cusa*, in: *Downside Review*, 89, Oxford.

Gadamer, Hans-Georg, (1970) *Nikolaus von Kues im modernen Denken*, in: *Nicolò Cusano agli inizi del Mondo Moderno, Atti del Congresso Internazionale in occasione del V Centenario della morte di Nicolò Cusano. Bressanone, 6–10 settembre 1964*, Firenze.

Heimsoeth, Heinz, *Los seis grandes temas de la Metafísica Occidental*, trad. J. Gaos., Madrid.

Meinhardt, M. (1984) *Konjekturale Erkenntnis und religiöse Toleranz*, in: *Mitteilungen und Forschungsbeiträge der Cusanus-Gesellschaft*, 16, Mainz.

Miller, Clyde L. (1983) *A Road Not Taken: Nicholas of Cusa and Today's Intellectual World*, in: *Proceedings of the American Catholic Philosophical Association*, 57.

Ricoeur, Paul, (1960) *Finitude et culpabilité. 2. La symbolique du mal*, Paris.

——, (1969) *Le conflit des interprétations. Essais d'herméneutique*, Paris.

——, (1976) *Interpretation Theory: Discourse and the Surplus of Meaning*, Texas.

Röhricht, Rainer, (1971) *Der ökumenische Reichtum der Wahrheit*, in: *Mitteilungen und Forschungsbeiträge der Cusanus-Gesellschaft*, 9, Mainz.

Santinello, Giovanni, (1963) *L'Ermeneutica scritturale nel 'de genesi' del Cusano*, in: *Archivio di Filosofia*, Roma.

Stadler, Michael, (1983) *Rekonstruktion einer Philosophie der Ungegenständlichkeit. Zur Struktur des cusanischen Denkens*, München.

Stallmach, Josef, (1989) *Ineinsfall der Gegensätze und Weisheit des Nichtwissens. Grundzüge der Philosophie des Nikolaus von Kues*, Münster.

Struever, N. (1982) *Metaphoric Morals: Ethical implications of Cusa's Use of Figure*, in: Brind'amour, L./Vance, (Eds.), *Archéologie du Signe. Recueils d'Études Médiévales. III*, Toronto.

NOTES

1 Heimsoeth: p. 31.
2 Cf. Descartes 1996a: p. 62, lignes 7–8.
3 Cf. Descartes 1996b: p. 377, lignes 22–23 et pp. 378, lignes 1–11.
4 Cf. Miller 1983: pp. 68–77.
5 Cf., par exemple, Cusanus, *De docta ign.*, I, 10, p. 21, 17–25.
6 Gadamer 1970: p. 39.
7 Cusanus, *De mente*, I, 55, 1–3: Immo in hac mea arte id, quod volo, symbolice inquiro et mentem depasco, commuto coclearia et corpus reficio; ita quidem omnia mihi necessaria, quantum suficit, attingo.
8 Idem, *Lettre à Albergati*, *CT* IV, 48, p. 46, 23–26. 'Primo autem, fili mi, advertas nos in hoc mundo ambulare per similitudines et aenigmata, quoniam spiritus veritatis non est de hoc mundo neque per ipsum capi potest, nisi parabolice et per symbola nobis nota ad incognitum rapiamur.'
9 Cf. Jean Scot Erigène, *De divisione Naturae*, I, 62, 13. Sur ce thème Erigénien, cf. Beierwaltes 1976: pp. 237–265.
10 Cf. Stallmach 1989: p. 24.
11 Cf. Cusanus, *De fil.*, III, 70, 1–3: Filiatio igitur est ablatio omnis alteritatis et diversitatis et resolutio omnium in unum, quae est transfusio unius in omnia. Et haec theosis ipsa.
12 Cf. Idem, *Lettre à Albergati*, *CT* IV, 12, p. 30, 19–24: Unde, sicut ex amore qui deus est omnia in esse transiverunt, sic per amorem omnia conservantur et in deum redeunt. Intellectus autem in ignorantia et sine laetitia et amore non vivit. Et quoniam carens scientia amoris est in eius ignorantia, necesse est quod intellectus, si debet vivere in laetitia aeterna, quae non potest carere amore, cognoscat amorem, quem non nisi amando cognoscere potest.
13 *Ibid.*, III, p. 26, 16–18: Nihil enim movit creatorem, ut hoc universum conderet pulcherrimum opus, nisi laus et gloria sua quam ostendere voluit; finis igitur creationis ipse est qui et principium.
14 Cusanus, *De princ.*, 9, 1–7: Et non possumus negare, quin se intelligat, cum melius sit se intelligente. Et ideo rationem sui seu definitionem seu logon de se generat. [. . .] Et logon est consubstantiale verbum seu ratio definiti patris se definientis, in se omnia definibile complicans, cum nihil sine ratione unius necessarii definiri possit.
15 Cusanus, *De fil.*, IV, 76, 1–6: Tali quadam similitudine principium nostrum unitrinum bonitate sua creavit sensibilem istum mundum ad finem intellectualem spirituum, materiam eius quasi vocem in qua mentali verbum varie fecit resplendere, ut omnia sensibilia sint elocutionum variarum orationes a Deo patres per finem verbum in spiritu universorum explicatae in finem [. . .].
16 Cf. Cusanus, *De princ.*, 33, 7–10. Cf. aussi *De vis.*, XIII, 53, 8–9.
17 Cusanus, *De dato*, IV, 108, 8–10: Sunt igitur omnia apparitiones sive lumina quaedam. Sed quia unus est pater et fons luminum, tunc omnia sunt apparitiones unius Dei, qui, etsi sit unus, non potest tamen nisi in varietate apparere.
18 Cusanus, *De vis.*, VI, 18, 7–11: Sic igitur deprehendo vultum tuum, domine, antecedere omnem faciem formabilem et esse exemplar ac veritatem omnium facierum et omnes facies esse imagines faciei tuae incontrahibilis et imparticipabilis.
19 Cf. Ricoeur 1960: p. 327; Ricoeur 1969: p. 284.
20 Ricoeur 1969: p. 16.

21 *Ibid.*, p. 314.

22 Cusanus, *De docta ign.*, I, 11, p. 22, 4–11: Consensere omnes sapientissimi nostri et divinissimi doctores visibilia veraciter invisibilium imagines esse atque creatorem ita cognoscibiliter a creaturis videri posse quasi in speculo et aenigmate. Hoc autem, quod spiritualia – per se a nobis inattingibilia – symbolice investigentur, radicem habet ex hiis, quae superius dicta sunt, quoniam omnia ad se invicem quandam – nobis tamen occultam et incomprehensibilem – habent proportionem, ut ex omnibus unum exsurgat universum et omnia in uno maximo sint ipsum unum.

23 À ce propos, cf. la métaphore de l'homme comme auto-portrait vif de Dieu, présenteé dans le *De mente*, V, 149, 1–12, et reprise dans la Lettre à Albergati, *CT* IV, 8, p. 28, 19–23.

24 Idem, *De docta ign.*, I, 12, p. 24, 18–23: Si finitis uti pro exemplo voluerimus ad maximum simpliciter ascendendi, primo necesse est figuras mathematicas finitas considerare cum suis passionibus et rationibus, et ipsas rationes correspondenter ad infinitas figuras transferre, post haec tertio adhuc altius ipsas rationes infinitarum figurarum transsumere ad infinitum simplex absolutissimum etiam ab omni figura.

25 Cf. notre texte 'La portée de la philosophie de Nicolas de Cues. La *docta ignorantia* en tant que philosophie de l'interprétation', in: Aertsen/Speer 1998: pp. 724–730.

26 Cf. Cassirer 1927, pp. 507–514, où on peut lire (p.513): Mögen wir Gott als 'Ursache' des Seins oder mögen wir ihn als absolute 'Substanz' bezeichnen, immer verlangt dieser Gedanke, wenn er in wirkliche Schärfe genommen und allen Zweideutigkeiten entrückt werden soll, eine nähere Bestimmung: und diese gewinnt er, indem wir Gott als den 'Sinn' des Seins betrachten.

27 Cf. Duclow 1974.

28 Cf. Stadler 1983.

29 Cf. Ricoeur 1976.

30 Cusanus, *De Gen.*, I, 143, 12–13: Qui de genesi locuti sunt, idem dixerunt in variis modis, ut ais.

31 Santinello 1963: pp. 81–90.

32 Cusanus, *De Gen.*, II 159, 1–4: Ubi vero Moyses modum, quo haec acta sunt omnia, humaniter exprimit, credo ipsum ad finem, ut vero modo quo verum per hominem capi posset, eleganter expressisse. Sed usum scis modo humano ad finem, ut homines humaniter instruat.

33 *Ibid.*, II, 160, 3–8: Prudentes autem atque in theologicis peritiores scientes divinos modos sine apprehensibile modo esse non offenduntur, si configuralis assimilatorius ad consuetudinem audientium contractus reperitur. Ipsi enim absolvunt eum a contractione illa, quantum eius possibile fuerit, ut intueantur tantum idem absolutum identificare. À cette contraction est même reconnue une dimension historique, afirmée au début du chapitre suivant (cf. *Ibid.*, 3, 161, lignes 3–7).

34 *Ibid.*, II, 160, 18–21: Quorum omnium considerationem circa modum accepto, quasi sint sapientum varii conceptus inexpressibilis modi, non nisi me ad idem ipsum, quod quisque nisus est assimilatorie configurare, convertens et in eo quiescens.

35 Cf. Fuehrer 1980: pp. 169–189.

36 Cf. Struever 1982: pp. 305–334.

37 Cusanus, *De pace*, VII, 21, p. 20, 9–11: Deus, ut creator, est trinus et unus; ut inifinitus, nec trinus, nec unus nec quicquam eorum quae dici possunt.

38 *Ibid.*, VIII, 24, p. 25, 1–7: Nominant aliqui unitatem Patrem, aequalitatem Filium, et nexum Spiritum Sanctum; quia illi termini etsi non sint proprii, tamen convenienter significant trinitatem.[...] Et si simpliciores termini reperiri possint, aptiores forent, ut est unitas, iditas et idemptitas.

39 *Ibid.*, I, 6, p. 7, 11–12.: Quod si forte haec differentia rituum tolli non poterit *aut non expedit*, ut diversitas sit devotionis adauctio [...] (Souligné par nous).

40 Cf. Alvarez-Gomez 1999: pp. 334–336.
41 Cusanus, *De sap.*, I, 9, 2–18: Unde sapientia, quam omnes homines, cum natura scire desiderent, cum tanto mentis affectu quaerunt, non aliter scitur, quam quod ipsa est omni scientia altior et inscibilis, et omnia loquela ineffabilis, et omni intellectu inintelligibilis, et omni mensura immensurabilis, et omni fine infinibilis, et omni termino interminabilis, et omni proportione improportionabilis, et omni comparatione incomparabilis, et omni figuratione infigurabilis, et omni formatione informabilis, et in omni motione immobilis, et in omni imaginatione inimaginabilis, et in omni sensatione insensibilis, et in omni attractione inattractabilis, et in omni gusto ingustabilis, et in omni auditu inaudibilis, et in omni visu invisibilis, et in omni apprehensione inapprehensibilis, et in omni affirmatione inaffirmabilis, et in omni negatione innegabilis, et in omni dubitatione indubitabilis, et in omni opinione inopinabilis. [...] per quam, in qua et ex qua omnia.
42 Cf., à ce propos, Meinhardt 1984: pp. 325–332.
43 Cf. Cusanus, *De coni.*, II, 15.
44 Idem, *De pace*, 4, 12, p. 13, lignes 2–8: Et quod super omnia mirabilius est, relucentia illa sapientiae per vehementem conversionem spiritus ad veritatem plus et plus accedit, quousque viva ipsa relucentia de umbra ymaginis continue verior fiat et conformior verae sapientiae, licet absoluta ipsa sapientia numquam sit, uti est, in alio attingibilis; ut sit sic perpetuus et indeficiens cibus intellectualis ipsa aeterna inexhauribilis sapientia.
45 Cf. Bredow 1995: pp.31–39.
46 Cusanus, *De pace*, III, 8, p. 9, 17–19; p. 10, 1–2: [...] quia ab initio decrevisti hominem liberi arbitrii manere, et cum nihil stabile in sensibili mundo perseveret varienturque ex tempore opiniones et coniecturae fluxibiles, similiter et linguae et interpretationes [...].
47 Idem, *De vis.*, VII, 25, 12–19: Et cum sic in silentio contemplationis quiesco, tu, domine, intra praecordia mea respondens dicens: Sis tu tuus et ego ero tuus. O domine, suavitas omnis dulcedinis, posuisti in libertate mea, ut sim, si voluero, mei ipsius. Hinc nisi sim mei ipsius, tu non es meus: Necessitares enim libertatem, cum tu non possis esse meus, nisi et ego sim mei ipsius. Et quia hoc posuisti in libertate mea, non me necessitas, sed expectas, ut ego eligam mei ipsius esse.
48 Cf. *De pace*, XVII, 60, p. 56, 19.
49 Cf., pour cette lecture, Röhricht: pp. 125–136.
50 Cf. Cusanus, *Tota pulchra es amica mea (sermo de pulchritudine)*, p. 34: Tractat deinde Dionysius quomodo pulchrum, quod cum bono convertitur, est causa omnium motuum spiritum, scilicet, qui moventur desiderio.
51 *Ibid.*, p. 35: Nam quidquid est ex pulchro et bono et in pulchro et bono est et ad pulchrum bonumque convertitur.
52 *Ibid.*, p. 33: splendorem formae, sive substantialis, sive accidentalis, super partes materiae proportionatas et terminatas ...
53 *Ibid.*, p. 33: Sed pulchritudo per se est quae per suam essentiam est causa pulchritudinis, omnem pulchritudinem faciens.
54 Cusanus, *De docta ign.*, II, 1, p. 62, 13–15: Ascende hic, quomodo praecisissima maxima harmonia est proportio in aequalitate, quam vivus homo audire non potest.
55 Idem, *De vis.*, VI, n. 20, 13 – n. 21, 3: Tua autem facies, domine, habet pulchritudinem, et hoc habere est esse. Est igitur ipsa pulchritudo absoluta, quae est forma dans esse omni formae pulchrae. O facies decora nimis, cuius pulchritudinem admirari non sufficiunt omnia, quibus datur ipsam intueri. In omnibus faciebus videtur facies facierum velate et in aenigmate. Revelate autem non videtur, quamdiu super omnes facies non intratur in quoddam secretum et occultum silentium, ubi nihil est de scientia et conceptu faciei.
56 Duffrenne 1966: p. 6.

57 Duffrenne 1959: p. 285.
58 *Ibid.*
59 *Ibid.*, p. 286.
60 Duffrenne 1967: p. 52.
61 Cf. Duffrenne 1967: pp. 421–526.
62 Duffrenne 1973: pp. 7–57. Cette introduction se conclue significativement par ces mots (p. 56): Une philosophie non théologique, c'est une philosophie pour qui il n'y a pas à atttendre de parousie: elle sait que la présence est donnée hic et nunc. Elle est le don même, qui n'implique pas de donateur, qui est seulement le devenir imprévisible et prodigue du réel.
63 Cf. *Ibid.*, p. 36.
64 *Ibid.*, p. 39.
65 *Ibid.*, p. 224
66 Duffrenne 1967: p. 557, n.1.
67 Cf. Duffrenne 1959: p. 281.
68 Cusanus, *De vis.*, XIII, 52, 8–12: Oportet igitur intellectum ignorantem fieri et in umbra constitui, si te videre velit. Sed quid est, deus meus, intellectus in ignorantia? Nonne docta ignorantia? Non igitur accedi potes, deus, qui es infinitas, nisi per illum, cuius intellectus est ignorantia, qui scilicet scit se ignorantem tui.

CHAPTER EIGHTEEN

Die Naturanschauung bei Nicolaus Cusanus und Paracelsus

Masako Odagawa

Europäische Naturanschauung wird im allgemeinen für wissenschaftlich und logisch gehalten. Aber dieses Merkmal stammt philosophisch aus dem Körper-Geist-Dualismus von Descartes im 17. Jahrhundert, der die Natur als Materie vergegenständlichte und das gesamte Naturphänomen nur durch Ausdehnung und Bewegung der Materie erklärte und mit dieser rationalen Methode den Weg der modernen Naturwissenschaft entscheidend bestimmte. Dieser Gedanke wurde mit dem der <Naturbeherrschung durch das Wissen> von Francis Bacon verbunden, der die englische Renaissance vertrat, und hat sich bis zur globalen Naturbeherrschung der Gegenwart durch die wissenschaftliche Technik entwickelt.

Aber in Europa gibt es eine andere Strömung als diese Naturanschauung. In der Antike wurde Natur als <physis> ausgedrückt, und das Wort physis bedeutet Werden oder Wachsen. D.h. Natur wird als etwas Vitales verstanden, was in sich das Prinzip des Werdens und der Entwicklung hat. In der Renaissance-Zeit, wo die antike Philosophie wieder entdeckt wurde, waren einige Philosophen, die das traditionelle Christentum erneut umdeuteten und im Zusammenhang damit die organische Naturanschauung der Antike übernahmen und weiterentwickelten. Darunter findet man die zwei bedeutenden Denker, Nicolaus Cusanus in Deutschland (1401–1464) und Paracelsus in der Schweiz (1493–1541). Im folgenden wollen wir die Naturanschauungen von beiden betrachten, damit ihre Bedeutung für die Gegenwart sichtbar werde.

I. DIE NATURANSCHAUUNG BEI NICOLAUS CUSANUS

Nicolaus Cusanus lebte in der Zeit, wo das Christentum noch dominant war. Er wurde aber von der antiken Philosophie viel beeinflußt: vor allem von geometrischer Denkweise der Pythaggoreer und dem Neuplatonismus, der alles in Einheit synthetisiert. Er versteht Natur in der Relation zu Gott als <universum>, im Sinne der Gesamtheit des von Gott Geschaffenen. Das Universum ist nämlich nach seiner Philosophie <similitudo>, Abbild und Ausdruck Gottes. Während Gott absolutes Sein ist, ist Universum <contractum>, kontrahiertes Sein, d.h. etwas, was zu konkreten Gestalten zusammengezogen ist. Anders gesagt: während Gott Ursprung ist, der vor allem ist, und <complicatio>, Einfaltung, von allem ist, ist das Universum <explicatio>, Entfaltung, Gottes. Zum Beispiel: Einheit und Zahlen, Punkt und Ausdehnung, Ruhe und Bewegungen, Augenblick und Zeiten, Identität und Verschiedenheit.

Cusanus weist mittelalterliche Auffassung des Universums zurück. Gemäß dieser ist die Erde im Mittelpunkt, und aufwärts wird von dieser Welt bis zum Mond und zu den Sphären der Planeten und endlich zu der reinen Himmelwelt der Fixsterne gereicht, und abwärts ins Innere der Erde, bis zur Hölle. Gegen dieser Auffasssung sieht Cusanus alle Stufen im Universum selbst. Das ganze Universum ist nach seiner Ansicht unendlich und hat keinen bestimmten Mittelpunkt. Im Universum gibt es keine Anordnung der Werte, sondern das Universum ist homogen. Gott hat alles in verschiedenen Stufen geschaffen, aber jedes Geschöpf hat die Möglichkeit, in seiner Stellung der stufförmigen Ordnungen in der Seinsweise vollkommen zu sein.

Im mittelalterlichen Christentum wurde Gott als das verstanden, was dreieinige Struktur habe: Gott als Vater gebäre Sohn Gottes als sein Wort, und es sei der Heilige Geist, der die beiden verbinde. Nach Cusanus gibt es im Universum das Abbild dieser Dreieinigkeit Gottes. Gott Vater ist die absolute Möglichkeit. Davon steigt die Möglichkeit des Universums als Materie ab, die das Prinzip der Passivität ausmacht. Dies ist ein Grund dafür, daß das Universum als Abbild Gottes erscheint. Sohn Gottes oder das WORT ist absolute Form, und davon steigt <quidditas>, die Wesenheit, als das Prinzip der Aktivität des Universums ab. Gott als der Heilige Geist ist als die Bewegung der Liebe absolute Verbindung. Davon steigt der Geist des Universums ab und verbindet das passive Prinzip des Universums, d.h.dessen Möglichkeit oder Materie, und sein aktives Prinzip, d.h. seine Wesenheit, in Eins. Der Abstieg vom Gott bleibt nicht am Universum. Weiter steigt von der Möglichkeit des Universums die Materie des einzelnen Dings ab, und von der Wesenheit des Universums steigt die Form des Einzelnen. Noch dazu steigt von der Verbindung des Universums die Verbindung des Einzelnen ab, und damit entstehen wirkliche und konkrete einzelne Dinge dieser Welt. Auf diese Weise haben einzelne Dinge vermittels des Universums als das von Gott Abgestiegene je dreieinige Struktur, und dies bedeutet, daß Gott selbst in allem existiert.

Da jedes Ding von Gott abgstiegen ist, ist darin das Universum als ein Ganzes kontrahiert enthalten. Deswegen besteht zwischen dem einen und dem anderen Einzelnen das umfassende Verhältnis vermittels des Universums. Jedes Ding, d.h. das Einzelne, steht im Zusammenhang mit dem Ganzen, und darin besteht das Verhältnis <Alles ist in Allem, und jedes iin jedem>, omnia in omnibus esse constat et quodlibet in quolibet (De docta ignorantia, II, 5, 117). Es wäre zu beachten, daß das, was diese harmonische Relation verwirklicht, trinitarisch gesagt, auf nichts anderes zurückzuführen ist als die verbindende Tätigkeit von <Spiritus sanctus>, dem Heiligen Geist. 'Also ist der <spiritus universorum>, Geisthauch des

Universums, durch das ganze Gesamt und durch dessen einzelne Teile verbreitet und kontrahiert. Er wird Natur genannt. (Est igitur hic spiritus per totum universum et singulas eius partes duffusus et contractus; qui natura dicitur)' *(De docta ign.* II, 10, 153). Hier sehen wir die Übernahme der Idee der <lebendigen Natur> der antiken Philosophie und ihrer Umformung bei Cusanus.

In diesem Universum verliert die Erde die Mittelstellung, die sie im mittelalterlichen Weltbild hatte. Dafür wird der Mensch die Mitte des Universums als ein kleines Universum, das das Gesmt des Universums umfaßt. Denn der Mensch ist das Oberste in der sichtbaren Welt und zugleich das Niedrigste in der geistigen Welt und hat deswegen einen mittleren Stand, was ihm ermöglicht, das Ganze der beiden Welten in sich zu umshlißen. Auf diesem Grund schätzt Cusanus die menschliche <ars>, Kunst, die allem neue Ordnungen gibt, positiv als die Tätigkeit, den Sinn des Seins von allem zur Vollendung zu bringen. D. h. die schöpferische Aktivität des Menschen hat die Möglichkeit, das Universum an die vollkommene Höhe immer mehr zu nähern und das Universum mit Gott verbinden zu lassen.

II. DIE NATURAUFFASSUNG BEI PARACELSUS

Die Naturauffassung bei Paracelsus ist neben vom Neuplatonismus auch von der mittelalterlichen Alchimie stark beeinflußt, und lehrt die organische Einheit des Universums. Auch bei ihm ist das Universum oder die Welt die Entfaltung dessen, was in Gott selbst war. Das, was die Grundlage dieser Welt ausmacht, ist <großes Mysterium>, das in sich alle Möglichkeiten verbirgt, und das metaphorisch Keim oder Ei genannt wird, aus dem das Universum geboren wird. Dieses ursprüngliche, noch undifferenzierte Leben ist die Quelle des einheitlichen Lebens der ganzen Natur und hat die aktive Potenz, sich zu entwickeln und differenzieren. Die Grundlage des Universums wird von Paracelsus auch <Yliaster> genannt. Yliaster ist ein Kompositum von griechischer <hyle>, Materie oder Stoff, und von <astron>, Gestirn, und bedeutet den Stoff des Universums. Yliaster ist sehr fein und klein und ist kaum zu ertasten, aber enthält potentiell alles vom Universum. Deswegen wird es metaphorisch <matrix>, Mutterleib, oder Keim genannt, aus dem ein Baum wächst.

<Groses Mysterium> oder Ilyaster ist zuerst in einem undifferenzirten Zustand, aber allmählich differenziert es sich. Auf dem Weg der Konkretisierung entstehen vier Urelemente, großes Universum und einzelnes Geschöpf. Diese bildende Tätigkeit durch Differenzierung oder Divergierung beruht auf der ursprünglichen Lebenskraft, die Ilyaster, wie Keim, in sich selbst hat. Diese Lebenskraft wird manchmal für die Tätigkeit von <Archeus>, Urheber, gehalten. Archeus ist sozusagen Handwerker Gottes und nichts anderes als <spiritus>, der die Welt regiert. Ilyaster oder Archeus wird nämlich als das gedacht, was <spiritus vitae>, Geisthauch des Lebens, hat. Alles in der Welt, Organisches und scheinbar Unorganisches, nimmt an dieser Lebenskraft teil. Spiritus Vitae ist ein Giest, ein Geist und eine Kraft in allen Teilen. Er ist der höchste Samen, aus dem alle Teile leben.

Die vier Urelemente, die aus dem Ilyaster entstehen, sind diejenigen, die traditionell Erde, Wasser, Feuer und Wind genannt wurden. Paracelsus denkt, daß die Elemente Wasser und Erde, die unten vorhanden sind, den sichtbaren Teil der Welt ausmachen. Andererseits nennt er Feuer, das oben ist, <Firmament>, Himmelsgewölbe, oder <astrum>, Gestirn, und hält es für sozusagen die Seele der Welt. Dagegen ist Wind, der auch oben ist, als Luft oder Atem verstanden, als das, was das Leben erhält. Aus diesen vier Elementen werden das große Universum und das Einzelne nach und nach gestaltet, und schließlich entsteht die ganze Welt. Dabei wird sie zwischen dem Oberen und dem Unteren, dem Inneren und Äußeren, dem Sichtbaren und dem Unsichtbaren hierarchisch geordnet und zugleich von einem Spiritus des Lebens durchdrungen und verbunden. Deswegen stimmen jede einzelnen Teile der Welt einander überein und haben <Concordanz>, Einstimmigkeit. Anders gesagt, alles in der Welt ist die Erscheinung der Bildungskraft des inneren Lebens und entwickelt sich nur aus dem Inneren. Das Universum ist bis zu seinem kleinsten Teil durch dieselbe Ordnung und Gesetz beherrscht. Daher macht das Universum ein harmonisches Ganzes aus. Deshalb 'ist eine Blume genug, um die ganze Schöpfung zu verstehen. Das eine verkündet alles': so ist doch ein blumen im verstand genug, eine gibts all an (Sämtliche Werke, Bd.6, S.149). Auf diese Weise besteht bei Paracelsus wie bei Cusanus die organische Relationalität: jedes ist in jedem.

Da das Universum auch bei Paracelsus letzten Endes etwas ist, was von Gott geschaffen wurde, folgt alles Seiende in der Welt, so denkt Paracelsus, nach der Trinität Gottes dem Gesetz der Dreieinigkeit. Ursprüngliche Materie enthält nämlich Sulfur, Merkur und Salz. Dies sind mehr als chemische Substanzen und wirken als drei Prinzipien: Sulfur als Kraft des Brennens, Merkur als Kraft des Fließens und Salz als Kraft des Härtens. Während diese drei Prinzipien gegenseitig Gleichgewicht erhalten, existiert etwas in der Welt. Wenn das Eine von diesen drei beherrschend wird, erscheint dementsprechend eine Veränderung. Aus passenden Kombinationen dieser drei Prinzipien bestehen die vier Elemente der Realität: Erde, Wasser, Feuer und Wind.

III. DIE NATURAUFFASSUNG VON BEIDEN UND DIE GEGENWART

Bei Nicolaus Cusanus und Paracelsus ist auf die menschliche Kreativität großen Wert gelegt, was in der Renaissancezeit gemeinsame Haltung der Naturforschung ist. Für Cusanus ist das, was in der Natur Mathematisches oder Zahl erkennt, nichts anderes als kreative Tätigkeit des menschlichen Geistes. Er machte im Gebiet der Mathematik, Astronomie und Geographie bahnbrechende Entdeckungen und Vorschläge von neuen Forschungsmethoden. Aber diese Tätigkeit der menschlichen Subjektivität ist nach seiner Ansicht kein absolutes, sondern etwas, was letztlich auf einem göttlichen transzendenten Prinzip beruht. Paracelsus dagegen arbeitete aktiv als Arzt und Pharmakologe. Er denkt: 'Natur sehnt sich nach Alchemie' (Bd. 8, S. 125) und was die Natur vervollkommnet, ist Alchemie. Alchemie ist nämlich die zweite Schöpfung der Natur durch den Menschen, der die kreative Tätigkeit Gottes durch Archeus übernimmt und zur Vollendung bringt.

Was bedeuten die oben genannten Naturanschauungen bei beiden für die heutige Situation, in der sich die Umwelt der Natur unglaublich schnell verwüstet wird?

Erstens, bei beiden ist die Natur als Abbild oder Ausdruck Gottes etwas Würdiges. Insofern der Mensch ein natürliches Sein ist, ist er auch ein Teil der Natur. Sowohl die Natur als auch der Mensch sind gleich von Gott Erschaffenes, deswegen sind die beiden sozusagen Geschwister. Die Haltung, die Natur nicht als Ding zu sehen, sondern demütig der Natur gegenüberzustehen mit dem aufmerksamen Gedanken, daß die Natur in ihrem eigenen Sein die Spur Gottes habe, sollte nun erneut wieder eingenommen werden.

Zweitens, der Punkt, daß bei beiden Teile und das Ganze von Natur durch spiritus, d.h. Lebenshauch oder Geist, organisch in Zusammenhängen stehen, scheint mit der Lehre der gegenwärtigen Ökologie übeereinzustimmen. Natürlich nimmt die Ökologie als ein Fach der modernen Naturwissenschaften nicht so etwas wie spiritus an, aber die wunderbar feine Relation der Abhängigkeit der Bestandteile von ökologischen Systemen, so könnte man sagen, deutet auf eine geborgene Kraft im Hintergrund hin, alles in Harmonie bringen zu wollen. Nicht eine bei Ananalyse bleibende, sondern solche organisch einheitliche Perspektive der Natur wäre in der Gegenwart sehr wünschenswert.

Die Weise der aktiven Tätigkeit der Menschen für die Natur ist bei beiden gar nicht gegen die Natur gerichtet, sondern nichts anderes als die Hilfe zur Entfaltung der in der Natur immanenten Kraft: sie zielt auf die Vollkommenheit dessen, was in der Natur verborgen liegt als Möglichkeit. Deswegen scheint bei beiden trotz der Betonung der menschlichen Kreativität die Gefahr, die in der modernen Entwicklung der Technologie steckt, grundsätzlich vermieden zu sein. Mit anderen Worten: bei beiden bleiben die intelligente Kraft und die schaffende Tätigkeit des Menschen innerhalb der Richtung und Vorsehnung, die von etwas noch Ursprünglicherem im voraus gegeben ist, und die beiden zielen darauf, gerade dazu bewußt zurückzugehen.

BIBLIOGRAPHIE

Cusanus, Nicolaus, *Nicolai de Cusa opera omnia,* iussu et auctoritate Academiae Litterarum Heidelbergensis (1932ff.)

Paracelsus, (1922–1933) Sudhoff, Matthiesen und Goldammer (hrsg.) *Paracelsus. Sämtliche Werke.*14 Bde., München/Berlin.

Peukert,W. E., (1941) *Paracelsus. Die Geheimnisse.*

CHAPTER NINETEEN

Cusanus, Concord, and Conflict

Gerald Christianson

On the threshold of a new millennium, perhaps the most gratifying contribution of the man from Cues is that he has brought us together in the first place. Six hundred years after his birth he draws scholars from several nations – notably Germany, Japan, and the United States – who could not have held such a meeting just sixty years ago. Since that time, however, a 'gift of light' arrived in America from Japan, and the rapid expansion of Cusanus studies in this country has coincided with Morimichi Watanabe's presidency of the American Cusanus Society.

It is no coincidence that Nicholas of Cusa should have had this power to draw us together from such diverse backgrounds. Not only are we attracted by a man who was philosopher, theologian, mathematician, political theorist, reformer, preacher, mystic, and more, but also because he speaks to us across the centuries as a man of peace. Yet, much like us, he teetered between his desire for concord and control of his anxieties over conflict in an increasingly diverse world.

The dimensions of this diversity have prompted some serious reflection in modern times. In the 19th century the pluralist question found an articulate spokesman in John Neville Figgis, an Anglican clergyman and Cambridge lecturer. Influenced by Otto von Gierke and F.W. Maitland, Figgis maintained that citizens could best achieve a balanced, but diverse, communal existence by participating in voluntary associations. Using the church as an example within the changing dynamic of industrial Britain, Figgis supported a tolerant state that permits and encourages a wide variety of religions and ideologies to live together in peace and harmony.[1]

A century later, Robert Putnam's essay, 'Bowling Alone: America's Declining Social Capital' (1995), together with his research in Italy, argued that Western society is losing its 'social capital,' that large reserve of appreciation for, and active engagement in, those volunteer associations of ordinary citizens that Figgis described and that support and enliven civic life.[2]

In this essay we ask what we can learn from Cusanus about these questions – questions that concern concord in the midst of conflict, unity without uniformity, boundaries and the limits of tolerance, and the celebration of individual identities without oppression in the name of similarity or superiority.

Since historians begin with the particular, however, our approach will focus on Cusanus' ecclesiology since this is the locus of his own reflections on our subject worked out during his sojourn at the Council of Basel (1433–1437).[3]

While modern eyes sometimes see remarkably modern trajectories in Cusanus' political thought – popular sovereignty, for example – the same eyes are often disappointed to discover that when he applied these principles to concrete situations of conflict, he seems less forward-looking. In our collegial attempt to assess the meaning of Nicholas for the new century, we need to address this 'riddle,' to use Hermann Hallauer's term,[4] by venturing into three of Nicholas' early works, all intertwined in the same, sometimes stormy, crucible of events: *The Catholic Concordance*, the *Little Book (Opusculum)* to the Hussites on the practice of communion in both kinds (utraquism), and the treatise on *Presidential Authority in a General Council*.[5]

With an emphasis on the contrast between ideal and action, theory and reality, the assumption that informs this review is that before Nicholas developed a theory of the church, he was (in the old-fashioned phrase) 'a man of the church,' and before he wrote his distinguished philosophical treatises, he had had unsettling personal experiences of the age-old struggle between unity and multiplicity. For historians committed to the exposition of texts, the term 'experience' is notoriously slippery. 'Presupposition' has frequently found favor, but 'experience' as 'something personally lived or encountered' and 'the knowledge or practical wisdom gained from what one has observed or encountered' stresses the give and take of a living context that helped shape the man and his works.

The clues Cusanus provides us point to the affirmation of the Latin Creed that the church is 'one, holy, catholic, and apostolic.' Both as a concept and as a personal need, community and its catholicity is at the heart of these traditional categories. The term appears in the title of *The Catholic Concordance*. In the rough-and-tumble of conciliar conflict, however, the focus shifts. When he confronts the passion for holiness in the negotiations with the Bohemians, and the concern for authentic apostolicity in Basel's contentious dealings with Pope Eugenius IV, Cusanus will consistently choose to emphasize unity.

CATHOLIC CONCORDANCE

One need go no further than the title to imagine what its author is up to. *De Concordantia catholica* echoes a medieval masterwork, *Concordantia discordantium canonum*, written around 1144 by Gratian who both summarized the mighty struggle of the medieval church to attain a satisfying internal order and set canonical studies on a new course.

Brian Tierney set these studies on a new course himself when he argued at mid-century that while Figgis got it right about the connections of conciliar theory to modern constitutionalism, he (and others) got it wrong about its origins – at best, a pragmatic response to the Great Schism (1378–1417); at worst, the victim of guilt-by-association with William of Occam and Marsilius of Padua. Tierney demonstrated that the medieval legal tradition, especially the Decretists who commented directly on Gratian's *Decretum*, as it was known, and the Decretalists who studied the papal decretals that followed were the fertile ground for the 15th century 'conciliar theory.'[6] At the end of a half-century of intensive research on this theory, Francis Oakley aptly summarized the results:

> At its heart lay the belief that the pope was not an absolute monarch but in some sense a constitutional ruler, that he possessed a merely ministerial authority entrusted to him for the good of the Church, that the final authority in the Church (at least in certain critical cases) lay not with him but with the whole body of the faithful and was exercised via their representatives assembled together in a general council.[7]

When Watanabe and Paul Sigmund, taking advantage of this research, offered in a single year (1963) what have become the two standard treatments of Cusanus' political theory, we learned that *The Catholic Concordance* is built on two pillars: Nicholas' love for Neo-Platonic hierarchies and his training as a canon lawyer at the University of Padua, that habitat of great law teachers such as Francis Zabarella and Giuliano Cesarini, Cusanus' own mentor who now served as president and papal legate to Basel.[8] The young lawyer himself arrived there in February 1433 to represent a client, Ulrich of Mandersheid, in the case of a contested election in Trier, and here he composed *The Catholic Concordance.* He wrote Books One and Two during the very time when the council simultaneously engaged the Hussites and representatives of Pope Eugenuis IV who still refused to acknowledge the council's legitimacy–controversies that bear on his early masterpiece. Yet, while Nicholas' method in *The Catholic Concordance* grounds the precedents from canon law and history, especially the history of ancient councils, in his own distinctive philosophical convictions, his goal – to build a system dedicated to catholic concord – is theological as well as political.[9]

Five clusters of canons within the work, amounting to central principles, support this view, and also provide a preliminary sketch of a Cusan ecclesiology: the judgment of heretical popes; the distinction between the person and office of pope; two related legal maxims – *status ecclesiae* and *quod omnes tangit*; proctorial representation; and corporation theory. All were enriched by the doctrine of the mystical Body of Christ.[10]

Perhaps the motive force that undergirds *The Catholic Concordance* – bent as it is on establishing a community of peace, harmony, and concord – is the responsibility for the *status ecclesiae*, the church's well-being, based on 1 Corinthians 14: 12 and 2 Corinthians 10: 8, which Cusanus assumes is jurisdictional as well pastoral and sacramental. Of greatest interest are his convictions concerning people and priesthood within the church conceived as a corporate body. The roots of Nicholas' approach to this body lie in his doctrine of consent. The heart of the argument, which he calls 'a happy thought,' is that all power lies hidden 'potentially in the people,' while the concurrence of the 'formative radiance from above' must establish this potentiality 'in being.'[11]

Although the concept of consent appeals immediately to modern sensibilities, it served Cusanus as a means to an end – catholicity marked by concord. Perhaps issues of control in the corporate body prompted him to give wide latitude to pope and hierarchy. Whereas Augustine grounds the necessity for coercive jurisdiction in the fallen nature of humankind, and its subsequent predisposition to self-love, Cusanus considers unaided humanity ignorant, unthinking, and fools.[12]

Thus we cannot isolate Cusanus' consent doctrine from the equally fundamental role he gives to the clerical office in the church's well-being. Priesthood alone holds a special sacramental authority. Yet, on the basis of hierarchical gradations in the universe, the head of the community normally exercises the plenitude of power, but since a council of priests more nearly 'figures' the church taken as a whole rather than as a conglomeration of individuals, it has the power to legislate matters pertaining to the *status ecclesiae*.[13]

If Scott Hendrix is correct, Cusanus not only reveals an unexpected balance between consent by the whole body and divinely instituted leadership by the priesthood, but also adds a new twist to the tradition of conciliar theory. Hendrix calls this Cusanus' 'clerical conciliarism' because he believed a council of priests, led by a canonically-elected hierarchy, could best achieve the twin goals of unity and reform 'which were essential to his vision of a sweet concordance in the church.'[14]

In a fashion similar to his creative handling of canon law, Nicholas also shows an imaginative use of historical sources. During a speech in February 1434, to which we will return, Cusanus noted that Cardinal Cesarini carried an old book of ancient councils as if it were the Jewish Talmud.[15] Nicholas had good reason to make this observation, since he, too, had researched these *acta*, and as he says in the Preface to *The Catholic Concordance*, they were the original sources, 'not some abbreviated collection.'[16]

With these references to the patriarchal councils we arrive at a critical note in Nicholas' early career: the concern to identify the signs by which the Holy Spirit provides certainty as well as catholic concord in the face of pressing conflicts, especially divisive ones. On the other hand, as there is no fixed 'conciliar doctrine,' but a common, yet pliant, fund of principles that interpreters could shape according to their own lights, so Cusanus could lift up certain themes from his *Concordance* as circumstances demanded. Nevertheless, in this reasoned and imaginative summary of conciliar ecclesiology Cusanus not only gives expression to his vision of the church's catholicity, he finds a balanced and secure center for his own experience, at least for the moment.

THE PRACTICE OF COMMUNION

Nicholas had not arrived when the Hussites came to the Council of Basel in January 1433, but once incorporated and engaged in the debates his star rose rapidly. Cesarini and the council, despite Rome's open hostility, had persuaded the Hussites to send a delegation to discuss the Hussite 'Four Articles.' These demanded that (1) both the bread and the cup be administered to the laity during the Eucharist; (2) the word of God be freely preached; (3) civil dominion be taken from the clergy; and (4) legally constituted authorities suppress public sins.[17] These fundamentals had a long history, going back beyond the reformer John Hus who was executed by the Council of Constance. In the process of effectively fending off one crusade after another, the last led by Cardinal Cesarini himself, the Four Articles had attained a creed-like role forged in Bohemian blood.[18]

Thanks to the recent work of David Holeton and Thomas Fudge, we are better informed about why the First Article on utraquism, communion in both bread and wine, became central to Hussite faith as it was to their art, culture and myth-making, even though it was not central to Hus' preaching. This research suggests the paradoxical influence of conciliar theory both on those who condemned and those who defended Hus at Constance, as it was later on *The Catholic Concordance*. It also suggests that liturgical development in Bohemia explains why the chalice became the central symbol of Hussitism rather than Hus.[19]

While anthropologists recognize the importance of food in establishing cultural identity,[20] the centrality of the chalice also illustrates something about the Hussite perception of the Gospel. It represented a new way of looking at the reality of church and sacraments based on a return to the 'pure' apostolic age – a perception that was palpably available in bread and wine, offering the assurance of salvation. Thus construed, Hussite piety could not be restrained from a full experience of communion. This experience began with the drive to restore frequent communion of all the faithful – Jakoubek of Stříbro began the practice after Hus' ill-fated journey to Constance in 1414 – and soon led to a further renovation (or restoration), the communion of children and infants, as well as the closely related practice of distributing both bread and wine. Behind these practices the unity of the mystical Body derived not only from the *corpus verum* and the *corpus mysticum*, but from the *congregatio fidelium*, the whole congregation of the faithful.[21]

Proponents of these practices had built up a large dossier of authorities which included less Wyclif and Hus than we might expect, but more of the type Nicholas turned to in his *Concordance*: Gratian's *Decretum*, the early Fathers, and – behind both – the Bible. Those who developed this dossier were hardly close-minded 'Bible men,' but astute and well-armed advocates of ancient practice. John of Capistrano, a staunch enemy of the heretics, admitted as much in a letter to Cusanus some years later:

> I have consistently avoided a debate with the Czechs in the usual way, on account of the fact that they have studied well in order to justify their heresy from the scriptures and ancient practices. More than that they have a perfect knowledge of these numerous texts which do favor communion in both kinds.[22]

Nicholas' involvement in the discussions at Basel in 1433 is complicated by the lack of clarity about the exact dates of his speeches and writings. Cusanus was probably still in Koblenz when the Bohemians arrived on January 4, and so did not hear John of Rokyana's defense of the First Article, pertaining to utraquism, from January 16 to 19.[23] Incorporated into the council on February 29, 1433,[24] Nicholas nevertheless seems to have got his hands on Rokycana's speech even though the council discouraged publication of such documents. He wrote a gloss on it, and later composed a response. The two may have been published together in March.[25] In Book Two of *The Catholic Concordance* he mentions that he had written 'a certain little book against the errors of the Bohemians on the practice of communion' (*Opusculum contra bohemorum errorem: De usu communionis*), and summarizes its argument.[26]

In the speech to which Nicholas replies, John of Rokycana began his defense of the First Article with a brief and straightforward interpretation of the Hussite position: communion in both kinds derived from the Lord himself, and was both a salutary practice and necessary for salvation. Rokycana's brevity not only followed conciliar guidelines; it seemed to assume that the council would see the validity of the argument since the dossier from which he drew his authorities supported it.[27]

Authority was central to the question raised by Rokycana's speech and the discussion that followed: can the church alter the 'law of God'? Rokycana's use of the Hussite dossier to refute the question laid down a challenge to the learned Dominican, John of Ragusa, assigned by the council to offer its reply, beginning on January 31. Not to be outdone, he had a table brought in to hold his numerous volumes, and took care to recite as many authorities as possible, often exceeding the limits of Hussite patience. He admitted the evidence for utraquism in earlier times, but argued that as the church in that same period had changed the manner of Baptism, so it could change the practice of communion. Thus while Ragusa does not deny the legitimacy of the lay chalice, he denies that any of the texts in Rokycana's dossier makes the practice necessary.[28]

We pick up Nicholas' trail during Ragusa's lengthy presentation when the council's protector, Duke William of Bavaria, unable to follow Ragusa's Latin, and perhaps also his frequent references, turned to Cusanus for help.[29] Here was a 'break' for the young lawyer, a career opportunity that he could hardly pass up. In this position he offered (or was asked to offer) the compromise that changed the direction of the discussion between council and Bohemians, especially the Utraquist Party. On March 13 he proposed to the commission charged with the negotiations that the council grant the First Article on utraquism in Bohemia if the Hussites would agree to negotiate the three remaining, and more radical, articles under oath of incorporation – in effect submitting to the council's decision.[30] After returning to Bohemia to consult the Diet in Prague, and after bitter debate leading to a pitched battle at Lipany, the victorious Utraquist Party and its allies eventually signed a revised version of the Four Articles known as the *Compactata* in July, 1436 – culminating a string of events prompted in part by Cusanus' compromise.

At some point in these negotiations Cusanus offered his *Little Book.*[31] The puzzle of this work is that it does not refer to the compromise, and its language does not always breath the same spirit. It opens in a mellow tone by announcing a theme from *The Catholic Concordance*: while the church is one in faith, some variety in practice does not disturb its harmony. With peace and unity as his special concerns, the author looks back into history, as Rokycana (using the Hussite dossier) and Ragusa had done before him. None could argue against the evidence for the chalice in the ancient church. Yet, instead of granting the restoration of the practice, Cusanus unveils a complex argument: since history shows a variety of practices, the Hussites cannot claim the necessity of a single practice; and since practices have varied and none are essential, all should submit to church authority. Referring to an aspect of his consent doctrine, he argues that the faithful are bound by a practice that is approved in word or deed by 'the greater and wiser part.'[32]

Furthermore, while directing Hussite attention to the fourth century Donatist controversy as a parallel circumstance, Nicholas does not stress Augustine's principle that since Christ is the true minister of the sacraments, Baptism by the Donatists is valid and should not be repeated when any of them return to the Catholic Church. Instead Nicholas stresses the supplementary Augustinian proposition that Baptism outside the catholic fold does not bring the benefits of unity with the whole body of the faithful, and cannot bear good fruit because it lacks unity in faith and unity with the Apostolic See.

> You do not conserve the true faith of the sacrament in pursuing a life separated from the body of the church. Christ, the head of the church, is the life that vivifies only the members united to the head.[33]

By standing outside the peace and unity of the church, the Bohemians receive only 'the judgment of death.'

From this perspective, Cusanus admonishes the Bohemians that the practice of utraquism and their rebellious attitude continue to sow seeds of disruption in Christendom. He asks them to practice what they preach since the Eucharist is the sacrament of peace as well as the sacrament of unity.[34]

Hallauer's conclusion accentuates the positives in Cusanus' dialogue where 'we witness his inner conflict between noble tolerance, intellectual candor, and loyalty to office and order.'[35] Yet, despite the oblique reference to a famous formula of his later years, 'one religion, many rites' (*religio una in rituum varietate*),[36] we might think that the young lawyer equates unity with uniformity. In any case, a 'tolerance principle' remains secondary when he confronts a serious conflict, especially one that challenges familiar boundaries or appears to threaten a breach.[37] In such circumstances he opts for oneness as the defining character of the church, whatever sympathies he might have for the Hussite emphasis on the church's holiness and apostolicity.

PRESIDENTIAL AUTHORITY

Conflict again challenged Cusanus' ecclesiology in February 1434 when the assembly struggled with the relative rights of council and pope to appoint the council's presidents. This time, however, Cusanus' concern for the oneness, holiness, and apostolicity of the church catholic faced an even tougher test: dissent within the church itself rather than with a group of wayward Bohemians. The results would have repercussions for the remainder of Cusanus' career.

Beset by recent misfortunes, including flight from Rome to avoid a hostile rebellion, Pope Eugenius IV finally recognized Basel's legitimacy in late 1433 after two years of confrontation and negotiation. But the pope now adopted a new strategy: to nominate four presidents to preside over the council alongside Cardinal Cesarini. The goal was a presidency by committee that would be more responsive to the Apostolic See.[38]

The issues were larger than personalities, however. Most important, the pope's actions seemed squarely in violation of the Constance decree *Haec sancta* and its assertion that a council derives its authority directly from Christ, for which reason even the pope must obey. In broader, and very practical, terms, the issue revolved around how a council, finally recognized as legitimate, could work on a regular basis with an uncontested pope when the church was not in schism, a condition that neither side had tested fully since the outbreak of Schism in 1378.

Some of the best minds rushed to speak on the subject, including John of Ragusa, John of Torquemada, and Juan Gonzalez, as well as Cesarini and Nicholas of Cusa. To provide a means for this forum, Cesarini quickly called for a special commission made up of 51 members drawn from the prelates and standing committees, with himself as chair. Cusanus, a favorite of Cesarini, received an appointment as a representative of the Deputation on Faith. The commission had three choices. It could reject the presidents outright, accept them, or accept them with qualifications. By a margin of four to one, the commission favored rejection, while Cesarini led a minority in favor of acceptance with reservations.[39]

Where did Nicholas stand? The puzzle this time is that, after giving a summary of Nicholas' speech to the commission, the council's usually reliable historian John of Segovia maintains that Cusanus agreed with 'the larger part' of that body. Nevertheless, differences remain between his speech, his vote, and the tract he wrote on the subject. Nicholas probably spoke to the commission on February 23, and according to Segovia began 'drolly' to capture the ears of his 'attentive hearers.' These opening remarks contain the observation that Cardinal Cesarini often cited an authoritative book on the ancient councils that he treated 'like the Jewish Talmud.' As we have seen, Nicholas also cited these councils in his *Concordance.* Now in the speech he wants to show that each of the five original patriarchal sees had different types of assemblies – diocesan, provincial, metropolitan, national, patriarchal, and finally universal councils at which all the patriarchs participated. Based on this historical analysis Nicholas observes that the Roman synod was a patriarchal, not a general, council since the bishops gathered there were subject only to the Roman patriarch. However, this same patriarch, the pope, must obey a true general council; if he does not, he need not be obeyed.[40]

Several who entered the debate chose to commit their thoughts to writing, among them Nicholas himself. His contribution, *On Presidential Authority in a General Council* (*De auctoritate praesidendi in concilio generali*), was probably written after the speech, not in preparation for it, and offers a number of curiosities, including some variations on Segovia's summary.[41] The work refers to *The Catholic Concordance* for the first time, and thus gives the author a first, or at least very early, opportunity to apply the principles of his great work to the case at hand: whether presidents have the right 'to preside over the council.'[42]

No sooner is the treatise under way than we become aware that, behind the technical language, Nicholas persues his goal of a meaningful community once again. Unlike *The Catholic Concordance*, however, the treatise sets out by citing two biblical passages rather than natural law: Matthew 18: 20, 'Where two or three are gathered in my name, there am I in the midst of them;' and Matthew 16: 19, 'Whatever you bind on earth shall be bound in heaven, and whatever you loose on earth shall be loosed in heaven.' With supporting evidence from conciliar decrees, including *Haec sancta* and letters from Gregory the Great, he then comes to his main argument: presidency belongs primarily to Christ and not to any human individual. In response to the obvious next question – who among all humans should preside in Christ's stead – he proclaims that only three things will endure forever: priesthood, sacraments, and people. Applying the convictions about hierarchy and consent articulated in his *Concordance*, and in further support of the contention that he represents a 'clerical conciliarism,' Cusanus argues that priesthood alone derives its power to govern 'from the legation of Christ and the consent of the faithful.' The purpose of hierarchy, on the other hand, is derivative and more functional. Ordained by Christ 'through the mediation of the church' in order to avoid schism and uphold unity, it is 'not essential to the existence of the church, but to its well-being.' Under these circumstances a council can 'dispose of the papacy in whatever way it pleases,' not only for heresy but also for incompetence or negligence. He confirms this authority with an appeal to his now-familiar principle that a council is 'nearer' the church while the pope is 'more remote.'[43]

Since hierarchy is less of the *esse* than the *bene esse* of the church, one might expect him to argue for rejection of the presidents, but he does not take this path. Instead, with his accustomed emphasis on the oneness of the church, which hierarchy and consent are expected to serve, he proposes that the presidents be admitted, and all preside equally since all represent one pope, but that they assume no additional authority beyond the 'ministry of directing through interim judgments.' If they assume coercive power, 'the essential requirement for a council, namely, freedom of deliberation, would be taken away through obstruction by coercion.'[44] This position carried the day, thanks to Cesarini's leadership, and despite considerable opposition. The council agreed to admit the presidents, provided that they take the oath of incorporation and exercise no 'coercive jurisdiction.'[45]

Although he had taken the president's side, Nicholas for the first time stood in the minority within the council, and the situation did not improve. The new presidents refused to attend the Eighteenth Session when the council renewed *Haec sancta*, and a year later protested in vain against the suppression of annates, a major papal tax. When the membership divided over the location of a papal council to discuss unity with the Greeks, both Cusanus and Cesarini again sided with the minority. In an increasingly rancorous, and often raucous, assembly, they supported the pope's summons to the new council at Ferrara; and by May 20, 1437, Cusanus was on his way from Basel to Constantinople with a delegation that bore the minority decree.[46]

Unity remains the operative word once again. Given the material we have reviewed from his early career, his desire for unity runs more deeply than the contention that Cusanus left Basel primarily because he lost the Manderscheid case. In its broadest scope it encompasses the unity of the sacraments in the discussions with the Hussites, the unity of the priesthood in the presidency debate, and – even if the papacy is established through the intermediate authority of the church and not directly by Christ – the unity of the church around the hierarchy in his decision to leave Basel.

Since Cusanus could have chosen other avenues that reflected his published convictions based on Biblical, philosophical, canonistic, and historical principles, we can suggest that his choices represent an experience of reality in a changing and increasingly challenging world where a steady and satisfying community could offer him sanctuary. While his decision reflects the general medieval struggle between 'hierarchy and reform,' and perhaps also the possibility that the church in the 15th century tended to turn inward and hold fast to accustomed practices, the immediate circumstance was the unaccustomed role of the church in the world of Christendom where an undoubted papacy struggled to maintain its identity against newly energized councils and emerging nation-states. In this context Nicholas would like to have emphasized the unity of the church as a means of holding its holiness and apostolicity together, but necessity often demanded that he emphasize the one at the expense of the others.

What followed now unfolds with little surprise. When new horizons beckoned him toward Constantinople, and the 'father of lights' graciously allowed him a 'shipboard experience' on the return voyage, he moved beyond troubling questions concerning the unity of the church, and began to envision new intellectual horizons where he could contemplate the unity of the universe and its creator. And thus opened a new chapter in the history of human thought.

Thanks to the scholarship of the past century, which has brought new life to *The Catholic Concordance*, Cusanus' early masterpiece will continue to intrigue and edify by its remarkable balance of hierarchy and consent and its model of a constitutional community. At the same time, the human face of Nicholas of Cusa and his uncertainties over how to achieve a personal concord in a one, holy, catholic and apostolic community should also offer significant appeal. Still other equally personal and societal themes we have touched on during his 'Basel years' may surprise us for their availability to enlighten critical and far-reaching issues as the new millennium dawns: boundary issues, inclusiveness, pluralism, and a unity in which we can celebrate our diversity at the same time that we search for individual and cultural identity without degrading or oppressing 'the other;' a human community where we can acknowledge our past rather than hide from it or distort it, and where we can continually renew our 'social capital' to support humane and humanistic endeavors. Confronted with all this, even if we have seen Nicholas of Cusa only partially, we can learn that we will need a steady nerve.

REFERENCES

Bendel, Rainer, (1997) *Nikolaus Cusanus Kirchenverständnis in der Auseinandersetzung mit den Böhmen*, in: *Kulturzeitschrift Sudetenland* 39.

Bocken, Inigo, (1998) *Toleranz und Wahrheit bei Nickolaus von Kues*, in: *Philopsophisches Jahrbuch* 105.

Bond, H. Lawrence/Christianson, Gerald/Izbicki, Thomas M., (1990) *Nicholas of Cusa: 'On Presidential Authority'* (an English Translation of Nicholas of Cusa's *De auctoritate praesidendi in concilio generali*, in: *Church History* 59.

Christianson, Gerald/Izbicki, Thomas M. (1996) *Nicholas of Cusa on Christ and the Church*, Leiden.

Christianson, Gerald, (1979) *Cesarini, The Conciliar Cardinal: The Basel Years (1431–1438)*, St. Ottilien.

——, (1985) *Cardinal Cesarini and Cusa's 'Concordantia'*, in: *Church History* 54.

——, (1996) *Nicholas of Cusa and the Presidency Debate at the Council of Bael, 1434*, in: Christianson, Gerald/Izbicki, Thomas M. 1996: pp. 87–103.

——, (1997) *Will Torch Go Bust as Boomers Age?* in: *The Torch* 71.

Elwood, Christopher, (1999) *The Body Broken: The Calvinist Doctrine of the Eucharist and the Symbolization of Power in Sixteenth-Century France*, New York.

Figgis, J. N. (reprint 1998) *Studies in Political Thought from Gerson to Grotius, 1414–1625*, New York; reprint, Bristol.

Fudge, Thomas, (1981) *Infant Communion – Then and Now.* Bramcote.

——, (1984) *The Communion of Infants and Hussitism, Communio Viatorum* 27.

——, (1986) *The Communion of Infants: The Basel Years (1433–1437)*, in: *Communio Viatorum* 29.

——, (1987) *Sacramental and Liturgical Reform in Late Medieval Bohemia*, in: *Studia Liturgica*, 17.

——, (1989) *La Communion des tout-petits enfants: Étude du mouvement eucharistique en Bohême vers la fin du Moyen-age*, Rome.

——, (1995) *The Evolution of Utraquist Liturgy: A Precursor of Western Liturgical Reform*, in: *Studia Liturgica* 25.

——, (1996) *The 'Law of God': Reform and Religious Practice in Late Medieval Bohemia*, in: Holeton 1996.

——, (1998) *The Magnificent Ride: The First Reformation in Hussite Bohemia*, Aldershot.

Gandillac, Maurice de, (1942) *Oeuvres choisies de Nicholas de Cues*, Paris.

Holeton, David (ed.) (1996), *The Bohemian Reformation and Religious Practice*, 1, Prague.

Hallauer, Hermann, (1971) *Das Glaubensgespräch mit den Hussiten*, in: MFCG 9, Mainz.

Helmrath, Johannes, (1987) *Das Basler Konzil, 1431–1449: Forschungsstand und Probleme*, Köln.

Hendrix, Scott, (1976) *In Quest of the Vera ecclesia: The Crisis of Late Medieval Ecclesiology*, in: *Viator* 7.

——, (1996) *Nicholas of Cusa's Ecclesiology between Reform and Reformation*, in: Christianson, Gerald/Izbibiki,Thomas M. (ed.), (1996) *Nicholas of Cusa on Christ and the Church*.

Holeton (ed.), (1996a) *The Bohemian Reformation and Religious Practice*, 1, Prague.

——, (1996b) *The Bohemian Eucharistic Movement in Its European Context*, in: Holeton 1996a.

Izbicki, Thomas M. (1997) *Auszüge aus Schriften des Nikolaus von Kues in Rahmen der Geschichte des Basler Konzils*, in: *Friars and Jurists: Selected Studies*, Goldbach.

Krämer, Werner, (1980) *Konsens und Rezeption: Versfasungsprinzipien der Kirche im Basler Konziliarismus*, Münster.

Kuhaupt, Georg, (1998) *Veröffentliche Kirchenpolitik: Kirche im publizistischen Streit zur Zeit der Religionsgespräche (1538–1541)*, Göttingen.

McGowan, Andrew, (1999) *Ascetic Eucharists: Food and Drink in Early Christian Ritual Meals*, New York.

Nederman, Cary, (1999) *Natio and the 'Variety of Rites': Foundations of Religious Tolerence in Nicholas of Cusa*, in: Laurensen, John (ed.), *Religious Toleration: 'The Variety of Rites' from Cyrus to Defoe*, New York.

Nicholas of Cusa, *De auctoritate praesidendi in concilio generali*, in: CT II, Traktate I: (Heidelberg, 1935–1936).

Nicholls, David, (1994) *The Pluralist Ideas of J.N. Figgis and His Contemporaries*, Oxford.

Oakley, Francis, *Nederman, Gerson, Conciliar Theory and Constitutionalism: Sed contra*, in: *History of Political Thought* 16.

Palacký, Frantisek, et al. (ed), (1857–1935) *Monumenta conciliorum generalium seculi XV*, 4 vols., Vienna [Hereafter cited as *MC*].

Patschovsky, Alexander/Zimmermann, Harald (ed.) (1998) *Toleranz im Mittelalter*, Sigmaringen.

Prügl, Thomas, (1999) *Antiquis iuribus et dictis sanctorum conformare: Zur antikonziliaristischen Interpretation von Haec sancta auf dem Basler Konzil*, in: *Annuarium Historiae Conciliorum* 31.

Putnam, Robert, (1965) *Bowling Alone: America's Declining Social Capital*, in: *Journal of Democracy* 6.

Sigmund, Paul (ed.), (1991) *Nicholas of Cusa, The Catholic Concordance*, Cambridge.

——, (1963) *Nicholas of Cusa and Medieval Political Thought*, Cambridge.

Stieber, Joachim, (1994), *Der Kirchenbegriff des Cusanus vor dem Hintergrund der kirchenpolitischen Entwicklungen und Kirchentheoretischen Vorstellungen seiner Zeit*, in: MFCG 21, Trier.

Tierney, Brian (ed.), (1955/^{2}1997) *Foundations of the Conciliar Theory*, Cambridge, expanded, new rev. Leiden.

——, (1982) *Religion, Law and the Growth of Consitutional Thought, 1150–1650*, New York.

Thurner, Martin, (1998) *Kirche als Congregatio multorum in uno nach Nikolaus von Kues: Versuch einer transzendentalphilosophichen Deduktion*, in: Weitlauff/Neuner (ed.) 1998: pp. 485–510.

Vrankic, Petar, (1989) *Die Grundzüge der Konzilstheologie des Johannes von Ragusa*, in: *Annuarium Historiae Conciliorum* 30.

Watanabe, Morimichi, (1963) *The Political Ideas of Nicholas of Cusa, with Specific Reference to his De Concordantia catholica*, Geneva.

——, (1970) *Nicholas of Cusa and the Idea of Tolerence*, in: *Nicolò Cusano agli inizi del mondo moderno* (Florence, 1970); reprint, in: Izbicki, Thomas M./Christianson, Gerald (ed.), (2001) *Concord and Reform: Nicholas of Cusa and Medieval Political and Legal Thought*, Aldershot.

Weitlauff, Manfred / Neuner, Peter (eds.) (1998) *Für euch Bischof – mit euch Christ*, St. Ottilien.

NOTES

1 See *Nicholls 1994*. In *Figgis (reprint) 1998*: 41, Figgis claims that the decree *Haec sancta* of the Council of Constance which proclaimed the superiority of council over pope in cases of schism, heresy, and reform, was the most revolutionary document in history, but late 20th century scholarship noted that he failed to establish a connection between the political theory of modern pluralism and the medieval tradition of conciliar

thought. For recent interpretations of *Haec sancta* and further bibliography, see *Prügl 1999*: 72–143.

2 *Putnam 1995*: 67–78. Despite the popular title, Christianson 1997: 18–20, summarizes Putnam's thesis and the major criticisms.

3 Among others, *Hendrix 1976*: 347–378, helped focus our attention on the importance of ecclesiology during the 15th century 'reform councils,' from the Councils of Constance and Basel through the Reformation to the Council of Trent. About the same time as Hendrix, *Krämer 1980* presented a sympathetic and controversial treatment of the ecclesiologies at Basel, especially those of John of Ragusa and John of Segovia, as well as Nicholas of Cusa. Krämer offered the strongest argument to date for the authenticity and catholicity of these ecclesiologies. And when Johannes Helmrath published his exhaustive bibliographical study *Helmrath 1987*, he emphasized the importance of conciliar infallibility and the role of the Holy Spirit in the discussion. More specifically on Nicholas, two recent essays render his ecclesiology fruitful for reflection on metaphysics and dogma, respectively: *Thurner 1998*: pp. 485–510; *Bendel 1997*: 314–336. My essay here is closer to the interest in historical context of *Stieber 1994*: 87–162. A recent study *Kuhaupt 1998* further demonstrates that the issue of ecclesiology cut across Protestant and Roman Catholic churches during the Reformation period.

4 *Hallauer* 1971: 53–75; here p. 56.

5 Along with these three works, Nicholas may have contributed a small tract, *De maioritate auctoritatis sacrorum conciliorum supra auctoritatem papae.* Erich Meuthen supports Nicholas' authorship and dates the tract to April or May 1433; but Werner Krämer thinks it depends on the work of Helwig of Boppard. See *Nicholas of Cusa, The Catholic Concordance*, ed. Paul Sigmund (Cambridge, 1991), pp. xvi–xvii. See also *Acta Cusana*, Vol. 1, Part 1 (1401–1437), ed. Erich Meuthen and Hermann Hallauer (Hamburg, 1976), no. 174. [Hereafter cited as *AC* 1/1].

6 *Tierney 1955; expanded, new rev. ed., 1997.* See also *Tierney 1982.*

7 *Oakley* 1995: 1–19; here p. 3.

8 *Watanabe* 1963; Sigmund 1963.

9 See *Christianson*, 1985: 7–19.

10 Ibid.

11 *CC* 2: 14; 2: 19; 2: 34.

12 *CC* 2: 16; 3, preface.

13 *CC*, preface; 1: 4; 2: 18; 3, preface.

14 *Hendrix* 1996: 107–126; here 120.

15 *MC* 2: 605.

16 *CC*, preface.

17 *MC* 1: 147.

18 For a brief survey, see *Christianson* 1979, Chap. 4. I have not seen Alois Krchňák, *Cechové na Basilejském Snemu* (Svitavy, 1997).

19 *Fudge 1998*; *Fudge 1996b*: pp. 49–72; *Holeton 1996*: pp. 23–47; *Fudge 1986*: 15–40: *Fudge 1981*; *Fudge 1984:* 207–225; *Fudge 1995*: 51–67; *Fudge 1987*: 87–96; *Fudge 1989.* Not all Bohemians wished to break with the church. A centrist group, known as the Prague Party rejected domination by Rome and wished to rid the church of abuses, but still maintain continuity with the historic church. Other groups such as the Taborites and Orphans might consider the church irreformable, but all appealed to the primitive church and the model for community presented in the Book of Acts. Despite modern usage which refers to the 'Hussites,' the popular self-designation for the movement was 'Utraquist.' Cusanus himself, however, simply refers to his opponents as the 'Bohemians.'

20 See, for example, *McGowan* 1999, esp. Chap. 2; and *Elwood* 1999: esp. 7.

21 *Holeton* 1996: 36–37.

22 Quoted in *Fudge* 1998: 112.
23 See *AC* 1/1, no. 100–102. The speech: *MC* 1: 264–268.
24 *MC* 2: 21; *AC* 1/1, no. 104.
25 *Hallauer* 1971: 54–56, 72–73; *AC* 1/1, no. 169–171.
26 *CC* 2: 26; *AC* 1/1, no. 202. The tradition at first ascribed the work to John of Capistano, and the Paris Edition of 1514 incorrectly identified it as *Epistolae* II and III: Hallauer 1971: 56, 72. Besides 'Letters,' the work was also known as *De usu communionis* or *De communione sub utraque specie.*
27 *MC* 1: 264–268
28 *MC* 1: 275–284; Holeton 1996: 38. For a recent analysis of Ragusa's later *Tractatus de ecclesia* which in part arose from this presentation, see Vrankić 1998: 287–310 (with further bibliography).
29 *MC* 1: 287–288.
30 *AC* 1/1, no. 164–166; *MC* 1: 328–331. *Hallauer* 1971: 55, properly considers this proposal a 'turning point,' but the compromise did not simply exchange agreement on the one for the suppression of the other three, as he implies.
31 Nicolaus de Cusa, *Opera* (Basel, 1565), 829–846. *Gandillac* 1942: pp. 354–358, offers a partial French translation (with the incorrect date of 1451). The probable date is March or April 1433, but see *Hallauer* 1971: 54–55; *Sigmund, CC,* xv–xvi; *AC* 1/1, no. 171. See also the insightful analysis, set in context, by *Watanabe* 1970 (reprint 2001).
32 *CC* 1: 14; 2: 4; 2: 26.
33 *Opera,* p. 830.
34 Ibid., 830, 832.
35 *Hallauer* 1971: 70.
36 A phrase in *The Little Book* (*Opera,* p. 830) anticipates *The Peace of Faith: '... remanente unitate varium posse rituum esse sine pericula nemo dubitat.'*
37 Scholarly opinions vary widely on this subject in Nicholas as they do in the Hussites. For example, *Holeton* 1996b: 44, concludes that 'Tolerance for religious pluralism (within limits) was quite remarkable and certainly uncharacteristic of ecclesial life elsewhere in Europe.' On the other hand, Frantisek Smahel, in *Patschovsky/Zimmermann 1998,* argues that authorities forced this tolerance in order to keep the peace. On Nicholas himself see two helpful recent studies: *Nederman* 1999: 59–74; and *Bocken* 1998: 241–246.
38 See *Christianson* 1996: pp. 87–103; here pp. 88–90.
39 *MC* 2: 605–606, 608, 610, 614–615, 617.
40 *MC* 2: 612–613.
41 *CT* II, Traktate I: *De auctoritate praesidendi in concilio generali* (Heidelberg, 1935–1936); an English Translation: *Bond/Christianson/Izbicki* 1990: 19–34.
42 The probable dates are February 23, 1434 for *On Presidential Authority* and between April 1433 and the former date for *The Catholic Concordance*: *AC* 1/1, no. 202–203; *Sigmund, CC,* xv, xviii.
43 *Bond/Christianson/Izbicki* 1990: 24–32; cf. *CC* 2: 4, 2: 9, 2: 15, 2: 19, 2: 34.
44 *Bond/Christianson/Izbicki* 1990: 33–34.
45 *MC* 2: 632–634, 645–647, 649–650.
46 See *Christianson* 1996: 97–98. Nicholas also discovered that his opponents used excerpts from his *Concordance and Presidential Authority* against him: *Izbicki* 1997: Chap. 17.

CHAPTER TWENTY

Negation und Schau in der Gotteserkenntnis

Klaus Riesenhuber

I. THEMA

Wenn Cusanus im vorgerückten Alter von 61 Jahren auf seinen Denkweg zurückblickt, bestimmt er den Ausgangspunkt und das Grundmotiv seines Denkens als die Suche nach Gott (de quaerendo deum), womit wohl nicht nur die so betitelte Schrift von 1445 gemeint ist, und charakterisiert die Arbeiten der späteren Jahre als Konjekturen oder Denkversuche zu diesem Thema; 'Conscripsi dudum conceptum de quaerendo deum: profeci post hoc et iterum signavi coniecturas'.[1] Als Konjekturen entfalten sich diese Entwürfe nicht in einlinigem Fortschritt, sondern eher, wie Cusanus es durch das Beispiel des von ihm konzipierten Kugelspiels andeutet,[2] durch die Vermischung von Einsicht und ihrer Entstellung, von Wahrheit und Andersheit des menschlichen Geistes in spiralförmiger Annäherung an das Ziel, die Mitte und den Grund der Wirklichkeit. Dabei hält sich jedoch nicht nur die Zielrichtung des Gedankens, nämlich die Erkenntnis des Ersten und Einen, das Gott genannt wird, im stets neuen Wurf des Denkens durch, sondern das Denken reichert sich in seiner Entfaltung durch die – stets wieder partiell bleibende – Integration früherer Entwürfe an, so daß diese verschiedenen 'Jagdzüge' nach Wahrheit als ein fortlaufender Denkweg zwar nicht zu einem System, doch zu einem offenen Ganzen zusammengefaßt werden können, wie Cusanus es im Spätwerk *De venatione sapientiae* (Anfang 1463) unternimmt; 'Propositum est meas sapientiae venationes, quas usque ad hanc senectam mentis intuitu veriores putavi, summarie notatas posteris relinquere'.[3] In ähnlicher Weise äußert sich Cusanus im *Compendium* (Anfang 1464) über Identität und Differenz seiner bisherigen Untersuchungen; 'reperies primum principium undique idem varie nobis apparuisse et nos ostensionem eius variam varie depinxisse'.[4] So mag der Versuch erlaubt und sinnvoll sein, die Struktur der von Cusanus entwickelten Theorie der Gotteserkenntnis in einem gerafften Durchblick durch ihre tragenden Motive zu erhellen. Wenn dabei Negation und Schau von vornherein als Brennpunkte der Untersuchung genannt werden, so will dies nicht im Sinn ausschließender Beschränkung der Thematik, sondern als vorläufige Markierung der Wendepunkte im Aufstieg der Denkbewegung zum Ersten verstanden sein.

II. PROBLEMSTELLUNG

Menschliches Erkennen erweitert sich, indem es vom als bekannt Vorausgesetzten ausgeht und sich durch Vergleich, Analogie und Unterscheidung dem noch Unerkannten nähert, also das Neue relational und proportional aus einer ihm vorgegebenen Perspektive angeht. Fragt dieses Denken nun nach dem Absoluten, so dehnt es sich jedoch nicht, etwa im Sinn empiristisch mißdeuteter Gottesbeweise, auf ein bisher unbekanntes Objekt hin aus, sondern wendet sich auf den Ursprung aller von ihm erkannten Wirklichkeit wie seiner selbst zurück. Da das absolute Prinzip welthafter Wirklichkeit und menschlichen Denkens allem Endlichen uneinholbar vorausliegt, weil es sonst nicht dessen absolutes, nämlich unabhängiges und erstes Prinzip sein könnte, kann sich das Denken seiner nicht auf die Weise vergleichenden Erfassens bemächtigen. Nur im reflexiven Durchschauen der Grenze seiner Erkenntnisweise kann sich das Denken, als wissende und in ihren Gründen offengelegte Unwissenheit, vor das transzendente Absolute als das vom Menschen her in seinem Wesen Unerkennbare bringen.

Wenn sich das Denken nicht in thetischem Agnostizismus innerhalb dieser seiner Grenze verschanzen kann und will, da es damit sich selbst aufgäbe und zu jederlei Behauptung unfähig würde, so könnte es versucht sein, die eigene Grenze durch das Postulat einer unvermittelten Gottesschau überspringen zu wollen. Cusanus wählt diesen Weg nicht, da solcher Intuitionismus die Bedingtheit wie das Recht menschlicher Rationalität vergäße (racionalis nostri spiritus[5]). Auch der Ausweg, die Grenze des rationalen Erkennens durch ein affektives Erfassen Gottes im Willen kompensieren zu wollen, wie es der österreichische Kartäuser Vinzenz von Aggsbach (1389–1464) in seiner Kritik an der – von Cusanus wohl nicht gelesenen – *Theologia mystica* Jean Gersons (1363–1429) vorschlug, wird von Cusanus im Brief an die ihm befreundeten Mönche von Tegernsee vom 14. September 1453 kritisiert; 'Modus autem de quo loquitur cartusiensis non potest nec tradi nec sciri, neque ipse eum, ut scribit, expertus est'.[6] Da 'penitus ignotum nec amatur',[7] orientierte sich bei einem solchen irrationalen Versuch das Gefühl unweigerlich an eingebildeten Vorstellungen, womit aller Selbsttäuschung freie Bahn gegeben wäre.[8] Die Lösung des Dilemmas der Gotteserkenntnis ist daher zu suchen 'non modo quo vult cartusiensis, per affectum linquendo intellectum',[9] sondern nur innerhalb des Intellekts selbst, indem dieser seine Unwissenheit als Weg zu Gott erkennt; 'solum illud [scl. intellectum satiare potest], quod non intelligendo intelligit'.[10] Eben dies ist, wie Cusanus betont, die Absicht der mystischen Theologie des Dionysios Areopagites, 'que versatur circa ascensum racionalis nostri spiritus usque ad unionem Dei et visionem illam que est sine velamine'.[11] Die Realisierung des Unwissens als solchen, wie es Dionysios fordert, gelingt nämlich nur dem Intellekt; 'Sciencia et ignorancia respiciunt intellectum, non voluntatem'.[12]

Ist somit die Beziehung zu Gott nur auf dem Weg intellektueller Erkenntnis realisierbar, so kommt sie doch nicht im engeren Rahmen positiven Wissens in ihr Ziel. Von den Voraussetzungen einer schulmäßigen 'via antiqua' aus hatte der Theologe und mehrmalige Rektor der Heidelberger Universität Johannes Wenck (†1460) in *De ignota litteratura* (1442/43) Cusanus' 'docta ignorantia' scharf attackiert, worauf Cusanus selbst mit *Apologia doctae ignorantiae* (1449) in Form eines Lehrer-Schüler-Dialogs antwortet. Auf der Grundlage eines albertistisch-thomistischen Aristotelismus beschuldigt Wenck den 'pseudo-apostolum'[13] Cusanus des Pantheismus wie anderer theologischer Irrtümer der Begarden, Lollarden und Meister Eckharts, nämlich seine Lehre als 'fidei nostre dissona, piarum mencium offensiva, nec non ab obsequio divino vaniter abductiva'.[14] Sodann sieht er in Cusanus' Behauptung des Nichtwissens als einzig wahren Wissens die Zerstörung der Möglichkeit der Theologie; 'Fundamentum autem huius conclusionis annullaret scientiam divinorum'.[15] Wenck wirft Cusanus einen Mangel an logischen Grundkenntnissen, 'paucitas instruccionis logicae'[16] vor. Insbesondere verderbe Cusanus' Leugnung des Widerspruchsprinzips alle Wissenschaft in ihrer Wurzel; 'Affert eciam de medio talismodi eius assercia semen omnis doctrine, videlicet illud: Idem esse et non esse impossibile, IV^{0} *Metaphysicorum*'.[17] Wenck will die Gotteserkenntnis bleibend in der Sinneserkenntnis verankert halten, lehnt also einen Aufstieg des reinen Intellekts ab, und hält so an affirmativ-analogen Aussagen als angemessener Weise menschlicher Gotteserkenntnis fest (im Spätwerk öffnet er sich jedoch stärker der negativen Theologie des Dionysios).

In seiner Antwort nimmt Cusanus, mit Wenck, die Erkenntnis der Geschöpfe als Ausgangspunkt der Gotteserkenntnis an, weist aber gerade in diesem Aufstieg aus sinnlich-rationaler Erkenntnis als entscheidendes Moment den Überstieg zum unbegreifbaren Unendlichen auf, denn der Schöpfer kann aufgrund des unendlichen Unterschieds zum Geschöpf nicht mittels des Wesensbegriffs einer Art gefaßt werden; 'Nam cum non sit proportio creaturae ad creatorem, nihil eorum, quae creata sunt, speciem gerit, per quam creator attingi possit'.[18] Zur erkennenden Annäherung an Gott ist also der Bereich alles Endlichen zu verlassen; 'Tunc enim reperitur Deus, quando omnia linquuntur; et haec tenebra est lux in Domino. Et in illa tam docta ignorantia acceditur propius ad ipsum'.[19] Gegenüber der Begrenzung der Theologie durch eine starre rationale Logik seufzt er, mit Ambrosius: '<A dialecticis libera nos, Domine.> Nam garrula logica sacratissimae theologiae potius obest quam conferat'.[20]

In diesen Abgrenzungen gegen Agnostizismus, irrationalen Voluntarismus und absolut gesetzte rationale Logik zeichnet sich Cusanus' Aufgabe ab, dem menschlichen Geist im Ausgang von sinnenhafter Erkenntnis durch die Vermittlung von ratio und intellectus den Zugang zu intellektualer Schau Gottes als des unbegreifbaren Unendlichen zu öffnen. Cusanus weiß sich in dieser Problemstellung wie in der Entfaltung des intellektualen Aufstiegs eins mit Dionysios' mystischer Theologie wie mit Proklos' platonischer Theologie, den er zeitlich nach dem Apostelschüler Dionysios ansetzt – Lorenzo Vallas Zweifel an Dionysios' Identität stammen von 1457 –, aber als inhaltlich mit Dionysios gleichlaufend erkennt. Cusanus war schon vor *De docta ignorantia* (1440) von seinem Freund, dem Kölner

Albertisten Heymericus de Campo an Dionysios herangeführt worden und eignete sich in zunehmender Vertiefung bis ins Spätwerk dessen mystische Theologie an, wobei er sich nicht nur mit nahezu der gesamten Kommentartradition – Maximus Confessor, Hugo von Sankt Viktor, Robert Grosseteste, Johannes Eriugena, Thomas Gallus,[21] sodann Albert der Große, Thomas von Aquin und die späteren Autoren – vertraut macht, sondern unmittelbar Dionysios' eigenen Text benützt, besonders in der lateinischen Übersetzung seines Freundes, des Kamaldulensers Ambrogio Traversari (1386–1459), von 1437, aber auch den griechischen Originaltext besitzt; 'talis est textus Dyonisij in greco, quod non habet opus glosis; ipse seipsum multipliciter explanat'.[22] In diesen proklisch-dionysischen Traditionsstrang führt Cusanus Elemente aus Johannes Eriugenas neuplatonischem System und Eckharts Geistmetaphysik ein. Ist so Cusanus' Denken tiefgreifend von neuplatonischer Philosophie gespeist, so versteht er sein Erkenntnisziel wie den Rechtfertigungsgrund seiner Denkweise doch als theologisch begründet. Das alttestamentliche Bilderverbot und der 'deus absconditus' (Is. 45,15) des Isaias stehen im Hintergrund, wie die neutestamentlichen Sätze von der Gottessohnschaft und der unmittelbaren Gottesschau oder Paulus' Bericht von seiner mystischen Ekstase (2 Cor. 12,2–4) den Überstieg über die Stufen von Rationalität und Intellektualität zur überbegrifflichen Schau vorantreiben.

III. DIE ERKENNTNISTHEORETISCHE GRUNDPOSITION

Wenn menschliches Erkennen in der Angleichung an das Erkannte besteht, so liegt in ihm der Vorbegriff und Vorgriff auf ein der Sache adäquates, ihr Wassein (quidditas) präzis umgreifendes Erfassen, nämlich die Dinge so zu erkennen, wie sie an sich sind (uti est[23]). Die Dinge werden aber nur in ihrem Wassein und damit in ihrer Wahrheit ergriffen, wenn ihr Sein genetisch, nämlich im Hervorgang aus ihrem Ursprung in ihr Eigensein erkannt wird. Denn nur hier deckt sich das Erkennen völlig mit dem Wesen der Dinge, ohne es von einem ihnen fremden Standpunkt (angulus oculi) her einseitig zu beleuchten und damit ihre Erscheinung zu verfälschen. Das reine oder 'präzise' Erkennen führt daher die komplexe Washeit der Dinge auf die ihr als Prinzip voraus- und einliegende Einheit zurück und vollzieht sie von dieser Einheit her positiv-affirmativ mit oder nach. Wenn somit Erkennen als aktiver, seinen Gehalt konstituierender Vollzug jeweils sich selbst mit seinen konstitutiven Momenten in das Erkannte als solches einbringt, liegt in dem der Erkenntnis als solcher einwohnenden Ideal der 'Präzision' die Forderung, die Vielheit der Dinge aus der für sie konstitutiven Einheit her zu erfassen. Der erkennende Geist (mens) fungiert damit als Urbild, ursprunghafte Wahrheit und Maßstab (mensura) gegenüber dem von ihm Erkannten, kann aber daher auch im Erkannten als seinem Abbild sich selbst wiedererkennen und so im Erkannten bei sich sein. Im ursprünglichsten Sinne ist daher nur Gottes schöpferisches Erkennen Ort der reinen Wahrheit.

Das menschliche Erkennen konstituiert nun nicht die Dinge an sich selbst, sondern steht außerhalb von ihnen und bezieht sich so nach seiner allgemein menschlichen wie individuell je besonderen Eigenart perspektivisch auf diese. Denn menschlicher Geist ist – zwar nicht als Geist, wohl aber als endlich bestimmter – gegenüber dem Erkannten ein Anderes und trägt unweigerlich diese seine Andersheit (alteritas, alietas) in das Erkannte als solches hinein, verfehlt aber damit partiell die Wahrheit der Washeit des Erkannten. Die Differenz zwischen den endlichen Seienden, durch welche jedes für das Andere ein Anderes ist, behindert daher den menschlichen Geist, der selbst ein Endliches unter anderen ist, an einer präzisen Wesenserfassung. Dennoch entwirft der Geist aus der ihm eigenen Produktivität quasi schöpferisch rationale Interpretamente, die der Erkenntnis der Dinge dienlich sind; 'Dum enim humana mens, alta dei similitudo, fecunditatem creatricis naturae, ut potest, participat, ex se ipsa, ut imagine omnipotentis formae, in realium entium similitudine rationalia exserit'.[24] Solches Erkennen geht vermutend-entwerfend voran, greift aber beständig, wenn auch in verschiedenem Grad, am Wesen der Dinge vorbei. Weil es aufgrund seiner inneren Nichtigkeit oder Endlichkeit die Dinge nicht aus ihrem seinshaften Prinzip begreift, stützt es sich in seinem Fortgang jeweils auf das Bekanntere, um von ihm aus zum Unerkannten zu gelangen, hält sich aber damit im Bereich unüberwindbarer Relativität; 'Quoniam ... praecisionem veritatis inattingibilem intuitus es, consequens est omnem humanam veri positivam assertionem esse coniecturam. Non enim exhauribilis est adauctio apprehensionis veri'.[25]

Das konjekturale Erkennen verliert sich jedoch nicht an die Vielfalt der empirischen Erscheinungen, sondern bleibt transzendental von der Eigendynamik menschlicher Rationalität gesteuert; 'Coniecturas a mente nostra, uti realis mundus a divina infinita ratione, prodire oportet. ... Coniecturalis itaque mundi humana mens forma exstitit uti realis divina'.[26] Weil sich nun in jedem gegenstandsbezogenen Erkennen, sofern dieses aus den inneren Prinzipien des Geistes konstituiert ist, eine noch nicht als solche thematisierte Selbsterkenntnis vollzieht, zielt der Geist darauf, durch die Gegenstandserkenntnis seine Selbsterkenntnis anzureichern. Diese Selbsterkenntnis aber vollendet sich erst dort, wo der Geist sich seiner selbst in seinem ersten Prinzip und unbegrenzten Maßstab ansichtig wird, nämlich in der Schau Gottes. Das Verlangen nach vollendeter Gotteserkenntnis treibt also hintergründig den Geist schon im Feld konjekturalen Erkennens und führt so dieses über sich selbst hinaus; 'rationalis mundi explicatio a nostra complicante mente progrediens, propter ipsam est fabricatricem. Quanto enim ipsa se in explicato a se mundo subtilius contemplatur, tanto intra se ipsam uberius fecundatur, cum finis ipsius ratio sit infinita, in qua tantum se, uti est, intuebitur, quae sola est omnibus rationis mensura'.[27] Die vollendete Selbsterkenntnis in der Erkenntnis des eigenen Prinzips als Urbildes ist so Ziel der gesamten Erkenntnisbewegung, diese aber vollzieht sich aufgrund ihres bleibenden Ansatzes im Endlichen und Andersheitlichen auf allen ihren Stufen in der Weise konjekturalen, somit ständig korrekturbedürftigen Erkennens.

Die Differenz des in sich vielfältigen und andersheitlichen menschlichen Erkennens gegenüber seinem Prinzip absoluter Einheit kann nur durch Reflexion auf ihren Ursprung in der Andersheit als solcher, die selbst kein positives Prinzip, sondern Defizienz der Einheit ist, gemildert werden, wobei diese Reflexion selbst noch einmal konjekturalen Charakter trägt; 'Cognoscitur igitur inattingibilis veritatis unitas alteritate coniecturali atque ipsa alteritatis coniectura in simplicissima veritatis unitate'.[28] Nicht jedoch läßt sich diese Differenz durch einen Konsens zwischen den konjektural Erkennenden überwinden, da alle in ihrem Erkennen gegenseitig von Andersheit bestimmt sind und daher sowohl zu verschiedenen Entwürfen gelangen wie auch die Meinung des Anderen je auf ihre eigene, nämlich wiederum perspektivisch gebundene Weise aufnehmen; 'Quoniam autem creata intelligentia finitae actualitatis in alio non nisi aliter exsistit, ita ut omnium coniecturantium differentia remaneat, non poterit nisi certissimum manere diversorum diversas eiusdem inapprehensibilis veri graduales, improportionabiles tamen ad invicem esse coniecturas, ita quidem, ut unius sensum, quamvis unus forte alio propinquius, nullus umquam indefectibiliter concipiat'.[29]

Sofern nun der Geist im konjekturalen Erkennen vom Vorgriff auf 'präzises' Erkennen geleitet ist, dieses aber nur in der Schau des ersten Prinzips oder der erkennenden Vereinigung mit Gott erreicht werden kann, bemüht er sich, aus den tieferen, nämlich weniger geeinten Stufen des Erkennens zu höherem Erfassen von Einheit, damit zu ursprünglicheren Prinzipien des Erkennens aufzusteigen. Der Aufstieg vollzieht sich nicht sprunghaft, denn zuvor muß der Geist um das Ziel der Bewegung wissen, bedarf also einer wegweisenden Hinführung (manuductio). Diese findet er im vorangehenden, niederstufigen Erkennen angelegt, sofern dessen offensichtliche Ungenauigkeit auf einem Mangel an Einheit, nämlich auf ungeregelter Andersheit beruht; denn die Dinge sind sie selbst oder mit sich identisch, indem sie nicht das Andere sind, also selbst als Anderes zu Anderem different sind. Diese Andersheit ist nun nicht ein Gegenprinzip zur Identität, sondern deren Eingrenzung, denn Andersheit schafft nicht Sein, sondern setzt identisches Sein als Grundlage voraus. Daher verweist jede Andersheit auf ihr zugrundeliegendes in sich einiges Sein und führt sich so als derivater modus auf Einheit zurück. 'Sed loqueris in me, domine, et dicis alteritatis non esse positivum principium, et ita non est. ... Non est autem principium essendi alteritas. Alteritas enim dicitur a non esse. Quod enim unum non est aliud, hinc dicitur alterum. ... Neque habet principium essendi, cum sit a non esse. Non est igitur alteritas aliquid'.[30] Aufgrund dieses rein negativen Charakters verlangt aber die Andersheit danach, im Geist durch den Rückgang auf ein höheres und umfassenderes Prinzip, das auch die gegenseitig Differenten zur Einheit umfaßt, abstrahierend und negierend aufgehoben zu werden, um so einer präziseren Erkenntnis Raum zu geben. Damit treibt die Andersheit als reflektiert erkannte den Geist stufenweise in seine eigene Wurzel zurück und so zur Einsicht in höhere und ursprünglichere Einheit voran.

Nun liegt es im Wesen des Endlichen, von Nichtsein und Andersheit mitbestimmt zu sein. Denn als begrenztes ist es es selbst nur im Unterschied zu andern, hat, weiterhin, Möglichkeiten – etwa in Raum und Zeit –, die nicht mit seiner Wirklichkeit zusammenfallen, und schließt so inneren Unterschied, damit Vielheit wie Ungleichheit gegenüber dem eigenen Wesen, schließlich Zusammensetzung ein.[31] In solcher von Nichtigkeit oder relativer Negativität durchsetzten Endlichkeit verwirklicht es aber ein Wesen, dessen Identität die gegenseitig differenten Momente seiner Verwirklichung zusammenhält; 'Non est autem differentia sine concordantia'.[32] So sind etwa geometrische Figuren nur in je besonderer Gestalt und besonderem Material, also in für sie unwesentlicher Andersheit verwirklichbar, zeigen sich aber durch diese Differenzen hindurch in der Einheit ihres Wesens, etwa eines Dreiecks. Geführt von der sinnlichen Erscheinung steigt so der Geist durch Abstraktion von der zufälligen Andersheit in Raum, Zeit und Materie zu einer selbst nicht mehr sinnlichen Wesenserkenntnis auf. Diese Abstraktion vermindert jedoch nicht die Wahrheit der Erkenntnis, sondern führt als Präzision oder Rückgang auf das einende Prinzip zu höherer, präziserer Wahrheit. 'Non enim curat geometer de lineis aut figuris aeneis aut aureis aut ligneis, sed de ipsis ut in se sunt, licet extra materiam non reperiantur. Intuetur igitur sensibili oculo sensibiles figuras, ut mentali possit intueri mentales; neque minus vere mens mentales conspicit quam oculus sensibiles, sed tanto verius, quanto mens ipsa figuras in se intuetur a materiali alteritate absolutas'.[33]

Wenn somit Endlichkeit als solche den Geist zur Suche nach Einheit ohne Andersheit antreibt, zielt dieser letztlich auf das Unendliche (infinitum), in dem sich keinerlei Andersheit und Negation mehr finden. Wird dieses Unendliche etwa unter dem Aspekt von Einheit und Vielheit thematisiert, zeigt es sich als höchste Einfachheit, die doch alles in sich umgreift (complicatio). 'Primo illa divina unitas, si numerus rerum fingitur exemplar, omnia praevenire complicareque videtur. Ipsa enim, omnem praeveniens multitudinem, omnem etiam antevenit diversitatem, alietatem, oppositionem, inaequalitatem, divisionem atque alia omnia, quae multitudinem concomitantur'.[34]

Da dieses Erste als ungeschiedene Einheit die unüberholbare Voraussetzung und der vorgängige Boden für jede Unterscheidung ist, kann es nicht sinnvoll überfragt oder in Zweifel gezogen werden, da dies alternative Antwortmöglichkeiten voraussetzt; jede Seite einer Alternative aber ist der anderen entgegengesetzt, grenzt sich daher gegen diese ab und setzt sie so in sich als ihr eigenes Anderes mit, welche Pluralität von vornherein vom schlechthin Einfachen ausgeschlossen ist: 'de qua (scl. absoluta unitate) nec alterum oppositorum aut potius unum quodcumque quam aliud affirmantur. ... primum per infinitum omnem praeit oppositionem, cui nihil convenire potest non ipsum. Non est igitur coniectura de ipso verissima, quae admittit affirmationem, cui opponitur negatio, aut quae negationem quasi veriorem affirmationi praefert'.[35] Sofern nun jedes Wort und Prädikat seinen Gegensatz hat, also im strengen Sinn sich nicht zur Aussage über Gott eignet, scheint dieses erste Eine als 'nihil omnium' oder 'negative infinitum',[36] nämlich durch absolute Negation – im Unterschied zur relativ-privativen Negation der washeitlichen Differenz zwischen Endlichen – zu charakterisieren zu sein. Doch scheitert auch die absolute Kraft der Negation an der einfachen Einheit Gottes. 'Quamvis verius videatur deum nihil omnium, quae aut concipi aut dici possunt, exsistere quam aliquid eorum, non tamen praecisionem attingit negatio, cui obviat affirmatio'.[37]

IV. DIE SELBSTREFLEXION DES GEISTES ALS WEG ZUR EINHEIT

Was so jeder begrifflichen Bestimmung entzogen ist, weil es ihrer Gegensatzstruktur proportionslos, nämlich in unendlichem Abstand vorausliegt, ist dem menschlichen Geist dennoch weder schlechthin entzogen noch nur durch geschichtliche Faktizität offenbar zu machen, sondern wohnt ihm als Prinzip seiner Tätigkeit inne. Dem Geist aber ist es eigen, in allem Erkennen nach dem Rechtsgrund der erkannten Wahrheit zu suchen, damit sich diese ihm gegenüber in ihrem reinen Selbstsein ausweise (per sui ipsius ostensionem[38]). Da aber Wahrheit nicht a posteriori in faktischer Gegenständlichkeit, nämlich als vom Geist konstituierte, gefunden werden kann, sondern die Geistestätigkeit von ihrem Beginn an leitet und auf sich hinbestimnt, wendet sich der Geist durch alles Erkannte, damit durch die Differenz welthafter Andersheit zurück in seine eigene Identität, in der das Erkannte von seiner sinnenhaft-gegenständlichen Andersheit befreit in seine Wahrheit kommt. Denn in der Erkenntnis der Wahrheit des Wesens erfaßt der Geist sich selbst in seiner der sinnenhaften Zerstreuung vorgängigen Einheit; 'mens ipsa, quae figuras in se intuetur, cum eas a sensibili alteritate liberas conspiciat, invenit se ipsam liberam a sensibili alteritate'.[39] Geistiges Verstehen vollzieht sich daher im Geist als dessen Selbstdurchdringung, was nicht mit psychologischer Innenschau zu verwechseln ist, und schreitet in dem Maß zur Wahrheit voran, als der Geist sich selbst von aller ihm innewohnenden Andersheit lösen und so zu ungeschieden-ununterschiedener Einheit vortasten kann. 'Quaecumque igitur mens intuetur, in se intuetur. Non sunt igitur illa, quae mens intuetur, in alteritate sensibili, sed in se. Id vero, quod est ab omnia alteritate absolutum, non habet se aliter quam veritas est; nam non est aliud veritas quam carentia alteritatis'.[40] Ausgehend von der Gegenstandserkenntnis erfaßt so der Geist sich selbst und realisiert sich im Maß der Tiefe seiner Selbstdurchdringung als Ebenbild und Gegenwart des transzendenten Absoluten. 'Et cum sic in silentio contemplationis quiesco, tu, domine, intra praecordia mea respondes dicens: Sis tu tuus et ego ero tuus'.[41]

Wenn nun der Geist in sich unveränderliche, etwa geometrische Wahrheiten erkennt, sich selbst aber noch von Andersheit, damit Veränderlichkeit durchdrungen weiß, findet er in sich das von ihm unterschiedene, doch seine Erkenntnisfähigkeit tragende Eine oder das Licht der Wahrheit. 'Mens autem, quae intuetur in se inalterabile, cum sit alterabilis, non intuetur inalterabile in alterabilitate sua, ... sed intuetur in sua inalterabilitate. Veritas autem est inalterabilitas. ... Veritas igitur, in qua mens omnia intuetur, est forma mentis. Unde in mente est lumen veritatis, per quod mens est et in quo intuetur se et omnia'.[42]

V. DIE STUFEN DER GOTTESERKENNTNIS

In diesem inneren Aufstieg zur Wahrheit als Einheit unterscheidet nun Cusanus, völlig im Einklang mit Dionysios' gestufter Ordnung theologischer Einsicht, die

Stufen der Sinneserkenntnis, der rationalen Erkenntnis, die von der Affirmation zur Negation voranschreitet, schließlich der intellektualen Erkenntnis, die sich in die mystische Schau hinein übersteigt.

Die Welt der sinnlichen Erscheinung weist zwar in allen ihren materiellen Gestalten unendlich vielfältige Differenzen und Gegensätze auf, in denen erst jedes einzelne seine bestimmte Eigenart besitzt. Was das einzelne Seiende in seiner wesenhaften Wahrheit ist, bleibt dem menschlichen Erkennen unter dieser mannigfachen Andersheit verborgen. Dieses Nichtwissen hinsichtlich der Wahrheit der Dinge wird von der sinnlich-rationalen Erkenntnistätigkeit überspielt, indem sie anstelle von Wesensbegriffen bloße Namen, geschöpft 'ex accidenti, ex diversitate operationum et figurarum'[43] setzt. 'Motus enim in ratione discretiva nomina imponit'.[44] Trotz solcher Undurchschaubarkeit offenbart jedoch die sinnliche Erscheinung eine Schönheit, in der sich, wie die Kunst im Werk, die Weisheit des Schöpfers bezeugt, gemäß dem *Buch der Weisheit* (13,1–9) und dem Techne-Gedanken von Platons *Timaios* wie seiner christlichen Interpretationen seit dem zweiten Jahrhundert; 'a magnitudine speciei et decoris creatorum ad infinite et incomprehensibiliter pulchrum erigimur sicut ab artificiato ad magisterium, licet artificiatum nihil proportionale habeat ad magisterium'.[45] Welt ist daher, schon vor dem Begriff und diesen ermöglichend, Erscheinung des Absoluten, Theophanie, welchen Gedanken Cusanus von Eriugena übernimmt; 'Quid igitur est mundus nisi invisibilis dei apparitio?'.[46] Die unerschöpfliche Vielgestaltigkeit der Formen weist von unzähligen Aspekten her auf die eine Schönheit des Schöpfers, der in allem Sinnenhaften sein eigenes Bild dem geistigen Geschöpf zur Erscheinung bringen will. 'Tu, domine, qui omnia propter temet ipsum operaris, universum hunc mundum creasti propter intellectualem naturam, quasi pictor, qui diversos temperat colores, ut demum se ipsum depingere possit ad finem, ut habeat sui ipsius imaginem, in qua delicietur et quiescat ars sua'.[47] So bietet die Welt wie die ihr entsprechende Sinneserkenntnis dem Betrachter in nahezu unbegrenzter Fülle Hinweise und Bilder, Metaphern, Symbole und Rätsel, in denen sie über sich hinaus (transsumptive) in intelligible Gehalte einweist und zum 'symbolice investigare', gemäß der 'symbolischen Theologie' des Dionysios, einlädt. 'Si vos humaniter ad divina vehere contendo, similitudine quadam hoc fieri oportet'.[48] In immer neuen 'Experimenten', gleichsam spielend und doch auf der Suche nach 'alicuius altae speculationis figuratio'[49] greift so der Geist unter Vermittlung der Einbildungskraft (imaginatio, phantasia) von den Sinnen gebotene Anregungen auf, um in der Erscheinung und über sie hinaus, in der Verbindung von sinnlicher Anschauung und Begriff oder geistiger Einsicht, die Transparenz Gottes in der Sinnenwelt zu entdecken und damit zu affirmativen Aussagen oder Namen von Gott zu führen, die ihn allerdings nur 'velate' zeigen.

In exemplarischer Form verbinden sich Sinnlichkeit und Verstand – als der zweiten Stufe des Erkennens – in mathematischem und besonders geometrischem Erkennen, weshalb Cusanus nicht müde wird, immer neue mathematisch-geometrische Modelle – nicht: Beweise – zu erdenken, die die Erkenntnis Gottes erleichtern. Der Mathematik kommt dabei eine erschließende Funktion zu, da der

Geist sich primär in die Zahl expliziert. 'Rationalis fabricae naturale quoddam pullulans principium numerus est; mente enim carentes, uti bruta, non numerant. Nec est aliud numerus quam ratio explicata'.[50] Weil sich aber der menschliche Geist spontan in die Zahl und ihre Kombinationen hinein verobjektiviert, wird er seiner selbst in den grundlegenden Zahlrelationen am deutlichsten ansichtig[51] und kann so vermutend zu seinem Urbild, dem göttlichen Einen aufsteigen.[52] 'Numeri igitur essentia primum mentis exemplar est. In ipso etenim trinitas seu unitrinitas contracta in pluralitate prioriter reperitur impressa. Symbolice etenim de rationalibus numeris nostrae mentis ad reales ineffabiles divinae mentis coniecturantes dicimus, in animo conditoris primum rerum exemplar ipsum numerum, uti similitudinarii mundi numerus a nostra ratione exsurgens'.[53]

Ist das Erkennen so anhand sinnenhaft exemplifizierbarer, doch in sich rationaler Einsicht in den Bereich des Geistes, zunächst des diskursiven, begrifflich-logisch voranschreitenden rationalen Denkens aufgestiegen, so wird der Geist zur Einsicht in die für Cusanus' Denken grundlegenden reinen Vollkommenheiten wie etwa Sein, Leben, Erkennen, Wahrheit, Weisheit oder Gutheit fähig. Da diese reinen Begriffe nicht mehr mit der Andersheit, die mit sinnlicher Erscheinung verbunden ist, behaftet sind, ihr Gehalt vielmehr von Begrenzung frei scheint, können sie, in affirmativer Theologie, von Gott prädiziert werden. Alle im Endlichen gegebene Vollkommenheit enthält solche reine, aus sich unbegrenzte Vollkommenheit als ihren Kern und kann so positiv auf ihr Urbild in Gott zurückgeführt werden (reductio).

Nun werden aber solche positiven Prädikate aus der Erkenntnis des Endlichen gewonnen. Wie sehr auch der Geist sie durch Steigerung im Sinn der Analogie an das Unendliche anzunähern versucht, behalten sie doch den Index endlicher Erkenntnis, denn das Unendliche wird nicht durch Steigerung im Endlichen erreicht; 'Habuimus in radice dictorum in excessis et excedentibus ad maximum in esse et posse non deveniri'.[54] So lautet ein Fundamentalsatz von Cusanus' Gotteslehre: 'ex se manifestum est infiniti ad finitum proportionem non esse'.[55] Wenn so der Geist auf sein Wirken und seine Gehalte in der affirmativen Prädikation reflektiert, kann er sich nicht der Einsicht in eine zwar nicht sinnenhaft bedingte, doch in der begrifflich verfahrenden eigenen Geiststruktur verwurzelte Andersheit entziehen. Diese zeigt sich schon in der begrifflichen Unterscheidung der Prädikate, denn Unterschied besagt gegenseitige Negation, damit Andersheit und Gegensatz. Da auf der rationalen Ebene ein Gehalt nur er selbst ist, sofern er seinen Gegensatz ausschließt, dient das Widerspruchsprinzip als Grundlage allen rationalen Erkennens.

Sofern sich nun Gegensatz und Widerspruch nicht vom Ersten, dem in sich unterschiedslos einfachen Prinzip oder Gott aussagen lassen, sieht sich der Geist genötigt, die von Gott affirmativ prädizierten Vollkommenheiten Gott zugleich abzusprechen. Diese negative Theologie korrigiert daher die affirmative Theologie und überschreitet sie zu höherer Präzision in der Erkenntnis des Einfachen und Unendlichen. Dennoch bleibt sie in der affirmativen Theologie als ihrer Voraussetzung verwurzelt. 'Quoniam autem cultura Dei ... necessario se fundat in positivis Deum affirmantibus, hinc omnis religio in sua cultura necessario per theologiam affirmativam ascendit'.[56] So unvermeidlich daher die negative Prädikation ist, soll Gott nicht auf die Ebene innerweltlicher Bestimmungen herabgezogen werden, so hebt sie doch nicht die Berechtigung der – ihr formal entgegengesetzten – positiven Prädikation auf; denn Gott als Grund und Urbild aller Vollkommenheiten muß diese in sich selbst vorherenthalten. Stehen sich daher im Verstand die – je in ihrem eigenen Sinn begründeten und berechtigten – Behauptungen und Verneinungen formal kontradiktorisch gegenüber, so scheint das Widerspruchsprinzip als höchstes Seins- und Erkenntnisprinzip infrage gestellt zu sein. Im formalen Widerspruch stößt so der logisch operierende Verstand an seine Grenze, an die 'Mauer des Paradieses', hinter der, ihm unerkennbar, das erste Eine wohnt. Denn der Verstand kann, aufgrund der wechselseitigen Ausschließlichkeit oder Negation von Affirmation und Negation, von Gott weder im positiven noch im negativen Sinn sprechen, kann aber auch nicht den Gegensatz als solchen auf Gott anwenden, oder Gott als vorgängiges Prinzip des Gegensatzes bestimmen, da Gott keinen Gegensatz oder Widerspruch einschließt; 'non est radix contradictionis deus, sed est ipsa simplicitas ante omnem radicem'.[57] Sieht der Geist so jede Möglichkeit positiver oder negativer Prädikation von Gott verschlossen, so mag er auf den Ausweg verfallen, das Subjekt solcher Prädikationen selbst negativ zu bestimmen, etwa als 'nihil entium', 'nihil omnium' oder 'innominabilis'. Doch ist Gott in sich weder negativ bestimmt noch positiven, damit grundsätzlich prädizierbaren Gehalts ledig. 'Non est ineffabilis, sed supra omnia effabilis, cum sit omnium nominabilium causa'.[58] Er erweist sich so schließlich als jeder rationalen Prädikation unendlich überlegen.[59]

Die geistige Bewegung kommt jedoch in diesem Scheitern des Versuchs einer rationalen und zugleich präzisen Gotteserkenntnis nicht zum Stillstand, denn der Geist weiß um dieses sein Nichtwissen und integriert es damit positiv in sein Wahrheitsstreben. Durch die Einsicht in sein Unvermögen hebt sich der menschliche Geist von Gott als jenem, das ihm schlechthin vorgängig und überlegen ist, ab und fügt sich in seine wesenhafte Endlichkeit, die er in der affirmativen und negativen Prädikation von Objekten zu vergessen in Gefahr war. Im Eingeständnis des eigenen Unwissens erfaßt sich also der Geist tiefer in sich selbst, sofern er den Gesamtbereich seines rationalen Erkennens als ein Ganzes umgreift, um dessen Bedingtheit durch die Wahrheit oder Gott und zugleich um sein Unvermögen diesem gegenüber weiß und damit Gott als rational uneinholbar vorausliegenden Möglichkeitsgrund seines rationalen Erkennens anerkennt; 'Hic censendus est sciens, qui scit se ignorantem. Et hic veneratur veritatem, qui scit sine illa nihil apprehendere posse'.[60]

Die durch die Negation aller Andersheit und Differenz erreichte Grenze, in der sich der Verstand durch Gegensatz und Widerspruch verfangen hat, bildet nun die Herausforderung an den Geist, die rationale Ebene zurückzulassen und das, was innerhalb des Verstandes als sinnloser, sich selbst zerstörender Gegensatz erscheint, auf einer tieferen, der intellektualen Ebene aus einer wurzelhaften Einheit in seiner notwendigen Zusammenhörigkeit zu begreifen; 'Sed illud, quod videtur impossibile, est ipsa necessitas'.[61]

Diese zweite, fundamentale oder höhere Stufe geistigen Erkennens ist daher wesenhaft durch die Einsicht in den Zusammenfall der Gegensätze gekennzeichnet. Denn das Absolute, nach dem die Erkenntnis sucht, kann nicht auf einer Seite der Gegensätze stehen oder durch eine partiale Geistestätigkeit erfaßt werden, weil es 'supra omnem oppositionem est';[62] 'Est enim ante differentiam omnem'.[63] Auf diese Stufe gelangt, mit Dionysios, nur die theologische Vernunft, während der bloß philosophische Verstand die Ebene der Widersprüche nicht konstruktiv überschreiten kann. 'Tradidit autem Dyonisius in plerisque locis theologiam per disiunctionem, scilicet quod aut ad Deum accedimus affirmative, aut negative; sed in hoc libello ubi theologiam misticam et secretam vult manifestare possibili modo, saltat supra disiunctionem usque in copulacionem et coincidenciam, seu unionem simplicissimam que est non lateralis sed directe supra omnem ablacionem et posicionem, ubi ablacio coincidit cum posicione, et negacio cum affirmacione; et illa est secretissima theologia, ad quam nullus phylosophorum accessit, nec accedere potest stante principio communi tocius phylosophie, scilicet quod duo contradictoria non coincidant'.[64]

Diesen Standpunkt reiner Philosophie sieht Cusanus im Aristotelismus – vielleicht weniger in 'profundissimus Aristoteles'[65] selbst – verköpert, der also hier nicht von seiner Erkenntnistheorie, sondern von seiner Logik oder seinem Wissenschaftsbegriff her beurteilt wird; 'Unde, cum nunc Aristotelica secta praevaleat, quae haeresim putat esse oppositorum coincidentiam, in cuius admissione est initium ascensus in mysticam theologicam'.[66] So ist es der theologischen Vernunft aufgrund ihrer Fundierung in biblischer Offenbarung und dem dadurch geweckten Gottesverlangen eigen, sich von einem Vorgriff auf die Schau des verborgenen Gottes leiten zu lassen, der sie über die 'Grenzen der reinen Vernunft' (Kant) hinausführt. Doch ist dieser Überstieg vom rationalen Denken selbst ernötigt und erweist sich im Vollzug wie auch rückblickend als sinnvoll und sachgerecht. Denn, zunächst, setzen gleichgeordnete Gegensätze einen gemeinsamen Boden voraus, der als solcher keinem der entgegengesetzten Glieder, also weder der Position noch der Negation, zugehört. Sodann sind Gegensätze wie Größtes und Kleinstes nur durch die sie trennenden Zwischenstufen von einander unterschieden; 'Oppositiones igitur hiis tantum, quae excedens admittunt et excessum, et hiis differenter conveniunt'.[67] Solche Zwischenstufen des Mehr oder Weniger entfallen aber im Bereich des Absoluten, so daß hier die entgegengesetzten Extreme ununterscheidbar zusammenfallen. Daher 'Coincidentia autem illa est contradictio sine contradictione. ... Oppositio oppositorum est oppositio sine oppositione'.[68]

Da nun die Einsicht in den Zusammenfall der Gegensätze 'omnem nostrum intellectum transcendit, qui nequit contradictoria in suo principio combinare via rationis',[69] ist der Standpunkt der Einheit vor den Gegensätzen nur durch einen Sprung (altius transilire[70]) 'supra seipsum',[71] etwa gleichbedeutend mit dem 'Durchbruch' bei Meister Eckhart, zu erreichen. Durch diesen Sprung zur in ihrer Notwendigkeit einsichtigen, in ihrer Möglichkeit aber unbegreiflichen Einheit der Gegensätze[72] tritt der Geist in ein absolutes Dunkel (intrare umbram et caliginem[73]), das prinzipiell jeder rationalen Aufhellung widersteht. Dieses Dunkel ist aber selbst keine indifferente Abwesenheit der Verstandeshelle, sondern bestimmt, als Dionysios' 'überhelles Dunkel', die Vernunft wie eine übermächtige positive Qualität. 'Si enim mens non intelligit amplius, in umbra ignorancie constituitur; et quando sentit caliginem, signum est quia ibi est Deus quem querit. Sicut querens solem, si recte ad ipsum accedit, ob excellenciam solis oritur caligo in debili visu; hec caligo signum est querentem solem videre recte incedere; et si non appareretur caligo, non recte ad excellentissimum lumen pergere'.[74] In diesem Dunkel wird nun die Vernunft in ihrer Eigenaktivität und ihren Verstandesformen gleichsam ausgebrannt, um bis auf den Boden ihrer Erkenntnisfähigkeit zum Spiegel und Auge (Cum oculus sit specularis[75]) für das Absolute umgeformt oder gereinigt zu werden.

VI. DIE NAMEN GOTTES

Bevor wir auf die damit eröffnete Schau des Absoluten eingehen, dürfte es angebracht sein, den Standort des Intellekts in der Einheit der Gegensätze und die von dort aus ermöglichte Gotteserkenntnis näher zu kennzeichnen. Die Vernunft, die sich aus den Grenzen der diskursiven, von Identität und Differenz, logischer Ableitung und Widerspruch bestimmten Denkweise gelöst hat, aber noch nicht in das Dunkel der Schau eingegangen ist, entfaltet selbst eine weder nur rationale noch einfachhin intuitive Erkenntnistätigkeit. Wenn rationales Erkennen durch Vielheit und Schau durch Einheit charakterisierbar sind, so steht Intellektualität hier auf dem Knotenpunkt zwischen Denken und Sehen, Einheit und Vielheit, Identität und Differenz,[76] und zwar nicht im Sinne einer absoluten Scheidung dieser Gegensätze, sondern ihrer vorgängigen Einheit, die aber zugleich ihren Unterschied in sich birgt und aus sich entläßt. Diese Einheit von Identität und Differenz, die unterhalb des Absoluten liegt, aber sowohl den Ausblick auf das Absolute wie den Abstieg in die Welt als mannigfaltige Explikation oder Bild (imago) des Absoluten ermöglicht, ist begrifflich und sprachlich nur im ständigen Hin- und Hergang zwischen Begriff und intellektualer Anschauung, im Übergang vom Endlichen zum Unendlichen und dem Rückgang wieder ins Endliche – 'Intro et exeo simul'[77] – formulierbar und vermittelbar, weshalb der Gedanke als schwebend erscheint und sich in vielfältigen Bildern und Begriffsworten inkarnieren muß, ist aber ein in sich stehender positiver Erkenntnisbereich, nämlich gleichsam der fruchtbare Mutterboden menschlicher Intellektualität in ihrer Wurzel und zugleich in ihrer Blüte. Sie entwickelt damit eine nicht formalisierbare, nämlich aus der vorgängigen und ahnend vorweggenommenen Schau gespeiste Logizität oder Logoshaftigkeit und kann so als der Ursprung des 'Wortes' aus dem Einen im menschlichen Geist gekennzeichnet werden. Cusanus' eigene Denkweise, wie sie ihm in der erleuchteten Ureinsicht auf der Rückfahrt aus Griechenland geschenkt wurde, hat in dieser positiven Einsicht in die Einheit von Identität und Differenz bei bleibendem Vorrang und vorgängiger Ursprünglichkeit der Identität oder des in sich unbegreiflichen Einen ihre Wurzel und ihre das gesamte Denkfeld durchstrahlende Mitte; 'in mari me ex Graecia redeunte, credo superno dono a patre luminum, …

ad hoc ductus sum, ut incomprehensibilia incomprehensibiliter amplecterer in docta ignorantia, per transcensum veritatum incorruptibilium humaniter scibilium'.[78]

Cusanus hat sich immer wieder bemüht, die Einsicht in das Absolute dergestalt in Namen Gottes auszuformen, daß diese in ihrem Gehalt das absolute Ansichsein Gottes zusammen mit seiner Bezüglichkeit zur Welt offenbaren und damit zugleich den Denkweg andeuten, durch den sich die Perspektive auf Gott hin öffnet. Denn so sehr Gottes 'simplicitas omnia tam nominabilia quam non-nominabilia antecedat',[79] vermögen die Gottesnamen doch dem Erkennen als Weggeleit zu dienen, und dies gerade aufgrund ihrer rätselhaften Mehrseitigkeit; 'te aliqualiter ducit aenigmatice ad omnipotentem'.[80]

Während etwa alles Endliche in die Prinzipien von Möglichkeit und Wirklichkeit gespalten ist, 'ante ens in potentia et actu ens videtur unum sine quo neutrum esse potest. Hoc unum necessarium vocatur Deus'.[81] Dieses 'eine Notwendige' (cf. Lc. 10,42) vor den Gegensätzen ist das 'idem absolutum, per quod omne quod est est sibi ipsi et alteri aliud';[82] 'Nulli igitur alteri est idem aut diversum ineffabile idem, in quo omnia idem'.[83] Als Ursprung der Identität 'idem absolutum est in omnibus, quoniam quodlibet idem sibi ipsi',[84] 'cum idem non sit ab illis absonum seu alienum',[85] vielmehr 'cum idem identificet'.[86] Als das Selbige ist Gott 'absolutum ab omni oppositione. ... ea, quae nobis videntur opposita, in ipso sunt idem ... affirmationi in ipso non opponitur negatio'.[87]

Im Selben vor und über allem Endlichen und jedem Unterschied sind nun Wirklichkeit und Möglichkeit als unbedingte Wirklichkeit streng das Selbige. Dies meint Cusanus im Namen 'possest', welcher 'conceptum simplicem ... quasi significati huius compositi vocabuli'[88] bezeichnet. Denn wie im allgemeinen die Wirklichkeit nicht ihrer Möglichkeit vorausgehen kann, so in Gott auch nicht die Möglichkeit der Wirklichkeit, weil dies Kontingenz besagte. 'Possibilitas ergo absoluta, ... non praecedit actualitatem neque etiam sequitur'.[89] Dieser Ineinsfall von Möglichkeit und Wirklichkeit trifft, wie es im Sinn eines Namens liegt, nur auf Gott, das 'ipsum esse, quod entitas potentiae et actus',[90] zu. Zugleich ist mit diesem Namen auch Gottes Verhältnis zum Endlichen mitausgesagt. Denn als Einheit von Wirklichkeit und Möglichkeit an sich 'deus omne id est actu, de quo posse esse potest verificari. Nihil enim esse potest, quod deus actu non sit'.[91] Daraus ergibt sich 'ipsum complicite esse omnia'[92] und 'omnia in possest sunt et videntur ut in sua causa et ratione'.[93]

Die in diesen Namen angedeutete uneingegrenzte Absolutheit Gottes in sich selbst vor und über allem und jedem Endlichen und zugleich sein Abstieg und Innewohnen im Endlichen, ja seine – nicht wesenhafte und formale, doch prinzipienhafte, begründende und einschließende[94] – Identität mit allem und jedem, spricht sich wohl am deutlichsten im Namen des 'non-aliud', Nicht-Anderen aus. Dieses Begriffswort faßt in hoher Präzision die intellektuale Gotteserkenntnis in ihrer Identität und Differenz ins Wort und zeigt zugleich, wie der menschliche Geist sich über den Gegensätzen in deren Einheit eingegründet hat, aber dennoch, ohne in die Schau einzutreten, am Bezug zum Differenten festhält und so seine eigene Sprachfähigkeit sichert. Denn nur im Durchgang durch das Andere –

abgrenzend und aufnehmend – bewahrheitet sich die Einsicht in das schlechthin Einfache auf sprachlich-dialogischer Ebene.

Grundlage allen Wissens ist die Definition, nach der etwas 'nichts anderes als' (non aliud quam) es selbst ist.[95] Diese nicht nur logisch, sondern ontologisch zu verstehende Nicht-Andersheit definiert ein jedes, vor allem aber sich selbst, denn 'non-aliud est non aliud quam non-aliud'.[96] Da also das Nicht-Andere nicht durch Anderes konstituiert ist, schließt es dieses aus und ist in diesem negativen Sinn das Nicht-Andere, unterschieden von allem Anderen und so 'absolut' es selbst, das Selbige. Wenn aber, sodann, dieses absolute Nicht-Andere Anderes, nämlich das Endliche ins Sein ruft, läßt es jedes Andere wiederum an diesem selbst ein Nicht-Anderes (oder Identisches) sein. Doch ist das Endliche nur ein Nicht-Anderes in sich, indem es in seinem Wesen eben nicht das Andere ist, durch diese negative Abgrenzung gegenüber dem Anderen aber die Andersheit in sich einschließt und selbst ein Anderes gegenüber dem Anderen ist (alteri aliud). Damit unterscheidet sich jedes Endliche vom absolut Selbigen oder absoluten Nicht-Anderen, dem keine Andersheit gegenüber Anderem innerlich zukommt, wodurch es sich gerade in dieser Ununterschiedenheit von allem Anderen, das sich um seiner Identität oder Nicht-Andersheit willen in sich selbst vom Anderen unterscheidet, abhebt. 'Intelligo te velle nihil omnium entium esse, quod non sit idem sibi ipsi et alteri aliud et hinc nullum tale esse idem absolutum, licet cum nullo sibi ipsi idem et alteri diversum idem absolutum sit diversum'.[97]

Indem nun das absolute Nicht-Andere sich in der Konstitution eines jeden als Nicht-Anderen mit diesem als dessen einwohnender Grund identifiziert, ist es aber gegenüber dem Anderen selbst ein Nicht-Anderes, obwohl nicht dieses selbst. '"Non-aliud" neque est aliud, nec ab alio aliud, nec est in alio aliud non alia aliqua ratione, quam quia "non-aliud" nullo modo esse aliud potest'.[98] Damit ist das absolute Nicht-Andere allem zuinnerst, nämlich ohne Andersheit, gegenwärtig; 'recte theologi affirmarunt Deum in omnibus omnia, licet omnium nihil'.[99]

VII. DIE SCHAU VON GOTTES ANGESICHT

Solche Gottesnamen vermitteln den Geist in ein begriffliches Verständnis der vorgängigen und unüberholbaren Absolutheit Gottes wie seiner alles durchdringenden Immanenz. Sofern sie aber selbst noch, wie es der Begriff des 'Nicht-Anderen' zeigt, mit der Negation und daher aus der – gewiß nur begrifflichen und negativen – Relation des Absoluten zum Endlichen operieren, geben sie für den Geist das Absolute noch nicht rein als Absolutes, nämlich Unbezügliches frei und bringen ihn daher nicht in ein uneingeschränktes erkennendes Gegenüber zum Absoluten. Sie durchbrechen wohl die Grenze logisch-rationalen Denkens, nämlich die 'Mauer des Paradieses', in dem Gott wohnt und sich dem Menschen mitteilt, bleiben aber im offenen Tor stehen, ohne in das Paradies hineinzusehen. So sehr sie nämlich den Widerspruch zwischen Affirmation und Negation oder die in sich reflektierte rationale Negation überwinden, bleibt der Geist auf dieser höheren, intellektualen Stufe doch noch im Sprung stecken, da er die absolute Einheit zusammen mit dem – begrifflich negativ gefaßten – Bezug zum Bereich der Widersprüche thematisiert. So ist der Zusammenfall der Gegensätze selbst noch einmal zu überschreiten, wozu aber die durch Negation vermittelte Rückführung auf den vorgängigen transzendenten Grund allein aus sich unfähig ist; 'non est mea opinio illos recte caliginem subintrare, qui solum circa negativam theologiam versantur. Nam, cum negativa auferat et nichil ponat, tunc per illam revelate non videbitur Deus, non enim reperietur Deus esse, sed pocius non esse; et si affirmative queritur, non reperietur nisi per imitacionem et velate, et nequaquam revelate'.[100] Diese Namen erreichen daher nicht Gottes reines Sein in sich; 'quia nequaquam es aliquid tale, quod dici aut concipi potest, sed in infinitum super omnia talia absolute superexaltatus'.[101] Wenn sich aber jede Prädikation von Gott schließlich als unzulänglich erweist, muß sie aufgegeben oder überstiegen werden, ohne daß diese Selbstaufgabe des prädizierenden Geistes selbst noch einmal zum Mittel der Prädikation von Gott gemacht werden könnte; 'Non es igitur creator, sed plus quam creator in infinitum, licet sine te nihil fiat aut fieri possit'.[102]

Was nun dem Menschen über die Grenze jederlei Eigenvermögens der Vernunft hinaushilft und zur Erfüllung seiner Sehnsucht nach erkennender Vereinigung mit dem ersten Einen bringt, faßt Cusanus unter dem Bildwort des Auges und Angesichtes, nämlich der 'visio facialis',[103] der Schau des Angesichts, einem Begriff, der in der Kontroverse über die selige Schau Gottes unter Benedikt XXII. im Jahr 1336 eine bedeutende Rolle gespielt hatte. Dabei unterscheidet Cusanus die Schau vom Vermögen des Intellekts. 'Claudit enim murus potentiam omnis intellectus, licet oculus ultra in paradisum respiciat'.[104]

Die Schau Gottes oder seines Angesichts wird nun schon im Alten Testament als innigste Vereinigung mit dem personalen Du Gottes vom Menschen gesucht (cf. Ps. 42,3) und zugleich aufgrund der übermächtigen Transzendenz und Verborgenheit Gottes als dem Menschen unerreichbar, wenn nicht sogar unertragbar (cf. Ex. 33, 20) erkannt; in der griechischen und lateinischen Übertragung des Namens 'Israel' als 'Gott sehend' (cf. Gen. 32,31) erscheint die Schau Gottes als höchste Berufung des Menschen. Auch das Neue Testament hält an der Unsichtbarkeit Gottes fest (cf. Joh. 1,18; 1 Tim. 6,16), rückt aber die Schau Gottes oder Christi in die Mitte des dem Menschen geschenkten Heils (cf. Mt. 5,8; Mt. 11,27; Lc. 10,23f.; Joh. 17,3; 1 Cor. 13,12; 1 Joh. 3,2). Auch in der griechisch-neuplatonischen Tradition wird das 'Gott haben' als Schau Gottes beschrieben, diese aber als ekstatische Vereinigung (ekstasis, henosis) mit dem Göttlichen und so als höchste Vollendung des Menschseins gedacht.

In *De visione dei* entwickelt nun Cusanus, anhand von Dionysios und über diesen hinaus, eine Theorie der Gottesschau, die von ihrem Ansatz her die Aporien der von unten aufsteigenden (ascensus) begrifflichen Gotteserkenntnis unterläuft und damit zugleich deren verborgenen Möglichkeitsgrund offenlegt. In ihrer ganzmenschlichen Bedeutung geortet ist die Gottesschau als 'amplexus ille, quo tua dulcedo dilectionis me adeo amorose amplectitur',[105] nämlich als Seligkeit in der Fülle von Liebe und Leben 'ipsa absoluta maximitas omnis desiderii rationalis, quae maior esse nequit'.[106] Da Gott jedoch aufgrund seiner Unendlichkeit 'inaccessibilis'[107] ist,

'Nemo igitur te capiet, nisi tu te dones ei'.[108] Gott wird daher vom Menschen nur dann in Unmittelbarkeit erkannt oder 'gesehen', wenn diese Schau von Gott selbst her entspringt, womit jeder Anthropozentrik und jedem eigenmächtigen Aufstieg von unten wie auch jeder Projektionstheorie von vornherein der Boden entzogen ist. 'Nemo te videre potest nisi inquantum tu das ut videaris'.[109] Gott gibt sich aber zu erkennen, indem er selbst den Menschen anblickt, und zwar jeden einzelnen in seiner Situation wie alle zusammen. Als Verdeutlichung schickt Cusanus den Mönchen von Tegernsee 1454 eine 'eiconae dei',[110] ein Bild Gottes (oder Christi), das 'figuram cuncta videntis'[111] wiedergibt. Von welchem Standpunkt aus der Betrachter sich dem Bild auch zuwendet, er fühlt den Blick Gottes, wie er vom Bilde ausgeht, jeweils direkt auf sich allein gerichtet. Die 'Schau Gottes' (visio dei) meint hier primär, daß Gott den Menschen anblickt, und erst sekundär, daß der Mensch im eigenen Sehen diesen Blick Gottes, sein Angesicht, erkennend auffängt; 'Visus tuus, domine, est facies tua'.[112]

Daß Gott der Sehende ist, entnimmt Cusanus einer auf die Stoa zurückgehenden Etymologie des griechischen Wortes für Gott; 'theos ob hoc dicitur, quia omnia intuetur';[113] (theos=theoron[114]). Dieses Sehen Gottes ist als Sehen des Absoluten selbst absolutes Sehen und daher Ursprung und Ursache von allem, was durch Sehen und seine Derivate konstituiert ist. 'Pasce me visu tuo, domine, et doce, quomodo visus tuus videt visum videntem et omne visibile et omnem actum visionis et omnem virtutem videntem et omnem virtutem visibilem et omne ex ipsis exsurgens videre, quia videre tuum est causare'.[115]

Dieses allgemeine ontologische Verhältnis, in dem Gottes Sehen von allem mit seiner Allursächlichkeit zusammenfällt, begründet nun ein streng personales gegenseitiges Verhältnis von Mensch und Gott; 'ideo ego sum, quia tu me respicis'.[116] Denn der Mensch ist 'capax veritatis'[117] und auf die Gottesschau ausgerichtet, 'tui capax',[118] sofern er selbst als Sehender von Gott erblick ist. 'Nec est aliud te videre quam quod tu videas videntem te'.[119] Gottes Sehen erweckt und trägt daher das Gott-Sehen des Menschen, so daß Gott im selben Akt, in dem er den Menschen sieht, sich vom Menschen sehen läßt; 'videndo me das te a me videri, qui es deus absconditus'.[120] Gott sieht damit im Menschen und sieht durch den Menschen sich selbst; 'Quid aliud, domine, est videre tuum ... quam a me videri?'.[121] In gleicher Weise erblickt der Mensch, indem er auf den ihn sehenden Gott sieht, im Sehen Gottes sich selbst, sieht sich selbst also als von Gott Gesehenen, nämlich im Ursprung des Sehens und von diesem her; 'Tunc autem se cognoscit, quando se in ipso deo uti est intuetur'.[122] Weil aber das absolute Sehen Gottes 'adaequatissima visuum omnium mensura et exemplar verissimum'[123] ist, kommt der Mensch im Sehend-Gesehenwerden in sein wahres Wesen als 'viva imago eius'[124] oder 'deus creatus'.[125] Da sich dabei der Blick Gottes und der des Menschen in ihrer Gegenseitigkeit zur innigsten Einheit verschlingen, tritt der Mensch durch die Gottesschau in Gott ein, und Gott erfüllt das Innere des Menschen. Sofern das Sehen des Menschen aber nicht ein sinnlich-gegenstandsbezogener Akt ist, sondern sich als intellektualer Akt – 'mentalibus et intellectualibus oculis'[126] – durch den Selbstvollzug des menschlichen Geistes hindurch ereignet, sieht der Mensch in sich

Gott als sein Urbild, daher ohne jederlei Fremdheit und Äußerlichkeit. 'Omnis igitur facies, quae in tuam potest intueri faciem, nihil videt aliud aut diversum a se, quia videt veritatem suam. Veritas autem exemplaris non potest esse alia aut diversa'.[127] Im Sehen Gottes 'homo te Deum receptibilem capiens transit in nexum, qui ob sui strictitudinem filiationis nomen sortiri potest',[128] und wird so Gott angeglichen (assimilatio, theosis).

Gott zu sehen heißt aber nichts anderes als den Unendlichen zu sehen, dem keinerlei begrenzte Weise oder Gegenständlichkeit zukommt. Tritt der Mensch also in die Gottesschau ein, indem er sich 'in libertate'[129] Gott zukehrt und von diesem erblicken läßt, so erkennt er in einer Schau 'sine modo',[130] einer weiselosen Schau den Unbegreiflichen in der Weise des Nichtbegreifens (ad incomprehensibilem veritatem incomprehensibiliter se convertit[131]), nämlich im Licht Gottes selbst, das für Verstand und Vernunft undurchdringbares Dunkel ist. 'Ipsa autem caligo revelat ibi esse faciem supra omnia velamenta';[132] 'Oportet igitur intellectum ignorantem fieri et in umbra constitui, si te videre velit'.[133] Im raptus solcher Gottesschau verliert das Erkennen jede Gegenständlichkeit, Kontur und reflektierbare Bestimmtheit, durch die es sich des Gesehenen vergewissern könnte; 'video te in horto paradisi et nescio, quid video, quia nihil visibilium video'.[134]

Was Cusanus hier als Wesensvollzug und höchste Möglichkeit menschlichen Geistes entfaltet, beinhaltet eine ontologisch-interpersonale Konstitutionstheorie menschlichen Verstehens überhaupt, denn in allem Gesehenen wird, als Ermöglichung dieses Sehens, der sehende Gott gesehen; 'Tu igitur deus meus invisibilis, ab omnibus videris et in omni visu videris; per omnem videntem in omni visibili et omni actu visionis videris, qui es invisibilis et absolutus ab omni tali et superexaltatus in infinitum'.[135] Was in allem Sehen 'velate'[136] dessen Mitte ausmacht, um dessen unmittelbare Schau vermag sich der Mensch durch Abwerfen aller Begriffe, auch der von Schau und Angesicht, zu bemühen. 'In omnibus faciebus videtur facies facierum velate et in aenigmate. Revelate autem non videtur, quamdiu super omnes facies non intratur in quoddam secretum et occultum silentium, ubi nihil est de scientia et conceptu faciei'.[137] Cusanus bekennt, diesen Weg nicht nur gedacht, sondern in seinem Leben beschritten zu haben: 'Conatus sum me subicere raptui confisus de infinita bonitate tua, ut viderem te invisibilem et visionem revelatam irrevelabilem. Quo autem perveni, tu scis, ego autem nescio, et sufficit mihi gratia tua, qua me certum reddis te incomprehensibilem esse, et erigis in spem firmam, quod ad fruitionem tui te duce perveniam'.[138]

BIBLIOGRAPHIE

Cusanus, Nicolaus, *Ad abbatem Tegernsensem et eius fratres, S: Ad abbatem.* in: Vansteenberghe 1915.
——, *Apol.* (h II).
——, *Comp.* (h XI 3).
——, *De coni.* (h III).
——, *De deo absc. (h IV).*
——, *De docta ign.* (h I).

——, *De fil.* (h III).
——, *De Genesi* (h IV).
——, *De ludo* (h IX).
——, *De non aliud* (h XIII).
——, *De poss. (h XI 2).*
——, *De princ. (h X 2b).*
——, *De sap. (h V).*
——, *De theol. compl.* (h X 2a).
——, *De ven. sap.* (h XII).
——, *De vis.* (h VI).
Vansteenberghe, Edmond, (1915) *Autour de la docte ignorance. Une controverse sur la théologie mystique au XVe siècle,* in: BGPhMA XIV, 2–4, Münster.
Wenck, Johannes, (1910) *De ignota litteratura* (BGPhMA VIII, 6) Münster.

ANMERKUNGEN

1 *De ven. sap.*, Prologus [3].
2 *De ludo,* I, 3–7 [5–8].
3 *De ven. sap.*, Prologus [3].
4 *Comp.*, Conclusio [33].
5 Vansteenberghe 1915: [114].
6 *Ibid.* [115].
7 *Ibid.*
8 Cf. *ibid.*
9 *Ibid.*
10 *De vis.* [57].
11 *Ad abbatem,* Vansteenberghe 1915 [114].
12 *Ibid.* [115].
13 *Apol.* [5].
14 Wenck 1910: [19].
15 *Ibid.* [27].
16 *Ibid.* [24].
17 *Ibid.* [21s.].
18 *Apol.* [18s.].
19 *Ibid.* [20].
20 *Ibid.* [21].
21 Cf. *Ibid.*, [20s.].
22 *Ad abbatem,* Vansteenberghe 1915: [117].
23 *De fil.*, 6 [h IV, 62].
24 *De coni.*, I, 1 [7].
25 *Ibid.*, Prologus [4].
26 *Ibid.*, I, 1 [7].
27 *Ibid.*, I, 1 [8].
28 *Ibid.*, I, Prologus [4].
29 *Ibid.*, I, Prologus [4s.].
30 *De vis.*, 14 [51s.].
31 Cf. *De coni.*, I, 1 [9].
32 *Ibid.*, II, 10 [117].
33 *De theol. compl.*, 2 [5s.].
34 *De coni.*, I, 5 [21s.].
35 *Ibid.*, I, 5 [26s.].
36 *De docta ign.*, II, 1 [64].

37 *De coni.*, I, 5 [27].
38 *De poss.*, 31 [36].
39 *De theol. compl.*, 2 [6s.].
40 *Ibid.*, 2 [7].
41 *De vis.*, 7 [26s.].
42 *De theol. compl.*, 2 [8s.].
43 *De deo absc.*, 4 [4].
44 *Ibid.*
45 *Apol.* [19].
46 *De poss.*, 72 [84].
47 *De vis.*, 25 [88].
48 *Ibid.*, praefatio [5].
49 *De ludo*, I, 1 [3].
50 *De coni.*, I, 2 [11].
51 Cf. *ibid.*, I, 3 [15–21].
52 *Ibid.*, I, 5 [21–28].
53 *Ibid.*, I, 2 [14].
54 *De docta ign.*, II, 1 [61].
55 *Ibid.*, I, 3 [8].
56 *Ibid.*, I, 26 [54]; cf. *Apol.* [19].
57 *De deo absc.*, 10 [8].
58 *Ibid.*, 10 [7].
59 Cf. *ibid.*, 12 [9].
60 *Ibid.*, 6 [5].
61 *De vis.*, 10 [38].
62 *De docta ign.*, 1, 4 [10].
63 *De ven. sap.*, 13 [35].
64 *Ad abbatem*, Vansteenberghe 1915: [114s.].
65 *De docta ign.*, I, 1 [6].
66 *Apol.* [6].
67 *De docta ign.*, I, 4 [10].
68 *De vis.*, 13 [46].
69 *De docta ign.*, I, 4 [11].
70 *Apol.* [6].
71 *Ad abbatem*, Vansteenberghe 1915: [114].
72 *Ibid.* [115].
73 *Ibid.* [114].
74 *Ibid.*
75 *De vis.*, 8 [30]
76 Vgl. J. G. Fichte, Zweite *Wissenschaftslehre* von 1804.
77 *De vis.*, 11 [40].
78 *De docta ign.*, III, Epistola auctoris ad dominum Iulianum cardinalem [163].
79 *De deo absc.*, 13 [9].
80 *De poss.*, 24 [31].
81 *De princ.*, 8 [9].
82 *De Genesi*, 1 [106].
83 *Ibid.*, 1 [106].
84 *Ibid.*, 2 [112].
85 *Ibid.*, 5 [127].
86 *Ibid.*
87 *De poss.*, 13 [17].
88 *Ibid.*, 24 [30].

89 *Ibid.*, 4 [7].
90 *Ibid.*, 12 [14].
91 *Ibid.*, 8 [9].
92 *Ibid.*
93 *Ibid.*, 30 [35].
94 'complicite esse omnia': *ibid.*, 8 [9].
95 Cf. *De non aliud,* 1 [4].
96 *Ibid.*, 1 [4].
97 *De Genesi,* 1 [107].
98 *De non aliud,* 6 [13].
99 *Ibid.*, 6 [14]; cf. 1 Cor. 15,28.
100 *Ad abbatem,* Vansteenberghe 1915: [114].
101 *De vis.*, 12 [43].
102 *Ibid.*
103 'De faciali visione': *ibid.*, 6 [20].
104 *Ibid.*, 17 [61].
105 *Ibid.*, 4 [16].
106 *Ibid.*
107 *Ibid.*, 7 [26].
108 *Ibid.*
109 *Ibid.*, 5 [17].
110 *Ibid.*, 1 [10].
111 *Ibid.*, Praefatio [5].
112 *Ibid.*, 6 [21].
113 *Ibid.*, 1 [10].
114 Cf. *De deo absc.*, 14 [9].
115 *De vis.*, 8 [29].
116 *Ibid.*, 4 [14].
117 *Ibid.* [15].
118 *Ibid.* [14].
119 *Ibid.*, 5 [17].
120 *Ibid.*
121 *Ibid.*
122 *De fil.*, 6 [62].
123 *De vis.*, 2 [11].
124 *De sap.*, I [38].
125 *De docta ign.*, II, 2 [68].
126 *De vis.*, 6 [20].
127 *Ibid.*, [21].
128 *Ibid.*, 18 [65]; cf. *ibid.*, 4 [15s.].
129 *Ibid.*, 18 [64].
130 *Ibid.*, 12 [42].
131 *Apol.* [11].
132 *De vis.*, 6 [23].
133 *Ibid.*, 13 [45].
134 *Ibid.* [44].
135 *Ibid.*, 12 [41].
136 *Ad abbatem,* Vansteenberghe 1915: [114].
137 *De vis.*, 6 [22s.].
138 *Ibid.*, 17 [63].

CHAPTER TWENTY-ONE

Cusanus and Social Philosophy

Takashi Sakamoto

I. INTRODUCTION

Reflecting on the Second Vatican Council, a great event of the 20th century, I believe that this Council was held for real religious cooperation which aimed at unifying and establishing peace among all mankind to be realized through a spirit of fraternity.

But when we look around the world today, we see many problems. While the industrialized nations have only one quarter of the world's population and exclusively control the world's wealth and enjoy the benefits of a highly advanced technological civilization, most people of the world in underdeveloped countries are subjected to poverty. It is, in my opinion, the biggest problem of the modern world that about 800 million people can barely sustain life due to malnutrition or rather famine. Now we must examine where this poverty comes from: it lies in the enormous spending on the production of arms and the development of military technology where most industrialized countries are strenuously competing. In such industrialised nations as the United States, some European nations and Japan, increasing problems also face them. For example, crime and delinquency, the gap and antagonism between the strong and the weak, and between the rich and the poor.

As a result, what we have is the tragic devastation of human spirituality, and a modern slavery system in which the control of others and the killing of opponents prevail. Those phenomena that characterize the modern world such as violence, homicide, war, suicide, crime, drugs, juvenile delinquency, immorality, and mental disorder predict our destiny, I am afraid. Are we to leave the world as it is for our children? How and what should religion do in this modern world in order to save humanity from misery and the annihilation of human race? In order to answer this question we need to inquire into the nature of these tragic phenomena and reflect upon the aims of religious cooperation the modern world.

II. A PHILOSOPHICAL AND THEOLOGICAL CONSIDERATION

In the West as well as the East, a true religion has taught and practiced compassion and love for others. Whereas Buddhism has taught that all human beings have their own Buddha-nature, Christianity has taught the human duty of loving your neighbour as the image of God. Religion, however, has hardly performed an effective role in saving human beings from spiritual devastation and the human race has proceeded along the path of war and destruction. One reason why religion lost its influence on the human spirit lies partially in religion itself, because it has become divided, and has fought against other religions, turning itself into the cause of murders and wars. Observing this fact, Nicolaus Cusanus (1401–1464) wrote such books as *De concordantia catheolica* (On Catholic Concord) and *De pace fidei* (On Peace of Faith), and taught in these books the follies of religious wars and struggles as well as the aim and the feasibility of religious cooperation, that is, 'to defend the dignity of man and human rights.'

1. Dignity of man and natural law

Human existence is anchored in the infinite wisdom and the absolute will of God, the Creator, who established man in his kind of being and in a God-determined world. It is anchored in the eternal law, according to Augustine's definition: 'Lex aeterna est ratio, vel voluntas Dei ordinem naturalem conservari iubens, perturbari vetans'.

Therefore the inviolable dignity of man is founded on natural right; it is given to man directly by natural law, and indirectly, by its origin in God, and therefore nobody can deprive him of it. At the same time it is obvious in the real world that this human right cannot realize itself under unlawful authorities or in the disorder and unrest of society; hence men cannot reach the goal determined for them by nature. And that is just the greatest misfortune of mankind and worst offence to God, the Creator, who granted man creative power so that he could and should as God's image, partake in his work of creation. As was pointed out, the creative power of man has as its aim to beautify and to perfect nature by humanly established orders of art, technique and the organization of human society, just as God, the Creator, wanted it when He created the world. Here one must draw attention to the fact that man is by his nature a social being and so the realization of the natural rights of man, (which are given to him in his dignity by the Creator), is impossible without society. That means, that human society is founded upon the nature of man. But society cannot make human development possible without peace and order.

2. The domains of natural right

The fields of natural right are grouped in three parts according to the proportion of manifestation in human nature.

The first field is the relation of man to himself; the second treats the relation of man to God the Creator; the third the relation of man to his fellowmen. In other words, one could call them respectively, the natural right of man to his private life, to religion, and to society.

(A) The natural right of man to his private life

Human nature has various potentials endowed by God. Correspondingly, there are different natural rights of man; but we consider them only in so far as typically human life is at stake, that is, intellectual, moral and productive life.

(A) THE NATURAL RIGHT TO INTELLECTUAL LIFE

The natural human desire for truth is obviously founded in man's proportion to his prototype, since he is the image of God who Himself is the truth. The proportion between image and prototype is a dynamic relationship. Here we find the deepest reason for the natural right of man to truth. God the Creator plants an existential participation of the divine truth like a seed in the creation of human nature. That is man's being in the image of God, which is created together with the natural right to truth.

So man strives with moral necessity towards knowledge and wisdom. But as we have already seen, he has in himself some imperfections and he needs his body to reach the truth, because the human mind is limited. Because man is not perfect in his striving for truth, not only the perceptual world which contains truth, but also doctrines and books that hold truth and that can and should communicate it, are necessary. However the perfection of the intellectual nature of man is great inasmuch as he participates by his intellect in the infinite power whereby in his intellectual unity he connects and compares two already known truths. So the truth in man's possession will always be increased and enlarged.

God puts this finality into the nature of the human intellect the Creator Himself; hence He demands by natural right of every man the above-mentioned high development of mind, depending on the intellectual capability of each man.

(B) THE NATURAL RIGHT OF MAN TO THE MORAL LIFE: MORAL VALUE

The natural right of man demands not only his intellectual development, but also the moral value that he acquires for himself by moral acts. First we come to the concept of conscience.

For Socrates 'Daimonion' is connected with the phenomenon of conscience; the Stoics speak of 'God in us' Ancient philosophy connects, therefore, moral conscience and consciousness with the concept of 'Syneidesis'.

In the Old and New Testament 'conscientia' occurs often, as in the Book of Wisdom (XVII, 11) and in the Epistle of Saint Paul to the Romans (II, 14f.). according to Origenes it is: 'spiritus corrector et paedagogus animae sociatus, quo separatus a malis et adhaeret bonis', and according to Chrysostomus it is 'innate' to man. Albertus Magnus describes conscience as the judgement of reason, which God planted in man. And Thomas Aquinas explains it as the act with which we judge whether our act is good or not; or as the act with which we apply our knowledge to what we do.

Man's reason is first the standard for all his acts. But the task of reason in the practical life of man is not only to be a standard, but it also has to prescribe to him authoritatively what he should do and what he should avoid. Here reason takes the place of God to manifest His will to man.

However, the conscience of man is the place where he hears God's voice showing him the moral goodness or evil of a particular human act. At the same time it obliges him to do good and avoid evil. Here the absolute dignity of the human conscience becomes obvious and at the same time the dignity of man, who 'hic et nunc' is related so closely to God, the almighty Creator. This, first of all, gives man the right and the duty to follow his own conscience. For man, therefore, conscience is the last instance of the natural right that judges all his acts. Hence no human authority may infringe on the dignity of man.

(C) THE MORAL FREEDOM OF MAN

Freedom is the highest faculty of a rational being. So man stands before the judgement of his conscience as a free subject who is always able to choose whether he wants to follow it or not.

But the freedom of man may get lost when passions and vice rob it of its natural power of choice. Man is always exposed to this danger. So man must earnestly endeavour to conserve a freedom which really enables him to choose. Real moral freedom thus presupposes self-control in man, because he who is a master of himself possesses the power to choose what the conscience demands even against his passions. Thus it is necessary to be really free of all is animal inclinations.

(D) THE INTERNAL ORDER OF MAN

What natural right demands of man is a high moral sense in the whole man who bears in his nature the possibility and danger of conflict. The harmonious unity of man is essentially order, which is a unity of parts that are different in being and value. The parts, which constitute the whole of human nature, are different according to the level of being and value: spiritual soul and body.

But the moral order of human activity is founded on the ontological order of the internal man. The spiritual soul of man, in so far as it belongs to rational nature, stands above the body and its animal appetite. So the internal order of man must consist of the fact that the soul rules over the whole man and the body obeys it. This means the government of reason in man. Reason has in itself a law, which it has received directly from the Creator. Hence it has the power and duty to control and sublimate the passions of the flesh.

(E) THE NATURAL RIGHT OF MAN TO PRODUCTIVE LIFE

Because man is a creature, his creative power is limited, but it develops in the process of history. This creative power and its development are just the natural tendency of man given by the Creator according to His determination.

Since the Creator planted this natural tendency in man, its fulfilment belongs to the natural right. For the tendency of man to productive activity serves another important tendency of human nature: to conserve and safeguard life. For that purpose man builds houses and towns, and in this process he develops architecture, which is a great creative activity of man. Moreover, one needs for it various instruments and machines that, little by little, have developed into the modern forms. But the creative activity of man is revealed especially in his aesthetic life: art (ars) in the proper sense, i.e. the strong inclination of man to beauty.

The inclination of man to beauty consists not only in the desire to know and strive for it, but in the design to create new beauty by his own creative power such as those that we find in the various arts.

(B) *The natural right of man to religion*

If one takes into account the desire of man for God, the infinite good and value, man has the capability to comprise God in his love. Man finds in creatures the participated good, which is a foretaste (praegustatio) of the infinite supreme happiness in union with God. Man's union with God in knowledge and love is for him, on the one hand, is glory (gloria) as defined by Augusine: 'clara cum laude notitia'. There can be no doubt that the duty of man is first to give glory to God, since he is man's Creator. God's glory is the goal of a Creator respected by all creatures. But this goal of God's creation of the world sets a special task for man, because having rational nature he holds a special position in the created world. The highest perfection of rational nature is freedom of will, that is, the power to be able and to be obliged to decide in favour of God's glory. God's glory accepted by free will is very precious for God because it contains the possibility of the opposite. Thus God's glory consists, for man, in the act of hearing God's will in his conscience and following it voluntarily. There are two clear reasons why different religions may arise: freedom and man's lack of clear knowledge about religious truth.

As I have already mentioned, the free will of man is founded in natural right, so that he has to use his free will according to the will of God. Hence it is natural that man, relying on his own freedom, chooses his religion, his way to union with God.

God's word (verbum) is the principle of religion, and in this word a religious truth shines out for all men. Though it is in itself only one truth, it must be accepted by different rational individuals. This is the reason why a diversity of religions may come about.

That is thoroughly human, because man, is naturally limited by history and custom. Mankind has a space-restricted history and is therefore in constant development.

One must pay attention to the dynamic conception of man in his historical development in order to understand religious toleration. Both human nature and the individual man in the beginning of his existence have only one principle (principium), or one germ, which has to evolve by its own power towards infinite truth and perfection.

According to his level of evolution, man always has some imperfection in his knowledge and love, and he must endure this imperfection. But at the same time he has the creative power to reach perfection.

One should think here of the moral principle that one has to follow the clear judgement of his conscience even though it is objectively wrong. For the error connected with imperfect human reason may often be 'hic et nunc' insuperable for a man. The higher and less transparent the truth is, the greater is the insuperability of his errors. Hence it follows that he may practise it in so far as he considers it in conscience to be the true religion.

If man is able, permitted and obliged by his nature to choose in his concrete historical world one of different religions, and if the conscience of an individual may, as we have seen, show him different religions as the truth, then he has by natural law the right and duty to follow his conscience as the truth.

Thus the principle of religious toleration is manifest. According to the will of God one is not allowed to persecute people of another faith on account of their different religious creed, or to force them to one's own religion. Everyone must respect others' free decision of conscience in the acceptance of religion, and to avoid any use of external force, because God demands this of everybody through natural right.

(C) The natural right of man to social life

Society is naturally necessary for man, who through his bodily, intellectual and moral development must attain the goal determined for him by his Creator: to be God's perfect image. This natural striving for the perfection of his private life must expand into society.

The love of the human soul strives towards unity with other persons, for there it finds indirectly its complete happiness, which consists in union with God who grants all beings participation in his infinite perfection. But knowing and loving unity with one's fellow-men gives man a special kind of happiness because he finds in them the image of God. Union with God is essentially the highest happiness for man, but God is to be known to man through His images and through faith inasmuch, He is the infinite being.

Thus man comes to the right knowledge of God, who is infinite love, through knowing and loving his fellow-men. Hence it follows, that man's tendency toward union with his fellow-men in knowledge and love is ultimately founded on the love of God, and the happiness experienced thus is a foretaste of the eternal happiness he will receive in union with God.

(A) THE NATURAL RIGHT OF MAN TO THE ESTABLISHMENT OF THE STATE – ORDER IN JUSTICE AND PEACE

Society in general is necessary for man in order to perfect his nature, but the most important society of man is the state, to which man tends by nature. For if the state were not to exist or fulfil its function, the universal order of human society would perish, and then many people could no longer attain their naturally demanded perfection. The state as demanded by the nature of man has as its right and duty the good of all men who belong to it. This good for all men of the state is called the public weal (bonum publicum).

Peace is most important for the fulfilment of human desires in society. But in order to establish peace, social justice is needed. When faced with injustice, man has the right to obtain justice. Hence, if men with political power seek their private good and their own prestige causing social injustice, then the people who suffer the injustice obtain from natural law the right to resist the unjust ruler. For the authority of the state or the church has no right over natural right. A king or an emperor has responsibility for public welfare. But public welfare is exactly the peace, which serves for justice. If the laws are just, all men subjected to them are obliged to follow them. Even a king does not stand outside the law because he is subject to justice.

I believe that the human intellectual power can find just laws by its insight and creative activity. But limited intellect need a political system in order to diminish its fallibility and to reach just laws. This function is fulfilled by the general assembly. Yet if the gathering of all individuals is practically and physically impossible, it must at least be realized by their representatives. If the representatives, who really represent all the people of the state, enact laws by a unanimous decision (concordantia catholica), then the laws may be founded on the intellects of all men and ultimately on divine justice itself. But this unity of decision (concordantia catholica) must satisfy the conditions demanded by natural law, otherwise the unity cannot prove that the enacted laws are just. These conditions are the freedom of the Representatives excluding all internal and external negative influences and the faithfulness of all the Representatives to their consciences which positively guarantee the justice of the laws; for the conscience of man is a participation of the infinite, absolute, divine justice.

III. CONCLUSION

Humanity is entering the 21st century. Through history the world has become smaller. Through the development of scientific technology the human race developed has gigantic destructive power, knowledge of the secrets of nature, and is able to manipulate all areas from the macro world of the cosmos to the micro world of genes. On the other hand, the spiritual world of man is still filled with misfortune and darkness, and while the mystery about life and death still exists, human beings today live in a dangerous world of existential anxiety.

Thus, in this modern world, it becomes more and more important to promote true religious cooperation, which must intend seriously to defend the dignity of man and human rights. We believe this is possible, if all religious people acknowledge and observe the natural law in all domains through earnest continual dialogue.

REFERENCES

Cusanus, Nicolaus, (1959) *De pace fidei* (h VII).
——, (1964) *De concordantia catholica* (h XIV, 1–3)
Nicholas of Cusa, (1991) (edited by Paul E. Sigmund) *The Catholic Concordance*, Cambridge.
Sakamoto, P. T. (1968) *Die Würde des Menshen bei Nikolaus von Kues*, Düsseldorf.
——, (1973) *Die theologische und anthropologische Fundierung der Ethik bei Nicholas von Kues*, in: MFCG, 10: 138–151. Mainz.
——, (1978) *Der christliche Humanismus bei Nicholas von Kues*, in: MFCG, 13, 411–421. Mainz.

CHAPTER TWENTY-TWO

Cusanus and Multiculturalism

Morimichi Kato

Contemporary theories of multiculturalism are complex and draw on different sources. Yet they seem to suffer from a certain weakness which derives from the lack of philosophical foundation. Even though some postmodern philosophers such as Richard Rorty may applaud the gradual disappearance of foundationalism in our age, the key concepts of liberal democracy and multiculturalism such as 'the dignity of man', 'human rights' and 'the need to respect an individual culture' seem to need some sort of philosophical foundation. Otherwise liberal democracy and multiculturalism will be degraded into mere rhetoric of university academicians, fanatical fundamentalists, and separatists. As neither the contemporary theory of liberalism à la Rawls nor postmodernism à la Foucault, Derrida or Rorty seems to be capable of offering this foundation,[1] we should try to look for it in the rich resources of traditional philosophies and religions. An eminent Canadian philosopher Charles Taylor argued in the first chapter of his *Sources of the Self* that in order to make sense of our moral judgment, naturalistic explanations are not sufficient and that for this we need to retrieve what he calls 'an ontology of the human'.[2] In other words, since contemporary philosophy seems to be incapable of offering a sufficient explanation of why we should respect each person and each culture in their own way, we should look for some help from the spiritual resources of various traditions.

From this perspective the philosophy of Nicolaus Cusanus seems to be promising. For it was Cusanus who shed special light upon the individual in his *De Docta Ignorantia.* He also preached religious tolerance in the *De Pace Fidei.* It is well known that Ernst Cassirer stressed these features in his books, *Individuum und Kosmos*[3] and *Das Erkenntnistproblem in der Philosophie und Wissenschaft der neuen Zeit.*[4] Since concepts such as 'the individual' and 'religious tolerance' play crucial roles in contemporary thought, Cusanus' philosophy seems to offer us important insight for today's problems.

Cusanus occupies a peculiar position in the history of Neoplatonic thought. Like other Neoplatonic thinkers his thought develops itself around the ultimate principle, namely God, and stresses the difference between God and other beings. Yet, as Cassirer eloquently showed, by stressing the infinity of God Cusanus overturns the traditional hierarchy which places God at the top of the scale. Since God is infinite he is infinitely removed from every other being, so that nothing has a privileged place of nearness to God. However this means neither the disappearance of God from the world nor the secularization of the world. It means rather that instead of unfolding himself gradually through intermediaries God unfolds himself directly into the world and that every single being in the world 'contracts' God, each in a different way but nevertheless totally.[5] This thought seems to offer a very attractive metaphysical background to the contemporary thought of liberal democracy and multiculturalism for it can offer us a suitable explanation of why every individual has his or her own dignity and why we should show respect to different cultures and creeds. Indeed the thought of religious tolerence in the *De Pace Fidei*, which Cassirer stressed so much,[6] seems to support this interpretation.

However this impression will be somewhat overshadowed when we read carefully his political and religious works such as the *Concordantia Catholica*, his letter to Rodrigo Sanchez, the *De Pace Fidei* and the *Cribratio Alkorani*. We shall take a brief look at each of these works.

The main theme of the *Concordantia Catholica* is, as the title suggests, concordance, and this thought leads to the importance of consent for his political theory.[7] A Cusanus scholar has even spoken about his 'democratic optimism'.[8] But this interpretation is one-sided because the entire work is permeated by the thought of hierarchy. The universe, the church and the empire, all of them are characterized by the hierarchical structure and even the nations of the world are hierarchically ranked. The importance of hierarchy for Cusanus' political theory is already clear in the beginning of the first book. Here it is discussed in the words which remind us of Ps. Dionysius that the universe has a hierarchical structure. To quote from an important book by Professor Watanabe,

> In his description of the various orders in the hierarchies of heaven and earth, Nicholas uses a three-fold division, one example of which we saw already in his division of God, angel and men. In Nicholas's view, all created things which are spiritual or corporal or mixed, bear the figure of the trinity. There are three-fold orders of the angels below the triune God, and each order is again divided into three choirs, so that throughout all this spiritual realm there may be a hierarchical unity, a sign (signaculum) of trinity, and unity in trinity.[9]

This trinitarian structure reflects itself in the Church: 'Without, however, going further into details of his cosmological description, Nicholas points out that the Church, which is the subject of his discussion, is composed of rational spirits and men who are united with Christ, although not all in the same manner, but hierarchically. The three-fold division, or to use Nicholas' expression, the sign of trinity is also found within the structure of the Church.'[10] The hierarchical structure is also found among the nations. For example the nation of the Moslems stands higher than the nation of the Tartars. At the top of this hierarchy of the nations stands the Holy Roman Empire, the emperor of which according to Cusanus should be German (III, 32, 507). All these evidences show that in this work the idea of concordance and consent function only within this framework of the medieval hierarchy. Even though we (as historians of ideas) should appreciate Cusanus' theory of concordance in the context of his own time, we (as political theorists) cannot take this theory as today's model of democratic coexistence.

The *Concordantia Catholica* is an early work by Cusanus written before the *De Docta Ignorantia* of the year 1440. So we might expect that Cusanus' philosophy after the *De Docta Ignorantia* would be less dominated by the thought of hierarchy. However, it is just the opposite. An examination of the letter to Rodrigo Sanchez (1442) shows that Cusanus uses the key concepts of the *De Docta Ignorantia*, namely *complicatio* and *explicatio*, in order to strengthen the power of the Pope. The church becomes the *explicatio Petri*[11] and this *explicatio* unfolds itself gradually from the Pope through different ranks of the priests. Since all the powers of the Church derive from the Pope, the power of all the other people cannot oppose the power of the Pope.[12] Therefore all the believers are subject to the Pope and should obey him faithfully.[13] The concepts of *complicatio* and *explicatio* which Cusanus used in the *De Docta Ignorantia* for God is now used for the Pope and the hierarchy which places the Pope at its head is strengthened. This does not mean, however, that Cusanus admitted absolute power to the Pope. Power is entrusted to the Pope only for the sake of the construction of the Church (*pro aedificatione ecclesiae*).[14] Therefore even the Pope cannot arbitrarily change the established rules of the Church.[15] Thus Cusanus' support for the Pope is not as blind as the enthusiasm of the other supporters of the Pope. Nevertheless it is hard to deny that, compared with his thought in the *De Concordantia Catholica*, Cusanus' position moved in a more centralized and even authoritarian direction. The tendency of negative theology, which flourished in the *De Docta Ignorantia*, did not reflect itself in the political philosophy of Cusanus. The relationship between infinite God and finite creatures in the *De Docta Ignorantia* transformed itself into the hierarchical relationship between the Pope and other people.

This makes us wonder about the so-called tolerance of Cusanus toward religions other than Christianity. The *De Pace Fidei*, written in 1453 after the fall of Constantinople can be a suitable touchstone for this problem. The words of the archangel at the beginning of the work are well known. The hidden God, *Deus absconditus*, sent the prophets to his people and these prophets established worship (*cultus*) and laws. But due to the power of custom, conflicts arose (para. 4). However the one and the same God is sought after in all different religions (para. 5). So if God will, it will become clear that there is only one religion in a variety of rites, *religio una in rituum varietate* (para. 6).[16] These words seem to show the sublime ideal of inter-religious dialogue and concord. However in God's answer to the archangel in paragraph 7 the theme shifts to the incarnation of the Word (Christ) and after that the whole dialogue is developed from the point of view of Christianity as represented clearly by those who lead the dialogue, namely Christ,

Peter and Paul. They discuss the themes cherished by Christianity such as the oneness of God, the trinity and the incarnation of Word.[17] The method he uses to prove these themes is the one which he demonstrated in his letter to Juan de Segovia. It is the method of finding out in the adversary's words, such as words from the Koran, words which seem to support Christian theories.[18] The other side of this method is that Cusanus systematically ignores those words in the Koran which do not fit well with Christianity.[19] Far from being a dialogue this method turns out to be a monologue and what we find there is propagation of Christian faith under the disguise of dialogue.

In the later work, the *Cribratio Alkorani* (1460–62) we find the same approach to the other creed from the point of view of Christianity, this time more severe and militant.

Unlike other Christian writers before him Cusanus does not attack Islam as a false creed. Rather he tries to show within the Koran itself those elements which lead to Christianity. This strategy is founded upon two arguments:

(1) The human mind is in search of the super-sensible good which cannot be completely recognized in this life and which can only be fully enjoyed after the end of this sensible life. This good is called God and there are many ways leading to Him as shown by Moses, Christ, Muhammad and many other wise people and prophets. However, as no man can recognize God completely, neither Moses nor Muhammad could see Him during their life time and thus could not show the way to Him.[20] This argument is based on negative theology which stresses the infinite difference between God and human intellect as shown in the first book of the *De Docta Ignorantia.* The different ways of trying to reach God are thereby considered to be different 'conjectures'.

(2) If there is a man who can show the way to God, he must be the greatest among men. Only Jesus Christ could show the way to God, as prophesied by Moses and other prophets and attested to by Muhammad.[21] This argument is based upon the Christology of the third book of the *De Docta Ignorantia.* By introducing this argument Cusanus affirmed the teaching of Christ as the absolute standard to judge the teachings of other prophets.

Thus it is these two arguments put together that make the *cribratio* possible.

Based on this method Cusanus considers every argument in the Koran which stands in conflict with the words of Christ as deriving from Muhammad's ignorance and vainglory.[22] Furthermore, in the second preface, borrowing from the *Disputatio* of Al-Kindi, Cusanus gives a historical explanation of the same problem. According to this explanation, the reason why the Koran contains only a part of Christian teaching is accounted for by the fact that Muhammad was a follower of Nestorius and that after Muhammad's death his teaching was falsified by three Jews.[23] Thus according to Cusanus the Koran is a falsified version of a false teaching of a pseudo-Christian, Muhammad.

And yet Cusanus is willing to concede a historical significance to the propagation of Islam. It was a merit of Islam to have propagated monotheism in the polytheistic, idol-worshipping East.[24] Thus Islam is a substitute of Christianity for the ignorant people and is necessary as a preparatory stage before the acceptance of Christianity.[25]

Cusanus' words against the Koran are sometimes extremely harsh. This becomes clear in the first chapter of the first book. There Cusanus maintains that not God but the earthly god, namely the devil, took part in the composition of the Koran and that it was the devil under the guise of the angel Gabriel who chose Muhammad as his tool.[26] This criticism of Cusanus has more of a bitter edge than his position in the *De Pace Fidei*.[27]

This brief survey shows that Cassirer's interpretation of the religious tolerance of Cusanus went too far and that he underestimated the element of Christianity in Cusanus. To put it more simply, his interpretation relied too much on the first and second book of the *De Docta Ignorantia* and too little on the third book of the same work. Our examination of Cusanus' works has shown that Cusanus' thought is tied to the hierarchical thinking of medieval Christianity too closely to be able to enjoy a dialogical relationship with other creeds.

This strong tie with Christianity, which Cassirer somewhat underestimated, is not really negative and is historically very important. It shows the deep religious roots of those apparently modern words such as 'individuality', 'the dignity of the person' and so on. It is no coincidence when Charles Taylor at the end of his study of the modern self, *Sources of the Self*, sees hope in Judeo-Christian theism with 'it's central promise of divine affirmation of the human'.[28] However, we should nevertheless admit that Cusanus' interpretation of Christianity turns out to be too exclusive to admit an open dialogue with other creeds. I mean by 'open dialogue' a dialogue in which one is willing to admit the limitation of one's own view and to learn from the other. This doesn't happen with Cusanus in so far as he takes Christianity as the absolute measure to judge all other religious creeds.

This interpretation of Cusanus might seem very harsh. And indeed it would be so, if my intention were solely to criticize Cusanus from today's point of view. Such criticism would in fact be very easy (we could criticize in this way Aristotle as having accepted slavery, Confucius as being anti-feminist, etc.) and no doubt self-flattering and unproductive. Because in such criticism we would only betray our unwillingness to learn from the other. My interpretation of Cusanus, on the contrary, is carried by the motivation to find in Cusanus ideas which might be of use for contemporary discussion of multiculturalism, which, as I stated in the beginning, stands upon fragile ground. This criticism was necessary because in order to learn from Cusanus, we need not and should not idealize him but separate those aspects of his philosophy which, though historically very important, will not serve us any more from those aspects which remain of fundamental importance for us. And if our examination has so far been correct, this would mean putting the third book of *De Docta Ignorantia* aside and to trying to draw as much as possible from the first and the second books of the same work, as well as from other works related to the same subject. If we do so, I think there would remain four important aspects of his philosophy, namely:

(1) The theory of the *docta ignorantia.* This theory should make us humble and ready to listen to other voices. But alone it might make the search for truth meaningless. So we need the second theory.
(2) The theory of the *contratio.* This theory has each individual take part in divine truth. Thus man can recognize himself as an image of God and through the creative process of cognition imitates divine creation. The theory of the *contractio* together with that of the *docta ignorantia* enables us to undertake the *coniectura.*
(3) The theory of the *coniectura* arises out of the two above-mentioned theories. The *coniectura* is a never-ending search for divine truth.
(4) The multiplicity of the ways of the *coniectura* serves as the foundation of the philosophy of multiculturalism. As man can never comprehend the divine truth entirely but nevertheless tries to approach it by realizing divine contracted within him, the way to the divine truth becomes multiple ways. In other words, we can consider each individual as a particular realization of divinity contracted in each person in a different way.

These are the aspects of Cusanus' philosophy that could give an ontological basis for the modern theory of multiculturalism. Of course these aspects belong not to Cusanus alone. Religious studies show the existence of similar theories in other religions. For example Confucian thought developed by thinkers like Chusi and Wang Yang Ming offer us similar metaphysical theories. This does not diminish but in fact enhances the merit of Cusanus' philosophy.

REFERENCES

Anawati, Geroge C., (1970) *Nicolas de Cues et le problème de l'Islam,* in: Santinello 1970.
Cassirer, Ernst, ([3]1922) *Das Erkenntnisproblem in der Philosophie und Wissenschaft der neuen Zeit*, Band 1, Berlin.
——, (1927) *Individuum und Kosmos in der Philosophie der Renaissance*, Leipzig/Berlin.
Cusanus, Nicolaus, *De conc. Cath.* (h XIV).
——, (1935) *De auctoritate presidendi in concilio generali,* in: Kallen, Gerhard (ed.), *CT* II.
——, (1565) *D. Nicolai de Cusa Cardinalis, utriusque Iuris Doctoris, in omnique philosophia imcomparabilis viri Opera,* Basileae.
Gandillac, Mauirce de, (1984), *Das Ziel der una religio in varietate rituum,* in: *MFCG* 16.
Haubst, Rudolf, (1984) *Die Wege der christlichen manuductio,* in: *MFCG* 16.
Kremer, Klaus, (1984) *Die Hinführung (manuductio) von Polytheisten zum Einen, von Juden und Muhammedanern zum Dreieinen Gott,* in: *MFCG* 16.
Santinello, Giovanni (ed.), (1970) *Niccolo' Cusano agli inizi del mondo moderno,* Firenze.
Schultz, Rudolf, (1948) *Die Staatsphilosophie des Nikolaus von Kues,* Meisenheim am Glan.
Taylor, Charles, (1989) *Sources of the Self,* Cambridge, Massachusetts.
Watanabe, Morimichi, (1963), *The Political Ideas of Nicholas of Cusa with Special Reference to his De Concordantia Catholica,* Genève.

NOTES

1 Of course this is a very big theme which would involve a large amount of investigation and controversy. Here I limit myself to the mention that even Rawls himself after the *Theory of Justice* seems to abandon a rational construction of the foundation of his political philosophy and moves toward a direction in which history plays a bigger role. As to postmodern thinkers they not only abandoned the attempt to give foundation to concepts like 'dignity of man' or 'human right', but in their talk of disappearance of 'man' from history seriously eroded the foundation of these concepts.
2 Cf. Taylor 1989: 5.
3 Cassirer 1927: 7–48.
4 Cassirer 1922: 21–61.
5 Cf. *De docta ign.*, II, 5 (h I).
6 'Der Dialog *De pace et concordantia fidei* spricht es aus, wie die mannigfachen Formen und Bräuche, in denen die Völker das Göttliche verehren, nur verschiedene Versuche sind, das Unbegreifliche dogmatisch zu begreifen, das Unnennbare in feste Namen zu fassen. Jeder Name bleibt gleich unzureichend gegenüber der Wesenheit des Einen absolten Seins. Der Grenzgedanke des Unendlichen bildet den einheitlichen und wesentlichen Kern aller Religionen, gleichviel wie sie ihn im Einzelnen bestimmen und einschränken mögen: una est religio et cultus omnium intellectu vigentium, quae in omni diversitate rituum praesupponitur. Die Wissenschaft des Nichtwissens ist hier zum Prinzip der religiösen Duldung und Aufklärung geworden.' (Cassirer 1922: 30)
7 For example: *De conc. cath.*, II, c. 14, 127; III, praefatio, 268–9; praefatio, 270.
8 Cf. Schultz 1948: 14–16.
9 Cf. Watanabe 1963: 69–70.
10 Ibid. 70.
11 'Explicatio igitur Petri a petra dicti ecclesiam complicantis est ecclesia una eandem confessionem in alteritate multitudinis credentium participans.' (*De auctoritate presidendi in concilio generali*, in: Kallen, G. (ed.), *CT* II (1935/36), 108)
12 'Quare potestas primi et supremi in sua plenitudine ambit omnem potestatem: immo non est potestas nisi una et primi, quae in alteritate rectorum varie participatur, a nullo tamen maxime.' (*Ibid.*, 109)
13 'Si vero dubium esset, et de mente sacri principis non constaret, pro sacro principe praesumendum est, quod recte credita potestate utatur, et ipsi obediendum est.' (*Ibid.*, 110)
14 *Ibid.*, p. 109.
15 *Ibid.*, p. 111.
16 As shown by Gandillac, in his fourth sermon of the year 1431 Cusanus preached that not only *fides* but also *cultus* should be unified. But this thought later became more moderate. Cf. Gandillac 1984: 205–6.
17 Here we should not consider that this approach of Cusanus toward other religions from the point of view of Christianity is a kind of intellectual crusade aiming blindly to demolish false creeds. Rather it is based on his belief that every religion contains within itself a seed of true religion, which for him was Christianity (para. 12).
18 Cf. Kremer 1984: 155.
19 Cf. Haubst 1984: 187–9.
20 Cusanus 1565: 880.
21 *Ibid.*, 880–81.
22 'Unde si Mahumet in aliquo Christo dissentit, necesse est ut hoc aut faciat ignorantia, quia Christum non scivit nec intellexit aut perversitate intentionis, quia non intendebat homines ducere ad illum finem quietis, ad quem Christus viam ostendit, sed sub colore illius finis, suiipsius gloriam quaesivit.' (*Ibid.*, 880–81)

23 *Ibid.*, 881.
24 *Ibid.*, 904; 911.
25 *Ibid.*, 928.
26 *Ibid.*, p. 884.
27 Cf. Anawati 1970: 145.
28 Taylor 1989: 521.

CHAPTER TWENTY-THREE

'Non aliud' als 'Spiritus spirans'

– im Zusammenhang mit dem orientalischen Denken

Yasukuni Matsuyama

Als Ibukinasu-Reiki übertrug ich den Begriff 'spiritus spirans', der am Ende des letzten Kapitels (Kap. 24) im Werk *De non aliud* (1462) von Nikolaus von Kues auftritt, das er in seinen letzten Lebensjahren schrieb. Nikolaus selbst wies damit auf den wichtigsten Begriff hin, der den Höhepunkt dieses Werkes bildet, nämlich in der Entwicklung seines eigenen Gottesbegriffes von 'coincidentia oppositorum' bis 'non aliud'. Trotzdem argumentierte er für den Begriff nicht ausreichend, und nahm ihn auch nicht in die 20 Thesen auf, die den Schluß des Werks bilden. Dieser höchst wichtige Begriff ist also kaum erläutert worden. Außerdem wurde 'spiritus spirans' in seinen anderen Werken, die er in den zwei Jahren zwischen der Vollendung dieses Werkes und seinem Tode schrieb, nicht mehr erwähnt. Es ist nicht möglich zu klären, warum er den Begriff nicht gründlich erläutert hat. In dieser Arbeit werde ich darlegen, welche Punkte ich berücksichtigt habe, als ich bei der Anfertigung der japanischen Übersetzung von 'De non aliud'[1] 'spiritus spirans' als Ibukinasu-Reiki ins Japanische übertrug. Dadurch wird die Bedeutung dieses Begriffs noch klarer werden. Schließlich ist es das Ziel dieser Arbeit, verborgene wesentliche Tatsachen selbst aufzudecken, auf die dieser wichtigste Begriff hindeutet.

Das lateinische Wort 'spiritus' enthält die drei Bedeutungen, 'Wind (Kaze)', 'Hauch (Iki)' und 'Geist (Rei)'. Davon ausgehend muß man interpretieren, daß die Modifikation 'spirans' von 'spiritus' diesen drei Bedeutungen entsprechend insgesamt drei Inhalte hat: Der Übertragung 'Wind' von 'spiritus' entspricht wohl die Übertragung 'wehend (fuku)' von 'spirans', der zweiten Übertragung 'Hauch' 'hauchend' oder 'atmend' bzw. 'anhauchend' oder 'ein-und ausatmend (ibukinasu)', und der dritten Übertragung 'Geist' 'beseelend (tamafuru)' oder 'sich als Geschenk geben (tamasu)'.[2] Nun können die drei Übertragungen von 'spiritus spirans' beispielsweise folgendermaßen genannt werden: die erste ist 'wehender Wind (fuku-Kaze)', die zweite 'atmender Hauch (kokyusuru-Iki)' und die dritte 'beseelender Geist (tamafuru-Rei)'. Auf diese Weise beinhaltet 'spiritus spirans' drei Bedeutungen gleichzeitig. Aber diese befinden sich untereinander nicht dermaßen unabhängig, daß sie jeweils ein Teil von 'spiritus spirans' sind, sondern hängen fest zusammen, und die unendlich reichen Bedeutungen von 'spiritus spirans' werden durch diese Wechselbeziehungen gebildet.

Übrigens sollen die Übertragungen des Partizip Präsens 'spirans', 'wehend', 'atmend' und 'beseelend' nicht als bloße Bestimmungswörter der jeweiligen Bedeutungen 'Wind', 'Hauch' oder 'Geist' interpretiert werden. 'Spirans' weist nämlich auf die wirkende Tatsache selbst hin, daß 'spiritus spirat'. Es ist jedoch nicht korrekt anzunehmen, daß es substanziell existierenden 'spiritus' gibt, und dieser die Tat 'spirare' ausübt, sondern 'spiritus' existiert, wo es tatsächlich die Tat 'spirare' gibt, und die Tat 'spirare' selbst ist wirklich 'spiritus'. Zum Beispiel, wenn 'spiritus spirans' 'wehender Wind' bedeutet, heißt das nicht, daß es substanziell existierenden 'Wind' gibt, und dessen zugehörige Tat 'wehen' wirkt, sondern daß der Wind selbst die Tatsache ist, die bewirkt, daß der Wind tatsächlich an diesem Ort weht. In diesem Fall entsteht wohl das Schema 'Wehen = Wind' oder 'Wehen ist Wind'. Die Aussage 'der Wind weht' muß deswegen als 'Wind = Wehen' oder 'Wind ist Wehen' interpretiert werden. 'Wind' ist eben 'Wehen', und 'Wehen' 'Wind'. 'Wind' ohne 'Wehen' kann nicht mehr als 'Wind' betrachtet werden. Das ist 'Nicht-Wind' und bedeutet, daß kein Wind existiert. Aber zugleich ist auch zu interpretieren, daß dieser 'Nicht-Wind' eigentlich der Ursprung ist, woraus der Wind im Entstehen begriffen ist und wohin er erlöscht. Auf alle Fälle existiert kein Wind im Ursprung des Nicht-Windes. Diesen Ursprung werde ich später angehen. Und ich werde über den 'Tanz des Nichts', der aus diesem Ursprung des Nicht-Windes 'flatternd (hira,hira)' zu tanzen beginnt und zu tanzen endet, bei einer anderen Gelegenheit argumentieren.[3]

Meine Ausführungen über 'wehenden Wind' gelten genauso für die zweite Bedeutung von 'spiritus spirans', 'atmender Hauch', und die dritte 'beseelender Geist': 'atmender Hauch' heißt 'Atmen=Hauch' und 'Atmen ist Hauch'. Und 'der Hauch atmet' weist auf 'Hauch=Atmen' und 'Hauch ist Atmen' hin. 'Der Hauch atmet' bedeutet nämlich die wirkende Tatsache als 'Atmen' selbst, nämlich den Zustand, ausschließlich jeglicher Gedanken zu atmen. Auch für 'beseelender Geist' gilt dasselbe, und dies bedeutet die wirkende Tatsache als 'Beseelen', die als 'Beseelen ist Geist' und 'Geist ist Beseelen' betrachtet werden kann. Wie wir bis jetzt gesehen haben, brachten die drei Bedeutungen, die 'spiritus spirans' enthält, in allen Fällen die wirkende Tatsache selbst zum Ausdruck, wobei 'spiritus' als 'spirare' existiert. Daher kann jetzt aufgrund der drei erwähnten Übertragungen gesagt werden: 'spiritus' ist 'spirans' und 'spirans' ist 'spiritus'. Die gründliche Untersuchung des 'Ursprungs des Windes', die ich nebenbei bei der Erklärung von 'Nicht-Wind' erwähnt habe, verlangt im bezug darauf gleichzeitig notwendigerweise die Aufarbeitung von 'Nicht-Hauch', d.h. 'Ursprung des Hauchs' (die nicht zu atmende Wurzel des Hauchs), und die Aufarbeitung von 'Ursprung des Geistes'. Die Untersuchung von 'Ursprung von spiritus' selbst', der die Bedeutungen dieser drei Ursprünge alle beinhaltet und zusammenfaßt, wird dazu gleichzeitig verlangt.

Nun muß noch ein anderer Aspekt neben den drei Bedeutungen, die 'spiritus spirans' enthält, in diese Untersuchung eingefügt werden. Denn das Partizip Präsens 'spirans' hängt mit dem Nomen 'spira' und dem Adjektiv 'spiralis' zusammen. Dieses Wort 'spira' heißt Atmosphäre, Strudel, Wirbelsturm, Kreisform und Spirale, und 'spiralis' heißt atmosphärisch, wirbelförmig, kreisförmig und spiralförmig. Demgemäß heißt die Bedeutung von 'spirare' bzw. 'spirans' selbstverständlich 'Spirale bilden(d)' und 'Wirbelform bilden(d)'. Entsprechend ist es wohl denkbar, daß als Bedeutung von 'spiritus' 'Atmosphäre' bzw. 'Luft' am ehesten angemessen ist. So entsteht der vierte Sinn von 'spiritus spirans': 'wirbelnde Atmosphäre' oder 'kreisförmige Luft'.

Die vier Bedeutungen von 'spiritus spirans', 'wehender Wind', 'atmender Hauch', 'beseelender Geist' und 'wirbelnde Luft (uzumaku-Ki)', die bisher herausgearbeitet wurden, sollen jeweils einen Aspekt der feinen Unterschiede der unendlich reichen Bedeutungen ausdrücken, die 'spiritus spirans' beinhaltet. Ferner künden sie gleichzeitig davon, indem sie sich sammeln, zusammenkommen und sich vermischen, daß 'spiritus spirans' ursprünglich chaotisch und einheitlich ist. Mit anderen Worten bestehen diese vier Bedeutungen, wie bereits erwähnt, untereinander nicht unabhängig, sondern sind tief miteinander verwurzelt und vermischt. Die einheitlich wirkende Tatsache, die ursprünglich alle vier Bedeutungen gleichzeitig beinhaltet, je nach der Lage, d. h. dem Ort der Tat, hat einen bestimmten Aspekt des Unterschieds aus dem unendlichen Raum der reichen Bedeutungen zum Ausdruck gebracht. Und es ist denkbar, daß es diese vier Bedeutungen sind.

Meine Übertragung 'Ibukinasu-Reiki', die die bisher genannten Bedeutungen enthält, kann wohl als ein Ausdruck anerkannt werden, der nicht nur die vier Bedeutungen von 'spiritus spirans', sondern auch weitere äußerst reiche Bedeutungen hat, wie das durch den vielverzweigten Zusammenhang des Wortes angedeutet wird. Es ist äußerst wichtig, 'Ibukinasu-Reiki' (spiritus spirans) als die einheitlich wirkende Tatsache zu begreifen, die den komplizierten, vielverzweigten und reichen Inhalt durchwirkt. 'Ibukinasu-Reiki' durchdringt die erste Bedeutung 'Wind', die zweite 'Hauch', die dritte 'Geist' und die vierte 'Luft', befindet sich stets in seiner eigenen einheitlichen Tat, und übt diese geeinigte Tat aus. Wenn sich z. B. die Tat als 'Wind' offenbart, existieren dort, wo der Wind weht, gleichzeitig 'Hauch', 'Geist' und 'Luft'. An diesem Ort wirkt die einheitlich wirkende Tatsache als 'Ibukinasu-Reiki' selbst, und sie weht inmitten des hier rauschenden Windes als ein nicht anderer Wind.

Diese Tat wird stets pausenlos ihrem Ursprung entspringen und zu ihrem Ursprung zurückkehren. Sie wird nämlich aus ihrem Ursprung gesponnen, wie der Wirbelstum entsteht, und die ausgesponnene Tat wird wieder in den Ursprung der Tat aufgenommen und eingesponnen.[4] Wenn die Tat von 'Ibukinasu-Reiki', die aus ihrem Ursprung wie der Wind gesponnen wird, zum 'Hauch' wird und in die Scholle (humus) hineinströmt, verwandelt sich die Tat des Einströmens auf der Stelle in die Tat des Einatmens dieser Scholle. Hier wird die atmende, lebendige und geistige[5] Scholle geboren. Wenn der hineingeblasene Hauch in seinen Ursprung wieder aufgenommen und eingenommen wird, ist es das Endergebnis des Lebens in der Scholle, ihren eigenen Hauch vollständig auszuatmen, wie die Tat des Aufnehmenden (Saṃbarga)[6] bestimmt, ihren Hauch in sich einzuziehen und einzuatmen. Aus dem Ursprung von 'Ibukinasu-Reiki' kommt ferner die alltägliche Atmung selbst, die tagtäglich und in jedem Augenblick durchgeführt wird, und sie kehrt wieder dahin zurück.

Nun, was der Ursprung der Tat von 'Ibukinasu-Reiki' sein kann, erwähnte ich bereits als Ursprung der Luft, Ursprung des Hauchs (Wurzel des Atems), Ursprung des Geistes (besser bezeichnet als 'Seelengrund'[7]) und außerdem den Ursprung von 'spiritus' selbst, der diese Ursprünge enthält. Hier wird man selbstverständlich dazu den Ursprung von 'Ki' zufügen. Der Ursprung von 'Luft (Ki)', wo 'Ki' als 'Yo' (Yang = positive 'Ki') erscheint und als 'In' (Yin = negative 'Ki') erlöscht, kann bedeuten, daß 'Ki' schon geboren und gleichzeitig noch nicht geboren ist, und 'Ki' schon zugrundeging und gleichzeitig noch nicht zugrundeging. In anderen Worten heißt er der Ort (Tokoro), in dem 'Ki' leblos und gleichzeitig unsterblich bleibt. Man muß sagen, der Ursprung von 'Ki' selbst sei 'Nicht-Luft (Mu-Ki)', denn er kann eigentlich weder herkommen noch weggehen. Mit Chuo Tun-Is[8] Worten ausgedrückt heißt er wohl 'Mukyoku' (Ungrund), denn bei ihm ist 'Ki' 'Mu-Ki'. In der 'Erklärung der grafischen Darstellung des obersten Pols (des Ungrundes)' (*Thai-Chi-Thu-Shuo*) ist der leere Kreis in dem Mittelpunkt des Wirbels gemalt, der Wirbel ist kreisförmig und bedeutet die Dynamik der positiven und negativen 'Ki'. Und dieser Kreis weist eben darauf hin, daß 'Ki' 'Mu-Ki' ist.

Ebenfalls können wohl 'Mufu' (Nicht-Wind), das gleichzeitig 'Musoku' (Nicht-Hauch) ist, sowie 'Mu-Rei' (Nicht-Geist), das gleichzeitig 'Mu-Ki' (Nicht-Luft) ist, als Ursprung des Windes, Ursprung des Hauchs, Ursprung des Geistes und Ursprung der Luft bezeichnet werden. Diese vier Ursprünge weisen alle darauf hin, daß der Ursprung ohne Ursprung gleichzeitig der Anfang und das Ende der jeweiligen Taten ist. Die einzelnen Tatsachen der vier Taten stehen nicht nur untereinander in starkem Zusammenhang, sondern bilden auch zusammen die einheitlich wirkende Tatsache von 'Ibukinasu-Reiki'. Und in jedem Anfang und Ende verstecken sich diese vier Ursprünge in dem Ursprung ohne Ursprung. Unter den vier Ursprüngen kann keinerlei Unterschied der Tat bestehen. Außerdem wird 'Ibukinasu-Reiki' selbst, d. h. die einheitlich wirkende Tatsache in diesem Ursprung ohne Ursprung völlig vernichtet. In dem Ursprung ohne Ursprung wird nämlich 'Ibukinasu-Reiki' selbst, der dadurch wirkt, daß er Anfang und Ende der jeweiligen Taten bindet, zusammen mit dem Knoten der Geistesschnur (Himo) gelöst und schmilzt so ins Nichts des Ungrundes weg. Also bindet der Ursprung ohne Ursprung den jeweiligen Ursprung, den bloßen Anfang und das bloße Ende der vier Taten durch den Knoten des Nichts, und gleichzeitig ist er auch inmitten der Tatsache der jeweiligen Taten als der Ursprung, der durch die Taten nicht ausgeübt werden kann, unmittelbar in der Tat immanent. Der ursprunglose Ursprung, den man weder ausatmen noch einatmen kann, ist z. B. unmittelbar in dieser Tat immanent, jetzt tatsächlich zu atmen. Man kann nämlich sagen, Atem sei Atem, weil Atem seinen Ursprung nicht atmen kann.[9] Der Ursprung, den Atem nicht atmen kann, weist schon auf den Ursprung von Atem hin. Genau gesagt, kann man ihn doch nicht den Ursprung des Atems nennen, weil er weder ausgeatmet noch eingeatmet werden kann. Trotzdem heißt er wiederum nicht bloß Nicht-Atem. Er ist immer noch der Ursprung des Atems, und zugleich der Ursprung ohne Ursprung, der den bloßen Ursprung des Atems überwindet. Was ich hier über den Ursprung des Atems geäußert habe, gilt auch für die drei anderen Ursprünge. Der Ursprung des Atems ist selbst kein Ursprung des bloßen 'Atems', sondern überwindet den 'Atem' selbst, und ist deswegen der Ursprung ohne Ursprung. Wenn es sich mit den anderen Ursprüngen genauso verhält, ist der Ursprung von 'spiritus spirans' selbst logischerweise der Ursprung ohne Ursprung. Für den Ursprung von 'spiritus' selbst gilt dies besonders. Und jetzt können wir mit Bestimmtheit folgendermaßen behaupten: dieser Ursprung ohne Ursprung ist der Ursprung des Atems, der Ursprung des Windes, der Ursprung des Geistes und der Ursprung der Luft, und gleichzeitig überwindet er sie alle. Außerdem ist er der Ursprung von 'spiritus' selbst, und gleichzeitig überwindet er ihn. Und dadurch ist der Ursprung ohne Ursprung dem Aspekt der feinen Unterschiede in allen Ursprüngen entrückt und ist gerade 'das Nicht-Andere' selbst, das gar nicht das Andere sein kann. Um für diesen 'Ursprung ohne Ursprung' die Terminologie des Kusaners selbst zu verwenden, kann er als 'illocale ante locale'[10] ausgedrückt werden. Das ist 'spiritus, qui Deus, rerum quidditates facit ex alio, sed ex se aut "non alio".'[11] Dieser Geist ist eben der 'Schöpfer aller Dinge (omnium creator)' und 'der Geist der Geister (spirituum spiritus)'. Er ist 'der Geist, der (alles) nicht-ändert (spiritus non alians)'.[12]

Nikolaus von Kues äußert in 'De non aliud' (Kap. 23): 'Das Sehen sieht sich nicht selbst, wenngleich es sich im Andern, das es sieht, als Sehen erreicht. Jenes Sehen, jedoch, das das Sehen des Sehens ist, erreicht sein Erblicken im Andern nicht, da es vor dem Andern ist'.[13] Kann das nicht heißen, daß die Tatsache, die ich bereits über den Ursprung des Atems geäußert habe, hier über die Tat des Sehens behauptet ist? Ich schlage nämlich vor, Kusaners Satz 'Das Sehen sieht sich nicht selbst.' ('Visus se ipse non videt') nach jenem Beispiel von 'Atem' wie folgt zu interpretieren, *daß das Sehen das Sehen bleibt, weil es seinen eigenen Ursprung nicht sehen kann.* In dem Fall entspricht wohl 'der Ursprung des Sehens' nach Kusaners Ansicht dem 'Gesicht der Gesichte (visuum visus)'.[14] Da er in dem Ursprung aller Gesichte, die das andere sehen, diesen Gesichten zuvorkommt, ist er das Sehen, das jedem gegenüber das Nicht-Andere ist ('Videre non aliud ab aliquo').[15] In diesem Fall bezieht sich das Sehen, das jedem gegenüber nichts anderes ist, auf Gottes Sehleistung (theorein).[16] Denn Gott (theos) ist das 'Gesicht der Gesichte (visionum visio)'.[17] Diesen Gott nennt Nikolaus 'non aliud (das Nicht-Andere)'. Und er ist der Meinung, das Sehen, das das Nicht-Andere ist, sehe sich selbst gegenüber nichts Anderes ('visus, qui "non aliud" est, non aliud a se ipso vidit').[18] Das Nicht – Andere, das Gesicht der Gesichter, sieht das Andere nicht, sondern nur sich selbst, während die Gesichte das Andere sehen und nicht sich selbst. Sich selbst in diesem Fall heißt das Sehen selbst, d. h. das Sehen sieht das Sehen. Das ist die Tat des Sehens, der jegliche Gegenstände fehlen. Und das ist sozusagen nur 'das Sich spiegelnde Nichts' als die Tatsache, in der die Tat des Sehens nur die Tat des Sehens spiegelt. In diesem Zusammenhang erhebt sich die Frage, ob dieses Nichts dem vorherigen 'Ursprung des Sehens' entspricht, nämlich ob das Sehen das Sehen ist, weil das Sehen den Ursprung des Sehens (das Sich spiegelnde Nichts) nicht sehen kann.

Der soeben erläuterte 'Ursprung des Sehens' wird auch als ein Teil in den bereits erwähnten 'Ursprung ohne Ursprung' aufgenommen. Dazu ist hier der unentbehrliche Begriff 'Ustusu-Mu' (das Sich spiegelnde Nichts) zustandegekommen. Es bleibt die Aufgabe, sich durch weitere Untersuchung dieses 'Sich spiegelnden Nichts' dem 'Schöpfer aller Dinge' d. h. 'dem Sich erzeugenden Nichts', der der Ursprung ohne Ursprung von 'Ibukinasu-Reiki,spiritus spirans' ist, weiter anzunähern. Mit dieser Aufgabe möchte ich mich bei der künftigen Forschung vieler Diskussionsthemen, die ich in dieser Arbeit nicht angegangen bin – besonders durch die Forschung des Themas 'Musuhi' (bewachsender, atmender Geist) – weiter beschäftigen. Nishida Kitaro sagte in seiner Arbeit 'Der Ort' (Basyo): 'Das Sich erzeugende Nichts muß tiefer sein als das Sich spiegelnde Nichts.'[19]

ANMERKUNGEN

1 *Directio speculantis de seu non aliud*, (h XIII); jap. Übers.: Yasukuni Matsuyama und Ken'ichi Shioji, *Hita naru mono* (Die Reihe Deutsche Mystik, Band 7), Verlag Sôbunsha, 1992.

2 (1) Über *Tamafuru*: Shinobu Origuchi, *Einführung in den Shintoismus*, (japanisch) Tokyo 1987, S. 75–79; (2) *über Tamasu*: Tatsumine Katayama, *Japanisch und die Ainusprache*, (japanisch) Tokyo 1993, S. 73, 76, 90 u. S. 95–114; Matsuyama *Über die Scholle*, (japanisch) (in: Die Forschung der Religionsphilosophie, Bd. 11, 1994; Hrsg.: Gesellschaft für die Religionsphilosophie Kyoto), S. 11 und Anm. 78.

3 Matsuyama *Über die Scholle*, S. 7, 10.

4 Ibd., S. 10.

5 Ibd., S. 7.

6 Matsuyama *Über die Wurzel des Atems*, (japanisch) (In: Für diejenigen, welche die Mystik lernen, Hrsg. von Akira Kuno, Kyoto 1989), S. 56 und Anm. 50; *Chandogya Upanishad*, Kap. 4, Dritter Khanda, 1, 3 und 4: (dt. Übers.: Paul Deussen, *Sechzig Upanishad's des Veda*, 3. Aufl., Leipzig, Brockhaus, 1938, S. 119–120; und Matsuyama, *Der Gott als Würde – Für das Erlernen der deutschen Mystik*, (japanisch) (in: *Forschung der deutschen Mystik*, Hrsg.: Ueda Shizuteru, Tokyo 1982, S. 318.)

7 Matsuyama, *Der Ungrund und das Böse – Prolog*, (japanisch) Tokyo 1972, S. 147.

8 Chuo Tun-I, *Thai-Chi-Thu-Shuo*, (japanisch) Tokyo 1938.

9 Matsuyama *Über die Wurzel des Atems*, S. 57 und Anm. 53; *Brihad Aranyaka Upanishad*, Kap. 3, siebenter Khanda, 16: Der, in dem Odem wohnend, von dem Odem verschieden ist, den der Odem nicht kennt, dessen Leib der Odem ist, der den Odem innerlich regiert, der ist deine Seele, der innere Lenker, der unsterbliche. (dt. Übers.: Paul Deussen, S. 442.)

10 Cusanus: *De non aliud*. S.56. fol. 177r.

11 Ibid., S.57. fol. 178r.

12 Ibid., S.57. fol. 177v.

13 Nicolaus Cusanus: *ibd.*, S.54. fol. 175r; Nikolaus von Kues: Philosophisch-theologische Schriften Band II, Verlag Herder 1966, S.546, 547; *Brihad Aranyaka Upanishad*, Kap. 3, vierter Khanda, 2: 'Nicht sehen kannst du den Seher des Sehens, nicht hören kannst du den Hörer des Hörens, nicht verstehen kannst du den Versteher des Verstehens, nicht erkennen kannst du den Erkenner des Erkennens. Er ist deine Seele, die allem innerlich ist.' (dt. Übers.: Paul Deussen, S. 436), Vgl. Nagarjuna, *Die Mittlere Lehre*

(Mulamadhyamakakarika) Dritter Abschnitt (III2): 'Das Sehen sieht sich eben nicht selbst. Was sich nicht selbst sieht, wie sieht das anderes?' (dt. Übers.: Max Walleser, Heidelberg, 1911, S. 20).

14 Nicolaus Cusanus: *De non aliud.* S.54. fol. 175r; Nikolaus von Cues. Vom Nichtanderen. in: *NvKdÜ, S.80.*

15 *ibd.*

16 *ibd.*

17 Cusanus: *ibd.*, S.54. fol. 175r; Nikolaus von Cues: *Vom Nichtanderen.* S.80.

18 Cusanus: *ibd.* S.55. fol. 175v; Nikolaus von Kues: *Dupré*, II, S.549.

19 Nishida Kitarô, *Der Ort* (Sämtliche Werke von Nishida Kitarô, Verlag Iwanami, 1965, Bd. 4), S. 238, und Matsuyama, *Das Sich spiegelnde Nichts und das Sich erzeugende Nichts* (*Acta Cusana*, Bd. 4, 2001. Hrsg.: jap. Gesellschaft für die Cusanus-Forschung).

CHAPTER TWENTY-FOUR

Das Problem der Unendlichkeit bei Nicolaus Cusanus

Tan Sonoda

Das Problem der Unendlichkeit ist schon von alters her in der Philosophie und Religion viel behandelt worden. Es zeigen sich aber besonders seit der Renaissance oder seit Anfang der Neuzeit neue Entwicklungen und Erweiterungen in diesem Problem. Die Theorie über die Unendlichkeit entfaltet sich nun nicht mehr nur in den philosophisch-theologischen, sondern auch in anderen wissenschaftlichen Bereichen, z.B. in der Mathematik. Die Gedanken von Nicolaus Cusanus scheinen mit diesen neuen Entwicklungen irgendwie zu tun gehabt und für sie eine gewisse Rolle gespielt zu haben. Mit dieser Vermutung versuche ich hier, seine Gedanken über die Unendlichkeit etwas ins klare zu bringen.

Es ist schon oft gesagt worden, daß Nicolaus Cusanus der erste Denker war, der zu Anfang der Renaissance das Problem der Unendlichkeit positiv und auch in einer eigentümlichen Weise behandelte und sogar eine Art Logik der Unendlichkeit zu entwickeln versuchte.

Eine andere Merkwürdigkeit liegt darin, daß im philosophisch-theologischen Denken des Cusanus die Mathematik oder das mathematische Denken überall zu Hilfe genommen wird und immer eine wichtige Rolle spielt. Die Mathematik, die Cusanus in sein philosophisches Denken einführt, oder das mathematische Denken, das er zu Hilfe nimmt, ist freilich noch sehr einfach und als solches inhaltlich weit entfernt von der Mathematik oder dem mathematischen Denken im modernen wissenschaftlichen Sinne. Aber gerade deswegen scheint mir die Beziehung oder Verbindung von Philosophie und Mathematik hier im ursprünglicheren Sinne vorzutreten. Und dies ist in Hinblick auf die Unendlichkeit um so gültiger. Ich möchte auf diese Problemzusammenhänge bei Cusanus etwas näher eingehen. Die Betrachtung ist auf die folgenden zwei Punkte gerichtet:

(1) In welcher Weise ist das Mathematische als Mittel und Methode für das Denken der Unendlichkeit ins philosophische Denken des Cusanus eingeführt?

(2) Wie ist der Begriff Unendlichkeit mit dieser Denkmethode inhaltlich erfaßt?

Der erste Punkt bezieht sich also auf das methodische Problem, der zweite betrifft den Gedankeninhalt der Unendlichkeit selbst.

Im ersten Buch der Hauptschrift des Cusanus, der '*De docta ignorantia*', handelt es sich thematisch um die Unendlichkeit Gottes. Hier fängt der erste Schritt des cusanischen Denkens damit an, nach der Möglichkeit des Wissens von Gott zu fragen.[1] Dabei ist ein scharfer Schnitt oder eine strenge Trennung zwischen dem Endlichen und dem Unendlichen vorausgesetzt. Unsere endliche Erkenntnis (die Erkenntnis in der endlichen Welt) besteht im Vergleichen durch ins Verhältnis Setzen (*comparatio in proportione*).[2] Diese Erkenntnis kann aber das Unendliche gar nicht erreichen, weil es keine Proportion des Unendlichen zum Endlichen gibt. Cusanus sagt deshalb: das Unendliche als solches ist unerkennbar, da es sich aller Proportion entzieht.[3] Dies ist der Ausgangspunkt der docta ignorantia des Cusanus. Das Denken der docta ignorantia besteht also darin, sich dieser Unwissenheit bewußt zu sein und dennoch immer weiter das Unendliche zu denken.

Ich gebe ein Beispiel. Cusanus definiert Gott als *maximum absolutum* (das absolute Größte).[4] Gott ist das, dem gegenüber es nichts Größeres geben kann, während im Bereich der endlichen Größen immer ein Mehr oder Weniger (*maius aut minus*) möglich ist. Das Größte scheint hierbei zunächst das, was durch das Vergleichen herbeigeführt wird, also die höchste Stufe des Vergleichbaren zu sein. Cusanus aber betont hier die absolute Getrenntheit oder den qualitativen Unterschied des Größten vom Mehr oder Weinger. Das Größte als Unendliches hat überhaupt keine Proportion zum Mehr oder Weniger als Endlichem und geht daher über allen Gegensätzen hinaus. Insofern ist das cusanische *maximum* auch etwas anderes als das, was Anselm von Canterbury mit seiner bekannten Begriffsbestimmung Gottes gemeint hat.[5] Bei Cusanus ist das Unendliche nie erreichbar, wieweit auch die endliche Erkenntnis endlos fortgesetzt und erweitert werden mag. Er selber sagt, 'daß ein aktuelles Fortschreiten ins Unendliche mit ihr nicht möglich ist'.[6] Das maximum absolutum muß wirklich ab-solut, d.h. von allen Verhältnissen und Gegensätzen *abgelöst* sein.

Hier gibt es sicherlich einen Sprung im Denken. Das Größte soll durch den Vergleich des Mehr oder Weniger erzielt und erreicht werden. Es muß aber endgültig von aller Proportion abgelöst und über alles Vergleichen hinaus quasi sprunghaft hingesetzt werden. Im Denken des Cusanus kommt gerade hier das Mathematische ins Spiel und zwar als das, was dieses sprunghafte Denken sozusagen überbrückt und verständlich macht.

Der Titel des 11. Kapitels des ersten Buches lautet: Die Mathematik hilft uns im Erfassen der verschiedenen Göttlichen am meisten.[7] Wir möchten uns aus dem hier Gesagten unsere Aufmerksamkeit besonders auf folgendes richten. Cusanus sagt: das Sichtbare kann Bild (*imago*) des Unsichtbaren werden, und das Unsichtbare soll durch das Sichtbare als *imago* und in ihm untersucht werden.[8] Dann kommt Cusanus sogleich auf, die Überlegenheit des Mathematischen als *imago* zu sprechen. Das Mathematische wird wegen seiner Unwandelbarkeit und Sicherheit als gemäßestes und am besten geeignetes Bild des Unsichtbaren angesehen und als solches mit Recht in das philosophisch-theologische Denken eingeführt.[9]

Es ist aber gerade die Bedeutung des Begriffs *imago* selber, die hier wichtig und noch zu beachten ist. Kurz gesagt, meint die *imago* bei Cusanus nicht das einfache Abbild eines Urbildes. Sie bedeutet bei ihm vielmehr die darstellende Sichtbarmachung eines Unsichtbaren. Sie muß das sein, was das Unsichtbare sichtbar macht, ohne seine Unsichtbarkeit zu verlieren.[10] Und das Mathematische muß das imago-Sein in diesem Sinne an sich haben, sofern es bei Cusanus *imago* genannt wird.

Es kommt nun darauf an zu erfahren, wie und inwiefern das Mathematische *imago* im cusanischen Sinne sein kann. Dies ist die nächste Frage für Cusanus und auch für uns.

Alles Mathematische ist an sich noch endlich. Es kann an sich selber noch nicht *imago* des Unsichtbaren, d.h. des Unendlichen sein. Cusanus wendet hier ein eigenartiges Verfahren an, um im Mathematischen imago-Sein zu finden. Dieses Verfahren nennt er *transsumptio ad infinitum* (Übertragung ins Unendliche).[11] Diese Übertragung wird dem Mathematischen auferlegt und mit dessen Hilfe ausgeführt. Aber was hier vom Denken ausgeführt wird, ist nichts anderes als eine Bewegung oder Entwicklung des Denkens selbst. Und hier kann man schon sicher bemerken, daß Cusanus damit eine Methodik oder eine Art Logik, das Unendliche zu denken, versuchsweise zu finden strebt.

Nach seiner Erklärung wird der Verlauf der Übertragung in die folgenden drei Schritte bzw. Stufen zusammengefaßt:[12]

(1) Die mathematischen Figuren als endliche mit ihren Eigenschaften und Wesensbeschaffenheiten betrachten.
(2) Diese Sachverhalte in entsprechender Weise auf gleichartige unendliche Figuren übertragen.
(3) Die dadurch erworbenen Wesensbeschaffenheiten der unendlichen Figuren selbst weiter auf das schlechthin Unendliche, das von jeder Figur völlig losgelöst ist, übertragen.

Es scheint dieses dreistufige Verfahren zwar zu einfach zu sein, um es mathematisch zu nennen, und man kann auch die Übertragung der mathematischen auf die göttliche Unendlichkeit als allzu künstlich empfinden. Man kann jedoch hier einen Grundzug des cusanischen Denkens erkennen. Besonders scheint mir in diesem Verfahren die zweite Stufe sehr wichtig und bemerkenswert zu sein.

Diese Stufe bringt als mittlere Stufe die Vermittlung des Endlichen zum Unendlichen mit sich und ermöglicht dadurch die Verwandlung des Endlichen ins Unendliche. Das Denken führt da einerseits die unendliche Vergrößerung, also die Verunendlichung des endlichen Mathematischen aus und erreicht damit andererseits die Grenze, also die wirkliche Vollendung der Verunendlichung. Anders gesagt kann das Denken des Cusanus, indem es der *potentiellen* Unendlichkeit immer weiter nachfolgt, plötzlich in die *aktuelle* Unendlichkeit als Vollendung hineinspringen. Dieses zweifache Verfahren ist für ihn nur vermittels des Mathematischen denkbar. Und erst damit wird auch die dritte Stufe der *transsumptio* möglich.

Wir können hier leicht erkennen, daß Cusanus damit eine Art Logik für das Denken der Unendlichkeit zu entwickeln oder einen Ansatz dazu zu finden versucht. Das Mathematische spielt dabei eine entscheidende Rolle, wie oben gezeigt wurde. Die Mathematik oder das mathematische Verfahren dient nicht nur als ein Beispiel für die philosophisch-theologische Sache oder als ein Hilfsmittel zu deren Erklärung, sondern macht selber das Denken der Unendlichkeit aus. Das mathematisch-logische Denken und das philosophisch-theologische Denken sind hier eng verbunden und vermitteln einander.

Das war der erste Punkt, nämlich die Betrachtung über das methodische Problem im Denken der Unendlichkeit bei Cusanus.

Ich möchte noch in aller Eile zu meinem zweiten Punkt übergehen. Wir dürfen die Frage dieses Punktes in folgender Weise formulieren: Wie hat Cusanus mit seiner mathematischen Denkmethode die metaphysische Unendlichkeit inhaltlich erfaßt, oder in welcher Weise hat seine Logik auf die Formung der metaphysischen Unendlichkeitsgedanken konkret eingewirkt? Dabei kommt die Unendlichkeit der Welt besonders in Betracht. Es ist wohlbekannt, daß Cusanus schon früh, und zwar früher als Kopernikus, die Unendlichkeit der Welt behauptete. Hier wollen wir aber das Problem der Welt-Unendlichkeit nur im Zusammenhang mit der oben erwähnten Denkmethode und in Verbindung mit der Unendlichkeit Gottes berühren, ohne auf den Inhalt seiner kosmologischen Weltansicht einzugehen.

Im zweiten Buch der *De docta ignorantia* erörtert Cusanus die Unendlichkeit der Welt. Auch hier denkt er die Unendlichkeit der Welt vor allem von der Unendlichkeit Gottes her. Dies ist zunächst sehr wichtig. Die Welt, die nach ihm als Gleichnis Gottes (*similitudo Dei*) anzusehen ist,[13] bezieht ihr ganzes Bestehen ausschließlich von dem unendlichen Gott. Anders gesagt spiegelt die Welt in sich und in ihrem totalen Bestehen die Unendlichkeit Gottes. Das bedeutet ihm nichts anderes als die Welt selbst von dem Unendlichen her, und zwar als ein Unendliches zu sehen. Hierin liegt schon die Eigentümlichkeit des cusanischen Gedankens über die Welt.

Allein das bedeutet nicht, daß Cusanus hier die Unendlichkeit Gottes und die der Welt miteinander ganz identifiziert. Die Unendlichkeit der Welt ist selbstverständlich anders als die Unendlichkeit Gottes, obwohl die Welt das Gleichnis Gottes genannt wird. Ontologisch gesehen denkt Cusanus die Welt als *contractio Dei* (Zusammenziehung Gottes).[14] Der Gott als *maximum absolutum* (als das absolute oder abgelöste Größte) beschränkt sich oder zieht sich zusammen als die Welt. Die Welt wird deswegen das zusammengezogene Größte (*maximum contractum*) genannt. Hier ereignet sich eine Beschränkung (Limitation) oder Negation Gottes selbst. In dieser Selbst-Beschränkung oder -Negation realisiert sich Gott als absolute Unendlichkeit in der Welt als kontrahierter bzw. konkreter Unendlichkeit.

Jedenfalls sind hier zwei verschiedene Arten von Unendlichkeit ganz klar einander entgegengesetzt. Cusanus erörtert nun die Unendlichkeit der Welt in Verbindung mit der Unendlichkeit Gottes, aber auch in Kontrast dazu noch eingehender. Er drückt den Unterschied dieser verschiedenartigen Unendlichkeiten in der Weise aus, daß er Gott als *negative infinitum* (negativ Unendliches), die Welt jedoch als *privative infinitum* (privativ Unendliches) definiert.[15] Was hier *negative infinitum* bedeutet, ist für sich nicht klar. Wir wollen aber unsere Aufmerksamkeit zuerst auf das *privative infinitum* richten.

Daß die Unendlichkeit der Welt im Gegensatz zur Unendlichkeit Gottes privativ, also mangelhaft ist, das ist an sich evident. Wenn sie aber hier mangelhaft genannt wird, in welcher Hinsicht ist sie es, und was für einen Mangel hat die Welt? Und was bedeutet dann die Mangelhaftigkeit in der Unendlichkeit überhaupt? Cusanus erklärt: Gott als *negative infinitum* allein ist das, was er nach all seinen Möglichkeiten sein kann. Dagegen ist die Welt, obwohl sie alles umfaßt, was nicht Gott ist, ohne Grenze (*sine termino*) und deshalb privativ unendlich. Die Welt kann auch nicht größer sein, als sie wirklich ist, weil sie ihrer Materie nach beschränkt ist. Dies ergibt sich auch aus dem Mangel bzw. Beraubung (*ex defectu*). Somit ist die Welt, sofern es ein wirklich Größeres nicht gibt, gegen welches sie abgegrenzt werden könnte, ein Unbegrenztes (*interminatum*).[16] Kurz gesagt ist die Unendlichkeit der Welt 'ohne Grenze'oder'unbegrenzt' und deshalb privativ oder mangelhaft.

Es läßt sich hier aber eine Frage stellen. Wir haben gerade der cusanischen Formulierung folgend gesagt, daß die Welt alles außer Gott umfaßt und auch daß die Welt nicht größer sein kann, als sie wirklich ist. Der Grund dafür ist, wieder entsprechend den Worten des Cusanus, daß die Welt, im Kontrast zu Gott, ihrer Möglichkeit und Materie nach beschränkt ist und daher sich nicht über sich selbst hinaus erweitern oder vergrößern kann. Aber wenn es sich mit der Welt so verhält, müßte man dann nicht sagen, daß die Welt faktisch eine Grenze hat und damit begrenzt ist? Die Welt müßte an einem Endpunkt ihrer Ausdehnung eine faktische Grenze haben. Warum hat Cusanus dennoch von der Welt ausdrücklich 'ohne Grenze' oder 'unbegrenzt' sprechen können? Das ist unsere Frage, über die hier noch nachzudenken ist.

Es ist an dieser Stelle nochmals daran zu erinnern, was früher im Zusammenhang mit dem methodischen Problem gesagt wurde. Wir haben dort bemerkt, daß im Bereich des Endlichen immer ein Mehr oder Weniger gefunden wird und das Vergleichen deshalb immer weiter, also prinzipiell endlos fortgesetzt werden kann. Anders gesagt hat unsere endliche Welt die Grenzenlosigkeit als ihren Grundzug, und auch unsere vergleichende Erkenntnis hat die Endlosigkeit als ihren wesentlichen Zug. Von hier aus gesehen muß die Unendlichkeit (und zwar im Sinne von Grenzenlosigkeit) notwendigerweise von der Welt ausgesagt werden. Die Welt ist *prinzipiell unendlich*, hat jedoch eine Grenze, ist also *faktisch endlich*. Der prinzipiellen Unendlichkeit der Welt entspricht hier die faktische Endlichkeit. Die Welt ist die an die Endlichkeit gebundene Unendlichkeit oder 'die endliche Unendlichkeit' (*infinitas finita*), wie Cusanus sagt.[17] Dies ist die Bedeutung, welche die Definition der Welt als *privative infinitum* impliziert.

Das Denken des Cusanus über die Unendlichkeit der Welt enthält die zwei Gesichtspunkte und entwickelt sich ziemlich kompliziert. Auf der einen Seite wurde die Unendlichkeit der Welt von der Unendlichkeit Gottes her als Gleichnis Gottes gesehen. Hier besteht der Gesichtspunkt darin, die Welt *von außen her* zu sehen. Die Welt wird hier auf dem unendlichen Gott beruhend als Ganzes erfaßt, ist also prinzipiell unendlich. Sofern die Welt aber als eine contractio entsteht, kann sie faktisch nur als endliche Welt bestehen. Die prinzipielle Unendlichkeit der Welt ist zugleich mit der faktischen Endlichkeit eng verbunden.

Auf der anderen Seite wurde die Unendlichkeit der Welt im Sinne von Grenzenlosigkeit oder Endlosigkeit in der Welt verstanden. Hier besteht also der Gesichtspunkt darin, die Welt *von innen her* zu sehen. Innerhalb der Welt oder die Welt entlang ist es prinzipiell unmöglich, die Welt zu begrenzen oder ihre Grenze zu erreichen. Auch hier verläßt die prinzipielle Unendlichkeit nie die faktische Endlichkeit und bleibt immer in der endlichen Welt befangen.

Der Standpunkt des cusanischen Denkens über die Unendlichkeit der Welt enthält diese Zweiheit. Es enthält in sich zwei verschiedene Gesichtspunkte: eine Ansicht von außerhalb und eine innerhalb von der Welt. Wir können diese beiden Gesichtspunkte so charakterisieren, daß wir sagen, der eine Gesichtspunkt bestehe darin, das *infinitum als infinitum* zu sehen, und der andere darin, das *infinitum als indefinitum* zu sehen.[18] Jener sieht das infinitum als ein Ganzes (*totum*), dieser sieht es als Fortschreiten (*progressio*). Demnach gibt es zwei Grundtypen der Unendlichkeit. Die eine ist die vollendete, aktuelle, also *seiende* Unendlichkeit, und die andere die unvollendete, potentielle, also *werdende* Unendlichkeit. Diese beiden sind nicht zwei voneinander getrennte Unendlichkeiten, sondern beide beziehen sich aufeinander und machen die wesentlichen Momente der Unendlichkeit aus. Sie gehören zueinander und ergänzen sich. Die vollendete, gleichsam von außen her postulierte, also an sich noch leere, formale Unendlichkeit erhält durch die unvollendete, also endlos fortschreitende Unendlichkeit ihren konkreten Inhalt. Aber umgekehrt setzt auch dieses endlose Fortschreiten selbst schon die vollendete Unendlichkeit voraus und wird von ihr postuliert. Beim Denken der Unendlichkeit müssen ihre beiden Momente notwendigerweise immer zusammen erscheinen.

Es ist uns klar geworden, daß das Denken des Cusanus über die Unendlichkeit der Welt grundsätzlich auf seiner oben erklärten mathematischen Methodik beruht und die gleiche logische Struktur aufweist. Das mathematische Denken der Unendlichkeit ist hier genau auf das Denken der Unendlichkeit der Welt angewandt. Cusanus versucht, indem er sich der durch das Mathematische festgestellten Methode bedient, die oben erwähnten Sachverhalte der Unendlichkeit in Bezug zur Welt inhaltlich zu denken. Sein methodisches Denken verbindet sich eng mit den inhaltlichen Entwicklungen des Denkens. Bei ihm hängen das mathematisch-logische Denken und das philosophisch-metaphysische Denken innig zusammen und verschlingen sich ineinander. Hier können wir eine Eigentümlichkeit seines Denkens und auch das Gewicht des Problems der Unendlichkeit in seinem Denken finden. Zugleich werden wir daraus auch die unübersehbare Bedeutung des cusanischen Denkens für die Herausbildung der neueren Unendlichkeitstheorie ersehen können.

ANMERKUNGEN

1 Cassirer, Ernst, (1927; [2]1963) *Individuum und Kosmos in der Philosophie der Renaissance,* (Darmstadt), S. 10.
2 Nicolaus Cusanus, *De docta ign.,* I, 1[h I, 2].
3 *De docta ign.* I, 1 [3].
4 *Ibid.* I, 2 [5].
5 Anselm von Canterbury, *Proslogion,* cap. 2.
6 *De docta ign.* I, 5 [5].
7 *Ibid.* I, 11 [30].
8 *Ibid.*
9 *Ibid.* I, 11 [31].
10 Vgl. Volkmann-Schluck, K-H., (1957) *Nicolaus Cusanus,* (Frankfurt/M), S. 25.
11 *De docta ign.* I, 12 [33].
12 *Ibid.*
13 *Ibid.* II, 4 [112].
14 *Ibid.* II, 4 [113].
15 *Ibid.* II, 1 [97].
16 *Ibid.*
17 *Ibid.* II, 2 [104].
18 Vgl. Mahnke, Dietrich, (1937; [2]1966) *Unendliche Sphäre und Allmittelpunkt,* (Stuttgart), S. 87.

CHAPTER TWENTY-FIVE

Elliptisches Denken bei Nikolaus von Kues – den Anderen als Gefährten suchend

Kazuhiko Yamaki

I. DISZENTRISCHES DENKEN – EIN CHARAKTERISTIKUM SEINES DENKENS

Bekanntlich ist es für das Denken des Nikolaus von Kues, das auf dem denkerischen Prinzip der <docta ignorantia> beruht, charakteristisch, daß das Produkt des eigenen Denkens immer auch relativiert wird.

Eingehender betrachtet ist die Methode seiner Relativierung des Denkens keine einfache und fruchtlose Relativierung, sondern eine nüchterne und vernünftige Objektivierung des Mechanismus des Denkens an sich, wie im folgendes Zitat belegt: 'da es stets jedem, ob er sich auf der Erde oder der Sonne oder auf einem anderen Stern befindet, so vorkommt, daß er sich gleichsam an einem unbeweglichen Mittelpunkt befindet und daß alles andere sich bewegt, deshalb würde jener, wenn er sich auf der Sonne, der Erde, dem Mond, dem Mars usw. befände, sich sicherlich immer neue Pole bilden'.[1]

Eine solche denkerische Diszentraliesierung findet sich in unterschiedlichen Bereichen des cusanischen Denkens: Erstens gibt es eine Diszentraliesierung von einem denkerischen und tätgen Subjekt.[2] Zweitens gibt es die Diszentraliesierung von der Gattung der Menschheit, wodurch die einfachen menschlichen Vorstellungen relativiert werden.[3] Darüber hinaus wird die Mutmaßung als menschliche Erkenntnistätigkeit auch diszentralisiert, wie der Anfang des *De coniecturis* zeigt.[4]

Drittens gibt es eine Diszentraliesierung der Gesellschaft, von der Nikolaus sich distanziert, wenn er urteilt, daß die Gesellschaft ihre eigene Aufgabe nicht mehr richtig erfüllen kann.[5] Dieses Denken spielte sicherlich nicht nur in seiner philosophischen Tätigkeit sondern auch in seinem praktischen Leben eine entscheidende Rolle. Seine Positionsänderung von den Konziliaristen zum Papst ist auch als ein Beispiel dieser Diszentraliesierung anzusehen. Viertens gibt es eine Diszentraliesierung der Erde, nach dreierlei Aspekten: die erste ist seine Andeutung über die Bewegung der Erde.[6] Die zweite ist eine Negation der traditionellen

Sichtweise, daß die Gestalt der Erde gänzlich kugelförmig und ihre Bewegung vollkommen kreisförmig sei.[7] Die dritte ist eine Diszentraliesierung dahingehend, daß es außer der Erde unzählige Sterne gibt, die bewohnt sind.[8] Hier finden wir eine grandiose und recht diszentrale Vorstellung von der Erde. Es ist jedoch zu beachten, daß Nikolaus von Kues spätestens seit der Abfassung des Werkes *De docta ignorantia* an diesem grandiosen Weltbild arbeitete.

II. DIE POLARITÄT IN SEINEM DENKEN

Wie gesehen ist die gedankliche Diszentralisierung bei Cusanus keine endlose Relativierung zum bloßen Selbstzweck, wie sie zuweilen bei den Skeptiker vorkommt, vielmehr bildet sie eine fruchtbare Grundlage für seine Untersuchung der Wahrheit. Meines Erachtens wird diese Grundlage vom Charakter der Polarität bestimmt. Allerdings sind in dieser Polarität die beiden Pole nicht fest verankert,[9] sondern nur vorläufig festgesetzt, damit aus jedem das eigene Denken vertieft und entwickelt wird, wie das obige Zitat schon gezeigt hat.

Gleichzeitig ist die Tätigkeit des Geistes für Cusanus nach der mittelalterlichen Tradition eine Bewegung,[10] darüber hinaus stellt Nikolaus sie sich als Messung vor, wie allgemein bekannt ist.[11] Unter dieser Vorasusetztung auch nimmt er die Methode von <comparativa proportio> im 1. Kapitel des I. Buches des *De docta ignorantia* an.[12]

Aufgrund dieser Grundlage entwickelt Nikolaus in *De beryllo* eine neue Deutung der Kategorienlehre.[13] Nach ihm kommt eine neue unterere Klassifikation nicht allein durch ein neues Attribut, das von außen hinzugefügt wird, zustande. Da Cusanus den oberen Begriff als den Ineinsfall von Gegensätzen betrachtet, müssen die unteren beiden verschiedenen Begriffe eine Entwicklung aus dem oberen Begriff sein. Folglich ist einem Begriff immer das Prinzip des anderen, gegensätzlichen Begriffs inhärent.[14]

Die Kategorien bedeuten bei Cusanus nicht nur das Prinzip des Erkennens, sondern auch das Prinzip des Seins, wie bei Thomas von Aquin.[15] Daher ist das oben Gezeigte nicht nur ein Sachverhalt der Logik sondern auch des Seins. Es findet sich in *De docta ignorantia* eine typische Passage, die diesen Sachverhalt beschreibt: 'Als Stern beeinflußt sie [...] vielleicht die Sonne und ihre Region in gleicher Weise. Und da wir keine andere Erfahrung haben als die unserer Lage im Mittelpunkt, in dem die Einflüsse zusammenfließen, so erfahren wir von solcher Rückwirkung nichts .... so wird klar, daß der wechselseitige Bezug der Einflüsse derart ist, daß eine Einwirkung nicht ohne die andere sein kann'.[16]

Wird dieser Sachverhalt auf die menschliche Denkstruktur angewandt, entsteht folgendes Denken: Sobald jemand ein Urteil über eine Sache bildet, muß er gleichzeitig zugeben, daß dieses Urteil aufgrund der eigenen Position, nämlich eines angeblichen Zentrums gebildet ist. Dann muß er dieses denkerische Zentrum für einen Pol halten, der selbstverständlich einen Gegenpol hat, so daß er weiter eine andere gegensätzliche Position suchen soll. Denn erst wenn dieser angenommene Gegenpol gefunden wird, wird es ihm möglich, mit dem anderen übereinstimmend zu einer Wahrheit emporzusteigen.

Anscheinend verwirklichte Nikolaus dieses Denkprozess in seinem Leben; Beispielsweise vergass er, obwohl er zur römischen Kurie gehörte, niemals die elende Lage Deutschlands; Obgleich er innerhalb der Römisch- katholischen Kirche arbeitete, ignorierte er nicht die Not der orthodoxen Kirche; Obwohl er innerhalb der christlichen Welt lebte, versuchte er bis in seine letzten Jahre, in der Lehre des Islam sowie der anderer Religionen positive Bedetungen herauszufinden. Dieses Denken zeigt, wie tief und vielfältig er die Denkmethode der Polarität verwirklichte.

III. DAS ELLIPTISCHE DENKEN BEI CUSANUS

Sicherlich stellte Nikolaus sich einen tätigen Geist oder das denkende Subjekt als einen Kreis vor, wie sein Werk *Complementis theologicum* und andere Schriften zeigen.[17] Kombiniert man diese kreisförmige Vorstellung des Geistes mit dem oben erklärten Sachverhalt seines Denkens, kann man sich bei einer Auseindandersetzung folgenden Sachverhalt vergleichsweise vorstellen: zwei denkende kreisförmigen Subjekte stehen sich im Sinne des Cusanus als Gegenpole gegenüber. Allerdings wird von vornherein angenommen, daß sie künftig miteinander übereinstimmen können.

Wird dieser Sachverhalt im Ganzen zusamengefasst, scheint mir, daß hier eine gedankliche Ellipse entsteht, die zwei Zentren als Pole hat. Da ein Kreis eine Ellipse ist, deren Exzentizität null ist, ist eine völlige Übereinstimmung zwischen den beiden als Zustandekommen eines Kreises auf diesem Weg zu erwarten.[18] Das bedeutet einen Ineinsfall der Gegensätze im weitesten Sinne.

Obwohl es hier ein sehr interessantes Thema wäre, diese Überlegung aufgrund der Beziehung zwischen der Ellipse und dem Kegel weiterzuentwickeln, muß ich an dieser Stelle aus zeitlichen Gründen darauf verzichten.[19]

Sicherlich ist diese Deutung von Cusanus' Formulierung seines Denkens entfernt, dennoch finde ich, daß meine Vorstellung von dem elliptischen Charakter des cusanischen Denkprozesses zu einem besseren Verständnis seines Denkens führt.

IV. CUSANUS' ELLIPTISCHES DENKEN UND DAS GEGENWÄRTIGE WELTBILD

Bringt man das elliptisches Element, das aus dem cusanischen Denken herausgearbeitet werden kann, mit der Geschichte der Astronomie in Verbindung, wäre es möglich, zu sagen, daß hier ein Übergangsprozess vom aristotelischen Bild des Universums als einem kozentrischen Kreis[20] zum keplerischen Bild von einer Ellipse vorgefunden werden kann. Auf dieses interessante Thema auch kann ich hier leider nicht näher eingehen.[21]

Welche Existenzberechtigung läßt sich also dem Denken des Nikolaus von Kues heute noch zuschreiben? Seit Ende des zweiten Weltkriegs währte bis zu vor ca. zehn Jahre der kalte Krieg, der aus dem Umstand resultierte, daß es in Welt zwei mächtigen Zentren, die U.S.A und die UdSSR, vorherrschten. In dieser Auseinandersetzung fand das cusanische elliptische Denken jdeoch kaum

Anwendung. Denn die damaligen Politiker beider Seiten konnten sich die Möglichkeit des cusanischen elliptischen Denkens kaum vorstellen und versuchten ständig, noch nach dem Modell des aristotelischen kozentrischen Bildes vom Universum, über das eigene Lager und das des Anderen zu herrschen. Typisch für diese Haltung ist der damals häufig gebrauchte Ausdruck Satellitenstaaten'.

Wie lässt sich nun das Weltbild seit dem Ende des kalten Kriegs skizzieren? Hier möchte ich Ihnen ein weithin anerkanntes Weltbild zeigen, das der Harvard-Politloge Prof. Samuel P. Huntington in seinem Aufsehen erregenden Artikel *The Clash of Civilization?* im Jahr 1993 und in seinem weltweit zum Bestseller gowordenen Buch *The Clash of Civilization and the remaking of world order*[22] im Jahr 1996 beschrieben hat. 'States in these civilizational blocks often tend to be distributed in concentric circles around the core state or states, reflecting their degree of identification with and integration into that bloc. Lacking a recognized core state, Islam is intensifying its common consciousness but so far has developed only a rudimentary common political structure'.[23]

Der renomierte Politologe entwirft die Zukunft der Weltpolitik nach wie vor nach dem Modell des aristotelischen konzentrischen Bildes des Universums. Solange man aufgrund dieses Denkmodells über die zukünftige Weltpolitik nachdenkt, muß man die Möglichkeit einräumen, daß verschiedene Zivilisationen aufeinanderprallen, weil der mächtigste Staat innerhalb eines Lagers stets, die Nachbarländern konzentrisch um sich anzuordnen, und gleichzeitig außerhalb des eigenen Lagers versucht, den anderen Zivilisationsblock zu beherrschen, um damit einen eigenen neuen größeren Block zu bilden.

Wenn wir uns aber die gleiche Welt nach dem cusanischen elliptischen Denkmodell vorstellen, taucht ein völlig anderes zukünftiges Weltbild auf. So ist die Struktur zwischen den Staaten, die einer sogenannten gleichen Zivilisation angehörten nicht konzentrisch aufgebaut, sondern alle Mitglieder einer Zivilisation haben jeweils ihre besonderen Werte, die sich voneinander unterscheiden, und gleichzeitig haben sie eine bestimmte Gemeinsamkeit, wodurch jede einerseits ein Zentrum ist und andererseits mit einer anderen eine Ellipse formt. Weiterhin ist anzunehmen, daß es in einem Zivilisationsblock verschiedenen Ellipsen gibt. Auch zwischen den verschiedenen Zivilisaitonsblöcken kann man sich die gleiche Struktur vorstellen. Meines Erachtens handelt es sich hier um nichts anderes als das, was Nikolaus von Kues in seinem Werk *De Pace fidei* philosophisch dachte.

Hier stellt sich uns eine Aufgabe und Pflicht: In verschiedenen Regionen, die uns bis heute keine beachtenswerte Zivilisationen oder Kulturen zu haben scheinen, sollten wir mit dem Geist der cusanischen <pia interpretatio>[24] im weiteren Sinne unbekannte lernenswerte Dinge suchen, die nicht nur uns sondern auch den Bewohner dieser Regionen bislang verborgen geblieben sind. Darüber hinaus dürfen wir – sofern wir das cusanische elliptische Denken zu lernen versuchen – den Anwendungsbereich dieses Denkens nicht einfach global begrenzen, sondern wir müssen es recht universal entwickeln. Denn Nikolaus geht, wie ich anfangs dieses Referats zitiert habe, davon aus, daß es unzählig viele Sterne gibt, die Bewohner haben wie die Erde.

Entwerfen wir das zukünftige Weltbild aufgrund des gezeigten offenen Denkmodells von Cusanus, so müssen wir keinen Zusammenprall der Zivilisationen befürchten, denn dann ist eine universale Gemeinschaft vorstellbar, in der verschiedene Zivilisationen einander nicht beseitigen sondern sich gemeinsam poliphonisch übereinstimmend subsumieren.

BIBLIOGRAPHIE

Cusanus, Nicolaus, *Apol.* (h II).
——, *Crib. Alk.* (h VIII).
——, *De beryllo* (h XI).
——, *De coni.* (h III).
——, *De doct. ign.* (h I).
——, *De fil.* (h IV).
——, *De ludo* (h IX).
——, *De mente* (h V).
——, *De pace* (h VI).
——, *De theol. compl. (Dupré* III).
——, *Brief an Aindorffer (22.9.1452),* in: Baum/Senoner 1998: S.92; Vansteenberghe 1915: p. 112.
Aristoteles, *De caelo, (Aristoteles Graece* (1831) Ex recensione I. Bekkeri, vol. I), Berlin).
Baum, Wilhelm/Senoner, Raimund (1998) *Nikolaus von Kues Briefe und Dokumente zum Brixener Streit,* Wien.
Diels, H./Kranz, W., (1934) *Die Fragmente der Vorsokratiker* I, Berlin.
Gabel, Leona C. (Ed.), (Tr. by F. A. Gragg) (1988) *Secret Memoirs of a Renaissance Pope, The Commentaries of Aeneas Sylvius Piccolomini Pius II,* London.
Hirschberger, Johannes, (1965) *Geschichte der Philosohie,* I, Basel/Freiburg/Wien.
Huntington, Samuel P. (1996) *The clash of civilizations and the remaking of world order,* New York.
Mahnke, Dietrich, (1937, ^{2}1966) *Unendliche Sphäre und Allmittelpunkt,* Halle; ^{2}Stuttgart.
Vansteenberghe, Edomond, (1915) *Autour de la 'Docte ignorance'. Une controverse sur la Théologie mystique aux XVe siècle,* Münster.
Yamaki, Kazuhiko, (2001) *Das Weltbild des Nikolaus von Kues* (Kuzanusu no Sekaizou), (japanisch), Tokyo.

ANMERKUNGEN

1 *De docta ign.*, II, 12, (n.162), p. 103, 17–21: propter hoc, cum semper cuilibet videatur, quod sive ipse fuerit in terra sive sole aut alia stella, quod ipse sit in centro quasi immobili et quod alia omnia moveantur, ille certe semper alios et alios polos sibi constitueret existens in sole et alios in terra et alios in luna et Marte, et ita de reliquis; ferner: *Ibid.*, III, 1, (n.189), p. 123, 4–7: hoc quidem a Deo factum est, ut quisque in seipso contentetur – licet alios admiretur – et in propria patria, ut sibi videatur natale solum dulcius et in moribus regni et lingua ac ceteris; ut sit unitas et pax absque invidia, quanto hoc possibilius esse potest; *De pace.*, I, n.4, p. 6, 4–6: Habet autem hoc humana terrena condicio quod longa consuetudo, quae in naturam transisse accipitur, pro veritate defenditur.

2 *De docta ign.*, I, 3, (n.10), p. 9, 24–28: Quidditas ... rerum, quae est entium veritas, in sua puritate inattingibilis est et per omnes philosophos investigata, sed per neminem, uti est, reperta; et *quanto in hac ignorantia profundius docti fuerimus, tanto magis ipsam accedimus veritatem* (Hervorhebung von K.Y.).

3 *De vis.*, VI, n.19, 14–19: Homo non potest iudicare nisi humaniter. Quando enim homo tibi faciem attribuit, extra humanam speciem illam non quaerit, quia iudicium suum est infra naturam humanam contractum et huius contractionis passionem in iudicando non exit. Sic si, leo faciem tibi attribueret, non nisi leoninam iudicaret, et bos bovinam et aquila aquilinam. Cf., Xenophanes, *Fragment* 15, in: Diels und Kranz 1934, S.132f.

4 *De coni.*, I, Prologus, n.3, 1–7: Quoniam ... creata intelligentia finitae actualitatis in alio non nisi aliter exsistit, ita ut omnium coniecturantium differentia remaneat, non poterit nisi certissimum manere diversorum diversas eiusdem inapprehensibilis veri graduales, improportionabiles tamen ad invicem esse coniecturas, ita quidem, ut unius sensum, *quamvis unus forte alio propinquius, nullus umquam indefectibiliter concipiat* (Hervorhebung von K.Y.). Ferner *Ibid.*, I, n.1, 6–8: communi humanarum adinventionum vitio atque specialioribus faeculentiis obtusioris ingenii adumbratum sciam.

5 Gabel 1988, P.221; *Apol.*, p. 6, 7–12.; *Ibid.*, p. 2, 24- p. 3, 3: Versantur ... paene omnes, qui theologiae studio se conferunt, *circa positivas quasdam traditiones et earum formas, et tunc se putant theologos esse,* quando sic sciunt loqui uti alii, quos sibi constituerunt auctores; et non habent scientiam ignorantiae lucis illius inaccessibilis, in quo non sunt ullae tenebrae(Hervorhebung von K.Y.); *Ibid.*, p. 36, 8f.: Vincet ... indubie haec speculatio omnes omnium philosophorum ratiocinandi modos, licet difficile sit consueta relinquere.

6 *De docta ign.* II, 11.

7 *Ibid.*, 12.

8 *Ibid.*

9 *Ibid.*, II, 11, (n.158), p. 101, 12: Non sunt in caelo poli immobiles atque fixi.

10 *De mente*, VII, n.97, 11f., Ibid., XV, n.157, 11–13; *De ludo.*, I, n.32, 1–4; *Brief an Aindorffer (22.9.1452)* (in: Baum u. Senoner 1998: S.92; Vansteenberghe 1915: p. 112)

11 *De mente*, I, n.57, 4–6.

12 *De docta ign.*, I, 1, (n.2), p. 5, 14–16.

13 *De beryl.*, n.46, 6–15; n.47, 5–8: Videndo ... per beryllum unum contrarium vides in eo esse principium alterius contrarii, puta dum vides per maximam pariter et minimam caliditatem principium caliditatis non esse nisi indivisibilitatem omni modo divisionis caloris et ab omni calore separatum. Principium enim nihil est omnium principiatorum, principiata autem principii caloris sunt calida, non est igitur caridum caloris principium. Id autem, quod est eiusdem generis et non calidum, video in frigido; et ita de contrariis aliis. Cum ergo *in uno contrario sit principium alterius,* ideo sunt circulares transmutationes et commune utriusque contrarii subiectum. ... Oportet ..., ut advertas, quando de contrariis dico, quomodo illa, quae sunt eiusdem generis et aeque divisibilia, denoto; tunc enim *in uno est alterius principium* (Hervorhebung von K.Y.).

14 *Ibid.*, n.40.

15 Hirschberger 1965: S.488.

16 *De docta ign.*, II, 12, (n.168), p. 106, 23–26; p. 107, 1f: ipsa [terra], ut est stella, soli et suae regioni forte pariformiter influit, ut praefertur; et cum non experiamur nos aliter quam in centro esse, in quo confluunt influentiae, de ista refluentia nihil experimur ... patet correlationem influentiae talem esse, quod una sine alia esse nequit.

17 *De theol. compl.*, IX, (Dupré III, S.680, 20f.; 28–31): *circulus ... competit perfectissimis creaturis suo creatori simillimis, ut sunt supernae mentes.* ... Ad circularem igitur capacitatem continue accedit, quam sua virtute numquam attingit, sed de gratia creatoris rapitur *de angulari capacitate in circularem.* (Hervorhebung von K.Y.); *De coni.*, II, 15, n.144, 6–8: humanitatis exstat virtus omnia ex se explicare *intra regionis suae circulum,* omnia *de potentia centri* exserere(Hervorhebung von K.Y.).

18 Nach diesem Kongreß wies freundlicherweise Prof. Nicolle mir auf, daß aus zwei Kreisen keine Ellipse sondern ein Oval zustanndekommt. Zwar ist dies geometrisch richtig, aber

mein eigentliches Interesse an der Ellipse liegt darin, daß sie eine Figur ist, die zwei Zentren hat.

19 Cf. Yamaki 2001: IV, 3, S. 233–241. Ferner: *De fil. dei*, n.86, 11–16; *De vis.*, XXIII, n.105, 1–6.

20 *De ludo*, II, n.104, 14–24: Haec in figura circulorum mystice legas. Circulus circumdans et extrinsecus figurat ipsum confusum chaos. Secundus virtutem elementativam, quae est proxima ipsi chaos. Tertius mineralem; et hi tres circuli terminantur in quarto, qui est circulus vegetativam figurans. Post illum est quintus circulus sensitivam figurans. Deinde sextus imaginativam sive phantasticam figurans. Et hi tres circuli, scilicet quartus, quintus et sextus, in quarto terminantur, scilicet logisticam seu rationalem figurante, et septimus est. Deinde est octavus figurans intelligentialem et nonus figurans intellectibilem. Et hi tres, scilicet septimus, octavus et nonus, in quarto, qui est decimus, terminantur; *Ibid.*, n.103, 19f.: vim omnem in centro occultari; *Ibid.*, n.75, 10–13: Ibi ... idem est centrum vitae creatoris et circumferentia crearutae. Christus enim deus et homo est, creator et creatura. Quare omnium beatarum creaturarum ipse est centrum. Ferner: *Ibid.*, n.69, 10: centrum, quod Christus est. Ferner: Aristoteles, *De caelo*, II, 8.

21 Indem Nikolaus eine traditonelle Vorstellung von der Bewegung der Himmelskörpern gehabt hatte, daß sie sich perfekt kreisförmig bewegen müssen (*De docta ign.*, II, 12 (n.163), p. 104, 8f.: Motus igitur perfectior est circularis, et figura corporalis perfectior ex hoc sphaerica), hatte er selbstverständlich nicht gewußt, daß sie sich auf elliptische Bahnen bewegen, wie Kepler später fand. Trotzdem schätzt Kepler den Kusanere sehr (cf. Mahnke 1937 ^{2}1966: S.129f.

22 Huntington 1996.

23 *Ibid.*, p. 155.

24 *Crib. Alk.*, Alius prologus, n.16, 1f.; II, XIX, n.158, 4–8.

Subject Index

Index of Names

Index of Places

Index of Cusanus' Cited Works